当代法律科学文库

中国双边投资条约中 ICSID 管辖权条款的完善：基于“一带一路”倡议的分析

The Improvement of ICSID Jurisdiction Clauses in China's Bilateral Investment Treaties: A Critical Analysis Based on the Belt and Road Initiative

李沣桦 著

对外经济贸易大学出版社
中国·北京

图书在版编目（CIP）数据

中国双边投资条约中 ICSID 管辖权条款的完善：基于“一带一路”倡议的分析 / 李沣桦著. —北京：对外经济贸易大学出版社，2022.7

（当代法律科学文库）

ISBN 978-7-5663-2403-0

Ⅰ. ①中… Ⅱ. ①李… Ⅲ. ①对外投资–管辖权–研究–中国 Ⅳ. ①D922.295.4

中国版本图书馆 CIP 数据核字（2022）第 113798 号

中国双边投资条约中 ICSID 管辖权条款的完善：基于“一带一路”倡议的分析

The Improvement of ICSID Jurisdiction Clauses in China's Bilateral Investment Treaties: A Critical Analysis Based on the Belt and Road Initiative

李沣桦 著

责任编辑： 刘传志

出版发行：对外经济贸易大学出版社	邮政编码：100029
社　　址：北京市朝阳区惠新东街 10 号	邮购电话：010－64492338
网　　址：www.uibep.com	发行部电话：010－64492342
资源网址：www.uibepresources.com	E-mail：uibep@126.com

成品尺寸：170mm×240mm	印　　刷：北京九州迅驰传媒文化有限公司
印　　张：22.25	版　　次：2022 年 7 月北京第 1 版
字　　数：436 千字	印　　次：2022 年 7 月第 1 次印刷
ISBN 978-7-5663-2403-0	定　　价：72.00 元

本书系对外经济贸易大学中央高校基本科研业务费专项资金资助“一带一路”研究系列著作项目（TS4-13）成果

序　1

自 2013 年习近平总书记提出共建“丝绸之路经济带”和“21 世纪海上丝绸之路”的重大倡议以来，“一带一路”已逐渐从理念转化为行动，从愿景转变为现实，从倡议转化为全球广受欢迎的公共产品。在当今世界处于百年未有之大变局、当前国际经济法律体制再一次站在十字路口的关键节点，构建人类命运共同体理念为国际经济法律制度变革提供了思想基础。而“一带一路”倡议则是推进经济全球化实现合作共赢的中国方案，是构建人类命运共同体理念的成功实践。

与此同时，“一带一路”倡议的纵深推进，也遇到了国际国内诸多挑战。在战略层面，2019 年，美国协同日本、澳大利亚启动“蓝点网络”计划，共同针对中国开展基础设施项目评估认证的“标准之战”。2021 年，美国总统拜登和七国集团合作伙伴发起新的全球基础设施倡议——“重建美好世界”，而欧盟则推出一项在全球动员 3 000 亿欧元公共和私人基础设施投资的“全球门户”战略。在项目层面，“一带一路”沿线经过或辐射了世界上政治、民族、宗教、文化、地理环境较为复杂的国家和地区，“一带一路”海外投资面临着众多潜在的政治风险、安全风险、劳工风险、环境风险与法律风险。如何应对风险、协调和平衡各方利益，不仅具有重要性，也具有必要性。

李沣桦博士的《中国双边投资条约中 ICSID 管辖权条款的完善：基于“一带一路”倡议的分析》一书，从投资争端解决的角度对这一问题进行了回应。该书探究并阐明“一带一路”争端解决方式中 ICSID 仲裁的可能作用，进而系统论证了如何通过革新并完善中国对外缔结的双边投资条约中的 ICSID 仲裁管辖权条款，使得作为发展中国家的中国的国家主权维护与“一带一路”倡议下海外投资利益的保护能够真正在 ICSID 仲裁机制中得到有效性平衡。

该书深入研究了中国双边投资条约中 ICSID 管辖权条款革新和完善的时代背景和完善理念，以构建人类命运共同体理念为指导，以国际经济大变局为宏观视野，对双边投资条约中 ICSID 管辖权条款的诸多理论问题进行剖析，旁征博引，鞭辟入里，提出并论证了一系列的学术观点。例如，该书认为，面对日益增多的国际投资条约与多元化的投资者和东道国争议解决方式，应当坚执双边投资条约的缔结、坚信 ICSID 仲裁机制的未来以及坚守国家主权与“一带一路”海外投资利益的平衡等三个理念。又如，该书提出，ICSID 仲裁庭通过投资与法人国籍的界定、最惠国待遇条款在程序中的适用、从严解释保护伞条款等途径扩展了仲裁庭的管辖权，从而削弱了东道国司法主权权力。再如，该书通过历史、理论和判例分析之后认为，传统国际法上的东道国当地救济规则被运用到以 ICSID 机制后，其适用标准、例外规定、终局性要求等方面却都出现了新的变化。这些学术观点具有显著的创新性，对于进一步推进我国的国际投资法研究具有积极意义。

该书以“一带一路”倡议下中国的吸引外资和海外投资实践为背景，结合我国双边投资条约的制定和实施以及我国《外商投资法》的相关内容，就我国如何完善双边投资条约中的 ICSID 仲裁条款以及中国政府、法院和企业如何利用 ICSID 仲裁条款，提出了针对性强的政策建议，具有较大的实践意义和参考价值。

这本著作是对外经济贸易大学“一带一路”法治研究中心推出的系列成果之一。“一带一路”法治研究中心是中国法学会认定的关于“一带一路”法治研究的唯一基地，在“一带一路”沿线国家重大发展战略、我国外交工作大局、企业海外投资等方面展开许多卓有成效的研究工作，充分发挥了中心作为“一带一路”法治问题研究综合性、权威性智库应有的作用。中心的主要研究工作包括一年一度的惠园“一带一路”法治论坛、一系列的咨询报告以及“一带一路”涉外法治发展报告。如今，以《中国双边投资条约中 ICSID 管辖权条款的完善：基于“一带一路”倡议的分析》为代表的“一带一路”法律专著的出版，为中心的发展与“一带一路”高质量建设的法治保障进一步提供了智力支持。

左海聪
对外经济贸易大学“一带一路”法治研究中心主任、教授
中国法学会国际经济法学研究会副会长
2022年1月15日于北京惠新里

序　2

沣桦的专著《中国双边投资条约中 ICSID 管辖权条款的完善：基于“一带一路”倡议的分析》是在其博士论文的基础上修订完成的。作为沣桦的导师，我指导他完成了在中国政法大学的所有毕业论文——本科毕业论文、硕士毕业论文和博士毕业论文。这篇博士论文先是获得博士生创新实践活动项目的资助，后又获得学校优秀博士学位论文培育项目的资助；虽然因提前毕业以致论文写作时间有些仓促，但沣桦还是提交了高水准的终稿。这篇论文在匿名评审和答辩两个环节都获得了全优，经学院推荐和学校评议获得了该年度校级优秀博士学位论文奖。之后，沣桦在英国、法国、荷兰、丹麦等国家学习和研究期间，结合该领域的新发展不断对论文进行补充和完善，最终形成专著出版。

这本专著既有宏观的一面——综观世界百年未有之大变局下国内国际双循环的新发展格局，亦有微观的一面——剖析中国双边投资条约中 ICSID 管辖权条款存在的问题与应对；既有写意的一面——勾勒 ICSID 仲裁机制的兴起与“一带一路”倡议下中国双边投资条约的当代图景，亦有写实的一面——描绘中国双边投资条约的起步与“一带一路”倡议下的嬗变；既有守正的一面——把握双边投资条约演进和 ICSID 仲裁机制改革的方向，亦有创新的一面——尝试形成国家主权与“一带一路”海外投资利益的框架性平衡。

总体而言，这本专著具有以下三项鲜明特色。首先，选题结合现实并具有前瞻性，主旨立意深远，不但契合当前中国推动共建“一带一路”高质量发展的时代格局，更对未来建设更加紧密的“一带一路”合作伙伴关系、推动构建人类命运共同体具有重大参考价值。这是从国家政策与全球合作发展高度上所进行的研究，对共建“一带一路”高质量发展的法治建设和政府宏观决策具有较大的实用价值。

其次，这部作品独具特色地以中国双边投资条约为基点来对 ICSID 管辖权进行系统研究，深入阐述了是否应当对中国双边投资条约中 ICSID 管辖权进行革新以及怎样进行革新的问题。通过结合国际法、民商法、行政法等学科知识，沣桦对中国问题提出了革新的理念及措施，力图使对 ICSID 管辖权的规制臻于既得以维护国家主权又能够保护“一带一路”倡议下海外投资者合理利益的平衡状态。

最后，这本专著结构合理、论据详实、论证严密、逻辑性强，在论证方法上综合运用了文本分析方法、比较研究方法、案例分析方法等，特别是在论证双边投资条约的缔结能否促进国际投资流动问题上，沣桦借鉴和运用经济学上的计量经济学方法，通过足够充实的包括所有关键决定因素的数据、观察和逻辑模型，对缔约前后缔约国与未缔约国进行比较，同时考虑国内生产总值、汇率以及市场规模等其他因素。这些研究方法提升了著作在论证上的广度和深度。

值此付梓之际，寄予沣桦潜心研究、磨砺品性、砥砺前行，完成更多佳作，为国际法和“一带一路”法治研究贡献应有之力。

杜新丽

中国政法大学仲裁研究院院长

中国国际私法学会副会长

2022 年 1 月 2 日

摘 要

ICSID 仲裁机制的兴起与双边投资条约的大量缔结，共同构筑了一幅国际投资争端解决的当代图景。这一机制致力于投资争端解决的非政治化，赋予外国投资者向国际仲裁庭的直接请求权。然而，晚近 ICSID 仲裁庭通过对双边投资条约中有关实体条款的解释显现出扩展自身管辖权的倾向，进一步加大对东道国外资规制权的限制。随着“一带一路”倡议的纵深推进，中国已从资本输入国单一角色转向兼具资本输入国与资本输出国的双重角色，双边投资条约对 ICSID 管辖权的接受也从“逐案同意”“有限同意”逐渐转向“全面同意”。如何通过革新并完善中国对外缔结的双边投资条约中的 ICSID 仲裁管辖权条款，使作为发展中国家的中国国家主权的维护与“一带一路”倡议下海外投资利益的保护能够真正在 ICSID 仲裁机制中得到有效性平衡，是一个亟待解决的关键问题。本书将从完善基础、完善理念以及完善措施三个方面对此展开论述。

第一章是完善基础——“ICSID 仲裁的兴起与‘一带一路’倡议下的中国 BITs：当代图景与潜在危机”，主要述及以 ICSID 仲裁为主导的投资者 – 东道国争端解决机制的形成及 ICSID 仲裁与双边投资条约缔结的互动关系；进而阐述“一带一路”倡议背景下中国双边投资条约在对待ICSID仲裁管辖权上的立场转变。双边投资条约对ICSID管辖权的规定存在诸多缺陷，这构成了ICSID管辖权条款需要革新与完善的现状。

第二章是完善理念——“以BITs的缔约前景与ICSID的未来为视角”，主要阐释“一带一路”倡议下中国双边投资条约中ICSID管辖权条款完善应当遵循的三个理念：坚执双边投资条约的缔结，坚信ICSID仲裁机制的未来以及坚守国家主权并平衡对“一带一路”海外投资的保护。

第三章是被动意义的完善路径——“国际投资自由化背景下ICSID管辖权扩展及应对”，主要论述ICSID管辖权扩展的趋势及其潜在途径：对投资与法人国籍的界定，最惠国待遇条款在程序中的适用，从严解释保护伞条款，以及“一带一路”倡议下中国双边投资条约的因应策略。

第四章是主动意义的完善路径——“东道国当地救济规则的适用”，主要探讨作为传统习惯国际法规则的用尽当地救济规则在ICSID仲裁机制中的运用，以及中国双边投资条约如何利用用尽当地救济规则来维护本国司法主权并赋予“一带一路”倡议下海外投资较高保护标准。

第五章是主动意义的完善路径——“不排除措施条款的设置与适用”，主要探究不排除措施条款所包括的国家基本安全利益、国际和平与安全、公共秩序、公共健康、公共道德以及极端紧急情况等情形，以及中国双边投资条约如何设置不排除措施条款从而为中国及“一带一路”沿线国家重新获得对涉及公共福利规制自主权的控制提供强有力的保障。

关键词：ICSID仲裁管辖权；“一带一路”倡议；国家主权；国际投资自由化；用尽当地救济规则；不排除措施条款

ABSTRACT

The rise of ICSID arbitration mechanism and a large number of conclusions of bilateral investment treaties have collectively constructed a contemporary picture of the settlement of international investment disputes. The mechanism is committed to the depoliticisation of the settlement of investment disputes, and accords foreign investors direct claims before international tribunals. Be that as it may, in the recent time ICSID arbitral tribunals seemingly show a tendency to extend their jurisdiction through the interpretation ofsubstantive provisions of bilateral investment treaties, thereby imposing further restrictions on the host states' rights to regulate foreign investment. As the Belt and Road Initiative is effectively promoted by China, China has shifted from a mere capital-importing country to a country that has a dual role as both capital-importing country and capital-exporting country. Accordingly, unlike the 'case-by-case consent' and 'limited consent' indicated in China's bilateral investment treaties in old generations, the present bilateral investment treaties have demonstrated their ‘full consent’ to ICSID jurisdiction. Against this background, it becomes essencial and necessary to figure out, by virtue of innovating and improving the ICSID arbitral jurisdiction clauses in bilateral investment treaties concluded by China, a solution that is able to strike a significant balance between the safeguard of China’s national sovereignty and the protection of overseas investment within the Belt and Road Initiative. This book makes inquires into such an urgent issue with three dimensions, ie., the basis of the improvement, the approaches of the improvement, and the specific improvement measures.

Chapter I ‘the rise of ICSID arbitration mechanism and China’s BITs within the Belt and Road Initiative: contemporary vision and potential crisis’ examines the basis of the improvement. The Chapter primarily addresses the formation of the investor-State dispute settlement mechanism in which ICSID arbitration is in a dominant position, and the interactions between ICSID arbitration and bilateral investment treaties. It further elaborates on the shift of the position of China’s bilateral investment treaties on the ICSID arbitration jurisdiction following the inception of the Belt and Road initiative. As a matter of fact, there are a number of defects entrenched in ICSID jurisdiction clauses of China’s current bilateral investment treaties, which call unequivocally for substantial innovation and improvement of the relevant clauses.

Chapter II ‘the approaches of the improvement: a perspective of the prospects of BITs and the future of the ICSID’ aims to shed light on the three approaches that the improvement of ICSID jurisdiction clauses in China’s bilateral investment treaties shall pursue: to consistently rely on bilateral investment treaties, to have a firm belief in the future of the ICSID mechanism, and to adhere to State Sovereignty while substantially taking into account the sufficient protection of overseas investment within the Belt and Road Initiative.

Chapter III ‘the expansion of ICSID jurisdiction in the context of international investment liberalisation and its response’ investigates the first improvement that is of a passive nature. The Chapter mainly discusses the trends of ICSID jurisdiction expansion and their potential ways, namely the definition of investment and the nationality of legal entities, the application of most favoured nation clauses on procedural issues, and the stringent interpretation of the umbrella clauses. Furthermore, the Chapter explores the corresponding strategies of China’s bilateral investment treaties in the context of the Belt and Road initiative.

Chapter IV ‘the application of the rule of exhaustion of local remedies’ probes, by and large, into the second improvement which is of an active nature. The Chapter analyses the application of the rule of exhaustion of local remedies as a rule of traditionally customary international law in the ICSID arbitration mechanism, as well as the usage of the rule of exhaustion of local remedies in China's bilateral investment treaties to maintain its national judicial sovereignty and secure higher protection standards in respect of its overseas investment within the Belt and Road Initiative.

Chapter V 'the design and application of the non-precluded measures provisions' elucidates in principle the permissible objectives of non-precluded measures provisions, namely national essential security interests, international peace and security, public order, public health, public morality, and situations of extreme emergency. The Chapter further presents observations on how to design non-precluded measures provisions in China's bilateral investment treaties so as to provide a strong guarantee for China and the countries along the Belt and Road Initiative to regain control over the autonomy of regulations concerning public welfares.

KEYWORDS: ICSID Arbitral Jurisdiction, the Belt and Road Initiative, State Sovereignty, International Investment Liberalisation, the Rule of Exhaustion of Local Remedies, Non-Precluded Measures Provisions

缩 略 语

A/RES	General Assembly Resolution	（联合国）大会决议
AB	Appellate Body	（世界贸易组织）上诉机构
Abs–Shawcross Convention	Draft Convention on Investments Abroad	海外投资国际公约草案
ALI	American Law Institute	美国法律协会
ASIL IELIG	American Society of International Law International Economic Law Interest Group	美国国际法学会国际经济法兴趣组
ASR	Draft Articles on Responsibility of States for Internationally Wrongful Acts	国家对国际不法行为的责任条款草案
AUSFTA	Australia-United States Free Trade Agreement	澳大利亚–美国自由贸易协定
BRI	Belt and Road Initiative	“一带一路”倡议
BITs	Bilateral Investment Treaties	双边投资条约
CAI	China-EU Comprehensive Agreement on Investment	中欧全面投资协定
CETA	Comprehensive and Economic Trade Agreement	（欧盟–加拿大）全面经济贸易协定
CICC	China International Commercial Court	中国国际商事法庭
COVID-19	Coronavirus Disease 2019	新型冠状病毒 2019
CPTPP	Comprehensive and Progressive Agreement for Trans-Pacific Partnership	全面与进步跨太平洋伙伴关系协定

DSB	Dispute Settlement Body	（世界贸易组织）争端解决机构
DTTs	Double Taxation Treaties	避免双重征税协定
ECHR	European Court of Human Rights	欧洲人权法院
ECJ	European Court of Justice	欧洲法院
ECT	Energy Charter Treaty	能源宪章条约
EIAs	Economic Integrate Agreements	经济一体化协定
EPAs	Economic Partnership Agreements	经济合作协定
EU ETS	European Union Emissions Trading Scheme	欧盟排放交易体系
FCNs	Friendship, Commerce and Navigation Treaties	友好通商航海条约
FDI	Foreign Direct Investment	外国直接投资
FET	Fair and Equitable Treatment	公平公正待遇
FIPA	Foreign Investment Promotion and Protection Agreement	外国投资保护协定
FSIA	Foreign Sovereign Immunities Act	（美国）外国主权豁免法
FTAs	Free Trade Agreements	自由贸易协定
GATS	General Agreement on Trade in Service	服务贸易总协定
GATT	General Agreement on Tariffs and Trade	关税贸易总协定
GDP	Gross Domestic Product	国内生产总值
ICC	International Chamber of Commerce	国际商会
ICJ	International Court of Justice	国际法院
ICRG	International Country Risk Guide	国际国家风险指南
ICSID	International Center for Settlement of Investment Disputes	解决投资争端国际中心
ICSID Convention	Convention on the Settlement of Investment Disputes between States and Nationals of other States	解决国家和他国国民之间投资争端公约
IIAs	International Investment Agreements	国际投资协定
IISD	International Institute for Sustainable Development	可持续发展国际研究院
ILC	International Law Commission	国际法委员会
ISDS	Investor–State Dispute Settlement	投资者 – 东道国争端解决
IWC	International Whaling Commission	国际捕鲸委员会

LDC	Least Developed Country	最不发达国家
MAI	Multilateral Agreement on Investment	多边投资协议
MFN	Most-Favoured-Nation Treatment	最惠国待遇
MIC	Multilateral Investment Court	多边投资法庭
MIGA	Multinational Investment Guarantee Agency	多边投资担保机构
NAFTA	North American Free Trade Agreement	北美自由贸易协定
NATO	North Atlantic Treaty Organization	北大西洋公约组织
NPM	Non-Precluded Measures	不排除措施（条款）
OECD	Organization for Economic Co-operation and Development	经济合作与发展组织
PCA	Permanent Court of Arbitration	常设仲裁法院
PCIJ	Permanent Court of International Justice	常设国际法院
PPI	Producer Price Index	生产者价格指数
RCEP	Regional Comprehensive Economic Partnership	区域全面经济伙伴关系协定
S&D	Special and Differential (Treatment)	特殊与差别（待遇）
SCC	Stockholm Chamber of Commerce	斯德哥尔摩商会
SPS	Agreement on the Application of Sanitary and Phytosanitary Measures	实施卫生与植物检疫措施协议
TBT	Technical Barriers to Trade Agreement	技术性贸易壁垒协定
TIPs	Treaties with Investment Provisions	包含投资条款的协定
TRIMs	Agreement on Trade Related Investment Measures	与贸易有关的投资措施协定
TRIPS	Agreement on Trade Related Aspects of Intellectual Property Rights，TRIPS	与贸易有关的知识产权协定
UN Charter	Charter of the United Nations	联合国宪章
UN GA	United Nations General Assembly	联合国大会
UNCITRAL	United Nations Commission on International Trade Law	联合国贸易法委员会
UNCTAD	United Nations Conference on Trade and Development	联合国贸易和发展会议
UNCTC	United Nations Centre on Transnational Corporations	联合国跨国公司中心

UNFCCC	United Nations Framework Convention on Climate Change	联合国气候变化框架公约
UNHCR	United Nations High Commissioner for Refugees/The UN Refugee Agency	联合国难民事务高级专员
UNTS	United Nations Treaty Series	联合国条约集
USMCA	United States-Mexico-Canada Agreement	美国－墨西哥－加拿大协定
VCLT	Vienna Convention on the Law of Treaties	维也纳条约法公约
VIE	Variable Interest Entity	可变利益实体
WIPO	World Intellectual Property Organization	世界知识产权组织
WIR	World Investment Report	世界投资报告
WTO	World Trade Organization	世界贸易组织

图　表

目　录

绪 论

2013年9月，习近平主席访问哈萨克斯坦时提出共同建设“丝绸之路经济带”，同年10月访问印度尼西亚时提出共同建设“21世纪海上丝绸之路”，[1]即“一带一路”倡议。随着由“政策沟通、设施联通、贸易畅通、资金融通、民心相通”五大合作内容、[2]“六廊、六路、多国、多港”互联互通架构[3]以及“和平合作、开放包容、互学互鉴、互利共赢”核心理念[4]构成的宏观顶层框架的形成，高质量共

---

〔1〕习近平：《共同建设“丝绸之路经济带”》（2013年9月7日）、《共同建设二十一世纪“海上丝绸之路”》（2013年10月3日），载《习近平谈治国理政》，外文出版社2014年版，第287-295页。

〔2〕国家发展改革委、外交部、商务部：《推动共建丝绸之路经济带和21世纪海上丝绸之路的愿景与行动》，2015年3月28日。

〔3〕“六廊”是指中蒙俄、新亚欧大陆桥、中国-中亚-西亚、中国-中南半岛、中巴和孟中印缅国际经济合作走廊；“六路”是指铁路、公路、水路、空路、管路、信息高速路互联互通路网；“多国”是指选取若干重要国家作为合作重点；“多港”是指构建若干海上支点港口。依据习近平主席的演讲，“六廊六路多国多港”的互联互通架构已基本形成。参见“齐心开创共建“一带一路”美好未来”——习近平在第二届“一带一路”国际合作高峰论坛开幕式上的主旨演讲，http://www.beltandroadforum.org/n100/2019/0426/c26-1261.html，2021年4月28日访问。

〔4〕推进“一带一路”建设工作领导小组办公室：《共建“一带一路”倡议：进展、贡献与展望》，2019年4月22日。

建“一带一路”将迎来更大范围、更高水平和更深层次的推进。

当今世界正经历百年未有之大变局，各国发展都面临难得的机遇与严峻的挑战，实现现代、和谐、有创造力以及可持续的发展是诸多国家面临的共同课题。世界银行发布的《2030年的中国：建设现代、和谐、有创造力的高收入社会》指出，过去三十年，中国从融入全球经济中获益良多；而今后二十年继续加深与全球经济的贸易、投资和金融联系，中国还将会从进一步专业化、更多投资机会、更高资本回报以及互利的创意与知识流动中获益。[1]就投资领域而言，作为全球经济关键利益攸关方的中国提出的“一带一路”倡议，是中国融入世界的重要载体。更为关键的是，虽然这一倡议源于中国，但秉承共商共建共享原则，高质量共建“一带一路”会让更多国家和地区融入经济全球化，实现共同发展。

然而，“一带一路”建设的持续推进，仍面临着所谓中国版马歇尔计划、中国威胁论、重回朝贡体系论、制造债务陷阱等伪命题的质疑。[2]实践中斯里兰卡科伦坡港、缅甸密松水电站和韩国济州岛等项目遭遇的波折，折射出“一带一路”推行中所面临的生态环境[3]、劳工标准[4]等风险。澳大利亚于2021年4月首次引用2020年12月正式实施的《外国安排计划法》（Foreign Arrangements Scheme）取消维多利亚州与中国签署的一份“一带一路”备忘录[5]和一份“一带一路”框架协议，[6]引发各方广泛关注。2021年6月美国白宫发表声明称，美国总统拜登和七国集团领导人同意发起新的全球基础设施倡议——“重建美好世界”（Build Back Better World），由“主要民主国家领导的价值观驱动、高标准和透明的基础设施合作伙伴关系（a values-driven, high-standard, and

---

〔1〕The World Bank, Development Research Center of the State Council, the People's Republic of China, 'China 2030: Building a Modern, Harmonious, and Creative High-Income Society', at xvii, available at: http://www.worldbank.org/content/dam/Worldbank/document/China-2030-complete.pdf, visited on 28 April 2021.

〔2〕E.g., Simon Shen and Wilson Chan, 'A comparative study of the Belt and Road Initiative and the Marshall plan', Palgrave Commun, vol.4，32（2018）.

〔3〕See e.g., Fernando Ascensão, Lenore Fahrig, Anthony P. Clevenger, *et al*, 'Environmental Challenges for the Belt and Road Initiative', Nature Sustainability, vol.1，206（2018）.

〔4〕See e.g., Mimi Zou, 'China and the Belt and Road Initiative: Transnational Labor Law Under State Capitalism 4.0', American Journal of International Law Unbound, vol.113（2019）; Aaron Halegua, 'Where is the Belt and Road Initiative taking international labour rights? An examination of worker abuse by Chinese firms in Saipan', in Maria Adele Carrai, Jean-Christophe Defraigne and Jan Wouters (eds.），*The Belt and Road Initiative and Global Governance*, Edward Elgar, 2020，225.

〔5〕Memorandum of Understanding between the Government of Victoria and the National Development and Reform Commission of the People's Republic of China on Cooperation within the Framework of the Silk Road Economic Belt and the 21st Century Maritime Silk Road Initiative, signed 8 October 2018.

〔6〕Framework Agreement between the Government of Victoria and the National Development and Reform Commission of the People's Republic of China on Jointly Promoting the Framework of the Silk Road Economic Belt and the 21st Century Maritime Silk Road, signed on 23 October 2019.

transparent infrastructure partnership led by major democracies）”，旨在满足发展中经济体超过 40 万亿美元的基础设施需求。[1] 继 2019 年推出“欧亚互联互通”战略[2]之后，欧盟于 2021 年 12 月推出“全球门户”（Global Gateway）战略，将以欧盟在社会、环境、财政与劳工方面的高标准为基础，计划调动高达 3 000 亿欧盟对优质基础设施进行投资。[3] 在欧美相继推出旨在抗衡“一带一路”全球性基建方案的新形势下，如何使用世界性的语言向各国展示“一带一路”这一全球公共产品、如何在国际经贸格局酝酿深刻变革和民粹主义蔓延的时代背景下使各国人民理解“一带一路”倡议所承载的合作共赢发展理念，最终实现人类命运共同体的宏伟愿景，仍然任重道远。

加强法治在“一带一路”建设中的作用，通过沿线各国形成法治共识、协调法律冲突、加强司法合作、协同培养高端国际法律人才以及逐步形成国际法律共同体等诸多途径[4]来推动“一带一路”建设行稳致远，是回应责难、防范风险、凝聚沿线国家乃至世界各国发展共识的重大方略，也是中国承担更多国际责任、供给更多国际公共产品的大国战略。2018 年“一带一路”法治合作国际论坛发布的《“一带一路”法治合作国际论坛共同主席声明》认为，“一带一路”是践行国际法治的新平台、促进国际法治的新动力。[5] 来自 20 个国家和国际组织的代表在 2021 年中国法治国际论坛上围绕“‘一带一路’国际经贸规则创新与完善”的主题进行探讨，论坛发布的《北京宣言》指出推动高质量共建“一带一路”，需要公正合理、开放透明、创新完善的国际经贸规则。[6] 从国际法的视角来看，“一带一路”倡议是中国在新的历史发展时期，作为一个负责任大国向国际社会提供的非竞争性与非排他性的国际公共产品。[7] 通过发挥“一

---

〔1〕US White House, ‘Build Back Better World: An Affirmative Initiative for Meeting the Tremendous Infrastructure Needs of Low- and Middle-Income Countries’, see ‘FACT SHEET: President Biden and G7 Leaders Launch Build Back Better World (B3W) Partnership’, 12 June 2021, available at: https://www.whitehouse.gov/briefing-room/statements-releases/2021/06/12/fact-sheet-president-biden-and-g7-leaders-launch-build-back-better-world-b3w-partnership/, visited on 27 December 2021.

〔2〕Europen Union, ‘Connecting Europe & Asia: The EU Strategy’, 26 September 2019, available at: https://eeas.europa.eu/headquarters/headquarters-homepage/50699/connecting-europe-asia-eu-strategy_en, visited on 27 December 2021.

〔3〕Europen Union, ‘Global Gateway: up to €300 billion for the European Union's strategy to boost sustainable links around the world’, 1 December 2021, available at: https://ec.europa.eu/commission/presscorner/detail/en/ip_21_6433, visited on 27 December 2021.

〔4〕肖永平：《法治合作：为“一带一路”高质量发展保驾护航》，载《光明日报》2019 年 3 月 25 日，第 16 版。

〔5〕《“一带一路”法治合作国际论坛共同主席声明》第 9 条。

〔6〕《中国法治国际论坛北京宣言》，2021 年 11 月 12 日。

〔7〕石静霞：《“一带一路”倡议与国际法——基于国际公共产品供给视角的分析》，载《中国社会科学》2021 年第 1 期，第 156 页。

带一路”建设对人类命运共同体的平台作用，用国际法语言讲好“中国故事”，[1] 将为全球治理提供中国方案。[2]

“一带一路”倡议创制国际法路径包含立法路径[3]和司法路径，中国已具备了主导司法路径的条件。[4]在司法领域，“一带一路”建设要求中国法院具有国际担当，[5]为“一带一路”建设提供有力的司法保障。[6]当前，提升“一带一路”法治化水平的司法创新已逐步推出。[7]其中，探讨“一带一路”争议[8]解决方式中的投资争端的预防[9]与解决机制，[10]是不可或缺的一环。而探究并阐明ICSID仲裁及其在“一带一路”争端解决中的可能作用，具有理论价值与现实意义。中国已于1990年签署《ICSID公约》，并于1993年正式加入了ICSID这一解决国际投资争端多边机制。然而，作为发展中国家的中国的国家主权维护与“一带一路”倡议下海外投资利益的保护能否真正在ICSID仲裁机制中得到有效性平衡，仍需要进一步探究。

在历史上，国际直接投资法律的主要目的之一在于保护投资的权利，对投资者权利的保护鼓励了私人主体的对外直接投资。而对外直接投资具有极大风险，因为私人主体无论是以个体或法人实体的形式出现，在拥有、管理或运营业务上与国家相较而言都是不平等的。私人投资者在应对东道国政府征收资产、

---

〔1〕“人类命运共同体与国际法”课题组：《人类命运共同体的国际法构建》，载《武大国际法评论》2019年第1期，第1页。

〔2〕何志鹏：《国际法治的中国方案——“一带一路”的全球治理视角》，载《太平洋学报》2017年第5期，第1页。

〔3〕截至2021年12月25日，以“一带一路”作为关键词在北大法宝数据库进行检索可知，自“一带一路”倡议提出以来，中国制定的与“一带一路”相关的中央法规达2 000余项、地方性法规达1 600余项、签署的中外条约达200余项。这些文件涉及营商环境优化、宏观经济体制改革、知识产权保护、证券交易管理、疫情防控、司法机构建设等不同领域的内容，覆盖了法律、行政法规、部门规章、党内法规、司法解释、行业规定等多种类型的规范性文件。

〔4〕刘敬东、王路路：《“一带一路”倡议创制国际法的路径研究》，载《学术论坛》2018年第6期，第13页。

〔5〕车丕照：《“一带一路”建设与中国法院的国际担当》，载《中国审判》2015年第15期，第16页。

〔6〕孔庆江：《为“一带一路”建设提供司法保障》，载《人民日报》2015年9月18日，第007版。

〔7〕例如，最高人民法院于2015年发布了《关于人民法院为“一带一路”建设提供司法服务和保障的若干意见》，于2019年发布《关于人民法院进一步为“一带一路”建设提供司法服务和保障的意见》。同时，根据《关于建立“一带一路”国际商事争端解决机制和机构的意见》，最高人民法院于2018年分别在深圳和西安成立第一国际商事法庭和第二国际商事法庭，于2021年在北京第四中级人民法院设立北京国际商事法庭。

〔8〕“争议”和“争端”均对应英文中的“Dispute”，但中外缔结的条约有的采用“争议”，有的采用“争端”。本书根据习惯在不同语境中采用不同措辞。

〔9〕漆彤：《论“一带一路”国际投资争议的预防机制》，载《法学评论》2018年第3期，第79页。

〔10〕黄进、孔庆江：《关于设立亚洲基础设施投资银行投资争端解决中心的探讨》，载《国际经济评论》2017年第6期，第117页。

国有化、占据或变更财产权利、转移对资产的控制或所有权方面，往往束手无策。因而，私人投资者母国的军事或政治影响力，成为了保障投资者利益的主要方式。[1]即使争端的解决方式已步入相对自由化的投资者－东道国仲裁机制，对于外国投资者与东道国政府间因投资引起的争端，当事双方仍存在着结构性的不平衡：投资者特别是中小企业，在人才、资金、信息等诉讼资源的拥有上，根本无法与东道国政府相抗衡；在争端解决过程中，东道国政府往往会滥用权力，阻止本国的有关人员和部门向外国投资者提供于己不利的证据。[2]有鉴于此，跨国投资者需要更高标准的保护，以维系其正当的投资利益。缘于多边投资协定谈判的步履维艰，在国际投资自由化推动下，现代双边投资条约逐步成为赋予外国投资者高标准保护的高度自由化协定，是目前保护国际投资的最有力的国际法措施。[3]

由此产生的问题是，在与一些富可敌国的跨国公司角力中，相对弱小的发展中国家却往往处于难以招架之势。如今，范围广泛的双边投资保护条款已不再只是跨国投资者在利益受到投资东道国不法侵害时寻求救济的依据，而成为了跨国投资者针对东道国的立法、司法以及行政行为的有力武器。特别是在争端解决机制中，ICSID 仲裁程序在一定程度上表现出了侧重对外国投资者利益保护的倾向。自阿根廷对外缔结的双边投资条约全面接受 ICSID 仲裁管辖权后，高标准的双边投资条约与动荡的经济走势结合在一起，给阿根廷带来了极为惨重的代价——2002 年阿根廷政府为应对经济危机颁布公共紧急状态法及相关辅助法律法规后，外国投资者纷纷基于双边投资条约向 ICSID 提请仲裁，使阿根廷陷入了 ICSID 仲裁管辖权危机中。[4]在未来可预见的一段时间内，全球经济环境很可能仍然不确定且跌宕起伏，新冠疫情全球大流行也对国际法律秩序产生了巨大冲击，[5]因此合理规制 ICSID 仲裁管辖权、防止投资者－东道国争端解决机制对国家主权的过度侵蚀就显得极为必要。同时，国际投资仲裁不仅仅作为一种投资者与国家之间的争端解决机制，还涉及国际仲裁庭在全球行政空

---

〔1〕Rachel J. Anderson, 'Toward Global Corporate Citizenship: Reframing Foreign Direct Investment Law', 18 Michigan State Journal of International Law, vol.18，6（2009）.

〔2〕T. W. Wälde, 'The Present State of Research Carried out by the English Speaking Section of the Centre for Studies and Research', in Philippe Kahn and Thomas W. Wälde (eds.)，*New Aspects of International Investment Law*, Martinus Nijhoff Publishers, 2006，76－91.

〔3〕余劲松著：《国际投资法》，法律出版社 2018 年版，第 193 页。

〔4〕José E. Alvarez, *The Public International Law Regime Governing International Investment*, The Pocket Books of The Hague Academy of International Law, Brill, 2011，248－50.

〔5〕Peter G. Danchin, Jeremy Farrall, Shruti Rana and Imogen Saunders, 'The Pandemic Paradox in International Law', American Journal of International Law, vol. 114（4），598（2020）.

间行使权力的一种全球治理形式，[1] 因此，探讨这一机制的改革也愈显重要。联合国贸易法委员会第三工作组已于2017年起对投资者 – 东道国投资争端解决机制的改革进行探索，[2] 此项改革预计在 2025 年完成。[3] 中国也于 2019 年 7 月 19 日向工作组提交了改革方案。[4]

在全球范围内，当下及未来，投资条约的谈判者仍将继续寻求一个外国投资者与东道国之间公平和可预见的平衡（Fair and Predictable Balance）的最佳条款。[5] 放眼中国，自加入世界贸易组织后，中国修订了诸多法律，但双边投资条约却未获得同等的关注。随着中国在国际投资活动中的纵深拓展，特别是考虑到由美国挑起的中美经贸摩擦背景下中国对外资的吸收与利用以及在“一带一路”倡议背景下中国对沿线国家可持续海外投资[6] 保护的现实需要，中国现代双边投资条约将不仅仅是作为未来谈判的一个基础，更是政府政策意向的信号，[7] 缔约对方及跨国投资者可从中获得对投资的更多预测与透明度。[8] 对中国而言，“一带一路”倡议涉及前所未有的国际基础设施投资规模，所涉争端的解决需要国际社会在建立中立、创新和高效的投资者 – 东道国争端解决机制方面做出更多努力。[9] 2021 年 7 月，中国商务部发布了《企业利用投资协定参考指

〔1〕Benedict Kingsbury and Stephan W. Schill, ‘Investor-State Arbitration as Governance: Fair and Equitable Treatment, Proportionality and the Emerging Global Administrative Law’, in Albert Jan van den Berg (ed.)，*50 Years of the New York Convention: ICCA International Arbitration Conference*, ICCA Congress Series, 2009 Dublin Volume 14, Kluwer Law International, 2009，5.

〔2〕See United Nations Commission on International Trade Law（‘UNCITRAL’）official website: https://uncitral.un.org/en/working_groups/3/investor-state, visited on 7 May 2021.

〔3〕UNCITRAL Working Group III (Investor-State Dispute Settlement Reform），‘Workplan to Implement Investor-State Dispute Settlement (ISDS) Reform and Resource Requirements’, A/CN.9/WG.III/WP.206, Vienna, online, 4 – 5 May 2021.

〔4〕See UNCITRAL Working Group III (Investor-State Dispute Settlement Reform），‘Possible Reform of Investor-State Dispute Settlement (ISDS), Submission from the Government of China’, A/CN.9/WG.III/WP.177, Thirty-eighth session, Vienna, 14 – 18 October 2019.

〔5〕André von Walter, ‘Balancing Investors’ and Host States’ Rights-What Alternatives for Treaty- makers?’, in Marc Bungenberg, Jörn Griebel, Steffen Hindelang (eds.), *International Investment Law and EU Law (*European Yearbook of International Economic Law), Springer-Verlag, 2011，141.

〔6〕何力：《“一带一路”背景下对外投资与可持续发展的法律问题》，载《海关与经贸研究》2018 年第 4 期，第 1 页；韩秀丽：《中国海外投资的环境保护问题——基于投资法维度的考察》，载《厦门大学学报》2018 年第 3 期，第 103 页。

〔7〕双边投资条约在吸引外资的信号功能（Signalling Function）方面，可能只具有暂时的效应，从长远来说保证功能（Commitment Function）才是永久的。See Jan Peter Sasse, *An Analysis of Bilateral Investment Treaties*, Wiesbaden: Gabler, 2011，122 – 23.

〔8〕Guiguo Wang, ‘China’s Practice in International Investment Law: From Participation to Leadership in the World Economy’, Yale Journal of International Law, vol.34，586（2009）.

〔9〕露西·里德：《加强投资者 – 国家争端解决》，载外交部、中国法学会编：《规则与协调——“一带一路”法治合作国际论坛文集》，法律出版社 2018 年版，第 121 页。

南》，其中特别就“怎样利用投资协定中的投资者－东道国争端解决机制”作出规定。[1] 相应地，随着“一带一路”法治化体系构建进入关键时期，[2] 对中国政府对外缔结的双边投资条约中 ICSID 仲裁管辖权条款进行完善，使之契合“国内国际双循环”新发展格局下中国当前及未来兼具资本输入国与资本输出国的双重身份，达成持续有效平衡国家主权与投资者利益的保障，其序幕才刚刚开启。

---

〔1〕参见商务部：《企业利用投资协定参考指南》，2021 年。在“向哪一个仲裁机构提起仲裁”问题中，《指南》认为“企业可以选择所适用的投资协定规定的仲裁机制之一提起仲裁，通常可以选择向世界银行下设的解决投资争端国际中心（ICSID）提起仲裁，或者选择适用联合国贸易法委员会（UNCITRAL）仲裁规则通过设立专设仲裁庭的方式提起仲裁”。

〔2〕刘敬东：《“一带一路”法治化体系构建的再思考》，载《环球法律评论》2021 年第 3 期，第 180 页。

第一章

ICSID仲裁的兴起与“一带一路”倡议下的中国BITs：当代图景与潜在危机

第一节　BITs与投资者－东道国仲裁机制的兴起

一、投资者－东道国仲裁机制的形成

20世纪50年代发展中国家大规模的国有化运动，不可避免地触及外国投资者及资本输出国的既得利益，对于由此产生的投资争端的解决，各方莫衷一是。二战后新独立的国家以及拉美国家认为解决国际贸易与投资争端的仲裁，往往会倾向于发达国家（The North）的经济利益。[1]为了充分保护本国主权，发展中国家（The South）更愿意将这些争端交由本国法院，适用本国法律进行审理。[2]这一

〔1〕Jan Paulsson, 'The Third World Participation in International Investment Arbitration', ICSID Review: Foreign Investment Law Journal, vol.2, 21（1987）. 该文表明了20世纪前半叶，各国际法庭或委员会开展的仲裁对发展中国家存在偏见。

〔2〕Jessica S. Wiltse, 'An Investor－State Dispute Mechanism in Free Trade Area of the Americas: Lessons from NAFTA Chapter Eleven', Buffalo Law Review, vol.51，1175（2003）.

方式遭到了跨国公司的坚决反对，他们担心将争端交由东道国法院审理会导致东道国既作为争端的一方当事人，又作为解决争端的裁判者，且据以裁判的规则是由东道国作出的，而东道国可任意修订这些规则。即便是跨国公司对东道国司法机关没有偏见，主权豁免原则（The Principle of Sovereign Immunity）仍会使东道国免于被诉或判决的承认与执行。[1] 如果非要通过诉讼解决，发达国家及跨国公司则希冀在投资母国的法院进行诉讼，并在实践中适用所谓“长臂管辖”（Long-Arm Jurisdiction），[2] 通过扣押东道国在投资母国境内的财产来获得管辖权或判决的执行权。

为越过前述障碍，两个解决方案摆在跨国公司面前：他们可以选择东道国的国内法律程序，并力求东道国放弃诉讼和执行的豁免；或者直接在国际层面上解决投资争端。在国际层面上，首先，跨国公司当然可以通过游说母国，从而获得外交保护（Diplomatic Protection）救济。不过，该方法容易导致资本输出国强权政治的滥用，激化资本输出国与输入国之间的矛盾，使争端政治化。尽管实践中确实存在着诸多滥用外交保护的案例，母国通常并不愿意以政治理由介入投资争端。[3] 此外，外交保护还会引起国家对另一国家的义务与国家对

---

〔1〕Foreign Sovereign Immunities Act （FSIA），28 U.S.C. § 1602（2000）. 该法规定除非国家参与商事活动（Commercial Activities），否则享有外国法院的管辖豁免权。同时，美国《外国主权豁免法》也规定管辖豁免例外，包括放弃豁免和反诉、商业活动例外、违反国际法征收的财产发生争议的管辖豁免例外、在美国某些种类的财产权——继承、捐赠、不动产例外、非商业侵权例外、仲裁例外、海事请求例外、恐怖主义例外等九项例外。参见李庆明著：《美国的外国主权豁免理论与实践》，人民日报出版社 2021 年版，第 168 页。

〔2〕作为美国民事诉讼中的一个重要原则，所谓“长臂管辖”是指只要被告和立案法院所在地存在某种“最低联系”（Minimum Contacts），而且原告所提权利要求和这种联系有关时，该法院就对被告具有属人管辖权，可以对被告发出传票，即使被告在州外甚至国外。See Douglas D. McFarland, ‘Dictum Run Wild: How Long-Arm Statutes Extended to the Limits of Due Process’, BYU Law Review, vol.84, 492 – 98（2004）. 近年来，美国不断扩充“长臂管辖”的范围，涵盖了民事侵权、金融投资、反垄断、出口管制、网络安全等众多领域，对不遵循美国国内法的外国实体和个人实施民事、刑事以及贸易等制裁（参见国务院新闻办公厅：《关于中美经贸摩擦的事实与中方立场》，2018 年 9 月）。随着美国对涉华事项不断滥用“长臂管辖”，诸多学者呼吁从立法、司法与执法三个层面构建我国法的域外适用法律体系（参见肖永平：《“长臂管辖权”的法理分析与对策研究》，载《中国法学》2019 年第 6 期；霍政欣：《国内法的域外效力：美国机制、学理解构与中国路径》，载《政法论坛》2020 年第 2 期，本文阐释了长臂管辖权与国内法域外效力的区别）。为应对美国对华制裁，商务部于 2020 年 9 月 19 日公布《不可靠实体清单规定》、于 2021 年 1 月 9 日公布《阻断外国法律与措施不当域外适用办法》，全国人大于 2021 年 6 月 10 日公布《反外国制裁法》，这三部文件为实施反制措施提供了基本法治保障和支撑。

〔3〕Peter Muchlinski, ‘The Diplomatic Protection of Foreign Investors: A Tale Of Judicial Caution’, in Christina Binder, *et al* (eds.), *International Investment Law for the 21st Century: Essays in Honour of Christoph Schreuer*, Oxford University Press, 2009，341.

国际社会整体的义务问题，[1] 这将使得投资争端的解决复杂化。从政治经济学的角度，将外交保护视为一种服务，则是由国家作为单一服务提供者（没有替代品）自主提供的，国家对外交保护的行使具有自主垄断，而自主垄断的存在是引起腐败风险增加的典型情况之一，国家作为服务全权垄断者的地位为那些有索取贿赂或其他非法付款倾向的官员创造了诱因；因此，外交保护会助长腐败行为。[2]

其次，资本输出国政府作为原告，并以东道国政府作为被告，向国际法院起诉，要求司法解决。1952 年国际法院对 *The Anglo-Iranian Oil Co.（United Kingdom v. Iran）*一案[3] 的审理，即是此种方法的典型。但此种方法随着时代

---

〔1〕例如，1970 年国际法院对 *Case Concerning The Barcelona Traction, Light and Power Company, Limited (New Application: 1962)（Belgium v. Spain）*一案的判决。Barcelona 公司是总部位于加拿大的控股公司，在西班牙和加拿大有若干子公司。一战后 Barcelona 公司的大部分股份为比利时国民拥有，且公司发行的英镑债券预定从西班牙子公司的汇兑中偿付。1940 年西班牙内战后，西班牙外汇管制当局拒绝批准本国境内的公司向 Barcelona 公司汇兑必需的外汇，使得英镑债券未能获得偿付。1948 年西班牙雷乌斯地方法院判决 Barcelona 公司因不能支付债券利息而破产。在 Barcelona 公司破产程序中，英国、加拿大、美国以及比利时等国政府或代表本国债券持有人或代表 Barcelona 公司向西班牙提出赔偿请求。1962 年比利时政府向国际法院起诉，请求判决西班牙国家机关的行为违反了国际法，西班牙有义务赔偿作为 Barcelona 公司股东的比利时国民因此遭受的损失。(See I.C.J. Report 1964, at 16 – 64.) 国际法院认为，Barcelona 公司依据加拿大法律成立，因此应视为加拿大法人，尽管公司 88%的股份为比利时国民持有，比利时亦不能行使外交保护。本案的实质问题虽然是公司及其股东的外交保护问题，但却由此引起了“对国际社会整体的义务”(obligations *erga omnes*) 的概念的提出。(See I.C.J. Report 1970, at 3 – 34.)“对国际社会整体的义务”是指一国对所有国家、整个国际社会而承担的义务。在本案中，比利时起诉的理由之一是西班牙对于保护外国投资者的利益负有“对一切”的义务，此即“对国际社会整体的义务”。然而，国际法院否定了比利时关于对国际社会整体的义务的主张，认为“当一国许可外国投资或外国国民，无论自然人抑或法人，进入其领土时，须对他们进行法律保护并承担给予他们一定待遇之义务。然而，这些义务既非绝对亦非不受限制，特别是应在一国对作为整体的国际社会的义务和它对另一国（vis-à-vis another State）在外交保护领域的义务之间做一个必要的区分。依其性质，前者是所有国家关切之事项。鉴于所涉权利之重要性，对其进行保护方面，所有国家都被认为具有合法利益；它们是‘对国际社会整体的义务’（obligations *erga omnes*）”。譬如，在当代国际法中，此种义务产生于禁止侵略行为及灭绝种族，也来自关于人的基本权利的原则与规则，包括免受奴役和种族歧视的基本原则与规则。参见 Christian J. Tams, *Enforcing Obligations Erga Omnes in International Law*, Cambridge University Press, 2005，1 – 2.

〔2〕Manuel Casas：《投资仲裁和非机构性替代方案的风险》，钟晓宁、任衍冰译，殷维校，2022 年 3 月 13 日。西班牙语原文参见 http://www.revistaladi.com.ar/index.php/revista-ladi/article/view/77。

〔3〕1933 年伊朗（时称波斯）与英国 Anglo-Persia Oil Company（即后来的 Anglo-Iranian Oil Co.）签订了一项授予 Anglo-Persia 公司在伊朗境内特许区域开采和加工石油的特许权；协议有效期为 60 年；并规定在协议有效期内，非因特殊情况和经仲裁庭裁决，协议不能废除。1951 年伊朗通过石油工业国有化法律（On 15 and 20 March, 1951, the Iranian Majlis and Senate, respectively, passed a law enunciating the principle of nationalization of the oil industry in Iran. On 28 and 30 April 28，1951, they passed another law ‘concerning the procedure for enforcement of the law concerning the nationalization of the oil industry throughout the country’），就此取消 Anglo-Persia 公司的特许权。Anglo-Persia（转下页）

的发展，已遭到了众多发展中国家的共同抵制与国际舆论的谴责。

最后，由外国投资者直接向一般的国际商事仲裁机构请求仲裁。国际商事仲裁机构致力于一般商事争议的解决，对一方当事人是主权国家的国际投资争端，往往因缺失有约束力的特定规则显得无所适从。例如，一方面，经济合作与发展组织（Organization for Economic Co-operation and Development，OECD）[1] 在关于国际投资的工作稿 2006 年 1 号文件《改进投资者与国家间争端解决机制：概览》中就曾指出，投资者与国家间的争端往往涉及公共利益问题，而这些问题在一般商事仲裁中是不涉及的。[2] 另一方面，国际商事仲裁要求当事人存有提交仲裁的合意，而在国际投资中只有少数的投资者与东道国之间签订的合同中含有将争端交付仲裁的合意。[3] 此时，在司法解决方式、政治解决方式以及一般国际商事仲裁机制都无法满足较为特殊的国际投资争端的解决时，寻求一个新的投资争端解决机制迫在眉睫。

正是在这一背景下，基于其促进私人投资和推动用于生产目的的资本投资的理念，[4] 联合国所属专门机构——国际复兴开发银行于 1962 年开始主持制定了相关公约的初步草案（Preliminary Draft）。历经数年多次修改，南北国家终于在 1965 年达成了妥协性共识，拟定了公约的正式文本——《解决国家和他国国民之间投资争端公约》（Convention on the Settlement of Investment Disputes between States and Nationals of other States），简称《ICSID 公约》。公约经世界银行执行董事会通过，并在华盛顿开放签字，因此公约又称为《华盛顿公约》。1966

（接上页）公司要求以仲裁方式解决其与伊朗政府之间的争议被拒后，英国政府于 1951 年向国际法院起诉，请求判决并宣告伊朗政府有义务将伊朗与 Anglo-Persia 公司之间的争议交付仲裁庭解决，或请求国际法院判决伊朗实行国有化法律违反了国际法并违反伊朗根据 1933 年协议所承担的义务。依据国际法院规约第 36 条第 1 款规定，必须是各有关当事国家一致同意提交国际法院管辖审理的案件，国际法院才有权审理。鉴于伊朗不同意将案件提交国际法院，之后国际法院认为，英国并非特许权协议的当事方，因而该协议不能构成两国政府之间的联系，或者在任何程度上调整两国之间的关系。在这个协议下，伊朗不能如同向 Anglo-Persia 公司那样向英国提出权利要求，也不能如同向 Anglo-Persia 公司履行义务那样向英国政府履行义务。（See I.C.J. Report 1952, at 93－115.）

〔1〕经济合作与发展组织成立于 1961 年，是由 18 个欧洲国家和美国、加拿大创始组成的政府间国际经济组织，旨在共同应对全球化带来的经济、社会和政府治理等方面的挑战，并把握全球化带来的机遇。经济合作与发展组织总部设在法国巴黎，目前有 37 个成员国。参见 OECD 官方网址，https: //www.oecd.org/about/2021 年 5 月 7 日访问。

〔2〕OECD, 'Improving the System of Investor-State Dispute Settlement: An Overview', OECD Working Papers on International Investment Number 2006/1, at 3.

〔3〕Campbell McLachlan, 'Investment Treaty Arbitration: The Legal Framework', in Albert Jan van den Berg (ed.)，*50 Years of the New York Convention: ICCA International Arbitration Conference*, ICCA Congress Series, 2009 Dublin Volume 14, Kluwer Law International, 2009，97.

〔4〕Jeremy J. Sanders, 'The World Bank and the IMF: Fostering Growth in the Global Market', Currents: International Trade Law Journal, vol.9，37－39（2000）.

年 10 月 14 日，荷兰作为第 20 个国家完成了批准公约缔约的全部手续，公约开始生效；[1] 随即依据公约规定，[2] 正式设置了解决投资争端国际中心（International Center for Settlement of Investment Disputes，ICSID），作为公约授权负责组织处理外国投资者与东道国政府之间的投资争端的常设专门机构。ICSID 的成立，在很大程度上代表了试图实现投资争端非政治化的尝试。[3] 至此，以 ICSID 仲裁为主导的投资者 – 东道国仲裁机制开始形成，并随后在解决投资者与东道国之间的投资争端问题上发挥着举足轻重的作用。

二、BITs 作为 ICSID 仲裁发展的推动力

国际投资争端案件的解决，一般可通过四种途径来确定东道国放弃司法管辖权，即国内立法、国际投资合同、双边投资条约、区域性或国际性条约。其中，国内立法通常指与外资相关的国家立法，东道国在立法中允许外国投资者将投资争端诉诸国际仲裁。国际投资合同是指外国投资者因特定的投资项目与投资东道国政府签订的相互合作的书面协议，通称特许协议（Concession）或国家契约（State Contract）。外国投资者基于合同提起的国际投资仲裁，可以是合同明确赋予投资者提起国际仲裁的权利，也可以是通过保护伞条款的方式尝试将合同承诺上升为条约承诺。基于条约提起的国际仲裁即投资条约仲裁（Investment Treaty Arbitration），这既包括双边投资条约，[4] 也包括诸如 2018 年签署的《美国 – 墨西哥 – 加拿大协定》（United States-Mexico Canada Agreement，USMCA）[5]、《能源宪章条约》（Energy Charter Treaty，ECT）[6] 等区域性或多边条约。基于合同的仲裁与投资条约仲裁二者之间的逻辑关系如下图表 1 所示。

---

〔1〕Dr. K.V.S.K. Nathan, *The ICSID Convention: The Law of the International Centre for Settlement of Investment Disputes*, Juris Publishing, Inc.，2000，50 – 51.

〔2〕Art.1（1）of Convention on the Settlement of Investment Disputes between States and Nationals of other States.

〔3〕Andrés Rigo Sureda, ‘ICSID: An Overview’, World Arbitration and Mediation Report, vol.13，166（2002）.

〔4〕例如中国 – 丹麦 BIT 第 8 条规定：“有关第四条规定的征收补偿款额的争议，有关的国民或公司在诉诸本条第一款的程序后六个月内仍未解决，可将争议提交由双方组成的国际仲裁庭。”

〔5〕与《北美自由贸易协定》（North American Free Trade Agreement, NAFTA）不同，《美墨加协定》在投资争端解决上对不同缔约国有不同规定。就美国和墨西哥而言，外国投资者与投资东道国之间的投资争端可以交付仲裁解决（参见协定附件 14 – D、14 – E）。就加拿大而言，涉及加拿大投资者与美国或墨西哥之间的投资争端，以及涉及美国或墨西哥投资者与加拿大之间的投资争端，不得提交仲裁解决，除非争端符合附件 14 – C 规定的特殊情形。

〔6〕《能源宪章条约》26（3）（b）条规定：“根据本条款的规定，每个缔约方应无条件地将争端提交给国际仲裁或调解机构。”第 45（1）条还规定了条约的临时适用，即“根据第 44 条，各签约方同意在本条约对该国生效之前临时适用本条约，但应以不与本国宪法、法律以及规章制度相违背为前提”。目前史上最大赔偿金额仲裁案的 *Yukos v. The Russian Federaion* 就是依据《能源宪章条约》的临时适用进行审理的。Fenghua Li, ‘The Yukos cases and the Provisional Application of the Energy Charter Treaty’, Cambridge International Law Journal, vol.6（1），75（2017）.

相较于基于合同的仲裁，投资条约仲裁更符合当代国际投资争端解决的发展趋势。例如，东道国与外国投资者之间争议的解决往往伴随着多重平行程序，诚如 Geneviève Burdeau 教授所言，涉及人权的争议在交付商事仲裁时，亦可同时将争议提交欧洲人权法院（European Court of Human Rights）或美洲人权法院（Inter-American Court of Human Rights），[1] 这也将引发外交保护等诸多问题。投资条约仲裁则能避免国际公法上外交保护的缺陷，将与投资相关的争议都交付诸如 ICSID 的仲裁庭解决。国际法院 2007 年 5 月 24 日在 *Case concerning Ahmadou Sadio Diallo（Guinea v. Congo）*案中肯定了双边或多边投资条约的作用，认为在当代国际法，公司及其股东权利的保护需要由双边或多边投资协定

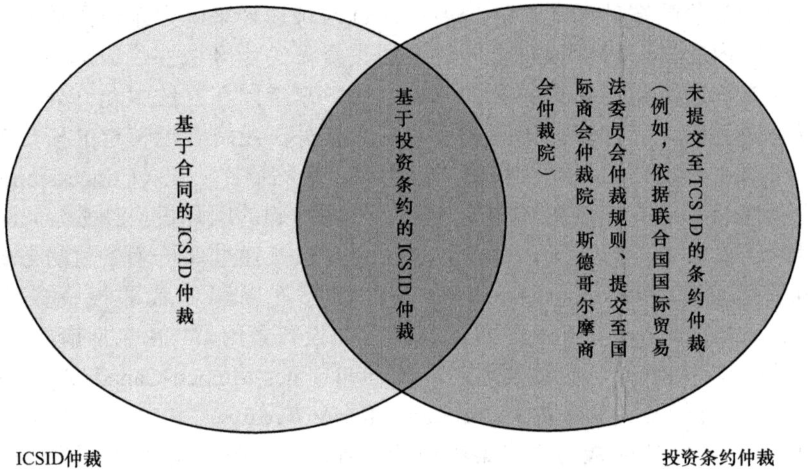

图表 1：ICSID 仲裁与投资条约仲裁

注：左圆区域为基于合同的 ICSID 仲裁（ICSID Arbitration Under Contract）

右圆区域为未提交至 ICSID 的条约仲裁（NON-ICISD Investment Treaty Arbitration）

中间重合区域为基于投资条约的仲裁（ICSID Arbitration Under Investment Treaties）

---

〔1〕Campbell McLachlan 教授论及了 Geneviève Burdeau 教授发表于 Revue de l'Arbitrage 的 *Nouvelles Perspectives pour l'Arbitrage dans le Contentieux Economique intéressant l'État* 一文所阐明的仲裁中涉及人权的观点。Campbell McLachlan, 'Investment Treaty Arbitration: The Legal Framework', in Albert Jan van den Berg (ed.), *50 Years of the New York Convention: ICCA International Arbitration Conference*, ICCA Congress Series, 2009 Dublin Volume 14, Kluwer Law International, 2009，97. 在俄罗斯尤科斯公司破产相关案件中，既有作为尤科斯集体成员的 Yukos Capital 公司对俄罗斯国有石油公司 OJSC Rosneft 提起的商事仲裁，也有尤科斯股东 OAO Neftyanaya Kompaniya Yukos 公司向欧洲人权法院提起的诉讼。2014 年，欧洲人权法院判决俄罗斯向起诉方赔偿约 19 亿欧元的损失以及相应诉讼费（*Case of OAO Neftyanaya Kompaniya Yukos v. Russia*, Application no. 14902/04, Judgment, 2014）；不过 2017 年，俄罗斯联邦宪法法院认定欧洲人权法院的判决违反俄罗斯联邦宪法，因此俄罗斯没有义务履行该裁决。

来规定，在此种情况下，外交保护的作用有所消退。[1]

投资条约中载明的用以解决投资者与东道国之间投资争端的仲裁规则主要有五个，包括 ICSID 仲裁规则、ICSID 附加便利规则（ICSID Additional Facility Rules）、斯德哥尔摩商会（Stockholm Chamber of Commerce，SCC）仲裁规则和国际商会（International Chamber of Commerce，ICC）仲裁规则，以及属于特别仲裁（*Ad Hoc* Arbitration）的联合国国际贸易法委员会（United Nations Commission on International Trade Law，UNCITRAL）仲裁规则。[2] 不过，较之其他主要的国际投资争端解决机构 / 规则，ICSID 仲裁机制是惟一专门以解决投资者与东道国之间投资争端为目的的多边机制，而不受理私人之间的商事仲裁请求。自 20 世纪 90 年代起，ICSID 仲裁开始崛起，ICSID 已成为解决私人国际投资者与享有主权的东道国之间投资争端的主要途径，并且每年在 ICSID 提起的诉求数量在过去二十年间保持着显著的增长。[3] 2019 年，基于国际投资协定的投资者 – 东道国争端解决（Treaty-Based Investor-State Dispute Settlement，Treaty-Based ISDS）案件至少增加了 55 件，使得截至 2020 年 1 月 1 日已知的基于条约的案件首次超过千件，达到 1 023 件（如图表 2 所示）。鉴于一些仲裁庭并没有关于争端的公共登记，[4] 基于条约的投资仲裁案件实际总量可能更高。在 55 件新增案件中，[5] 有 35 件提交至 ICSID 或 ICSID 附加便利程序，5 件提交至海牙常设仲裁法院（Permanent Court of Arbitration，PCA），[6] 15 件适用的仲裁规则不详，其中包括 1 起程序已中止的来自中国的投资者起诉希腊的案子。[7]

---

〔1〕The Court is bound to note that, in contemporary international law, the protection of the rights of companies and the rights of their shareholders, and the settlement of the associated disputes, are essentially governed by bilateral or multilateral agreements for the protection of foreign investments, such as the treaties for the promotion and protection of foreign investments, and the Washington Convention, which created ICSID, and also by contracts between States and foreign investors. In that context, the role of diplomatic protection somewhat faded, as in practice recourse is only made to it in rare cases where treaty régimes do not exist or have proved inoperative. See *Case concerning Ahmadou Sadio Diallo (Guinea v. Congo)*, Preliminary Objections, ICJ General List No. 103，24 May 2007, para.88.

〔2〕Aaron Cosbey, Howard Mann, Luke Eric Peterson, Konrad von Moltke, ‘Investment and Sustainable Development: A Guide to the Use and Potential of International Investment Agreements’, International Institute for Sustainable Development (IISD), 2004, at 3 – 4；available at: http://www.iisd.org/pdf/2004/investment_invest_and_sd.pdf, visited on 7 May 2021.

〔3〕See Matthew Wendlandt, ‘SGS v. Philippines and the Role of ICSID Tribunals in Investor-State Contract Disputes’, Texas International Law Journal, vol.43，530（2008）. 该文阐述了 ICSID 在成立后的 30 年间案量增长缓慢，但自 2000 年以来提交至 ICSID 的诉求大幅增加。

〔4〕ICSID 是目前唯一保持公共登记的仲裁机构（Arbitration Facility）。

〔5〕数据来源 UNCTAD, ISDS Navigator: https: //investmentpolicy.unctad.org/investment-dispute-settlement.

〔6〕在海牙常设仲裁法院审理的案子通常适用《联合国国际贸易法委员会仲裁规则》。

〔7〕*Jetion Solar Co. Ltd and Wuxi T-Hertz Co. Ltd. v. Hellenic Republic*（2019）.

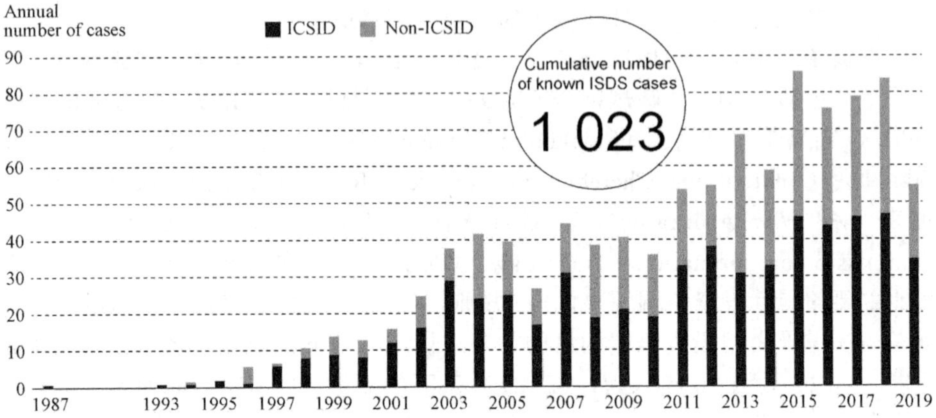

图表 2：1987～2019 年已知的投资条约仲裁案件[1]

基于投资条约的 ICSID 仲裁，可以通过双边或多边投资条约来建立起对 ICSID 管辖权的同意。尽管直到 1987 年，ICSID 才登记了第一个基于双边投资条约的投资者和东道国之间投资争端的案件，[2] 即基于英国－斯里兰卡 BIT 的 *Asian Agricultural Products Limited v. Democratic Socialist Republic of Sri Lanka* 案[3]；但是，非基于双边投资条约而诉至 ICSID 的案件亦是屈指可数。晚近以来，大多数 ICSID 仲裁都是基于双边投资条约中的 ICSID 仲裁条款而将争端交付 ICSID 仲裁的，这个比例约占 ICSID 案件的 60%，另有 11%的案件是依据《北美自由贸易协定》（North American Free Trade Agreement，NAFTA）中的投资保护条款将争端提交至 ICSID。[4] 即便是在整个投资者－东道国投资争端解决（ISDS）机制中，高达 90%的已知争端是由来自发达国家的投资者提起的，而这其中 78%的案件的诉求理由都是东道国违悖了双边投资条约的规定。[5] 截至 2020 年 12 月 31 日，基于双边投资条约而提起案件占 ICSID 仲裁程序和 ICSID 附加便利程序的 60%。（如图表 3 所示）

---

〔1〕UNCTAD, ‘Investor–State Dispute Settlement Cases Pass the 1，000 Mark: Cases and Outcomes in 2019’, IIA ISSUE NOTE, issue 2, July 2020, at 1.

〔2〕UNCTAD, ‘Investor-State Disputes Arising from Investment Treaties: A Review’, 2005, U.N. Doc. UNCTAD/ITE/IIT/2005/4, U.N. Sales No. E.06.II.D.1, at 4.

〔3〕ICSID Case No. ARB/87/3，27 June 1990（Based on United Kingdom of Great Britain and Northern Ireland-Sri Lanka BIT）.

〔4〕Kathleen S. McArthur, Pablo A. Ormachea, ‘International Investor－State Arbitration: An Empirical Analysis of ICSID Decisions on Jurisdiction’, Review of Litigation, vol.28，573（2009）.

〔5〕Anna Joubin-Bret, Marie-Estelle Rey, Jörg Weber, International Investment Law and Development, in Marie-Claire Cordonier Segger, Markus W. Gehring, Andrew Newcombe (eds.), *Sustainable Development in World Investment Law*, Global Trade Law Series, Volume 30, Kluwer Law International, 2011, at 18.

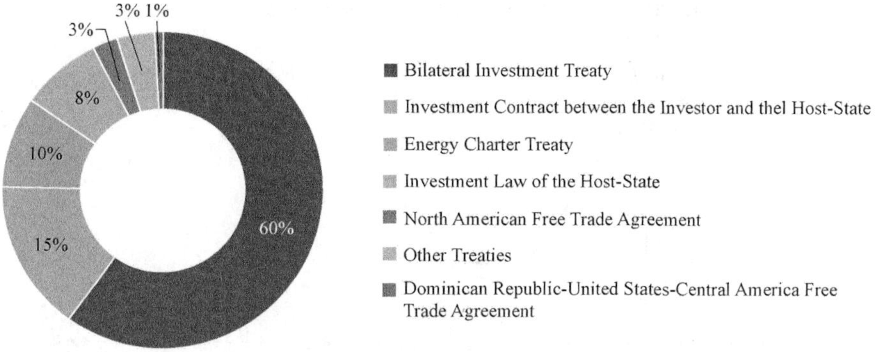

图表 3：ICSID 仲裁同意的基础比例[1]

ICSID 仲裁的崛起，一方面是国际直接投资空前发展的结果。受新自由主义思想推动下的经济全球化与自由化的影响，国际直接投资发展迅疾，[2] 在世界经济中的重要性愈发彰显。这些投资都有可能成为 ICSID 仲裁机制的潜在案件。尽管 2019 年新型冠状病毒疫情全球大流行致使外国直接投资锐减至 1.54 万亿美元，2020 年全球外国直接投资流量预计将在 2019 年的基础上下降 40%，2021 年将下降 5%至 10%；[3] 但是，预计 2022 年外国直接投资将恢复到疫情前的基本趋势（如图表 4 所示）。新的工业革命、向更经济民族主义（Economic Nationalism）方向转变的政策以及可持续发展的趋势，都将在未来十年促进形成更短价值链、更高附加值集中度的国际生产结构，从而对全球直接投资产生深远影响。[4]

另一方面，与国际投资协定的显著增加亦密切相关，特别是双边投资条约的大量缔结，对 ICSID 仲裁的发展起到了不可或缺的推动作用。发达国家与发展中国家之间、发展中国家之间缔结双边投资条约，其背后除了蕴含着促进投资的初衷外，将争端提交至处于中立地位的仲裁庭亦是重大的推动力之一。尽管近十年来发展中国家的国内体制得到了诸多关注，包括司法系统、繁琐程序、腐败以及市场规模，但是，联合国贸易和发展会议（United Nations Conference on

〔1〕The ICSID Caseload Statistics, Issue 2021 – 1, at 11.

〔2〕国际投资曾受到 2007 – 2009 年世界金融危机影响，危机后的商业环境仍然具有许多不确定性，全球经济治理的不可预测性、可能蔓延的主权债务危机、一些发达国家财政和金融部门的失衡，以及通货膨胀上升和主要新兴市场经济体出现过热的迹象等危险因素，都有可能影响对外直接投资的恢复，2010 年全球对外直接投资流入量小幅回升 5%，达到 1.24 万亿美元。联合国贸易与发展会议预计，2011 – 2013 年对外直接投资将持续回升，并于 2013 年达到 2007 年时的最高值——1.9 万亿美元。UNCTAD, ‘World Investment Report 2011： Non-Equity Modes of International Production and Development’，2011, U.N. Doc. UNCTAD/WIR2011, Sales No. E.11.II.D.2, at xii.

〔3〕UNCTAD, ‘World Investment Report 2020： International Production beyond the Pandemic’, at 2.

〔4〕UNCTAD, ‘World Investment Report 2020： International Production beyond the Pandemic’, at iv.

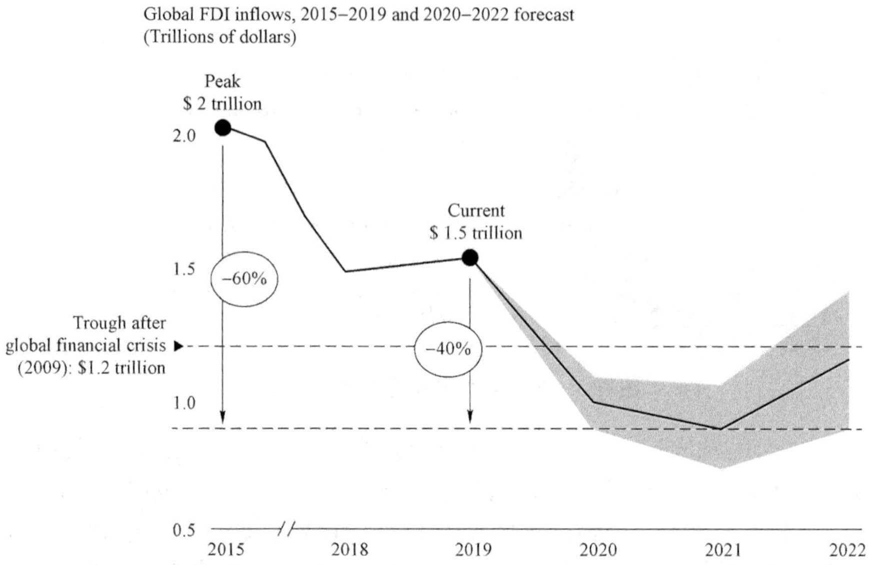

图表 4：2015～2019 年以及预计 2020～2022 年全球 FDI 流量[1]

Trade and Development，UNCTAD）的研究表明，“对发展中国家而言，政策及体制因素尤为重要，但与发达国家相比，发展中国家体制较弱，政策也较为不稳定（Weaker Institutions and Less Consistent Policies）”。[2] 为消除外国投资者需面对的不稳定因素，双边投资条约提供了另一种机制——通过承诺支付合理补偿，双边投资条约限制了征收的发生，并且通过使东道国接受外部的、公正的仲裁之限制，从而增加了这项承诺的可信度；其中，放弃主权（Surrendering Sovereignty）是整个机制的关键，因为它削弱了东道国对外国投资者的权力。[3] 联合国贸易和发展会议的研究表明，缔结双边投资条约的一个原因是，母国可能会质疑东道国的体制资质，即东道国保护财产权及争议解决的机制；而将争议解决置于东道国国内机制之外，就可以替代其不良的制度。[4] 因此，双边投资条约有助于东道国投资框架的连贯性、透明度、可预见性及稳定性（coherence，transparency，predictability and stability of the investment frameworks of host

---

〔1〕UNCTAD, ‘World Investment Report 2020：International Production beyond the Pandemic’, at 2.

〔2〕UNCTAD, ‘The Role of International Investment Agreements in Attracting Foreign Direct Investment to Developing Countries’，2009, U.N. Doc. UNCTAD/DIAE/IA/2009/5, U.N. Sales No. E.09.II.D.20, at 12－13.

〔3〕Amnon Lehavi, Amir N. Licht, ‘BITs and Pieces of Property’, Yale Journal of International Law, vol.36，125－26（2011）.

〔4〕UNCTAD, ‘The Role of International Investment Agreements in Attracting Foreign Direct Investment to Developing Countries’，2009, U.N. Doc. UNCTAD/DIAE/IA/2009/5, U.N. Sales No. E.09.II.D.20, at 16－17.

countries）。[1] 而 ICSID 仲裁无疑是目前为止最可行的替代东道国国内司法机制的方式之一。

事实上，大量双边投资条约的缔结推动了 ICSID 仲裁的崛起，而 ICSID 仲裁亦以其自身的优势促成了大量双边投资条约将 ICSID 仲裁条款及其附加便利规则条款规定于其中。较之其他主要的国际投资争端解决机制，ICSID 是当今世界上唯一的多边国际投资争端解决机构，截至 2021 年 2 月 14 日，ICSID 公约拥有 163 个缔约国，并有 155 个国家批准了公约。[2] 这为大量投资争端得以交付 ICSID 解决提供了可能性，同时亦为 ICSID 仲裁裁决在世界范围内获得承认与执行提供了坚实的保障。鉴于此，新一代双边投资条约不仅对以往的实体规定进行修订，亦在程序规定上进行了革新，造就了当今世界上大部分的双边投资条约均将 ICSID 规定为首要国际投资仲裁机制的结果；甚至其他区域性投资协定[3]、产业性投资协定[4] 等也都将 ICSID 仲裁及其附加便利程序规则作为这些条约项下投资争端解决的主要选项。由此可知，双边投资条约是 ICSID 仲裁发展的重要推动力，同时，ICSID 仲裁的不断完善又反过来促进了更多双边投资条约接受 ICSID 这一投资争端解决机制。

第二节 中国双边投资条约的演进及其对 ICSID 管辖权的同意

一、中国 BITs 的起步与“一带一路”倡议下的嬗变

从新中国成立初期到 1978 年期间，一方面由于刚刚结束了解放战争和抗美援朝战争，与其后的“大跃进”、自然灾害以及“文化大革命”的动荡，[5] 另一方面由于高度集中的计划经济体制，[6] 中国经济发展速度迟缓。直到改革开放

[1] UNCTAD, ‘The Role of International Investment Agreements in Attracting Foreign Direct Investment to Developing Countries’, 2009, U.N. Doc. UNCTAD/DIAE/IA/2009/5, U.N. Sales No. E.09.II.D.20, at 25.

[2] Database of ICSID Member States, available at: https: //icsid.worldbank.org/about/member-states/database-of-member-states, visited on 7 May 2021.

[3] E.g., Art.1120（1）of the NAFTA. 该条规定了投资者可选《ICSID 规则》《ICSID 附加便利规则》以及《UNCITAL 规则》作为仲裁规则。

[4] E.g., Art.27 of the Energy Charter Treaty. 1994 年订立于海牙的《能源宪章条约》规定可选择的仲裁规则包括《ICSID 规则》以及《ICSID 附加便利规则》。

[5] Patricia Buckley Ebrey, *The Cambridge Illustrated History of China*, Cambridge University Press, 2010, 308－321.

[6] 厉以宁：《社会在制度探索中前进》，载蔡洪波主编：《百年中国》，羊城晚报出版社 2000 年版，第 403 页；袁明：《百年外交沧桑录》，载蔡洪波主编：《百年中国》，羊城晚报出版社 2000 年版，第 461－462 页。

政策的推行，国民经济实现跨越式增长，中国的综合国力以及国际影响力取得了举世瞩目的成就，[1] 外国资本逐渐进入中国，中国的外资立法以及外资法律制度确立的建议亦被提上了议事日程。于是，在对外开放伊始，中国就颁布了《中外合资经营企业法》，之后又陆续颁布了《外资企业法》与《中外合作经营企业法》等对进入中国的外国投资进行调整与保护的法律。[2] 这为中外双边投资条约的签订奠定了经济基础以及政策和法律背景。

实行对外开放政策以来，在坚持主权原则和平等互惠原则的基础上，中国开始积极与有关国家谈判磋商，缔结双边投资条约。1980 年 10 月，中国与美国签订了关于投资保险和投资保证的鼓励投资的协议及有关问题的换文。[3] 坚冰打破之后，中国于 1982 年与瑞典签订了现代意义上的第一个双边投资条约。[4] 不过，彼时国门甫开、改革伊始，受制于经验阙如、固有观念束缚，外国投资者对中国的投资环境亦尚存疑虑并持观望态度，因而 1982～1984 年四年间中国仅缔结了五个双边投资条约。直至 1993 年中国成为世界上仅次于美国的第二大资本流入国，[5] 在发展中国家中独占鳌头；日渐庞大的经济规模和持续增加的经济总量、法律体系的不断臻于完善、投资环境发生的巨大改观，使得外国投资者信心倍增，中国与外国缔结双边投资条约的实践也随之进入了活跃期。1982 年至 20 世纪 90 年代末期，中国签署的双边投资条约通常称为第一代双边投资条约，第二代双边投资条约的缔结则从 20 世纪 90 年代末期至今（尽管 20 世纪 90 年

---

〔1〕参见叶灼新、李毅著，史仲文、胡晓林主编：《世界全史——世界当代经济史》，中国国际广播出版社 1996 年版，第 196－211 页。

〔2〕中国分别于 1979 年颁布《中外合资经营企业法》、1986 年颁行《关于鼓励外商投资的规定》、《外资企业法》以及 1988 年颁行《中外合作经营企业法》、《关于鼓励台湾同胞投资的规定》等。早期中国的外资法律体系参见杜新丽：《走向公平竞争的外资保护法》，载蔡定剑、王晨光主编：《中国走向法治三十年：1978－2008》，社会科学文献出版社 2008 年版，第 250 页。

〔3〕参见1980年中华人民共和国政府和美利坚合众国政府关于投资保险和投资保证的鼓励投资的协议及有关问题的换文。

〔4〕即中国与瑞典关于相互保护投资的协定，该协定一般被认为是中国的第一个双边投资条约，参见陈安主编：《国际投资法的新发展与中国双边投资条约的新实践》，复旦大学出版社 2007 年版，第 439 页。

〔5〕进入 90 年代，全球直接投资出现的一个显著特点是，流向发达国家的投资相对减少，而流向发展中国家的投资日趋增加。全球对发展中国家投资再掀高潮的原因在于这些国家经济持续增长，这些国家日益被纳入跨国公司一体化投资计划中，而中国成为仅次于美国的第二大资本流入国。参见沈坤荣：《外国直接投资与中国经济增长》，载《管理世界》1999 年第 5 期，第 24 页。

代末期至21世纪初是中国对外缔结两种类型条约的过渡期）。[1] 中国缔结的第一代双边投资条约覆盖面广，包括亚洲、欧洲、非洲、美洲、大洋洲的大多数国家，但绝大部分是发展中国家和新兴工业化国家以及处于转轨阶段的国家。

代表着中国开始赞成签订自由化投资协定的第二代双边投资条约从1998年开始陆续缔结。[2] 特别是在2003年以后，鉴于第一代双边投资条约的有效期一般为10年，[3] 中国开始对之前失效的双边投资条约进行修订并重新签署。与第一代双边投资条约相较而言，第二代双边投资条约不论是在形式上还是在内容上都有着不同程度的发展。在形式上，中国第一个双边投资条约仅有九条，形式极为简单，但第二代双边投资条约基本包括十五条，并包含投资协定议定书，对相关条款进行解释与限制。除却条款形式，在法律措辞上，早期的双边投资条约大抵没有第二代双边投资条约完善。这是因为中国在20世纪八九十年代初期的法制尚未健全，签订的双边投资条约难免在用语上存有不规范之处。譬如，1984年中国和芬兰在投资范围中关于“具有经济价值的行为的权利”在2004年重新签订的文本中被修订成“与投资有关的具有经济价值的行为

---

〔1〕Kim M. Rooney, ‘ICSID and BIT Arbitrations and China’, Journal of International Arbitration, vol.24，690（2007）. 也有学者将中国双边投资条约的历史划分为三个阶段：第一阶段从1982年3月至1993年1月；第二阶段从1993年2月至1998年6月，其中具有划时代意义的事件是1993年2月ICSID公约开始对中国生效；第三阶段从1998年7月至今，以中国与巴巴多斯缔结双边投资条约为起始（参见陈安：《对香港居民谢业深诉秘鲁政府案ICSID管辖权裁断的四项质疑——〈中国－秘鲁BIT〉适用于“一国两制”下的中国香港特别行政区吗》，载《国际经济法学刊》2010年第17卷第1期，北京大学出版社2010年版，第22－27页）。亦有学者对三阶段的具体划定持不同见解，认为中国双边投资条约演进历程的三个时代分别为1982－1989年的第一代、1990－1997年的第二代以及1998年至今的第三代。（Wenhua Shan, Norah Gallagher, *Chinese Investment Treaties: Policies and Practice*, Oxford University Press, 2009，35－43.）

在中国对外缔结双边投资条约的实质内容及其变化方面，这两种划分方式殊途同归。从中外BITs中争端解决条款的角度，1998年7月中国与巴巴多斯缔结双边投资条约无疑是最为重要的分界点，因此笔者采用两代BIT的划分方法。

〔2〕Axel Berger, ‘China’s New Bilateral Investment Treaty Programme: Substance, Rational And Implications for International Investment Law Making’, Paper prepared for the American Society of International Law International Economic Law Interest Group（ASIL IELIG）2008 biennial conference ‘The Politics of International Economic Law: The Next Four Years’, Washington, D.C.，14－15 November, 2008, at 10.

〔3〕中外双边投资条约大都规定了自动顺延期限的条款，即如缔约一方在协定期满前一定时间（如1年）内未书面通知另一方终止协定，则协定将自动顺延相应期限（如有效期为10年的则将延长10年）。目前，中外双边投资条约关于有效期的规定主要存在四种：其一，约定10年有效期，大部分双边投资条约均属于此种情形；其二，5年有效期，此类双边投资条约大多数是与独联体国家和南美洲国家签署的，例如中国－白俄罗斯BIT；其三，15年有效期，例如中国－挪威BIT；其四，20年有效期，例如中国－阿拉伯联合酋长国BIT。

请求权”[1]，措辞的改进体现了新一代双边投资条约更加规范与专业。

在内容上，2003年中国BIT范本替代了20世纪90年代初期的范本，第二代双边投资条约在两个重要方面区别于第一代双边投资条约：一方面，新一代双边投资条约大都接受了国际仲裁，包括ICSID仲裁。例如，2003年重新签订的中国－德国BIT就规定了“二、如争议自其被争议一方提出之日六个月内，未能解决，应缔约另一方的投资者的请求，可以将争议提交仲裁。三、争议应依据1965年3月18日《解决国家和他国国民之间投资争端公约》提交仲裁，除非争议双方同意依据《联合国国际贸易法委员会仲裁规则》或其他仲裁规则设立专设仲裁庭。”[2]另一方面，新一代双边投资条约纳入了国民待遇（National Treatment）条款，[3]比如中国－德国BIT规定了“缔约一方应给予缔约另一方投资者在其境内的投资及与投资有关活动不低于其给予本国投资者的投资及与投资有关活动的待遇”[4]。不过，这仅就一般情况而言，事实上，20世纪80年代签订的双边投资条约中也有少部分条约包含国民待遇条款。[5]然而，即便国民待遇条款成为了双边投资条约的一部分，有学者认为它们也会被限定在一定的范围内，即允许中国政府优待本国企业而歧视外国投资者。[6]

中国新一代双边投资条约的变化，其中一个很重要的原因在于中国从单纯的资本输入国转向兼具资本输入国与资本输出国的双重身份。在缔结双边投资条约的起步阶段，中国对外签订BIT的目的更多是鼓励与吸引外国投资，希冀利用外资来建设社会主义经济，因此当时中国主要是以资本输入国的立场来签订双边投资条约，注重的是东道国国家主权的维护；且囿于当时政治经济的不发达，在与发达国家签订BIT时，从谈判技巧以及其他各个方面均处于被动地位。然而，随着中国经济日新月异的发展，中国对外直接投资（Foreign Direct Investment，FDI）强劲增长，此种现象已悄然转变。2011年世界投资报告（World Investment Report，WIR）显示，2010年中国[7]对外投直接投资增长100亿美

---

〔1〕参见2004年中国－芬兰BIT第1条第1款第3项。

〔2〕参见2003年中国－德国BIT第9条第2、3款。

〔3〕Monika C. E. Heymann, 'International Law and the Settlement of Investment Disputes Relating to China', Journal of International Economic Law, vol.11，524（2008）.

〔4〕参见2003年中国－德国BIT第3条第2款。

〔5〕例如，1986年达成的中国－英国BIT第3条第3款就规定了国民待遇条款：“……缔约任何一方应尽量根据其法律和法规的规定给予缔约另一方的国民或公司的投资与其给予本国国民或公司以相同的待遇。”

〔6〕Axel Berger, 'China's New Bilateral Investment Treaty Programme: Substance, Rational And Implications for International Investment Law Making', Paper prepared for the American Society of International Law International Economic Law Interest Group (ASIL IELIG) 2008 biennial conference 'The Politics of International Economic Law: The Next Four Years', Washington, D.C.，14－15 November, 2008, at 9.

〔7〕该数据不包括中国香港、澳门和台湾地区。

元，达到 680 亿美元，创历史新高，并在总量上超过日本。[1] 其中，中国在中亚地区的投资尤为显著。[2] 在当时，亚洲发展中国家和地区不断增加的直接外资流出展现出新型、多样的产业格局，例如采掘业涌现出新的投资者，包括中国中信集团（CITIC）这样的大型综合企业和中国投资有限责任公司（China Investment Corporation）等主权财富基金，这些金属公司在确保获得铁矿石和铜等海外矿产资产方面尤为活跃。[3]

中国对外直接投资的增长，究其缘由，主要是受到政治与商业部门的共同推动。就商业原因而言，增加对外投资是国内层面的推力与全球层面的拉力（push factors at the domestic level and pull factors at the global level）两种因素作用的结果。一方面，在加入世界贸易组织后，中国企业面临持续增长的国内市场竞争压力，需要将成熟产业迁移至低工资经济体，例如亚洲邻国、拉美国家。[4] 另一方面，中国企业正开始利用商业环境机遇，增强竞争优势。

就政治原因而言，大多数国有企业在具有重要战略意义的部门或国家进行对外投资时，不仅需要由国际法、国家责任和豁免制度、所有制中性、国营贸易企业制度和反补贴制度、国际投资等构成的国有企业规则进行规制，[5] 同时往往也依赖于母国的保护。中国于 1998 年提出了“走出去”战略，旨在鼓励中国企业进行对外投资；[6] 这一战略在 2001 年被写入了《国民经济和社会发展第十个五年计划纲要》，[7] 这对于中国经济的可持续发展具有深远的意义，标志着中国的对外投资政策由规制转变为鼓励。[8] 自此，建立一批具有全球市场竞争

---

〔1〕UNCTAD, 'World Investment Report 2011：Non-Equity Modes of International Production and Development', 2011, U.N. Doc. UNCTAD/WIR2011, Sales No. E.11.II.D.2, at 7.

〔2〕UNCTAD, 'World Investment Report 2011：Non-Equity Modes of International Production and Development', 2011, U.N. Doc. UNCTAD/WIR2011, Sales No. E.11.II.D.2, at 66.

〔3〕UNCTAD, 'World Investment Report 2011：Non-Equity Modes of International Production and Development', 2011, U.N. Doc. UNCTAD/WIR2011, Sales No. E.11.II.D.2, at xiv.

〔4〕UNCTAD, 'World Investment Report 2004：The Shift Towards Services', 2004, U.N. Doc. UNCTAD/WIR2004, Sales No. E.04.II.D.33, at 25，27.

〔5〕韩立余：《国际法视野下的中国国有企业改革》，载《中国法学》2019 年第 6 期，第 162－166 页。

〔6〕1998 年 2 月中共十五届二中全会明确指出：“在积极扩大出口的同时，要有领导有步骤地组织和支持一批有实力有优势的国有企业走出去，到国外去，主要是到非洲、中亚、中东、中欧、南美等地投资办厂。”这标志着“走出去”战略雏形的形成。参见李平、徐登峰：《“走出去”战略：制度形成与改革展望》，载《国际经济合作》2008 年第 5 期，第 4 页。

〔7〕纲要要求健全对境外投资的服务体系，在金融、保险、外汇、财税、人才、法律、信息服务、出入境管理等方面，为实施“走出去”战略创造条件，并完善境外投资企业的法人治理结构和内部约束机制，规范对外投资的监管。参见《国民经济和社会发展第十个五年计划纲要》第 5 篇第 17 章第 4 节。

〔8〕Cai Congyan, 'Outward Foreign Direct Investment Protection and the Effectiveness of Chinese BIT Practice', Journal of World Investment and Trade, vol.7，626（2006）.

力的领先企业成为“走出去”战略所着重强调的企业政策目标。2013年，习近平总书记提出了建设“丝绸之路经济带”和“21世纪海上丝绸之路”的合作倡议，即“一带一路”倡议（Belt and Road Initiative，BRI）。2015年，国家发展和改革委员会、外交部与商务部联合发布《推动共建丝绸之路经济带和21世纪海上丝绸之路的愿景与行动》，提出了推进“一带一路”建设的共建原则、框架思路、合作重点与机制。2017年10月24日，中国共产党第十九次全国代表大会通过了《中国共产党章程（修正案）》的决议，将推进“一带一路”建设写入党章。[1]这体现了党高度重视“一带一路”建设、坚定推进“一带一路”国际合作的决心与信心。2019年4月22日，推进“一带一路”建设工作领导小组办公室发布《共建“一带一路”倡议：进展、贡献与展望》报告，[2]这是中国政府全面反映“一带一路”建设进展情况的官方报告。2021年3月12日，《中华人民共和国国民经济和社会发展第十四个五年规划和2035年远景目标纲要》对外公布，其中第四十一章“推动共建‘一带一路’高质量发展”，从加强发展战略和政策对接、推进基础设施互联互通、深化经贸投资务实合作、架设文明互学互鉴桥梁等四个方面就持续推动共建“一带一路”行稳致远进行了系统谋划和战略部署。[3]

作为国家顶层设计，“一带一路”倡议坚持共商、共建、共享原则，通过积极发展与贯穿欧亚非大陆的沿线国家的经济合作伙伴关系，推动构建人类命运共同体。人类命运共同体蕴涵着丰富的国际法思想，为构建中国特色国际法体系与话语权提供了思想源泉与理论指导。[4]通过“一带一路”倡议的顺利实施，增强了中国运用构建人类命运共同体理念变革国际经济法律制度的信心。[5]随着“一带一路”倡议的深化实施，中国将足以对国际制度的变革和完善作出贡献。[6]

截至2022年1月14日，中国已与140多个国家和32个国际组织签署了共计200余份共建“一带一路”合作文件（参见图表5）。而中国在“一带一路”沿线国家的投资合作亦稳步推进（如图表6所示），2020年对沿线58个国家非

---

〔1〕参见《中国共产党章程》，2017年10月24日。

〔2〕推进“一带一路”建设工作领导小组办公室：《共建“一带一路”倡议：进展、贡献与展望》，2019年4月22日。

〔3〕参见《中华人民共和国国民经济和社会发展第十四个五年规划和2035年远景目标纲要》，2021年3月12日，第41章。

〔4〕杜焕芳、李贤森：《人类命运共同体思想引领下的国际法解释：态度、立场与维度》，载《法制与社会发展》2019年第2期，第171页。

〔5〕左海聪：《人类命运共同体思想与国际经济法律制度的变革》，载《法学杂志》2020年第1期，第15页。

〔6〕何志鹏：《“一带一路”与国际制度的中国贡献》，载《学习与探索》2016年第9期，第49页。

金融类直接投资共计 177.9 亿美元，同比增长 18.3%。[1]

图表 5：“一带一路”沿线国家及合作文件[2]

<table>
<tr><th>洲别</th><th>国家</th><th>签署文件</th></tr>
<tr><td rowspan="28">非洲</td><td>苏丹</td><td>苏丹同中国签署共建“一带一路”合作协议</td></tr>
<tr><td>南非</td><td>南非已和中国签订“一带一路”政府间合作备忘录</td></tr>
<tr><td>塞内加尔</td><td>中国与塞内加尔签署“一带一路”合作文件</td></tr>
<tr><td>塞拉利昂</td><td rowspan="25">中国与 28 个非洲国家签署共建“一带一路”谅解备忘录</td></tr>
<tr><td>科特迪瓦</td></tr>
<tr><td>索马里</td></tr>
<tr><td>喀麦隆</td></tr>
<tr><td>南苏丹</td></tr>
<tr><td>塞舌尔</td></tr>
<tr><td>几内亚</td></tr>
<tr><td>加纳</td></tr>
<tr><td>赞比亚</td></tr>
<tr><td>莫桑比克</td></tr>
<tr><td>加蓬</td></tr>
<tr><td>纳米比亚</td></tr>
<tr><td>毛里塔尼亚</td></tr>
<tr><td>安哥拉</td></tr>
<tr><td>吉布提</td></tr>
<tr><td>埃塞俄比亚</td></tr>
<tr><td>肯尼亚</td></tr>
<tr><td>尼日利亚</td></tr>
<tr><td>乍得</td></tr>
<tr><td>刚果布</td></tr>
<tr><td>津巴布韦</td></tr>
</table>

〔1〕参见《去年中国对外投资增长 3.3%》，载人民网：http://finance.people.com.cn/n1/2021/0124/c1004-32009836.html, 2021 年 2 月 15 日访问。

〔2〕参见国家信息中心“中国一带一路网”：https: //www.yidaiyilu.gov.cn/xwzx/roll/77298.htm, 2022 年 1 月 15 日访问。

续表

洲别	国家	签署文件
非洲	阿尔及利亚	中国与28个非洲国家签署共建“一带一路”谅解备忘录
	坦桑尼亚	
	布隆迪	
	佛得角	
	乌干达	
	冈比亚	
	多哥	
	卢旺达	中国与卢旺达签署“一带一路”建设相关文件
	摩洛哥	中国与摩洛哥签署共建“一带一路”谅解备忘录
	马达加斯加	中国与马达加斯加签署《中华人民共和国政府与马达加斯加共和国政府关于共同推进丝绸之路经济带和21世纪海上丝绸之路建设的谅解备忘录》
	突尼斯	中国与突尼斯签署共建“一带一路”谅解备忘录
	利比亚	中国同利比亚签署共建“一带一路”谅解备忘录
	埃及	中国与埃及签署共建“一带一路”合作文件
	赤道几内亚	中国政府与赤道几内亚政府签署共建“一带一路”谅解备忘录
	利比里亚	中国政府与利比里亚政府签署共建“一带一路”谅解备忘录
	莱索托	中莱、中科、中贝签署“一带一路”合作谅解备忘录
	科摩罗	
	贝宁	
	马里	中国和马里签署共建“一带一路”合作备忘录
	尼日尔	
	刚果（金）	刚果（金）与中国签署关于共同推进“一带一路”建设的谅解备忘录
	博茨瓦纳	博茨瓦纳同中国签署“一带一路”合作文件
	中非	中国政府与中非共和国政府签署共建“一带一路”谅解备忘录
	几内亚比绍	中国与几内亚比绍签署共建“一带一路”谅解备忘录
	厄立特里亚	中国与厄立特里亚签署共建“一带一路”谅解备忘录
	布基纳法索	中国政府与布基纳法索政府签署共建“一带一路”谅解备忘录
	圣多美和普林西比	中国与圣普签署共建“一带一路”谅解备忘录

续表

洲别	国家	签署文件
亚洲	韩国	“一带一路”倡议和韩国“欧亚倡议”对接，双方签署合作谅解备忘录
	蒙古国	中国同蒙古国、新加坡、东帝汶、马来西亚、缅甸等国签署政府间“一带一路”合作谅解备忘录
	新加坡	
	东帝汶	
	马来西亚	
	缅甸	
	柬埔寨	中国与柬埔寨签署政府间共建“一带一路”合作文件
	越南	中国与越南签署共建“一带一路”和“两廊一圈”合作备忘录
	老挝	中国与老挝签署共建“一带一路”合作文件
	文莱	中国同文莱签署“一带一路”等双边合作文件
	巴基斯坦	中国同巴基斯坦等国签署政府间“一带一路”合作谅解备忘录
	斯里兰卡	中国商务部和斯里兰卡财政计划部签署有关共建“21 世纪海上丝绸之路”的备忘录
	孟加拉国	中孟签署《关于编制共同推进“一带一路”建设合作规划纲要的谅解备忘录》
	尼泊尔	中国同尼泊尔等国签署政府间“一带一路”合作谅解备忘录
	马尔代夫	中国同马尔代夫签署政府间共同推进“一带一路”建设谅解备忘录
	阿联酋	中国与阿联酋签署共建“一带一路”谅解备忘录
	科威特	科威特是最早同中国签署共建“一带一路”合作文件的国家
	土耳其	中国与土耳其签署“一带一路”谅解备忘录
	卡塔尔	中国同卡塔尔签署“一带一路”等领域合作文件
	阿曼	中国与阿曼签署共建“一带一路”谅解备忘录
	黎巴嫩	中国同黎巴嫩签署共建“一带一路”合作文件
	沙特阿拉伯	中华人民共和国和沙特阿拉伯王国关于建立全面战略伙伴关系的联合声明
	巴林	中国与巴林签署共同推进“一带一路”建设的谅解备忘录
	伊朗	中华人民共和国和伊朗伊斯兰共和国关于建立全面战略伙伴关系的联合声明

续表

洲别	国家	签署文件
亚洲	伊拉克	中华人民共和国和伊拉克共和国关于建立战略伙伴关系的联合声明
	阿富汗	中华人民共和国和阿富汗伊斯兰共和国联合声明
	阿塞拜疆	中阿签署《中阿关于共同推进丝绸之路经济带建设的谅解备忘录》
	格鲁吉亚	中国与格鲁吉亚启动自贸区可行性研究并签署共建“丝绸之路经济带”合作文件
	亚美尼亚	中华人民共和国和亚美尼亚共和国关于进一步发展和深化友好合作关系的联合声明
	哈萨克斯坦	中国国家发改委与哈萨克斯坦共和国国民经济部签署关于共同推进丝绸之路经济带建设的谅解备忘录
	吉尔吉斯斯坦	中华人民共和国和吉尔吉斯共和国关于建立全面战略伙伴关系联合声明
	塔吉克斯坦	中塔签署关于编制中塔合作规划纲要的谅解备忘录
	乌兹别克斯坦	中乌签署共建“丝绸之路经济带”合作文件
	泰国	中泰签署共同推进“一带一路”建设谅解备忘录
	印度尼西亚	中国印尼已签署推进“一带一路”和“全球海洋支点”建设谅解备忘录
	菲律宾	中华人民共和国与菲律宾共和国联合声明
	也门	中国政府与也门政府签署共建“一带一路”谅解备忘录
	叙利亚	中国和叙利亚签署“一带一路”合作谅解备忘录
欧洲	塞浦路斯	中国与塞浦路斯签署共建“一带一路”合作文件
	俄罗斯	中华人民共和国与俄罗斯联邦关于丝绸之路经济带建设和欧亚经济联盟建设对接合作的联合声明
	奥地利	中国同奥地利签署“一带一路”合作文件
	希腊	中国与希腊签署共建“一带一路”合作谅解备忘录
	波兰	中华人民共和国政府与波兰共和国政府关于共同推进“一带一路”建设的谅解备忘录
	塞尔维亚	中国同波兰、塞尔维亚、捷克、保加利亚、斯洛伐克分别签署政府间共同推进“一带一路”建设谅解备忘录
	捷克	
	保加利亚	
	斯洛伐克	

续表

洲别	国家	签署文件
欧洲	阿尔巴尼亚	中国同克罗地亚、黑山、波黑、阿尔巴尼亚签署政府间“一带一路”合作谅解备忘录
	克罗地亚	
	波黑	
	黑山	
	爱沙尼亚	中东欧 16 国已全部签署“一带一路”合作文件
	立陶宛	
	斯洛文尼亚	
	匈牙利	中华人民共和国政府与匈牙利政府关于共同推进丝绸之路经济带和 21 世纪海上丝绸之路建设的谅解备忘录
	北马其顿（原马其顿）	中马签署中华人民共和国商务部和马其顿共和国经济部关于在中马经贸混委会框架下推进共建丝绸之路经济带谅解备忘录
	罗马尼亚	中罗已签署关于在两国经济联委会框架下推进“一带一路”建设的谅解备忘录
	拉脱维亚	中拉签署共建“一带一路”政府间谅解备忘录
	乌克兰	2015 年中乌签署“一带一路”框架下合作协议
	白俄罗斯	中白签署共建“丝绸之路经济带”合作议定书
	摩尔多瓦	中东欧 16 国已全部签署“一带一路”合作文件
	马耳他	中国与马耳他签署中马共建“一带一路”合作文件
	葡萄牙	中华人民共和国和葡萄牙共和国关于进一步加强全面战略伙伴关系的联合声明
	意大利	中国与意大利签署“一带一路”合作文件
	卢森堡	中国同卢森堡签署共建“一带一路”谅解备忘录
大洋洲	新西兰	中华人民共和国政府和新西兰政府关于加强“一带一路”倡议合作的安排备忘录
	巴布亚新几内亚	中国与巴布亚新几内亚签署共建“一带一路”合作文件
	萨摩亚	萨摩亚与中国签署“一带一路”倡议合作谅解备忘录
	纽埃	中国与纽埃签署“一带一路”合作谅解备忘录
	斐济	中国与斐济签署共建“一带一路”合作谅解备忘录

续表

洲别	国家	签署文件
大洋洲	密克罗尼西亚联邦	中国已同密克罗尼西亚联邦、库克群岛等签署共建“一带一路”合作协议
	库克群岛	
	汤加	
	瓦努阿图	中瓦签署共同推进“一带一路”建设谅解备忘录
	所罗门群岛	中国与所罗门群岛签署共建“一带一路”谅解备忘录
	基里巴斯	中基两国政府签署共同推进“一带一路”建设合作文件
南美洲	智利	中国与智利签署共建“一带一路”合作谅解备忘录
	圭亚那	中国与圭亚那签署“一带一路”合作文件
	玻利维亚	中玻签署共建“一带一路”等双边合作文件
	乌拉圭	中国与乌拉圭签署共建“一带一路”谅解备忘录
	委内瑞拉	中国同委内瑞拉签署共建“一带一路”合作文件
	苏里南	苏里南与中国签署共建“一带一路”合作文件
	厄瓜多尔	中厄签署“一带一路”合作文件
	秘鲁	中国政府与秘鲁政府签署共建“一带一路”谅解备忘录
北美洲	哥斯达黎加	中国同哥斯达黎加签署共建“一带一路”谅解备忘录
	巴拿马	中国与巴拿马签署关于共同推进丝绸之路经济带和21世纪海上丝绸之路建设的谅解备忘录
	萨尔瓦多	中国与萨尔瓦多签署共建“一带一路”合作谅解备忘录
	多米尼加	中国与多米尼加签署共建“一带一路”合作谅解备忘录
	特立尼达和多巴哥	中国与特立尼达和多巴哥签署共建“一带一路”合作文件
	安提瓜和巴布达	中国与安提瓜和巴布达签署关于共同推进丝绸之路经济带与21世纪海上丝绸之路建设的谅解备忘录
	多米尼克	中国与多米尼克签署中华人民共和国政府与多米尼克政府关于共同推进丝绸之路经济带与21世纪海上丝绸之路建设的谅解备忘录
	格林纳达	中国与格林纳达签署共建“一带一路”谅解备忘录
	巴巴多斯	中国与巴巴多斯签署共建“一带一路”合作谅解备忘录
	古巴	古巴政府与中国政府签署关于共同推进丝绸之路经济带和21世纪海上丝绸之路建设的谅解备忘录
	牙买加	中国与牙买加签署共建“一带一路”谅解备忘录
	尼加拉瓜	中国政府与尼加拉瓜共和国政府签署共建“一带一路”谅解备忘录

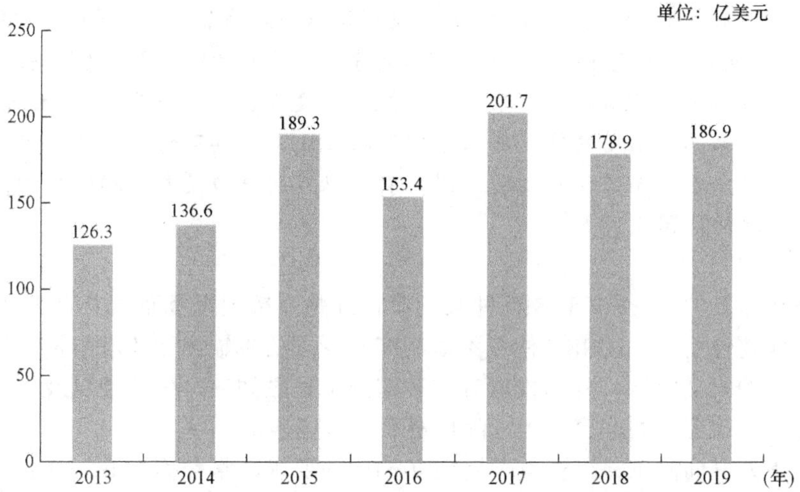

图表 6：2013～2019 年中国对“一带一路”沿线国家投资流量[1]

二、ICSID 管辖权及双边投资条约的仲裁管辖权问题

（一）ICSID 管辖权的性质及同意方式

ICSID 用以解决国际投资争端的基本程序主要为调解[2]与仲裁，其中仲裁是最重要的也是实践中最常用的方法。ICSID 公约对仲裁管辖权提出了最低要求，即必须存在一个缔约国与另一个缔约国国民之间发生的直接因投资产生的法律争端，且双方均书面同意该争端由 ICSID 管辖。具体而言，在主体要件上，提交至 ICSID 仲裁的主体须是一方为缔约国，另一方为另一缔约国国民；其中，“另一缔约国国民”系指：

1. 在双方同意将争端交付调解或仲裁之日以及根据第 28 条第 3 款或第 36

〔1〕商务部、国家统计局、国家外汇管理局编：《2019 年度中国对外直接投资统计公报》，中国商务出版社 2020 年版，第 18 页。

〔2〕ICSID 依据 ICSID 公约第 33 条提供调解（Conciliation）服务，并于 1967 年采用了最早版本的调解规则（the Conciliation Rules）。在 ICSID 规则第四次修订中，为回应缔约国请求，ICSID 于 2018 年开始致力于推出一项新的调解规则（the Mediation Rules）。截至 2022 年 3 月，ICSID 调解规则草案（the Draft ICSID Mediation Rules）虽尚未获得缔约国的采纳，但可在争议双方当事人合意的情况下适用。不过，在已签署的 3851 个投资条约中，大约百分之七十的条约并未含有调解（conciliation and/or mediation）条款。See Romesh Weeramantry, Brian Chang, Joel Sherard-Chow, ‘Conciliation and Mediation in Investor-State Dispute Settlement Provisions: A Quantitative and Qualitative Analysis’, ICSID Review - Foreign Investment Law Journal, siab049 (2022).

条第3款登记请求之日，具有作为争端一方的国家以外的某一缔约国国籍的任何自然人，但不包括在上述任一日期也具有作为争端一方的缔约国国籍的任何人；

2. 在争端双方同意将争端交付调解或仲裁之日，具有作为争端一方的国家以外的某一缔约国国籍的任何法人，以及在上述日期具有作为争端一方缔约国国籍的任何法人，而该法人因受外国控制，双方同意为了本公约的目的，应看作是另一缔约国国民。[1]

在客体要件上，提交ICSID仲裁的案件须是直接因投资而产生的法律争端。就主客体要件而言，ICSID 仲裁不适用亦不受理资本输出国政府与资本输入国政府之间的投资争端、外国投资者与东道国国民之间的投资争端以及外国投资者与东道国政府之间非直接因国际投资而引发的争端。

当事人书面同意将投资争端提交ICSID的要求，常被称为ICSID管辖权的基石。[2] 在ICSID仲裁管辖问题上，最为重要的当属“同意”（Consent）要件，即外国投资者与东道国政府之间的每一项投资争端，须事先经争端双方当事人书面同意提交 ICSID，当双方表示同意后，任何一方不得单方面撤销其同意；双方同意根据公约交付仲裁，应视为同意排除任何其他救济方法而将争端交付仲裁，不过，缔约国可以要求以用尽该国行政或司法救济作为其同意根据ICSID公约交付仲裁的条件。[3] 由此可知，ICSID 的管辖权具有自愿性与灵活性的性质，这一性质赋予了缔约国以下基本权利：其一，东道国享有逐案审批权，即公约规定了ICSID行使管辖权须有当事人的书面同意，这预示着争端须经东道国预先同意；其二，东道国享有当地救济优先权，即缔约国可要求在将争端提请国际仲裁前用尽当地救济。“同意”须经东道国与投资者双方作出是毋庸置疑的，但“同意”也可来自东道国的单方同意，即东道国在其国内法或对外缔结的条约中“同意”将投资争端提交国际仲裁，此“同意”随后为投资者接受。[4] 至于外国投资者的“同意”，可通过东道国国内法、双边投资条约、区域性贸易协定中的投资章节或当事人之间的合同来确定。[5] 与此相对应的是，在 ICSID

〔1〕See Art. 25 of the Convention on the Settlement of Investment Disputes between States and Nationals of other States.

〔2〕Kathleen S. McArthur, Pablo A. Ormachea, 'International Investor－－State Arbitration: An Empirical Analysis of ICSID Decisions on Jurisdiction', Review of Litigation, vol.28，572（2009）.

〔3〕See Arts. 25 and 26 of the Convention on the Settlement of Investment Disputes between States and Nationals of other States.

〔4〕Christoph H. Schreuer, *The ICSID Convention: A Commentary on the Convention on the Settlement of Investment Disputes between States and Nationals of Other States*, Cambridge University Press, 2001，192.

〔5〕Stanimir A. Alexandrov, 'The Compulsory Jurisdiction of the International Court of Justice: How Compulsory Is It?', Chinese Journal of International Law, vol.5, 36 (2006).

案件中东道国政府往往辩称其并未同意ICSID对争端的管辖，或该争端并未包括在东道国先前所作出的“同意”范围内。

综观各国缔结的双边投资条约，对于ICSID仲裁管辖权的接受，通常存在四种方式。第一种方式是全面有效的预同意（Comprehensive，Effective Pre-Consents）。在一些现代的双边投资条约中，缔约国事先接受ICSID的管辖权，允许未来的投资者单方将投资争端交付ICSID裁断，且不对相关投资争端进行限制。此种方式对外国投资提供全面的保护，能够最大限度地增强外国投资者在投资安全方面的信心，同时也有利于保护本国的海外投资。不过，全面有效的预同意将会极大限制东道国的经济主权，[1]特别是东道国发生突发事件或经济危机时，此种同意可能会造成极为严重的后果。例如，为吸引外资阿根廷曾对外签订了大量BITs，其中大部分BITs全盘接受了ICSID仲裁管辖权。自1998年起，阿根廷开始了长达四年的经济衰退，随后演变成全面的经济、社会和政治危机，并伴随着外国投资者密集地、大规模地针对阿根廷政府为克服经济危机而采取的管制措施的ICSID仲裁申请；如何应对汹涌而来的ICSID仲裁案件一度成为阿根廷政府一项头等重要的工作。[2]

第二种方式是有限而有效的预同意（Limited，Effective Pre-Consents）。双边投资条约仅同意将特定类型的投资争端交付ICSID，例如中国第一代双边投资条约仅同意将征收和国有化产生的有关补偿争议提交ICSID管辖。随着时代的变迁，有学者认为此种方式在概念上存在重大缺陷：首先，双边投资条约通过给予外国投资者这样一种权利来获得其可信承诺力（Credible Commitment Power），即针对东道国作出有悖于诸如公平与公正待遇（Fair and Equitable Treatment，FET）等模糊的实质承诺的行为而提起争讼的权利。一旦排除了外国投资者这方面的权利，无异于移除了不安的外国投资者最重要的利剑。其次，无偿征收已经是明日黄花，在当前投资者面临无偿征收的风险微乎其微；这表明仅同意将征收提交仲裁解决的条约已经不能涵盖当代投资者所面临的诸多普遍的风险。[3]笔者认为，这是基于资本输出国立场的考量，毕竟此种方式无法满足发达国家高标准的保护要求。然而，有限而有效的预同意在操作上极为灵活，既可维护国家经济主权，又能在一定程度上打消外国投资者的顾虑，对于希冀吸引外资而又不愿宏观经济管理过分受到约束的国家而言，无疑是一种值

---

〔1〕例如，一俟对外国投资造成损害，即便是在东道国行为具有正当性的情形下，国际仲裁庭也有可能裁决要求东道国给予充分、有效和及时的补偿。

〔2〕Carlos E. Alfaro, Pedro M. Lorenti, ‘The Growing Opposition of Argentina to ICSID Arbitral Tribunals?’, Journal of World Investment and Trade, vol.6, 417 (2005).

〔3〕Jason Webb Yackee, ‘Conceptual Difficulties in the Empirical Study of Bilateral Investment Treaties’, Brooklyn Journal of International Law, vol.33, 425 – 26 (2008).

得采用的方式。

第三种方式是承诺预同意（Promissory Pre-Consents），也称为逐案同意，即双边投资条约只是提供了发生争端后当事人将争端诉诸ICSID的可能性，但要构成对ICSID管辖权的同意，仍需要东道国政府和外国投资者另行达成协议。诚如Christoph H. Schreuer教授所言，“同意”和“承诺同意”，在法律上的差异相当显著，[1]毕竟承诺同意并不构成实际案件中的同意。当一国已在条约中承诺同意仲裁，而在实际争端中投资者要求仲裁而国家拒绝仲裁，国际仲裁庭是不能对该争端行使管辖权的。这对外国投资者而言，显然不利；反之，此种方式对于东道国海外投资的保护力度亦是不够。不过，保留逐案审查的权利，基本上就能够预见有可能被提交国际仲裁的案件，因而可最大化地维护国家经济主权，亦不会因发生突发事件或经济危机而陷入频繁成为国际仲裁案件被申请方的法律危机中。市场化程度不高、法律制度尚未完善、经济运行较为脆弱的国家，通常较适合采用此种方式。在加入ICSID公约后的初期，中国对外缔结的双边投资条约主要采用的即是逐案同意方式。

第四种方式是全面同意与重要例外。依据此种同意方式，双边投资条约概括接受了ICSID管辖权，但同时将一些易于发生争端且关系到国计民生、重大国家利益的敏感领域排除在ICSID管辖范围外。此种方式既可较全面地保护外国投资、增强外商在投资安全上的信心，亦可较好地维护国家主权，同时还能对本国海外投资形成较为有效的保护。当然，双边投资条约在缔结后既有稳定性，亦有滞后性，而新型经济活动、新型争端有可能不断出现，如果这些新争端并未在双边投资条约所规定的重要例外中，则可能造成东道国大量被诉的局面。[2]美国2004年BIT范本、加拿大2004年FIPA范本都全面接受了ICSID仲裁管辖，同时对有关国家安全和利益的诸多事项附加了严格的限制与例外，例如“拒绝受惠”例外、“金融服务”例外、“税收措施”例外以及“重大安全”例外等。受到加拿大与欧盟签署的《全面经济贸易协定》（Comprehensive and Economic Trade Agreement，CETA）、《全面与进步跨太平洋伙伴关系协定》（Comprehensive and Progressive Agreement for Trans-Pacific Partnership，CPTPP）以及《美墨加协定》的影响，加拿大于2021年推出了新版外国投资促进和保护协定（Foreign Investment Promotion and Protection Agreement，FIPA）范本。新的范本包括以公正和及时的方式解决国家与投资者之间争端的机制，该机制具有多项技术变化，以实现ISDS的现代化并使其更具包容性。这些变化包括通

---

〔1〕Christoph H. Schreuer, *The ICSID Convention: A Commentary on the Convention on the Settlement of Investment Disputes between States and Nationals of Other States*, Cambridge University Press, 2001，216.

〔2〕参见黄海浪：《“落后”还是“超前”？——论中国对ICSID管辖权的同意》，载《国际经济法学刊》2006年第13卷第1期，北京大学出版社2006年版，第148页。

过多种途径增强解决投资争端的替代方法而无需诉诸 ISDS，例如：（1）要求提交争端前的强制性协商；（2）增强调解条款，可在任何时候暂停 ISDS 程序和截止日期，以允许争端方有意义地参与争端的解决程序而不会受到 ISDS 时间表的压力；（3）当申请人根据国内法积极寻求救济时，延长提交仲裁的时限。[1]

（二）双边投资条约中的仲裁管辖权

绝大多数的双边投资条约都规定了两种不同类型的争端解决机制，一种用于解决两个缔约国之间的争端，另一种用于解决投资东道国与权利受到不法侵害的外国投资者之间的争端。对于缔约国之间的争端，双边投资条约通常规定在涉及条约的解释或适用发生争端时，两国应首先通过谈判弥合分歧，若谈判失败，则可通过特别仲裁（*ad hoc* Arbitration）[2] 来解决。对于投资者与东道国之间的争端，近来双边投资条约的趋势同样是为争端双方提供国际仲裁程序——通常是 ICSID 和 UNCITRAL 仲裁程序。这也就是说，通过签订双边投资条约，缔约国同意把将来发生的适格投资争端交付 ICSID 裁断。尽管投资者需要首先通过谈判、磋商等方式寻求争端之解决，且可能需要用尽当地救济程序，但投资者最终仍有权启动强制仲裁（Compulsory Arbitration）以确保获得一个具有约束力的裁决。[3]

在缔约国之间签订了双边投资条约的前提下，外国投资者与投资东道国之间的仲裁可能存在两种情形：其一，投资者与东道国之间没有直接的合同关系，但投资者母国与东道国政府之间缔结的双边投资条约规定了 ICSID 仲裁条款。于此，投资者可选择将与其有合同关系的另一方作为被请求方，提出诉求；也可直接依据条约中的规定对违反条约规定的东道国启动仲裁程序。其二，投资者与东道国之间存在合同关系，投资者母国与东道国政府之间亦签订了双边投资条约。倘若投资者与东道国之间的合同约定的争端解决条款与双边投资条约的规定一致，则通常不会在争端解决问题上产生争议。然而，倘若合同约定的争端解决条款与双边投资条约规定的不一致时，则需要进一步确定是以合同抑或条约为准。

---

〔1〕Arts. 25 – 27 of the Canada's Foreign Investment Promotion and Protection Agreement (FIPA) Model (2021).

〔2〕"*ad hoc* Arbitration"是与"Institutional Arbitration"（机构仲裁）相对应的仲裁机构的组织形式，国内存在"临时仲裁""随意仲裁"以及"特别仲裁"等译法（参见黄雁明：《"Ad Hoc Arbitration"的内在含意与中文表述》，载《仲裁研究》2007 年第 11 辑，第 51 – 54 页）。如无其他已广为接受的译文，本书则采"特别仲裁"的译法。而对于 ICSID 机制中的"*ad hoc* Committee"，较为常用的中文译法是"专门委员会"或"专设委员会"。本书采"专门委员会"的译法。

〔3〕Jeswald W. Salacuse, Nicholas P. Sullivan, 'Do BITs Really Work? : An Evaluation of Bilateral Investment Treaties and Their Grand Bargain', Harvard International Law Journal, vol.46, 88（2005）.

通常说来，投资者与东道国之间签订的多为特许协议（Concession Agreement），即东道国政府与外国投资者在合同中约定，经东道国政府的特别许可或批准，允许外国投资者在一定期限和指定地区内享有专属于国家的某项权利，投资从事自然资源、大型基础设施项目的建设。[1] 特许协议在传统上被认为属于私人契约（Private Contract），尽管其中包含着一些东道国的公共政策考量。[2] 鉴于特许协议涉及公共政策问题，各国政府普遍要求投资者放弃通过国际仲裁来解决任何争端的权利。外国投资者的放弃，通常以下述两种方式进行：其一，明示放弃；其二，在特许协议中，规定因特许协议的解释和履行引起的投资者与东道国政府（或其委托机构）之间的争议，适用东道国的法律，并只能诉诸东道国国内法院或地方行政法庭。例如在 *Azurix Corp v. Argentine Republic* 案中，1996 年布宜诺斯艾利斯省进行私有化改革后，通过公开招标程序，美国投资者 Azurix 获得了为阿根廷布宜诺斯艾利斯省供水和排污服务的特许协议（Water and Sewer Services Concession Agreement）。[3] 布宜诺斯艾利斯省坚持任何争端只能在阿根廷 La Plata 市争讼行政法庭解决。[4] 由此引发的问题是，外国投资者是否还能够依据双边投资条约中关于国际仲裁的规定将争端提交 ICSID 仲裁解决。

1. 外国投资者不放弃将合同争议与条约争议提交 ICSID

ICSID 仲裁庭的一些实践表明，外国投资者同意特许协议中载明明示放弃条款或争议解决选择条款，并不意味着投资者放弃了将合同争议（Contract Claims）或条约争议（Treaty Claims）提交国际投资。在 *Lanco International, Inc. v. Argentine Republic* 案[5] 中，一家财团与阿根廷经济、公共事业和服务部签订了特许协议，其中包括了如下第 12 条争议解决条款：“为源自协议和投标条件之所有目的，协议各方同意阿根廷共和国联邦首都争讼行政法庭的管辖权”(For all purposes derived from the agreement and the bid conditions, the parties agree to the jurisdiction of the Federal Contentious-Administrative Tribunals of the Federal Capital of the Argentine Republic)。[6] 争议发生后，作为财团成员之一的 Lanco

〔1〕例如，被广泛采用的 BOT (Build-Operate-Transfer）合作方式。

〔2〕Nicholas Miranda, ‘Concession Agreements: from Private Contract to Public Policy’, Yale Law Journal, vol.117, 515 – 21（2007）.

〔3〕ICSID Case No. ARB/01/12, Decision on Jurisdiction of 8 December 2003, International Legal Materials, vol.43, 265 – 66（2004）.

〔4〕See ICSID Case No. ARB/01/12, Decision on Jurisdiction of 8 December 2003, International Legal Materials, vol.43, 266 – 67（2004）. .

〔5〕ICSID Case No. ARB/97/6, Preliminary Decision on Jurisdiction of 8 December 1998, International Legal Materials, vol.40, 457（2001）.

〔6〕See ICSID Case No. ARB/97/6, Preliminary Decision on Jurisdiction of 8 December 1998, International Legal Materials, vol.40, 459 – 60（2001）. .

依据美国和阿根廷双边投资条约要求将争议提交至 ICSID。然而，阿根廷反对 ICSID 仲裁，主张应依照特许协议规定将争议提交布宜诺斯艾利斯市的联邦争讼行政法庭。ICSID 仲裁庭驳回了阿根廷的请求，认为阿根廷联邦争讼行政法庭并不构成先前同意的争议解决程序，因为依据法律规定，几乎不可能去选择这样一个法院，其自身管辖权是不受特许协议约束或放弃约束的。[1] 此外，仲裁庭还解释道，缔约国在双边投资条约中所作出的对 ICSID 管辖权的同意可以理解为缔约国作出的从即刻起就对身为另一缔约国国民的所有投资者将潜在争议提交 ICSID 管辖的统括性的要约邀请（a generic invitation）。[2] 因此，仲裁庭裁断特许协议中的争议解决条款并不导致 Lanco 放弃请求 ICSID 仲裁庭审理合同争议或条约争议的权利。

2. 外国投资者放弃将合同争议、但不放弃将条约争议提交 ICSID

第二种情形是 ICSID 仲裁庭认为特许协议中的明示放弃条款或争议解决选择条款，表明投资者放弃了将合同诉求交付仲裁，但并未放弃将条约诉求提交仲裁解决。在 *SGS Société Générale de Surveillance S.A. v. Islamic Republic of Pakistan* 案[3] 中，1994 年 9 月 29 日瑞士 SGS 公司与巴基斯坦伊斯兰共和国政府签订了一份特许协议——装船前检验协议（Pre-Shipment Inspection Agreement，PSI 协议），该协议授权 SGS 对从多个国家出口到巴基斯坦的货物实施装船前检验，并对货物的海关分类提出建议。PSI 协议第 11 条为仲裁与适用法条款，其中仲裁部分规定倘若双方发生争议无法协商解决，则通过仲裁解决，仲裁地为巴基斯坦伊斯兰堡，仲裁适用巴基斯坦仲裁法，并排除其他争议解决方式的适用。[4] 1996 年 12 月 12 日，巴基斯坦单方面通知 SGS 终止 PSI 协议，并扣留了 SGS 主张的款项。在协商和诉讼均无果的情况下，巴基斯坦政府于 2000 年 9 月 1 依据 PSI 协议第 11 条载明的仲裁条款在巴基斯坦启动仲裁程序（PSI 仲裁

---

〔1〕It would hardly be possible to select the jurisdictionof courts whose own jurisdiction are, by law, not subject to agreement or waiver, whether territorially, objectively, or functionally. See ICSID Case No. ARB/97/6, Preliminary Decision on Jurisdiction of 8 December 1998, International Legal Materials, vol.40，466（2001）.

〔2〕See ICSID Case No. ARB/97/6, Preliminary Decision on Jurisdiction of 8 December 1998, International Legal Materials, vol.40，471（2001）.

〔3〕ICSID Case No. ARB/01/13, Decision of the Tribunal on Objections to Jurisdiction, 6 August 2003, International Legal Materials, vol.42，1290（2003）.

〔4〕Any dispute, controversy or claim arising out of, or relating to this Agreement, or breach, termination or invalidity thereof, shall as far as it is possible, be settled amicably. Failing such amicable settlement, any such dispute shall be settled by arbitration in accordance with the Arbitration Act of the Territory as presently in force. The place of arbitration shall be Islamabad, Pakistan and the language to be used in the arbitration proceedings shall be the English language. See ICSID Case No. ARB/01/13, Decision of the Tribunal on Objections to Jurisdiction, 6 August 2003, International Legal Materials, vol.42，1293（2003）.

程序）。次年 10 月 12 日，SGS 以巴基斯坦政府为被申请人在 ICSID 启动了另一仲裁程序，依据是瑞士与巴基斯坦之间签署的双边投资条约。[1] SGS 在仲裁请求中认为，巴基斯坦政府的行为既违反了双边投资条约，亦违反了 PSI 协议中约定的合同义务。2003 年 ICSID 仲裁庭作出裁决，认为合同争议与条约争议单独存在，因为双边投资条约第 9 条已经赋予 ICSID 仲裁庭对条约争议排他性的管辖权，巴基斯坦提出的依据 PSI 条款设立的国内仲裁庭有权审理条约争议的观点不能成立；因此驳回巴基斯坦政府对管辖权的异议，决定受理本案，但仅审理 SGS 提交的与条约有关的诉求。[2]

3. 外国投资者放弃将合同争议与条约争议提交仲裁

最后，有些 ICSID 仲裁庭的实践意在表明明示放弃条款或争议解决选择条款将使投资者放弃将合同争议与条约争议交付仲裁解决。在 *Compañía de Aguas del Aconquija S.A. and Vivendi Universal S.A. v. Argentine Republic* 案[3]中，1991 年 7 月 3 日，阿根廷与法国签订了双边投资促进与保护条约，[4]条约规定了对于条约项下与投资有关的争议（any dispute relating to investment，under the meaning of this Agreement），外国投资者可以选择在另一缔约国国内法院或国际仲裁机构（在 ICSID 或 UNCITRAL 框架内）解决。[5]1995 年一家名为 Compagnie Générale des Eaux 的法国公司[6]及其在阿根廷的子公司 Compañía de Aguas del Aconquija，S.A.（以下合称 CGE 公司）与阿根廷 Tucumán 省订立了为期 30 年的供水和污水处理系统的特许协议。协议第 16（4）条规定了对于合同争议（Contractual Dispute），包括对合同的解释与适用，Tucumán 省争讼行政法庭享有排他性管辖权。[7] 由于许多技术上和商业上的缺陷，加之受到来自 Tucumán 省各种法令、决议和法规等诸多阻挠，翌年 12 月，CGE 公司直接向 ICSID 对

---

〔1〕Art. 9 of the Agreement on the Promotion and Reciprocal Protection of Investments, Pakistan-Switzerland, 11 July 1995.

〔2〕See ICSID Case No. ARB/01/13, Decision of the Tribunal on Objections to Jurisdiction, 6 August 2003, International Legal Materials, vol.42，1323 – 24（2003）.

〔3〕ICSID Case No. ARB/97/3, Award of 21 November 2000, International Legal Materials, vol.40，426（2001）.

〔4〕Agreement for the Promotion and Reciprocal Protection of Investments, Argentina-France, 3 July 1991，1728 UNTS 298.

〔5〕Art. 8 of the 1991 Argentina-France BIT.

〔6〕1998 年公司更名为“Vivendi Universal”。

〔7〕Art. 16.4 of the Concession Contract between CGE and Tucumán provided for the resolution of contract disputes, concerning both its interpretation and application, to be submitted to the exclusive jurisdiction of the contentious administrative courts of Tucumán. See ICSID Case No. ARB/97/3, Award of 21 November 2000, International Legal Materials, vol.40，433（2001）.

阿根廷政府提出仲裁申请，要求被申请人阿根廷政府赔偿超过 3 亿美元的损失。其申请仲裁庭审理的争议主要有两项：其一，Tucumán 省多个政府部门的行为破坏了特许协议的履行，对此阿根廷政府应承担国际责任；其二，阿根廷政府未依照双边投资条约的规定给予外国投资以充分的保护。[1] 2000 年 2 月 21 日，ICSID 仲裁庭首先确认仲裁庭对申请人与被申请人因条约引起的争议具有管辖权；但同时认为，对于申请人用以支持仲裁请求的事实部分，由于条约争议与特许协议争议紧密相关（Crucial Connection），[2] 仲裁庭无法将条约争议与特许协议争议区分开来；因此裁定申请人应当首先根据特许协议载明的争议解决条款向 Tucumán 省争讼行政法庭起诉，据此驳回申请人的仲裁请求。[3]

不过，此案在申请撤销程序中峰回路转。CGE 公司不服上述裁决，于 2001 年 3 月申请组建专门委员会（*ad hoc* Committee），[4] 以仲裁庭明显逾越权限、严重悖离基本程序规则以及仲裁裁决未述明其所依据之理由等三项理由要求撤销该裁决。专门委员会于 2002 年 7 月 3 日作出决定，认为上述 ICSID 裁决对申请人提交的第一项争议拒绝审理构成越权，因此部分撤销该裁决。[5] 在陈述裁决理由时，专门委员会认为，双边投资条约第 8 条所限定的争议范围是“与投资有关的争议”，因此只要申请人提出的争议事项满足此条件即可，阿根廷不能依据特许协议中的排他性管辖权条款来回避其行为在条约项下的国际违法特征（cannot rely on an exclusive jurisdiction clause in a contract to avoid the characterisation of its conduct as internationally unlawful under a treaty）；[6] 因此，仲裁庭应当审理依据双边投资条约提起的第一项仲裁请求。

在另一个案件 *Aguas del Tunari S.A. v. Republic of Bolivia* [7] 中，Aguas del

---

〔1〕See ICSID Case No. ARB/97/3, Award of 21 November 2000, International Legal Materials, vol.40，434（2001）.

〔2〕See ICSID Case No. ARB/97/3, Award of 21 November 2000, International Legal Materials, vol.40，443（2001）.

〔3〕See ICSID Case No. ARB/97/3, Award of 21 November 2000, International Legal Materials, vol.40，436-38（2001）.

〔4〕ICSID 公约规定任何一方可以根据下列一个或几个理由，向秘书长提出书面申请，要求撤销裁决：（a）仲裁庭的组成不适当；（b）仲裁庭显然超越其权力；（c）仲裁庭的成员有受贿行为；（d）有严重的背离基本程序规则的情况；（e）裁决未陈述其所依据的理由。See Art. 52（1）of the Convention on the Settlement of Investment Disputes between States and Nationals of other States.

〔5〕ICSID Case No. ARB/97/3, Decision on Annulment of 3 July 2002, International Legal Materials, vol.41，1135（2002）.

〔6〕See ICSID Case No. ARB/97/3, Decision on Annulment of 3 July 2002, International Legal Materials, vol.41，1154（2002）.

〔7〕ICSID Case No. ARB/02/3, Decision on Respondent's Objections to Jurisdiction of 21 October 2005, ICSID Review: Foreign Investment Law Journal, vol.20，450（2005）.

Tunari，S.A.（以下简称 AdT）是一家在玻利维亚设立的公司，与玻利维亚政府在 1999 年签订了为 Cochabamba 市提供饮用水和污水处理服务的特许协议，协议第 41.2 条规定了协议各方同意适用玻利维亚法律以及玻利维亚法院的管辖权。[1] AdT 的股份由三部分组成，其中 20%由数家玻利维亚公司持有，25%由一家乌拉圭公司持有，另外 55%均由一家注册在开曼群岛的名为 International Water 的公司持有，而美国公司 Bechtel Enterprises Holdings，Inc.则持有 International Water 公司的全部股份。但设立数月之后，在特许权届满之前，International Water 迁至卢森堡，变成由一家荷兰公司 100%持股的公司。由于玻利维亚和荷兰都是 ICSID 成员国，申请人主张根据荷兰与玻利维亚签订的双边投资条约第 9 条第 6 款将争议提交 ICSID 仲裁。ICSID 仲裁庭裁断 AdT 在特许协议中的争议解决选择条款并不意味着 AdT 放弃了条约争议，[2] 因为仲裁庭无法认定申请人以明示或暗示放弃 ICSID 管辖权。[3] 但是，仲裁庭表示，在某些情形下，投资者可能会放弃合同诉求和条约诉求，即"如果双方同意明确放弃 ICSID 管辖权，仲裁庭认为此种放弃是有效的。考虑到符合 ICSID 仲裁要求的当事人显然可以合意选择其他机制来解决他们之间的争议，那么投资者也可以放弃其启动 ICSID 仲裁的权利"[4]。

从 ICSID 的上述仲裁实践来看，东道国政府（或其委托机构）与外国投资者之间的特许协议中规定了明示放弃条款或当地法院具有专属管辖权的争议解决选择条款，倘若外国投资者的仲裁请求系产生于双边投资条约的条约争议，则 ICSID 通常对该争议具有管辖权，特许协议中存在明示放弃条款或争议解决选择条款并不意味着投资者放弃了将条约争议交付国际仲裁的权利。在 GE 公司案中虽然 ICSID 仲裁庭否定了其对条约争议的管辖权，但随后的专门委员会

〔1〕See CSID Case No. ARB/02/3, Decision on Respondent's Objections to Jurisdiction of 21 October 2005, ICSID Review: Foreign Investment Law Journal, vol.20，487（2005）.

〔2〕See CSID Case No. ARB/02/3, Decision on Respondent's Objections to Jurisdiction of 21 October 2005, ICSID Review: Foreign Investment Law Journal, vol.20，488-89（2005）.

〔3〕See CSID Case No. ARB/02/3, Decision on Respondent's Objections to Jurisdiction of 21 October 2005, ICSID Review: Foreign Investment Law Journal, vol.20，491-92（2005）.

〔4〕Assuming that Parties agreed to a clear waiver of ICSID jurisdiction, the Tribunal is of the view that such a waiver would be effective. Given that it appears clear that the Parties to an ICSID arbitration could jointly agree to a different mechanism for the resolution of their disputes other than that of ICSID, it would appear that an investor could also waive its rights to invoke the jurisdiction of ICSID. See CSID Case No. ARB/02/3, Decision on Respondent's Objections to Jurisdiction of 21 October 2005, ICSID Review: Foreign Investment Law Journal, vol.20，491（2005）.

撤销了该裁决，认为仲裁庭应当审理申请者提出的条约争议。AdT 案中仲裁庭肯定了其对条约争议的管辖权，只是在裁决理由的论述中，表示了在特定情形中投资者会因特许协议而放弃将条约争议诉诸仲裁；不过，至于何谓特定情形，仲裁庭并未进一步阐释。而对于源自合同履行、解释与适用等方面的合同争议，ICSID 在实践中的作法并不统一。不过，除了在 Lanco 案中仲裁庭认为明示放弃条款或争议解决条款不意味着外国投资者放弃了将合同争议交付国际仲裁外，其他大部分案件的仲裁庭都倾向于认定合同中关于争议解决的条款应当得到适用，即投资者不能将合同争议交付仲裁。笔者进一步认为，依照 ICSID 仲裁实践的趋向，倘若仲裁请求实际上仅与合同有关，即请求的依据是合同而非双边投资条约，并且合同中并未载明东道国与投资者之间的争议可提交仲裁；在此种情形下，即便仲裁请求形式上是依据双边投资条约提出的，特许协议中的争议解决条款仍然可以适用。

三、中国双边投资条约对 ICSID 管辖权的同意：从逐案审批到全面接受

（一）第一代双边投资条约中的逐案同意与有限同意

中国尚未加入 ICSID 公约时，早期缔结的双边投资条约通常规定对仲裁庭的成立采用特别设立的方式。[1] 1990 年 2 月 9 日中国签署 ICSID 公约，后经全国人民代表大会常务委员会审议通过，中国政府于 1993 年 1 月 7 日向世界银行总部提交了批准书，并按规定自 1993 年 2 月 6 日起正式成为 ICSID 公约缔约国，接受了公约设定的解决投资争端国际中心仲裁机制。[2]依据公约第 25 条第 4 款，[3] 中国政府在批准公约时作出声明，中国政府只考虑将“因征收和国有化而引起的补偿争议”交由 ICSID 管辖。[4] 不过，尽管中国已批准了 ICSID 公约，中国继续签订的双边投资条约仍未涉及 ICSID 仲裁。中国对外缔结的第一代双边投资条约大抵规定了如下条款：

---

〔1〕例如 1983 年中国－德国 BIT。

〔2〕参见陈安主编：《国际投资争端仲裁——“解决投资争端国际中心”机制研究》，复旦大学出版社 2001 年版，第 42 页。

〔3〕任何缔约国可以在批准、接受或核准本公约时，或在此后任何时候，把它将考虑或不考虑提交给中心管辖的一类或几类争端通知中心。秘书长应立即将此项通知转送给所有缔约国。此项通知不构成第一款所要求的同意。

〔4〕Contracting States and Measures Taken by Them for the Purpose of the Convention: Notifications Concerning Classes of Disputes Considered Suitable or Unsuitable for Submission to the Centre (Article 25(4) of the Convention), ICSID/8 – D, May 2011, at 1.

1. 缔约国一方的投资者与缔约国另一方之间就在缔约国另一方领土内的投资产生的争议应尽量由当事方友好协商解决。

2. 如争议在六个月内未能协商解决，当事任何一方有权将争议提交接受投资的缔约国一方有管辖权的法院。

3. 如涉及征收补偿款额的争议，在诉诸本条第一款的程序后六个月内仍未能解决，可应任何一方的要求，将争议提交专设仲裁庭。[1]

换言之，中国对外缔结的第一代双边投资条约要求不能通过友好协商解决的投资者与东道国之间的争端，则应提交至东道国有管辖权的法院；同时，专设仲裁庭只对涉及征收和国有化而引起的补偿款额的争议拥有管辖权。此处的“专设仲裁庭”并未指明是依据ICSID公约抑或UNCITRAL规则组成的仲裁庭，这表明双边投资条约只是提供了发生争端后当事人将争端诉诸ICSID仲裁庭的可能性，但要构成对ICSID仲裁管辖权的同意，仍需东道国与投资者另行达成协议，因此实质上东道国有权对每一项争端逐一审查。当然，也有少部分双边投资条约规定了因国有化和征收而引起的补偿数额争议，可以提交ICSID仲裁，例如1993年中国–立陶宛BIT就作了如下规定：

二、如争议在六个月内未能协商解决，缔约一方投资者有权将争议提交：

（一）接受投资的缔约一方有管辖权的法院；

（二）有关补偿额的争议或其他双方同意的争议可提交依照一九六五年三月十八日在华盛顿开放签字的《解决国家与他国国民之间投资争端公约》设立的“解决投资争端国际中心”；

（三）如缔约双方均不是该公约的成员，第二款中提到的争端应提交依照本条第三款至第七款设立的专设仲裁庭。[2]

从上述规定可以看出，第一代双边投资条约仅对因国有化或征收而产生的补偿额争议可以提交ICSID仲裁，对于东道国违反双边投资条约所保护的其他权利，例如投资收益转移的权利、FET等不能成为投资者与东道国之间国际仲裁请求的基础。从1992年9月30日中国与韩国缔结的双边投资条约接受ICSID

---

〔1〕参见1993年中国–斯洛文尼亚BIT第8条；此外，1994年中国–印度尼西亚BIT第9条、1994年中国–埃及BIT第9条也有相似的规定。

〔2〕参见1993年中国–立陶宛BIT第8条。

仲裁管辖权[1]起，至 1998 年 7 月 20 日中国与巴巴多斯缔结双边投资条约止，中国缔结的 88 个双边投资条约中有 30 个未接受 ICSID 仲裁管辖权，至少有 13 个接受 ICSID 仲裁管辖权。[2]接受 ICSID 仲裁管辖权的双边投资条约大都强调外国投资者与东道国之间有关“征收补偿额”（或“征收补偿额款”“国有化和征收补偿额款”）的争议，应首先友好协商解决，在六个月内未能协商解决的，投资者（或“任何一方”）方可将争议交付仲裁解决。总体而言，中国第一代双边投资条约基本采取以不接受 ICSID 仲裁管辖权而仅提供可能性的“逐案同意”为主、仅就有关国有化和征收补偿额争议接受 ICSID 仲裁管辖权的“有限同意”为辅的同意方式。

（二）第二代双边投资条约中的全面同意

于 1998 年签订的中国－巴巴多斯 BIT 开创了中国双边投资条约允许外国投资者不受限制地利用国际仲裁的先河：

> 一、缔约一方的投资者与缔约另一方之间任何投资争议，应尽可能由投资者与缔约另一方友好协商解决。
>
> 二、……六个月内不能协商解决，投资者有权选择将争议提交下述两个仲裁庭中的任意一个，通过国际仲裁的方式解决：
>
> （一）……解决投资争端国际中心；
>
> （二）根据《联合国国际贸易法委员会仲裁规则》设立的仲裁庭。该规则中负责指定仲裁员的机构将为“解决投资争端国际中心”秘书长。[3]

这一新规定，将原先可提交 ICSID 仲裁的限于国有化和征收补偿额争议，扩大到了就投资产生的任何争议；任何对协定保护下权利的可能的侵权行为，

---

〔1〕1993 年中国－韩国 BIT 第 9 条第 3 款规定：“（三）任何一国政府或根据其法律和法规其他承担补偿义务者与另一国投资者关于第五条第三款所述的补偿款额的争端，如果自当事任何一方要求友好解决之日起六个月未能解决，则根据该投资者的要求，可提交参考 1965 年 3 月 18 日在华盛顿签订的《关于解决国家和他国国民之间投资争端公约》而组成的调解委员会或仲裁委员会。一国政府和另一国投资者之间关于其他事项的争端，可根据双方的同意，提交如上所述的仲裁委员会。”

〔2〕这 13 个双边投资条约的另一方缔约国分别是韩国（1992 年 9 月 30 日）、立陶宛（1993 年 11 月 8 日）、智利（1994 年 3 月 23 日）、冰岛（1994 年 3 月 31 日）、秘鲁（1994 年 6 月 9 日）、摩洛哥（1995 年 3 月 27 日）、以色列（1995 年 4 月 10 日）、南斯拉夫联盟共和国（1995 年 12 月 18 日）、沙特阿拉伯（1996 年 2 月 29 日）、加蓬（1997 年 5 月 9 日）、喀麦隆（1997 年 5 月 10 日）、马其顿（1997 年 6 月 9 日）和也门（1998 年 2 月 16 日）。

〔3〕参见 1998 年中国－巴巴多斯 BIT 第 9 条第 1、2、3 款。

外国投资者都可直接提请国际仲裁，前提是双方须先经过一定期限[1]的协商，倘若协商未能解决争议，应在国内司法程序与国际仲裁之间作出选择，投资者一旦启动东道国国内司法程序则将不能再将争议诉诸国际仲裁。这个开创性的投资者 – 东道国争端解决条款，表明了中国第一代双边投资条约对投资争端解决所持有的限制性立场发生了根本性的转变，标志着第二代双边投资条约在接受 ICSID 管辖权的书面形式上从“逐案同意”“有限同意”到开始“全面同意”ICSID 仲裁，被认为是当代中国双边投资条约实践的最重要举措。[2]这一“全面同意”ICSID 仲裁的投资者 – 东道国仲裁机制，几乎为此后缔结的大多数双边投资条约所采纳，[3]除了少部分双边投资条约未接受 ICSID 仲裁[4]以及只同意将国有化和征收补偿争议交付 ICSID 仲裁[5]外。在随后缔结的双边投资条约中，增加了除上述只能在国内司法程序与国际仲裁选择其中一个之外的限制条件，即要求用尽当地行政审查程序（Administration-Internal Review Mechanism），例如中国与德国 2003 年缔结的双边投资条约规定关于在中国的投资，“（德国）投资者已经根据中国法律把争议提交行政复议程序”后方可将争议提交仲裁解决。[6]不过，当地行政审查机制的目的是依据中国法确定行政机关的行为是否合法与合理（Legal and Appropriate），并不包括司法程序（Court Proceedings），因此与用尽当地救济（Exhaustion of Local Remedies）是不同的；[7]换言之，用尽当地行政审查程序条款的作用是极为有限的。当然，明确规定用尽当地救济规则的双边投资条约亦不在少数。

---

〔1〕一般为三个月或六个月。

〔2〕Cai Congyan, ‘Outward Foreign Direct Investment Protection and the Effectiveness of Chinese BIT Practice’, Journal of World Investment and Trade, vol.7, 646 (2006).

〔3〕例如中国分别与荷兰（2001 年 11 月 26 日）、德国（2003 年 12 月 1 日）、拉脱维亚（2004 年 4 月 15 日）、突尼斯（2004 年 6 月 21 日）、芬兰（2004 年 11 月 15 日）、比利时 – 卢森堡经济联盟（2005 年 6 月 6 日）、西班牙（2005 年 11 月 24 日）、葡萄牙（2005 年 12 月 9 日）、俄罗斯（2006 年 11 月 9 日）、瑞士（2009 年 1 月 27 日）等国缔结的双边投资条约。

〔4〕例如中国分别与伊朗（2000 年 6 月 26 日）、文莱（2000 年 11 月 17 日）、尼日利亚（2001 年 8 月 27 日）、朝鲜（2005 年 3 月 22 日）、纳米比亚（2005 年 11 月 17 日）、古巴（2007 年 4 月 20 日）等国缔结的双边投资条约。

〔5〕例如 1999 年中国 – 巴林 BIT 第 9 条第 3 款规定：“三、如涉及国有化和征收补偿款额的法律争议，自协商之日起五个月内，未能按照本条第一款的规定通过协商友好解决，应任何一方的请求，争议可提交下列仲裁庭仲裁：（1）依据 1965 年 3 月 18 日在华盛顿签署的《解决国家和他国国民之间投资争端公约》设立的‘解决投资争端国际中心’；或（2）专设仲裁庭。”

〔6〕参见 2003 年中国 – 德国 BIT 议定书第 6 条第 1 项。

〔7〕Stephan W. Schill, ‘Tearing Down the Great Wall: The New Generation Investment Treaties of the People’s Republic of China’, Cardozo Journal of International and Comparative Law, vol.15，92（2007）.

（三）第二代双边投资条约可能引发的 ICSID 管辖权挑战

第二代双边投资条约对 ICSID 管辖权的“全面同意”不可避免地引发众多棘手问题，降低 ICSID 仲裁管辖的门槛，将有可能带来诸多 ICSID 管辖权挑战。遇到的第一个问题是，中国在加入 ICSID 公约时，依据公约第 25 条第 4 款作出声明，中国政府仅考虑将因征收和国有化而引起的补偿争议提交 ICSID 管辖；那么，这一声明是否意味着第二代双边投资条约对所有争议均可提交 ICSID 仲裁的同意，还是仅仅对因征收和国有化产生的补偿争议有效？由于公约在此种声明的法律效力方面却未作出规定，导致了对依据公约第 25 条第 4 款所作出声明的法律效力问题的争论，即中国的声明是否构成《维也纳条约法公约》（Vienna Convention on the Law of Treaties，VCLT）第 2 条第 1 款 d 项[1]所规定的“保留”；倘若构成，则中国对 ICSID 管辖权的接受仅限于因征收和国有化产生的补偿争议。有学者认为，因政府代理人的武断行为与歧视而造成的争议已经超出了中国的“同意”范围，[2]这样的观点也就意味着中国只将征收或国有化补偿争议交付仲裁。

不过，多数学者认为，中国依据 ICSID 公约第 25 条第 4 款所作出的声明仅出于情报目的（for Purposes of Information），[3]该声明不具有约束力，亦不妨碍投资者就双边投资条约中的全部实体问题启动投资者 – 东道国仲裁程序。[4]中国作出的声明不构成《维也纳条约法公约》中的“保留”，主要在于以下三个原因：首先，ICSID 行使管辖权须满足两个条件，即一国批准了公约，以及该国依据公约第 25 条第 1 款明确表示同意 ICSID 管辖权。从这两个条件来看，对公约部分条款的“保留”显然是毫无必要的，因为没有国家将批准公约与接受 ICSID 管辖权合并进行，[5]而通常是在双边投资条约、多边投资条约或国内法中同意 ICSID 的管辖权。其次，公约第 25 条第 4 款明确规定，依据本条作出的

---

〔1〕该项规定，称“保留”者，谓一国于签署、批准、接受、赞同或加入条约时所做之片面声明，不论措辞或名称如何，其目的在摒除或更改条约中若干规定对该国适用时之法律效果。

〔2〕Disputes arising out of government agency arbitrary conduct and discrimination generally fall outside the scope of China's accession. See Mark A. Cymrot, 'Investment Disputes with China', Dispute Resolution Journal, vol.61，82（2006）.

〔3〕Monika C. E. Heymann, 'International Law and the Settlement of Investment Disputes Relating to China', 11 Journal of International Economic Law 507，518（2008）；also see Christoph H. Schreuer, *The ICSID Convention: A Commentary on the Convention on the Settlement of Investment Disputes between States and Nationals of Other States*, Cambridge University Press, 2001，342.

〔4〕Stephan W. Schill, 'Tearing Down the Great Wall: The New Generation Investment Treaties of the People's Republic of China', Cardozo Journal of International and Comparative Law, vol.15, n.65（2007）.

〔5〕Monika C. E. Heymann, 'International Law and the Settlement of Investment Disputes Relating to China', Journal of International Economic Law, vol.11，517 – 18（2008）.

声明及其后续通知不构成第25条第1款所要求的“同意”。这一措辞的言下之意是即便一国依照第25条第4款声明同意ICSID对特定投资争议的管辖权，该声明也不具有法律效力。由此，反过来说，一国不同意ICSID管辖权的声明亦不具有法律效力。[1]最后，从公约起草的历史来看，ICISD的基本原则是，加入公约并不影响缔约国决定是否同意实际仲裁庭的管辖权，第25条第4款只是这一基本原则的附加性表述，将特定争议排除在ICSID管辖权之外的声明并不会构成对公约的保留。[2]也就是说，第25条第4款仅具有澄清的性质，澄清批准公约本身并不构成接受ICSID管辖权的任何形式的同意，亦不为投资者创设任何期待，因此这一规定不代表对ICSID管辖权规则可以进行国际条约法意义上的保留。[3]

从中国缔结的第二代双边投资条约来看，大多数第二代双边投资条约对可以提交ICSID仲裁的投资争议也并不仅仅局限于征收和国有化引起的补偿额争议，这似乎也印证了中国依据第25条第4款所作出的声明并不具有法律效力。

与此同时，第二代双边投资条约通常包含有最惠国待遇条款，由此引发的第二个问题则是最惠国待遇条款是否能适用于争端解决程序，并对先前不含有此类条款的双边投资条约产生效力？最惠国待遇条款能否适用于争端解决程序这一问题反映在中国层面，即是中国第一代双边投资条约通常并不包含ICSID仲裁管辖权的相关规定，而第二代双边投资条约则基本规定了所有直接因投资引起的争端都可提交ICSID仲裁，那么这些包含有ICSID条款的双边投资条约，是否会通过最惠国待遇条款的适用，扩大到对并不包含ICSID仲裁的双边投资条约产生效力？毕竟最惠国待遇条款往往规定了缔约方不得对缔约另一方的投资者及其投资施以低于其给予第三国国民所进行的投资的待遇。例如，2007年中国－古巴BIT并未规定ICSID仲裁条款，古巴在中国的投资者能否援引规定了最惠国待遇条款的2003年中国－德国BIT中的最惠国待遇条款，将投资争端提交ICSID仲裁？

第三，第二代双边投资条约中对投资主体、保护伞条款等条款的规定尚未臻于完善，这些缺陷都有可能导致国家司法主权的削弱和ICSID仲裁管辖权的拓展，从而可能引发更多ICSID仲裁管辖挑战。

---

〔1〕Monika C. E. Heymann, 'International Law and the Settlement of Investment Disputes Relating to China', Journal of International Economic Law, vol.11，517－18（2008）.

〔2〕A statement excluding certain classes of disputes from consideration would not constitute a reservation to the Convention. See International Bank for Reconstruction and Development, 'Report of the Executive Directors on the Convention on the Settlement of Investment Disputes Between States and Nationals of Other States', ICSID Reports, vol.1，25（1965）, para. 31.

〔3〕Christoph H. Schreuer, *The ICSID Convention: A Commentary on the Convention on the Settlement of Investment Disputes between States and Nationals of Other States*, Cambridge University Press, 2001，342.

第四，随着“一带一路”建设的纵深拓展，第二代双边投资条约中对 ICSID 仲裁管辖权的同意，在一定程度上对我国在“一带一路”沿线国家的基础设施投资保护是有所裨益的。特别是受到全球新冠肺炎疫情的严重冲击，基础设施建设将面临更多风险与不确定性。根据中国对外承包工程商会和中国出口信用保险公司联合发布的《“一带一路”国家基础设施发展指数报告 2020》，对沿线国家的基础设施投资存在着四大风险，即（1）全球新冠疫情防控恐将常态化，各国政府疫情应对措施的范围与持续时间、货币与财政政策有效性等都对基础设施发展具有短期内难以消除的影响；（2）以推动“制造业回归”为主要体现的“逆全球化”使国际基础设施合作阻力加大；（3）国际基础设施融资难度上升，部分发展中国家主权偿付能力持续下降，违约风险显著上升；（4）贸易保护主义日渐盛行、民粹主义不断抬头以及一些国家治理能力不足导致部分地区地缘政治紧张，基建项目极易受到冲击。[1] 因此，对中国新一代双边投资条约中 ICSID 仲裁管辖权条款的完善，一方面是出于应对 ICSID 仲裁管辖潜在危机的考量，另一方面是着眼于“一带一路”倡议下的基础设施投资的保护，对如何将坚守国家主权与保护海外投资者合法权益并举亦具有极为重要的意义。

小结

当外国投资者保护领域中传统的外交保护日渐式微，ICJ 抑或国内司法程序等公共争议解决方式的作用亦逐年弱化，国际商事仲裁在面对投资争端时缺失有约束力的特定规则而显得无所适从，以 ICSID 仲裁为主导的投资者－东道国仲裁机制的兴起自是水到渠成。ICSID 仲裁赋予外国投资者直接将争端交付国际仲裁庭的权利，在很大程度上代表了投资争端非政治化解决的尝试。ICSID 仲裁的崛起是新自由主义思想推动下经济全球化与自由化促成国际直接投资空前发展的结果，同时与各国缔结国际投资协定的热情亦密切相关，特别是双边投资条约的大量签署，对 ICSID 仲裁的发展起到了不可或缺的推动作用，这是因为大多数 ICSID 仲裁案件是通过双边投资条约来建立起对 ICSID 管辖权的同意。双边投资条约与 ICSID 仲裁的良性互动，又使得更多的双边投资条约将 ICSID 规则订于条约文本中，双边投资条约与 ICSID 仲裁共同构筑了一幅明朗的国际投资争端解决的当代图景。

在这一国际大背景下，中国对外缔结的投资条约对 ICISD 仲裁管辖权的接受出现变化：第一代双边投资条约内容较为简洁，基本采取以不接受 ICSID 仲裁管辖权而仅提供可能性的“逐案同意”为主、仅就因国有化和征收产生的补

---

〔1〕中国对外承包工程商会、中国出口信用保险公司：《“一带一路”国家基础设施发展指数报告 2020》，第 75－76 页。

偿额争议接受 ICSID 仲裁管辖权的“有限同意”为辅的同意方式；从 1998 年中国－巴巴多斯 BIT 开创了中国双边投资条约允许外国投资者不受限制地利用国际仲裁的先河起，早先对投资争端的国际解决所持有的限制性立场发生了根本性的转变。第二代双边投资条约在接受 ICSID 管辖权的书面形式上从“逐案同意”“有限同意”开始转变到“全面同意”ICSID 仲裁。ICSID 仲裁管辖门槛的放低，将使中国面临成为国际仲裁程序被申请方的风险增加。诚然，这一转变与中国经济的崛起有关，尤其是中国已开始由资本输入国单一角色向兼具资本输入国与资本输出国的双重角色转变，在“一带一路”倡议下对外投资的增长改变了以往国际投资从发达国家向发展中国家流动的单向性，而成为双向的流动。此外，发达国家与发展中国家的相互投资亦在增加，致使传统国际投资法律关系从以往的南北关系，转化为更为复杂的南北、南南以及北北关系并存的局势。一方面，中国双边投资条约中 ICSID 管辖权的规定要适应此种新的形势，回应并防范与化解“一带一路”倡议下可持续海外投资面临的风险，就必须进行革新；另一方面，现有的双边投资条约中 ICSID 管辖权规定本身也存在诸多缺陷，对管辖权具有重要意义的东道国当地救济条款、国家基本安全例外条款等规定亦亟待完善；因此，对新一代双边投资条约中 ICSID 管辖权条款的完善已是势在必行。

第二章

完善理念：以 BITs 的缔约前景与 ICSID 的未来为视角

第一节 双边投资条约的坚执：发展中国家与双边投资条约

一、双边投资条约的肇始与演进：南北矛盾下主权让渡的攻防战

（一）双边投资条约的产生与发展：资本输出国的角度

作为国际投资法最重要的渊源之一，双边投资条约（Bilateral Investment Treaties，BITs）的前身通常被认为是双边友好通商航海条约（Friendship，Commerce and Navigation Treaties，FCNs）。[1] 历史上首个双边友好通商航海条约是美国与法国于 1778 年签订的，美国当时与诸多国家缔结了友好通商航海条约，除了用以调整缔约双方之间的经济关系外，另一个极为重要的目的是希冀形成联盟关系。因而，

〔1〕 M. Sornarajah, *The International Law on Foreign Investment*, Cambridge University Press, 2010，180.

此类友好通商航海条约的内容广泛，包括准入、土地租让和税务等商业贸易规范以及港口、航海等问题，[1]投资保护并不是主要内容。友好通商航海条约的演变经历了四个阶段，第一代友好通商航海条约是美国与法国、西班牙、荷兰和英国等欧洲强国于18世纪缔结的；与新独立的拉美国家于19世纪签订的为第二代友好通商航海条约；第三代和第四代则分别于美国内战时期和二战之后签订；[2]直到集中缔结于1946年与1966年间的第四代友好通商航海条约的主要目的方为保护美国的对外投资。[3]二战后签订的友好通商航海条约，已经涵括了现代双边投资条约四个核心条款中的三个，即投资者的非歧视待遇（国民待遇和最惠国待遇）条款、征收及其赔偿条款以及外汇管制条款。[4]这些重要投资条款的出现，反映了投资保护首次成为了友好通商航海条约的首要目标。[5]

随着国际投资流动的日趋活跃，缘于对国际投资保护的规定过于简略，友好通商航海条约的局限性开始显现。美国开始意识到，友好通商航海条约并非保护投资的理想机制，因为它最初是贸易协定，主要调整贸易关系，而这些都已开始纳入到了关税与贸易总协定（General Agreement on Tariffs and Trade，GATT）的谈判范围内。单纯依靠友好通商航海条约已无法适应国际经济发展的现实需求，国际社会开始寻求新的缔约形式来保护国际投资，于是主要解决海外投资保险问题的投资保证协定（Investment Guarantee Agreement）的出现水到渠成。美国投资保险计划始于1948年，作为欧洲复兴计划（即马歇尔计划，European Recovery Program or Marshall Plan）的一部分，最初只限于货币兑换风险的保护。[6]投资保证协定着重于关于求偿代位权及处理投资争议程序的规定，其保护对象基本为单方投资而非相互投资，[7]因此，投资保证协定与友好通商航

---

〔1〕Rudolf Dolzer, Margrete Stevens, *Bilateral Investment Treaties*, Martinus Nijhoff Publishers, 1995, 10.

〔2〕Surya P Subedi, *International Investment Law: Reconciling Policy and Principle*, Hart Publishing, 2008, 114.

〔3〕E.g., Art. IV (2) of the Treaty of Amity between US and Iran, see 284 UNTS 93.

〔4〕R. Doak Bishop, James Crawford, W. Michael Reisman, *Foreign Investment Disputes: Cases, Materials and Commentary*, Kluwer Law International, 2005, 22 – 23.

〔5〕Kenneth J. Vandevelde, ‘A Brief History of International Investment Agreements’, University of California Davis Journal of International Law and Policy, vol.12, 165 – 66（2005）.

〔6〕T.M. Ocran, ‘International Investment Guarantee Agreements and Related Administrative Schemes’, University of Pennsylvania Journal of International Business Law, vol.10, 359（1988）.

〔7〕为实施欧洲复兴计划，美国国会于1948年根据《对外援助法》（Foreign Assistance Act）制定了《经济合作法案》（Economic Cooperation Act），该法案首次创设了国际投资担保的国内法制度——海外私人投资保险机制（Guarantee System for Overseas Private Investment）。在海外投资担保制度实施伊始，仅承保美国投资者向欧洲国家进行的投资；20世纪50年代末期，担保对象转向在发展中国家所进行的投资。See David M. Crawford, ‘United States Foreign Assistance Legislation, 1947 – 1948’, Yale Law Journal, vol.58（1949）; Patricia McKinstry Robin, ‘The BIT Won’t Bite: The American Bilateral Investment Treaty Program’, American University Law Review, vol.33，931（1986）.

海条约相互补充，相互配合。由于投资保证协定的内容较为简单，基本采取换文的形式签订。

世界经济在二战后获得重生并迅速恢复，特别是经济发达国家逐渐积累了大量资本，寻求海外投资以获得资本增值的浪潮开始席卷发达国家，仅仅凭借友好通商航海条约难以继续有效保护海外投资，因此联邦德国、瑞士、荷兰等资本输出国从 20 世纪 50 年代末期开始掀起了新一轮的与资本输入国签订促进与保护投资的专门性双边协定的风潮，[1] 并由此在欧洲形成了现代双边投资条约的雏形——德国分别和巴基斯坦、多米尼加共和国于 1959 年签订的促进与保护投资协定（Agreement for Promotion and Protection of Investment）。[2] 新的促进与保护投资协定融合了友好通商航海条约中关于保护外国投资的内容和投资保证协定中代位求偿权及争端解决等内容，不仅具有程序法规范，亦包含了大量的实体法规范，因此此种做法逐渐为英国、法国、比利时等国家效仿，纷纷于 20 世纪 70 年代缔结促进与保护投资协定。美国自 1977 年开始也采用了促进与保护投资协定来保护投资，这其中最为重要的目的之一是为了维护其一贯主张的赫尔规则（the Hull Rule）[3]。鉴于当时诸多发展中国家声称习惯国际法并未要求征收须支付充分、有效和及时的补偿，美国便希图通过缔结促进与保护投资协定来建立一个含有充分、有效和及时补偿标准的双边条约网络。[4] 同时，采用促进与保护投资协定能够更好地对美国在他国的大量既有投资进行保护。[5]

这些双边投资条约的一个重大创新在于，从 20 世纪 60 年代中期开始，列入了一项条款，即投资东道国与外国投资者同意将特定争议交付仲裁裁断。这一条款的出现，是作为依据 1965 年解决国家与他国国民间投资争端公约建立起

---

〔1〕United Nations Centre on Transnational Corporations (UNCTC)，'Bilateral Investment Treaties'，1988, U.N. Doc. ST/CTC/65, at 7.

〔2〕Rudolf Dolzer, Margrete Stevens, *Bilateral Investment Treaties*, Martinus Nijhoff Publishers, 1995，1.

〔3〕1938 年墨西哥政府对美资石油公司实行国有化，美国国务卿赫尔（Cordell Hull）在致墨西哥政府的照会中声称，依据法律和公平合理的一切准则，不论为了何种目的，如果不针对征用提供迅速及时、充分足够以及切实有效的赔偿（Adequate, Effective and Prompt Payment for the Properties Seized），任何政府都无权征用私人财产。此后美国所倡导的充分、有效和及时的补偿理论就被称为"赫尔规则"。Andrew Newcombe, Lluís Paradell, *Law and Practice of Investment Treaties: Standards of Treatment*, Kluwer Law International, 2009，18.

〔4〕E.g., Rudolf Dolzer, 'New Foundations of the Law of Expropriation of Alien Property', American Journal of International Law, vol.75，553（1981）；Burns H. Weston, 'The Charter of Economic Rights and Duties and the Deprivation of Foreign Owned Wealth', American Journal of International Law, vol.75，437（1981）.

〔5〕Kenneth J. Vandevelde, *United States Investment Treaties, Policy and Practice*, Kluwer Law and Taxation, 1992，21.

来的“解决投资争端国际中心”机制的一个产物。这是投资者在历史上第一次可以不凭借军事行动或将争端诉诸母国，而拥有了对抗东道国损害投资者投资的非法行为的有效补救措施。此外，双边投资条约一般不要求投资者在将争端诉诸仲裁之前，用尽当地救济程序，尽管有时候投资者需要在有限的时间内首先寻求当地救济，但在那之后投资者就可以采用仲裁来解决争端了。[1] 通过向投资者提供法律救济而非外交保护，这些双边投资条约使投资争端得以非政治化地解决（Depoliticized Investment Disputes）；[2] 换言之，新的双边投资条约将投资保护置于法律领域内而非政治领域。

（二）双边投资条约的发轫与演进：发展中国家的角度

二战后新独立的国家强烈地保护国家独立性，[3] 并将外国投资视为新殖民主义的一种形式，因为它涉及了生产资料的外国控制。[4] 同时，对外国投资者将干涉东道国内政的担忧此起彼伏，人们甚至对发达国家与发展中国家之间的贸易都持怀疑态度，认为贸易会形成对发展中国家的不当开发。[5] 诸多发展中国家不但未开放新的外国投资，而且开始对既有投资进行征收；此外，发展中国家采取进口代替政策（Import Substitution Policies），在这一政策下，他们试图在当地生产所需产品与服务而非从发达国家进口。[6] 当需要与其他国家发展经济关系时，发展中国家寻求的伙伴仍然是其他发展中国家。与此同时，以苏联为首的社会主义阵营的出现，掀起了大规模征用包括外国持有资产在内的私营产业的运动。[7] 此时，与西欧和北美发达国家之间的经济关系被认为是具有剥削的本质，而非通往自由市场的最佳途径。[8]

到了20世纪70年代初期，发展中国家开始在联合国大会上寻求建立国际经济的新秩序。1974年5月联合国大会第六届特别会议通过了第3201（S-VI）号和3202（S-VI）号决议，即建立国际经济新秩序宣言（Declaration on the

---

〔1〕UNCTAD, 'Bilateral Investment Treaties in the Mid－1990s'，1998, U.N. Doc. UNCTAD/ITE/IIT/7, U.N. Sales No. E.98.II.D.8, at 93.

〔2〕Kenneth J. Vandevelde, *United States Investment Treaties, Policy and Practice*, Kluwer Law and Taxation, 1992，22.

〔3〕M. Sornarajah, *The International Law on Foreign Investment*, Cambridge University Press, 2010，22.

〔4〕Dean M. Hanink, *The International Economy: A Geographic Perspective*, John Wiley and Sons Ltd, 1994, 234.

〔5〕Barry W. Poulson, *Economic Development: Private and Public Choice*, West Publishing Co.，1994，39.

〔6〕John Rapley, *Understanding Development: Theory and Practice in the Third World*, Lynne Rienner, 1996, 22－25.

〔7〕John Rapley, *Understanding Development: Theory and Practice in the Third World*, Lynne Rienner, 1996, 44.

〔8〕E. Wayne Nafziger, *The Economics of Developing Countries*, Prentice Hall, 1997，106－08.

Establishment of a New International Economic Order）和建立国际经济新秩序行动纲领（Programme of Action on the Establishment of a New International Economic Order），声明各国对本国境内的全部自然资源以及本国境内的一切经济活动，享有完整的、永久的主权，对境内的资产有权收归国有或将所有权转移至本国。[1] 但宣言并未明确因国有化或征收而应支付补偿的任何义务。1974 年 12 月联合国大会第 29 届会议又以压倒性多数票通过了《各国经济权利和义务宪章》（Charter of Economic Rights and Duties of States），宪章第 2.2（C）条明文规定："每个国家都有权把外国资产收归国有、征用或转移其所有权。在这种场合，采取上述措施的国家应当考虑本国有关的法律、条例以及本国认为有关的一切情况，给予适当的补偿。"[2] 宪章指出，补偿是应为（should be）的，而非必须（must be）支付的，且补偿金额依据的是国内法而非国际法，而国内法亦有可能未就此规定任何补偿。[3]

作为对无偿征收的回应，发达国家开始创设了新的双边投资条约。《联合国宪章》（Charter of the United Nations）规定了禁止使用武力，[4] 除非存在自卫情形，[5] 因而使用武力讨债或保护投资在国际法下是不合法的。鉴于习惯国际法在保护国际投资上存有严重缺陷，双边投资条约作为防止无补偿征收的潜在的最有效手段，开始得到发达国家的重视。德国首先开始了这样的尝试，即前述德国分别和发展中国家巴基斯坦、多米尼加共和国于 1959 年签订的促进与保护投资协定。

不过，当时诸多发展中国家对缔结双边投资条约并非很感兴趣，这主要是由于大部分发展中国家主要依靠国际贷款来发展经济，对国际直接投资的需求并不十分强烈。此种状况在 20 世纪 80 年代后期有所改观，整个 70 年代以及 80 年代初期作为发展中国家最为重要的发展资金来源的国际贷款和援助的逐渐减少是促成这一改观的直接原因。80 年代初期在发展中国家爆发的经济衰退使得国际商业银行对发展中国家贷款日渐减少，由此导致了世界性债务危机（Debt

---

〔1〕UN General Assembly, 'Declaration on the Establishment of a New International Economic Order', U.N. Doc. A/RES/3201（S-VI），1 May, 1974, para 4（e）.

〔2〕UN General Assembly, 'Charter of Economic Rights and Duties of States', U.N. Doc. A/RES/3281（XXIX），12 December, 1974, Art. 2.2（c）.

〔3〕Kenneth J. Vandevelde, 'A Brief History of International Investment Agreements', University of California Davis Journal of International Law and Policy, vol.12，168（2005）.

〔4〕Art.2, para.4 of the U.N. Charter.

〔5〕Art.51 of the U.N. Charter.

Crises）[1] 的爆发。当发展中国家对资金的需求愈显迫切时，国际直接投资便逐渐成为了发展中国家的主要资金来源。[2] 对于发展中国家而言，通过缔结大量的双边投资条约能昭示其保护外国投资的决心，从而有利于吸引外国直接投资，而外国资本的流入又能推动本国经济的发展。在这样的背景下，越来越多的发展中国家参与到了双边投资条约的缔结浪潮中来，由此形成了 20 世纪 80 年代后期至 90 年代双边投资条约发展显著的态势。也是在此时，大部分发展中国家对于其历史上一贯坚持的原则有所妥协与松动，譬如在征收以及由此引发的补偿标准方面，一些发展中国家为了解决债务危机抑或出于吸引外国资本的实际需要，在双边投资条约中对发达国家主张的赫尔规则作出了不同程度的让步。1981 年 6 月批准的伊斯兰会议组织《促进、保护与保证伊斯兰会议组织成员国之间投资协定》（The Agreement for the Promotion，Protection and Guarantee of Investments among the Member States of the Organization of the Islamic Conference）的规定即反映了此种让步。该协定规定，允许“为公共利益、依据法律、非歧视的，并依据东道国调整征收的法律向投资者及时支付充分和有效的补偿而实施征收，以该投资者有权在东道国适格法院质疑该征收措施为条件”[3]。该条款看来是试图调和发展中国家坚持的适当补偿原则和发达国家主张的赫尔规则，“依据东道国调整征收的法律”是适当补偿原则的体现，而“及时支付充分和有效的补偿”则显然符合了赫尔规则的全部要求。[4]

---

〔1〕1982 年 8 月，墨西哥政府宣布不能按期履行偿还债务义务，随后巴西、阿根廷、智利、委内瑞拉等三十多个债务国开始与债权银行和债权国政府商讨要求重新安排到期应还债务的支付。尽管重债国主要集中于拉美一些新兴工业化国家，但债务问题实际上几乎牵涉了所有发展中国家，包括东欧部分国家、撒哈拉沙漠南部最贫穷的非洲国家，以及一部分石油输出国。于是世界性的债务危机就此爆发了，并从急性危机演变为持续于整个 20 世纪 80 年代的慢性债务危机。See Douglas W. Arner, ‘The Mexican Peso Crisis: Implications for the Regulation of Financial Markets’, NAFTA: Law and Business Review of the Americas, vol.2，56 – 59 (1996).

〔2〕Andrew Newcombe, Lluís Paradell, *Law and Practice of Investment Treaties: Standards of Treatment*, Kluwer Law International, 2009，47 – 48.

〔3〕Art.10 (2) of the Agreement for the Promotion, Protection and Guarantee of Investments among the Member States of the Organization of the Islamic Conference: (a) Expropriate the investment in the public interest in accordance with the law, without discrimination and on prompt payment of adequate and effective compensation to the investor in accordance with the laws of the host state regulating such compensation, provided that the investor shall have the right to contest the measure of expropriation in the competent court of the host state.

(b) Adopt preventive measures issued in accordance with an order from a competent legal authority and the execution measures of the decision given by a competent judicial authority.

〔4〕Javaid Rehman, ‘Islamic Perspective on International Economic Law’, in Asif H. Qureshi (ed.), *Perspectives in International Economic Law*, Kluwer Law International, 2002，251 – 53.

（三）当代双边投资条约：全球化时代的角度

国际投资协定（International Investment Agreements，IIAs）[1]历史中的全球化时代（Global Era）始于 20 世纪 80 年代末期，此时国际投资协定的最大发展在于国际协定中贸易条款与投资条款的交织，尤其以 GATT 乌拉圭回合谈判达成的《与贸易有关的投资措施协定》（Agreement on Trade Related Investment Measures，TRIMs 协定）最为世人瞩目。与此形成对比的是，全球化时代缔结的双边投资条约在内容上并未有太多变化，主要还是以投资保护的传统问题为主。美国及一些国家的双边投资条约增加了少许变化，这些变化在很大程度上是对《北美自由贸易协定》中相关条款的回应，包括明确了公平与公正待遇标准只是采用了国际最低标准，澄清了征收条款在多大程度上适用东道国国家的规制行为，以及修订了争议解决条款以符合投资者－东道国争议仲裁解决方式。[2]除了传统投资问题外，新时期的双边投资条约还加入了不降低标准条款（No Lowering of Standards Clause），[3]该条款主要涉及社会和环境保护问题，用特定语言解释了对健康、安全和环境的保护，[4]以及国际认可的劳工权利（Internationally Recognized Labor Rights）的改善[5]。显然，新一代双边投资条约力图反映投资者权利和东道国关于社会、环境、健康以及安全等涉及公共利益的问题。[6]

虽然在内容上的变化并不十分突出，但是双边投资条约在形式上出现了范本模式。为了便于展开谈判，晚近一些国家开始制定了双边投资条约范本（Model BITs）；其中，最为著名的当属欧洲范本与北美范本。欧洲范本建立在 1959 年《海外投资国际公约草案》（Draft International Convention on Investments Abroad,

---

〔1〕国际投资协定主要包括双边投资条约和经济一体化协定（Economic Integrate Agreements, EIAs）。UNCTAD, 'International Investment Arrangements: Trends and Emerging Issues'，2006, U.N. Doc. UNCTAD/ITE/IIT/2005/11, U.N. Sales No. 06.II.D.3, at 3－4.

〔2〕Kenneth J. Vandevelde, 'A Brief History of International Investment Agreements', University of California Davis Journal of International Law and Policy, vol.12，179（2005）.

〔3〕不降低标准条款指缔约方不应通过降低环保/劳工要求吸引外资，不应通过偏离或豁免环保/劳工要求吸引外资。See Peter Muchlinski, 'Corporate Social Responsibility', in Peter Muchlinski, Federico Ortino and Christoph Schreuer (eds.), *The Oxford Handbook of International Investment Law*, Oxford University Press, 2008，653.

〔4〕E.g., Art.12 of the 2004 U.S. Model BIT.

〔5〕E.g., Art.13, para.2 of the 2004 U.S. Model BIT.

〔6〕Mary E. Footer, 'BITs and Pieces: Social and Environmental Protection in the Regulation of Foreign Investment', Michigan State Journal of International Law, vol.1，42－46（2009）.

或称 the Abs-Shawcross Convention）[1] 以及经济合作与发展组织于 1967 年颁布的《保护外国财产的公约草案》（Draft Convention on the Protection of Foreign Property）[2] 的基础上。基于资本输出国的立场，欧洲范本要求东道国对既有投资提供一些通常可适用的待遇标准，例如最为普遍的非歧视待遇、公平与公正待遇、充分保护与安全待遇、国民待遇以及最惠国待遇，以及海外投资者长期以来最为关心其投资收益的汇出及其资产被征收的补偿标准。[3] 北美范本主要是指美国范本与加拿大范本。加拿大范本全称为外国投资保护协定范本（Model FIPA），为澄清投资义务并提高透明度以及争议解决的效率，2004 年的初始范本主要以 NAFTA 第 11 章为基础拟定；随后 2014 年、2021 年分别发布了新版 FIPA 范本。美国早在 20 世纪 80 年代就拟定了双边投资条约范本（U.S. Model Bilateral Investment Treaty），且于 1994 年和 2004 年分别进行了修订。作为现代双边投资条约的典范，2004 年范本正文共 37 条，分 A、B、C 三节，其中 A 节是实体性条款，B 节是投资者和东道国的争端解决条款，C 节是缔约双方的争端解决条款，同时还有四个附件[4]。较之欧洲范本，美国范本对外资的保护更高，条件也较为苛刻：首先，在相对待遇标准方面，要求东道国在国民待遇和最惠国待遇基础上允许所涉投资在其境内开业，一俟开业该投资亦获得国民待遇和最惠国待遇。[5] 其次，在绝对待遇标准方面，要求东道国提供最低标准待遇，即公平与公正待遇以及充分保护和安全；同时要求东道国遵守其缔约的关于投资的任何契约性义务。[6] 再次，在征收方面，禁止对所涉投资采取征收措施，除非征收是出于公共目的、非歧视性的，并支付及时、充分、有效的补偿，符合正当程序法律以及最低标准待遇。[7] 最后，在禁止履行方面，禁止东道国将履行要求[8] 作为投资条件。[9]

---

〔1〕The Abs-Shawcross Convention, see The Proposed Convention to Protect Private Foreign Investment: A Round Table, Journal of Public Law, vol.9，116－118（1960）.

〔2〕The Draft Convention on the Protection of Foreign Property, 12 October, 1967, O.E.C.D. No. 23081, reprinted in International Legal Materials, vol.7，117（1968）.

〔3〕Jason Webb Yackee, ‘Conceptual Difficulties in the Empirical Study of Bilateral Investment Treaties’, Brooklyn Journal of International Law, vol.33，415－16（2008）.

〔4〕四个附件分别为：附件 A 习惯国际法；附件 B 征收；附件 C 提供一缔约方文件的服务；附件 D 建立双边上诉机制的可行性。

〔5〕Arts.3, 4 of the 2004 U.S. Model BIT.

〔6〕Art.5 of the 2004 U.S. Model BIT.

〔7〕Art.6 of the 2004 U.S. Model BIT.

〔8〕例如，适用当地来源的物品或出口产品等要求。

〔9〕Art.8 of the 2004 U.S. Model BIT.

（四）评论：南北矛盾的角度

从双边投资条约的演进轨迹可知，在缔约过程中，发达国家与发展中国家所扮演之角色迥异——发达国家力图扩大本国私人资本输出，以获取海外利润并增强国际竞争力；而发展中国家则主要是为了提供稳定的投资环境，以利于吸收与利用外国资本来发展本国经济。这就导致了发达国家希冀通过双边投资条约来创设明确的国际法规则以及确实有效的实施机制以形成对海外投资安全和利益的保障；而发展中国家则试图在双边投资条约中规定相关条款来赋予本国对境内外资监管的权利以及投资者遵守本国法律法规的义务。

然而，缘于谈判地位的不平等，缔结双边投资条约的历程一直由资本输出国主导，[1] 发展中国家的一部分外资管辖权不可避免地要让渡出去。尽管“相互（reciprocal）鼓励与保护投资”是双边投资条约普遍确立的一个宗旨，[2] 但在国际投资发展的很长时间内，实际上是发达国家向发展中国家的单向资本流动（one-way flow of investment）。

诚如 M.Sornarajah 教授所言：（相互鼓励与保护投资）的声明掩盖了一个重要事实，即实际上被考虑的是从发达国家向发展中国家的单向资本流动。条约的启动具有不确切性。在条约缔结过程中，资本输出者与输入者之间固有地存在着不平等。诚如前述，缔约一方的主权被侵蚀，而缔约另一方的主权并未相应地被侵蚀。此种主权侵蚀建立在一个尚未被证明的信念上，即一俟条约签订，将带来更多的资本流动。[3]

如前所述，20 世纪 70 年代以及 80 年代初期作为发展中国家最为重要的发展资金来源的国际贷款和援助日渐减少，导致了吸收与利用外国资本成为了发展中国家对外融资的重要来源。在发达国家主导下，发展中国家通常不得不接受资本输出国提出的双边投资条约范本，而这也增强了资本输出国将国际投资仲裁机制管辖范围扩展到投资的各个领域的意图。以美国与波兰 1990 年 BIT 谈判为例，波兰提出的一些例外条款看上去是得到了美国的认可；但事实是，迄今为止美国 BIT 范本一直被视为“要么接受，要么放弃”（take it or leave it）的建议，对波兰提出的例外条款只是考虑到波兰经济转型的特殊状况，这些特殊考虑归根结底是为了使美国的基本目标进一步适应不同的社会和经济体制。[4] 美国在 BIT 谈判中如此“千篇一律”（cookie-cutter）的方式，是将其意志单向

〔1〕Jeswald W. Salacuse, *The Law of Investment Treaties*, Oxford University Press, 2010, 108.

〔2〕M. Sornarajah, *The International Law on Foreign Investment*, Cambridge University Press, 2010, 188.

〔3〕M. Sornarajah, *The International Law on Foreign Investment*, Cambridge University Press, 2010, 188.

〔4〕Gennady Pilch, ‘The Development and Expansion of Bilateral Investment Treaties’, American Society of International Law Proceedings, vol.86, 553 (1992).

地强加于缔约另一方，谈判显然不是在两个平等主权国家之间进行，而更像是一个由美国依据其规则开设的研讨会。[1]由此可知，声称作为条约宗旨的资本双向流动，缺乏充分的对价（*quid pro quo*）。不过，尽管存在此种不平等，所缔结的双边投资条约仍具有外部效力，缔约双方被推定为愿意受其约束；除非确信存在胁迫（如以援助、贸易优惠待遇以及贷款许可作为缔约的条件），条约都被认为是自愿签订的。[2]如今，世界各国已签署的BITs已达到数千份，甚至有学者认为在一定程度上BIT已不再是由西方国家强加于发展中国家的南北协议，[3]因为已有一些发展中国家之间签署了BITs或FTAs。[4]不过，总体而言，多数BITs都是在发达国家与发展中国家之间缔结的。问题在于，发展中国家让渡部分主权而期待得到的外资流动，是否能如预期般出现，仍存有争议。

二、双边投资条约的引资效果：计量经济学分析

发展中国家缔结双边投资条约，基于这些条约将引起外国直接投资流入量增长的假设，即每一个资本输入国的缔约动机在于这些条约将助其吸引外国投资。[5]对于这个假设的论证，即评估双边投资条约对促进投资的影响，最理想的途径之一是运用计量经济方法（Econometric Approach），通过足够充实的包括所有关键决定因素的数据、观察和逻辑模型，对缔约前与缔约后缔约国家与未缔约国家进行比较，同时考虑诸如国内生产总值（Gross Domestic Product，GDP）、汇率以及市场规模等其他因素。典型的计量经济分析始于以下前提：X和Y作为两个变量，代表一些关于利益的参数（例如GDP和FDI）。X和Y的变化，可通过模型反映为线性的一对一关系，例如GDP增加1亿美元，则FDI增加10万美元；或反映为百分比变化关系，例如如果GDP增长3%，则FDI增长1%。同时，也可采用“固定效应”[6]（Fixed Effects）或称为“时间序列”（Time Series）的方法，即跟踪跨越数年的一系列数据。回到对双边投资条约进行的研究上，首先拟定一个假设，即发达国家（以美国为例）与发展中国家缔

---

〔1〕Gennady Pilch, ‘The Development and Expansion of Bilateral Investment Treaties’, American Society of International Law Proceedings, vol.86, 553 (1992).

〔2〕M. Sornarajah, *The International Law on Foreign Investment*, Cambridge University Press, 2010，178 & fn.35.

〔3〕Timothy G. Nelson, “‘History Ain’t Changed”: Why Investor-State Arbitration Will Survive the “New Revolution’”, in Michael Waibel, Asha Kaushal, Kyo-Hwa Liz Chung, and Claire Balchin (eds.), *The Backlash against Investment Arbitration: Perceptions and Reality*, Kluwer Law International, 2010, at 572.

〔4〕例如，莫桑比克与乌干达、柬埔寨与古巴之间也缔结了双边投资条约。

〔5〕Andrew T. Guzman, ‘Why LDCs Sign Treaties That Hurt Them: Explaining the Popularity of Bilateral Investment Treaties’, Virginia Journal of International Law, vol.38，679（1998）.

〔6〕只有在面板数据（Panel Data）模型下才有固定效应。

结的 BIT 对 FDI 的流动产生了积极影响——资本从美国流入发展中国家。依据计量经济方法，接下来要寻找的是解释变量（Explanatory Variable）X（即当前缔结的 BIT）对因变量（Dependent Variable）Y（FDI 流入）的影响，[1] 这一计量经济方程或模型如下：

$$FDI_i=B_0+B_1usbit+u$$

在绘制图表时，usbit 参数（B_1）这一系数度量的是 FDI 流入特定国家 i 的年度变化，这个特定国家与美国缔结了双边投资条约。由于预期的效果是积极的，因而预计 B_1 将大于 0（即 $B_1>0$）。在这个方程中，B_0 是一个截距项（Slope Intercept），是变量 Y 的 Y 轴的点；u 则是一个包罗万象的误差项，包括所有未观测的参数的影响，误差项表明无法仅用数学公式来描述现实世界中所发生的一切。[2] 依据计量经济回归模型，倘若 B_1 的值是正的，或者是正的且回归结果是显著的，则表明 BIT 确实促进了 FDI，即资本从美国流入 BIT 缔约另一方国内；如果 B_1 的值是负的，且回归结果是显著的，则表明 BIT 非但未能促进 FDI，反而阻碍了 FDI；而虽然 B_1 的值是负的，但回归结果不是显著的，则依据数据无法判断 BIT 是否促进了 FDI。由 Jeswald W.Salacuse 教授和 Nicholas P.Sullivan 做出的美国 BIT 对 FDI 流入发展中国家的总体影响模型发表在《哈佛国际法期刊》上，其回归结果如下图表 7 所示：

依据回归模型，左边第一列为变量 X，选取的是 1998、1999 以及 2000 年三年作为研究期间，Constant 是常数项，Observations 是观测点的个数，即样本量个数。在 U.S.BIT 这一行中，以 1998 年为例，B_1 的值为 0.773 525 3，标准差为 0.376 941 6，显著性为 5%显著性的 2 颗星。[3] 1998 年的数据说明了 BIT 确实有助于资本从美国流入发展中国家，而这一论断被尔后 1999 与 2000 年的模型数据所印证。总体而言，回归结果表明，美国 BIT 的缔结与缔约另一方国内整体的 FDI 流入量有着较大的、积极的和显著的关联。B_1 系数在 0.77 至 0.85 之间浮动，这一结果转换为特定国家 i 的 FDI 增幅，则为特定国家 i 每年的 FDI 在 77%至 85%之间增长（显著性在 1%至 5%之间浮动）。[4] 换言之，作者发现了强有力的

〔1〕在计量经济学回归模型上，研究一个变量（也称为 Explained Variable 或因变量 Dependent Variable）对另一个或多个变量（也称为解释变量 Explanatory Variable 或自变量 Independent Variable）的依赖关系，其目的在于通过解释变量的给定值来预测被解释变量的平均值或某个特定值。

〔2〕Jeswald W. Salacuse, Nicholas P. Sullivan, 'Do Bits Really Work？：An Evaluation of Bilateral Investment Treaties and Their Grand Bargain', Harvard International Law Journal, vol.46，97－98（2005）.

〔3〕在显著性方面，1%显著性的 1 颗星是最显著的，代表 BIT 促进了最多的 FDI；5%显著性的 2 颗星其次，而 10%显著性的 3 颗星则是最不显著的，代表 BIT 在促进 FDI 方面并不明显。

〔4〕Jeswald W. Salacuse, Nicholas P. Sullivan, 'Do Bits Really Work？：An Evaluation of Bilateral Investment Treaties and Their Grand Bargain', Harvard International Law Journal, vol.46，104－05（2005）.

证据表明，在很大程度上，美国 BIT 达到了所声明的促进投资的目标。[1]

图表 7　FDI 流入近 100 个发展中国家（1998、1999、2000 年）[2]

	1998	1999	2000
Ln GDP (lagged 1 yr.)	.907 531 2 (.120 432 5)*	.973 813 2 (.110 394)*	.913 389 6 (.100 9)*
Exports/GDP (lagged 1 yr.)	.005 873 (.008 427 1)**	.013 196 8 (.007 72)***	.012 400 8 (.006 498 4)***
Population (1998 data)	7.0le–10 (1.09e–09)	7.02e–10 (1.03e–09)	7.31e–10 (8.78e–10)
Rule of Law (1998 data)	.580 393 7 (.295 801 5)**	.346 270 6 (.292 830 6)	.294 728 4 (.247 054 4)
Inflation (lagged1yr.)	–.000 223 1 (.001 489 3)	–.001 981 2 (.011 633 1)	–.003 956 4 (.003 992)
non–OECD BITs	–.016 139 9 (.016 842 4)	–.019 883 7 (.015 560 9)	–.016 769 6 (.013 368)
U.S.BIT	.773 525 3 (.376 941 6)**	.858 059 7 (.351 535 4)*	.791 012 7 (.311 657 7)*
OECD BITs	.043 270 9 (.043 012 2)	.030 976 9 (.037 699 3)	.033 250 9 (.032 374 5)
Constant	–2.429 067 (2.714 293)	–4.174 583 (2.510 826)	–2.679 342 (2.297 455)
R-squared(adj.)	.58	.63	.66
Observations	99	97	94

*=1%significance　　**=5%significance　　***=10%significance

英国伦敦政治经济学院的 Eric Neumayer 教授与 Laura Spess 的研究采用了更大的面板，跨越 1970～2001 年三十多年，涵盖了 119 个发展中国家，[3] 这一综列数据可以说是最大的研究样本之一。这一研究改进了代表 BITs 的解释变量，即以与 OECD 各国签订 BITs 的加权累计数 [4] 代替简单相加，[5] 并将其与国际

〔1〕See Jeswald W. Salacuse, Nicholas P. Sullivan, 'Do Bits Really Work? : An Evaluation of Bilateral Investment Treaties and Their Grand Bargain', Harvard International Law Journal, vol.46，111（2005）.

〔2〕FDI Inflows to Nearly 100 Developing Countries (1998, 1999, 2000). 本图表数据及其说明, see Jeswald W. Salacuse, Nicholas P. Sullivan, 'Do Bits Really Work? : An Evaluation of Bilateral Investment Treaties and Their Grand Bargain', Harvard International Law Journal, vol.46，116 – 17, 120–21（2005）. .

〔3〕See Eric Neumayer, Laura Spess, '*Do Bilateral Investment Treaties Increase Foreign Direct Investment to Developing Countries?*', LSE Research Online, at 4; available at: http://eprints.lse.ac.uk/627/1/World_Dev_(BITs).pdf, visited on 7 May 2021.

〔4〕权数为 OECD 各国 FDI 流出量在世界 FDI 流出总量中所占的比重。

〔5〕See Eric Neumayer, Laura Spess, '*Do Bilateral Investment Treaties Increase Foreign Direct Investment to Developing Countries?*', LSE Research Online, at 4; available at: http://eprints.lse.ac.uk/627/1/World_Dev_(BITs).pdf, visited on 7 May 2021.

国家风险指南（International Country Risk Guide，ICRG）中载明的政治风险、投资概貌、政治稳定性、法律与秩序等反映制度因素的指数结合，[1] 这些指数的作用是检验 BITs 与资本流入国国家制度质量之间的关系。在上述解释变量的基础上，Eric Neumayer 教授与 Laura Spess 采用了随机效应（Random-effects）模型（如图表 8 所示）以及固定效应模型（如图表 9 所示），考察了影响发展中国家 FDI 实际流入金额和相对份额的因素；同时，作者指出，以下影响一国吸引外资的其他因素并未包括在解释变量中，这些因素通常是时间恒定（time-invariant）变量，即不随时间改变的解释变量：殖民历史、文化、语言、气候、与西方发达国家的地理距离、对 FDI 流入的法律限制。[2] 最后，得出的结果是，签署较多的 BITs 能较大幅度地增加 FDI 的流入。[3] 此外，德国慕尼黑大学的 Peter Egger 教授和 Valeria Merlo 教授采用了动态模型（Dynamic Model）与静态模型（Static Model）对 BITs 对 FDI 的长期和短期影响进行的研究结果亦倾向支持 BITs 促进了 FDI。[4]

图表 8　　随机效应预计结果

	I	II	III	IV	V
BITs	0.015 (5.34)***	0.031 3.79)***	0.012 (2.17)**	0.020 (3.66)***	0.020 (3.96)***
In GDP p.c.	0.548 (5.53)***	0.265 (1.68)*	0.238 (1.50)	0.294 (1.86)*	0.245 (1.64)*
In Population	0.506 (10.27)***	0.594 (6.98)***	0.626 (7.24)***	0.610 (7.08)***	0.625 (7.96)***
Econ.growth	1.195 (2.52)**	1.683 (2.42)**	1.553 (2.19)**	1.602 (2.25)**	1.597 (2.26)**
Inflation	−0.000 1 (2.07)**	−0.000 1 (1.73)*	−0.000 1 (1.46)	−0.000 1 (1.65)*	−0.000 1 (1.64)
Resource rents	0.025 (4.34)***	0.030 (3.61)***	0.023 (2.76)***	0.022 (2.62)***	0.021 (2.59)***
Bilateral trade agreements	0.343 (1.83)*	0.278 (1.34)	0.160 (0.72)	0.344 (1.56)	0.288 (1.34)
WTO membership	0.212 (1.98)**	−0.018 (0.12)	−0.024 (0.16)	0.066 (0.44)	0.137 (0.92)

〔1〕See Eric Neumayer, Laura Spess, '*Do Bilateral Investment Treaties Increase Foreign Direct Investment to Developing Countries?*', LSE Research Online, at 19.

〔2〕See Eric Neumayer, Laura Spess, '*Do Bilateral Investment Treaties Increase Foreign Direct Investment to Developing Countries?*', LSE Research Online, at 20.

〔3〕See Eric Neumayer, Laura Spess, '*Do Bilateral Investment Treaties Increase Foreign Direct Investment to Developing Countries?*', LSE Research Online, at 21 – 24.

〔4〕Peter Egger, Valeria Merlo, 'The Impact of Bilateral Investment Treaties on FDI Dynamics', The World Economy, vol. 30（10），1542 – 45（2007）.

续表

	I	II	III	IV	V
POLCON	0.350 (1.171)				
BITs*POLCON	0.012 (1.78)*				
Composite Political Risk		0.011 (1.81)*			
BITs*Comp.Pol.Risk		−0.000 2 (1.73)*			
Investment profile			0.091 (2.16)**		
BITs* Inv.profile			0.001 (1.08)		
Government stability				0.091 (2.34)**	
BITs*Gov.stability				−0.001 (0.77)	
Law and order					0.247 (3.56)***
BITs*Law and order					−0.001 (0.87)
Observations	2767	1346	1369	1368	1367
Countries	120	91	91	91	91
Period	1970–2001	1984–2001	1984–2001	1984–2001	1984–2001
R-squared(overall)	0.46	0.49	0.50	0.49	0.51
Hausman test	28.58	72.11	68.46	73.93	90.24
	0.865 9	0.000 0	0.000 0	0.000 0	0.000 0

图表 9　　　　固定效应预计结果

	I	II	III	IV	V
BITs	0.016 (4.23)***	0.033 (3.68)***	0.015 (2.93)***	0.025 (4.52)***	0.020 (3.98)***
ln GDP p.c.	1.916 (4.04)***	3.771 (4.37)***	3.304 (3.60)***	4.052 (4.47)***	3.691 (4.21)***
In Population	−1.344 (2.66)***	−4.942 (5.21)***	−4.513 (4.51)***	−5.176 (5.19)***	−5.033 (5.24)***
Econ. growth	1.134 (1.81)*	2.372 (3.35)***	2.366 (3.13)***	2.343 (3.12)***	2.464 (3.24)***
Inflation	−0.000 1 (3.16)***	−0.000 1 (2.36)**	−0.000 1 (2.18)**	−0.000 1 (2.41)**	−0.000 1 (2.48)**
Resource rents	0.030 (3.63)***	0.036 (2.96)***	0.031 (2.41)**	0.031 (2.47)**	0.028 (2.16)**

续表

	I	II	III	IV	V
Bilateral trade agreements	0.532 (2.17)**	0.119 (0.66)	0.061 (0.32)	0.289 (1.44)	0.199 (1.02)
WTO membership	0.218 (1.98)**	−0.081 (0.52)	−0.111 (0.73)	−0.047 (0.31)	0.027 (0.18)
POLCON	0.233 (0.71)				
BITs*POLCON	0.011 (1.29)				
Composite Political Risk		0.014 (2.05)**			
BITs*Comp. Pol. Risk		−0.000 3 (2.17)**			
Investment profile			0.117 (2.84)***		
BITs*Inv. profile			−0.000 (0.01)		
Government stability				0.128 (2.88)***	
BITs*Gov. stability				−0.001 (2.12)**	
Law and order					0.290 (4.13)***
BITs*Law and order					−0.002 (1.14)
Observations	2 767	1 346	1 369	1 368	1 367
Countries	120	91	91	91	91
Period	1970～2001	1984～2001	1984～2001	1984～2001	1984～2001
R-squared(within)	0.22	0.30	0.30	0.30	0.30

不过，与上述学者的研究结果不同，联合国贸易和发展会议在 1998 年出版的研究采取了两阶段的分析：第一个阶段是对 1971～1994 年间 72 个资本流入国和 14 个资本流出国的数据进行分析，然而，统计上的结果多是 5 – 10%的显著性，作者由此得出的结论是 BITs 对 FDI 流向的影响是微弱的；不过，作者仍声明，BITs 缔结后，东道国的 FDI 在资本输出国的流出量中所占的份额略有增加，这同样适用于其 FDI 在资本输入国流入量中的所占份额的变化，但此种影响很小。[1] 第二阶段是对 1993～1995 年间涵盖了 133 个国家与地区的横截面数据进行多元回归模型的分析，结果表明，9 个回归模型中只有 2 个模型表明 BITs

[1] Following the signing of a BIT, it is more likely than not that the host country will marginally increase its share in the outward FDI of the source country; the same applies to the share of the source country in the FDI inflows of the host country. The effect, however, is usually small. UNCTAD, 'Bilateral Investment Treaties in the Mid – 1990s', 1998, U.N. Doc. UNCTAD/ITE/IIT/7, U.N. Sales No. E.98.II.D.8, at 110 – 22.

的数量对 FDI 流量具有积极的影响。[1] 据此分析，UNCTAD 得出的结论是，BITs 在影响 FDI 流动上所扮演的角色是微小而次要的（minor and secondary role）。[2]

联合国贸发会的结论，随后得到了世界银行于 2003 年对 1980－2000 年 537 个双边国家关系的计量经济研究的肯定。世界银行的研究采用了时间序列方法，将来自 20 个 OECD 国家与 31 个发展中国家组成的 537 个双边国家关系作为综列数据，将 FDI 流量及其在资本流入地 GDP 和资本流出地 FDI 流出总额中所占的比重作为解释变量，同时引进一系列衡量资本流入地政府治理能力等指数。[3] 回归结果表明，缔结双边投资条约未能带来 FDI 的额外增长，在引资方面双边投资条约只是一种补充，而不能代替强有力的国内体制；换言之，双边投资条约在具有较高质量的国内体制中更能发挥作用。[4]

综上，对于双边投资条约的实际引资效果，作为较为有效的计量经济学的量化评估方法，其结果并不统一，虽然学者的回归模型分析大多肯定了双边投资条约的缔结能够促进资本流入发展中国家，但 UNCTAD 的结论却与此大相径庭。不过，除了 UNCTAD 的各项计量分析，其他分析基本没有把未通过显著性检验的解释变量排除，此种将未通过显著性检验的解释变量与通过检验的变量放置一起来估算最终的回归系数，有可能会导致最终结果因无效变量的存在而降低可靠性。尽管结果并未一致，但有一个点却是肯定的，即发展中国家所希冀的外国资本流入尚未获得确凿有效的证实，而其确已通过双边投资条约的缔结而让渡了部分国家主权。

三、双边投资条约的缔结前景

双边投资条约的产生与发展，在一定程度上贴有南北矛盾的标签，发展中国家为获得外资流入而不得不让渡部分主权；然而，对外资流入的期待并未得到确定证实。在这样的背景下，看似发展中国家理应意识到双边投资条约的局

---

〔1〕 See UNCTAD, ‘Bilateral Investment Treaties in the Mid－1990s’, 1998, U.N. Doc. UNCTAD/ITE/IIT/7, U.N. Sales No. E.98.II.D.8, at 118－20.

〔2〕 See UNCTAD, ‘Bilateral Investment Treaties in the Mid－1990s’, 1998, U.N. Doc. UNCTAD/ITE/IIT/7, U.N. Sales No. E.98.II.D.8, at 122.

〔3〕 Mary Hallward-Driemeier, ‘Do Bilateral Investment Treaties Attract FDI? Only a BIT…and They Could Bite’, World Bank Policy Research Working Paper No. 3121, June 2003, at 11－18; available at: http://www-wds.worldbank.org/external/default/WDSContentServer/WDSP/IB/2003/09/23/000094946_03091104060047/additional/105505322_20041117160010.pdf, visited on 7 May 2021.

〔4〕 See Mary Hallward-Driemeier, ‘Do Bilateral Investment Treaties Attract FDI? Only a BIT…and They Could Bite’, World Bank Policy Research Working Paper No. 3121, June 2003, at 21.

限性，双边投资条约的缔约前景黯淡。[1] 实则不然，在当代，双边投资条约的数量仍以一定的速度在持续增长，双边投资条约已然成为了国际法新发展的最显著标志。[2] 在 2010 年，国际社会总共缔结了 178 项新的国际投资协定（IIAs），其中双边投资条约共 54 项。[3] 截至 2010 年底，国际投资协定的总数达到了 6092 项，包括 2807 项双边投资条约、2976 项避免双重征税协定（Double Taxation Treaties，DTTs）和 309 项其他国际投资协定（如图表 10 所示）。最不发达国家（Least Developed Country，LDC）在 2010 年底总共缔结的双边投资条约也达到了 455 项；德国、瑞士和中国是与最不发达国家缔结双边投资条约数量最多的前三个国家。[4]

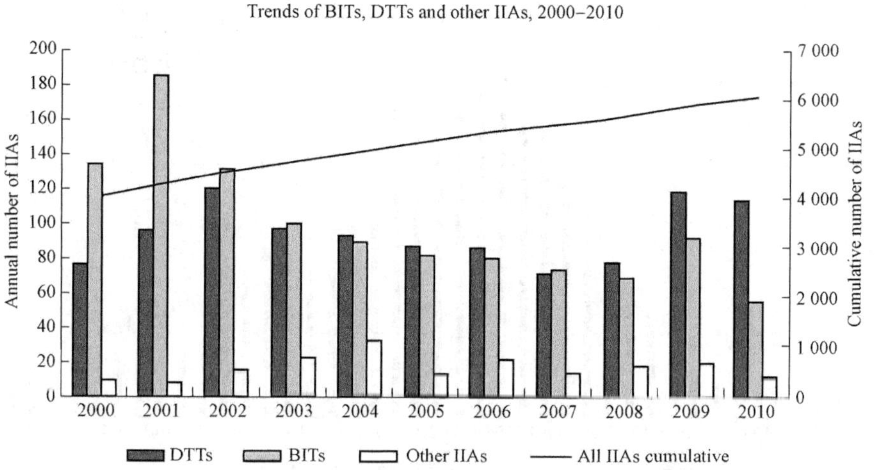

图表 10：2000～2010 年双边投资条约、避免双重征税条约和其他国际投资协定的年度和累积数量 [5]

〔1〕事实上，一些国家也已退出了 BITs 谈判, see Brooks W. Daly, Fedelma Claire Smith, 'Comment on the Differing Legal Frameworks of Investment Treaty Arbitration and Commercial Arbitration as Seen Through Precedent, Annulment, and Procedural Rules', in Albert Jan van den Berg (ed.), *50 Years of the New York Convention: ICCA International Arbitration Conference*, ICCA Congress Series, 2009 Dublin Volume 14, Kluwer Law International, 2009, 154.

〔2〕Jason Webb Yackee, 'Conceptual Difficulties in the Empirical Study of Bilateral Investment Treaties', Brooklyn Journal of International Law, vol.33, 405（2008）.

〔3〕另两项统计数据分别为 113 项避免双重征税条约、11 项其他国际投资协定，包括自由贸易协定（Free Trade Agreements, FTAs）、经济合作协定（Economic Partnership Agreements, EPAs）和框架协定（Framework Agreements）。

〔4〕UNCTAD, 'World Investment Report 2011 : Non-Equity Modes of International Production and Development', 2011, U.N. Doc. UNCTAD/WIR2011, Sales No. E.11.II.D.2, at 76.

〔5〕Figure: Trends of BITs, DTTs and other IIAs, 2000 – 2010, see UNCTAD, 'World Investment Report 2011: Non-Equity Modes of International Production and Development', 2011, U.N. Doc. UNCTAD/WIR2011, Sales No. E.11.II.D.2, at 100.

依据 2020 年《世界投资报告》的统计，2019 年各国至少签署了 22 个国际投资协定，即 16 个 BITs 和 6 个包含投资条款的协定（Treaties with Investment Provisions，TIPs）。澳大利亚、巴西和阿拉伯联合酋长国是最活跃的经济体，均签署了三个新的 IIAs。这使 IIAs 的规模达到 3284 个（2895 个 BITs 和 389 个 TIPs）。[1] 截至 2020 年底，国际投资协定的总数达到 3312 个，其中 2659 个协定生效，如图表 11 所示。

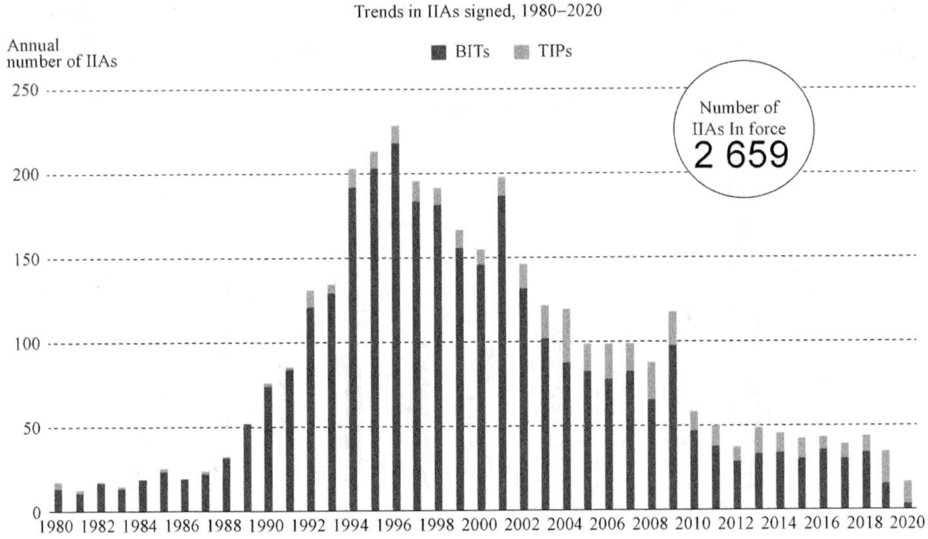

图表 11：1980～2020 年国际投资协定签署趋势[2]

事实上，双边投资条约的缔结前景依然乐观除了可归因于双边投资条约为外国投资者提供各项待遇的保证、消除投资者需要面对的东道国国内不稳定因素，以及一些发展中国家作为对外投资者的角色增强之外，缔结多边投资条约谈判未果也是重要的原因之一。Andrew Guzman 教授曾认为缔结双边投资条约使发展中国家有陷入“囚徒困境”（Prisoner's Dilemma）之虞：一个发展中国家欲吸引潜在的外国投资者，必然会让该投资者明白与其他发展中国家相比，该国将是最合适的投资目的地。与此同时，发展中国家作为一个整体，希冀东道国与投资者签订的合同中规定与合同履行有关的争议不能诉诸国际争议解决机构，从而使得东道国能拥有更多权力去规制外国投资，并从中获得额外利益。在向外国投资者“销售”本国资源时，发展中国家作为一个整体将更有力量向投资者索取更多对价，而发展中国家彼此竞争将大大削弱其与投资者谈判的筹

〔1〕UNCTAD, 'World Investment Report 2020：International Production beyond the Pandemic', at 106.

〔2〕UNCTAD, 'Investment Policy Monitor', No. 24, February 2021, at 8.

码。因此，缔结双边投资条约的结果是，双边投资条约确实促进了全球效率，但却减损了发展中国家的总体获益。譬如，发展中国家作为整体可以拒绝赫尔规则，但单个发展中国家如果在双边投资条约中接受赫尔规则，则将使其在与其他发展中国家的竞争中占据有利地位；随后其他发展中国家为获得外国投资，亦将考虑将赫尔条款纳入双边投资条约中，结果便是发展中国家最终都接受了赫尔条款。[1] 虽然囚徒困境理论未必完整而准确地描述了缔结双边投资条约的前景，[2] 但依循此种逻辑，走出囚徒困境的一个方法是摒弃双边机制而迈向多边投资机制。

然而，尽管国际投资法在一定程度上取得了多边化的进展，[3] 国际经济法律体制仍处于双边框架之中。[4] 在 1995－1998 年间经济合作与发展组织进行了一次缔结综合性多边投资条约的尝试，但这一项以开放市场为目的，大力推进投资自由化进程和以开放市场与投资保护两个侧重点相结合的多边投资协议，终因各方意见纷纭而搁浅。[5] WTO 框架下的与贸易有关的投资措施协定以及服务贸易总协定涉及投资问题，在诸如争端解决、多边投资担保等领域，多边合作取得了一定的进展；然而，2003 年 9 月在墨西哥坎昆举行的第五次 WTO 部长级会议上，各方亦未能就未来多边投资条约展开谈判的授权达成一致。[6] 唯一的例外是受 WTO《贸易便利化协定》的启发，2017 年一些 WTO 成员希冀以投资便利化作为多边谈判突破口，提出在 WTO 框架下进行投资便利化议题的谈判，旨在确立多边规则、在全球范围内提升投资政策透明度、简化和加快投资审批程序以及促进国际合作。[7] 2021 年 12 月 10 日，中国和欧盟、英国、日本、俄罗斯、巴西、墨西哥、尼日利亚等共 112 个 WTO 成员联署《投资便利

---

〔1〕 Santiago Montt, *State Liability in Investment Treaty Arbitration: Global Constitutional and Administrative Law in the BIT Generation*, Hart Publishing, 2009，87－88.

〔2〕 Santiago Montt 认为 BIT 时代并非“囚徒困境”的体现，更准确地说应当是“真正的网络”（Virtual Network），因为条约中关键的实质性条款是相似的，则投资者与国家将更能从一个单一的、相对统一的国际投资法中获益。See Santiago Montt, *State Liability in Investment Treaty Arbitration: Global Constitutional and Administrative Law in the BIT Generation*, Hart Publishing, 2009，122.

〔3〕 Stephan W. Schill, *The Multilateralization of International Investment Law*, Cambridge University Press, 2009，117－20.

〔4〕 Arie Reich, ‘Bilateralism Versus Multilateralism in International Economic Law: Applying the Principle of Subsidiarity’, University of Toronto Law Journal, vol.60，263（2010）.

〔5〕 Jeswald W. Salacuse, *The Law of Investment Treaties*, Oxford University Press, 2010，104－08.

〔6〕 Stephan W. Schill, *The Multilateralization of International Investment Law*, Cambridge University Press, 2009，58－60.

〔7〕 Axel Berger, Sebastian Gsell, Zoryana Olekseyuk, ‘Investment Facilitation for Development: A New Route to Global Investment Governance’, German Development Institute Briefing Paper 5/2019, available at: https://www.die-gdi.de/briefing-paper/article/investment-facilitation-for-development-a-new-route-to-global-investment-governance/, visited on 18 August 2021.

化联合声明》（Joint Statement on Investment Facilitation for Developmen），强调将继续坚持发展导向，并以现有谈判文本为基础推进谈判。[1]

此外，2009年12月在哥本哈根举行的气候变化谈判的失败，亦表明了多边谈判进程的艰难；[2]直到2015年才在巴黎气候变化大会（COP21）上通过《巴黎协定》（The Paris Agreement）这一史上首个具普遍性和法律约束力的全球气候变化协定。[3]近年来，由于国家间推动全球治理的失败以及各国间国家利益之冲突，国际经济法律制度经历了从多边主义（Multilateralism）向双边主义（Bilateralism）的转变。[4]前国际法院James Crawford法官以英国退欧、南非退出罗马规约以及美国宣布退出《巴黎协定》三个事件为例，认为当前世界各国领导人在涉及国际法主题的最新陈述中，国际法是以一种愈发敌对的方式被引用；在更多时候，国际法则被明显地忽视。[5]奥地利维也纳大学Ralph R. A. Janik从欧洲的视角，认为无论是世界贸易组织、禁止酷刑还是《巴黎协定》，特朗普政府对国际法提出了许多挑战，这引致了多边主义和所谓的“自由世界秩序”的衰落，19世纪关于主权和恢复权力政治的思想可能正在回归。[6]尽管国家单方面退出条约后，条约义务是否在国际法和国内法两个层面终止仍存在争论，[7]而特朗普政府系统脱离几乎所有全球治理机构（systematic disengagement from nearly all institutions of global governance）的策略将无法实现其预期目标，[8]但单边主义、保护主义和民粹主义对国际法治的影响不可估量。

此外，美国斯坦福大学法学院Alan Sykes教授从国际投资协定的经济结构进行分析，认为投资协定具有双重经济功能：一个功能是约束对外国投资者施加国际外部性的东道国政策，另一个功能是减少与代理成本、风险规避、信息不对称和时间不一致问题相关的低效风险，这些问题会不经济地增加东道国的

---

〔1〕WTO, ‘Joint Statement on Investment Facilitation for Developmen’, WT/L/1130, 10 December 2021.

〔2〕Richard L. Ottinger, ‘Copenhagen Climate Change Conference – Success or Failure?’, Pace Environmental Law Review, vol.27，411 – 19（2009 – 2010）.

〔3〕The Paris Agreement is an agreement within the United Nations Framework Convention on Climate Change (UNFCCC）, on climate change mitigation, adaptation, and finance.

〔4〕Efraim Chalamish, ‘Do Treaties Matter? On Effectiveness and International Economic Law’, Michigan Journal of International Law, vol.32，325（2011）.

〔5〕James Crawford, ‘The Current Political Discourse Concerning International Law’, Modern Law Review, vol. 81(1), 1 (2018).

〔6〕Ralph R. A. Janik, ‘US Sovereignty in the Age of Trump – A European Perspective’, 8 December 2018, avalable at SSRN: https://papers.ssrn.com/sol3/papers.cfm?abstract_id=3297668, visited on 6 March 2022.

〔7〕Laurence R. Helfer, ‘Treaty Exit and Intra-Branch Conflict at the Interface of International and Domestic Law’, in Curtis Bradley (ed.), *The Oxford Handbook of Comparative Foreign Relations Law*, Oxford University Press, 2019, 355.

〔8〕Harold Hongju Koh, *The Trump Administration and International Law*, Oxford University Press, 2018, 6.

引入资本的成本。典型投资协定的核心特征在某种程度上兼具这两种经济功能，对其相对重要性的理解有助于解释为什么投资协定的主要方法是双边或小多边（Minilateral）而非多边。[1] 因此，国际投资协定的经济结构表明其方法是内在的多边或小多边，而外在国际法发展的大环境亦受到单边主义、保护主义和民粹主义的冲击，在重返多边谈判荆棘载途的背景下，寻求使双边投资条约更加富有成效的方法显得更为重要，这也使得在未来一段时间内一些国家缔结双边投资条约的前景愈加明朗化。

虽然现代 BIT 的主要目的不在于引入投资者可直接起诉东道国的权利，而在于促进外国投资，特别是发达国家与发展中国家之间的投资；[2] 而此种投资流动是否有效目前仍无法获得确证，但这并不减损各国签署双边投资条约的热情。中国新签或重新签署投资条约的进程，与双边投资条约在全球范围内的缔约前景大致相符。事实上，中国在寻求多边经贸合作上也取得了一定的进展，例如 2011 年初步建立金砖国家经贸合作机制，同时自由贸易区战略稳步推进，签署了中国－东盟服务贸易协议第二批承诺议定书，联合日本提出“10+3”和“10+6”自贸区倡议。[3] 在“一带一路”建设纵深推进中，2020 年中国签署了《区域全面经济伙伴关系协定》（Regional Comprehensive Economic Partnership，RCEP）。这一由东南亚国家联盟十国发起，中国、日本、韩国、澳大利亚和新西兰 5 国共同参加，历时 8 年谈判达成的协定将促成世界上最大的自贸区的诞生（参见图表 12）。RCEP 包含有专门的投资章节，涵盖投资保护、投资促进、投资自由化与便利化等内容，包含最惠国待遇、[4] 禁止业绩要求、[5] 转移、[6] 争端预防和外商投诉的协调解决 [7] 等条款。RCEP 将利于中国与“一带一路”合作伙伴加快推进区域经济一体化进程，助力形成国内国际双循环相互促进的新发展格局。

尽管如此，双边经贸合作仍然在中国当前经贸合作中占据重要位置，双边投资条约仍将是中国在国际投资活动中规范东道国之间以及东道国与投资者之间的主要法律规范之一。例如，中国一直致力于中欧双边投资条约的谈判。历

〔1〕 Alan Sykes, ‘The Economic Structure of International Investment Agreements with Implications for Treaty Interpretation and Design’, American Journal of International Law, vol.113(3), 482 (2019).

〔2〕 Arthur L. Marriott, ‘Bilateral Investment Treaty Arbitration in the Early 21st Century’, in M. Á. Fernández-Ballesteros and David Arias (eds.), *Liber Amicorum Bernardo Cremades*, La Ley, 2010, 812.

〔3〕 参见黄瑞：《中国去年进出口额预计 3.6 万亿美元 增长逾两成》，载中国新闻网：http://www.chinanews.com/cj/2012/01－05/3583767.shtml, 2021 年 4 月 23 日访问。

〔4〕 参见《区域全面经济伙伴关系协定》第 9 章第 4 条。

〔5〕 参见《区域全面经济伙伴关系协定》第 9 章第 6 条

〔6〕 参见《区域全面经济伙伴关系协定》第 9 章第 9 条

〔7〕 参见《区域全面经济伙伴关系协定》第 9 章第 17 条。

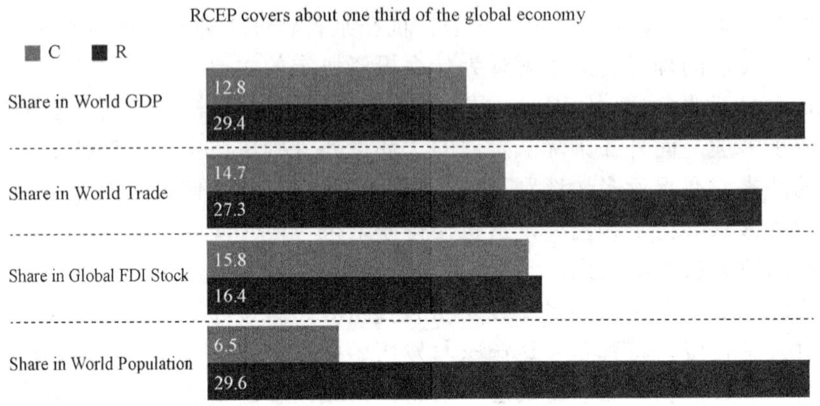

2020 estimates (in percent) by the World Bank (GDP), WTO (trade), UNCTAD (FDI) and Worldometer (population).

图表 12：RCEP 与 CPTPP 缔约方经贸数据比较 [1]

时 7 年、历经 35 轮谈判后，2020 年 12 月 30 日中欧领导人共同宣布中国－欧洲联盟全面投资协定（China-EU Comprehensive Agreement on Investment，CAI）谈判如期完成，这一份平衡、高水平、互利共赢的投资协定也将为中国投资者在欧洲获得开放、公平、非歧视的营商环境提供保障。[2] 中欧投资协定并未包含外国投资者与投资东道国争端解决条款，目前缔约国采取先行公布和签署实体内容，之后再就 ISDS 相关条款另行协商。虽然 CAI 的投资争端条款轮廓尚未浮现，但从中国与欧盟各成员国缔结的 25 项双边投资条约 [3] 来看，尽管各个条约的实体内容存在差异，但投资者－东道国争端解决条款却呈现出一定的共性，即基本赋予投资者将争端交付 ICSID 或临时仲裁。[4] 不过，从 2020 年 12 月 30 日欧盟官方发布的报道可知，中国与欧盟达成的一揽子协议包括双方承诺在 CAI 签署后 2 年内完成投资保护和投资争端解决谈判；共同目标是基于对 UNCITRAL 对多边投资法庭所开展工作的考量，实现现代化的保护标准和

(1) Christian Bluth, Cora Jungbluth, ‘The RCEP: A wake-up call for the West?’, available at: https: //ged-project.de/trade-and-investment/the-rcep-a-wake-up-call-for-the-west/, visited on 17 February 2021.

(2) 参见《中欧投资协定谈判如期完成》，载《国际金融报》2021 年 1 月 4 日，第 01 版。

(3) 25 项双边投资条约适用于欧盟 26 国，其中比利时和卢森堡共同与中国签署 1 项投资协定，而爱尔兰未与中国订立双边投资条约，其目前仅与捷克在 1996 年签署了唯一 1 项双边投资条约。

(4) 例如中国－法国 BIT 第 7 条规定，缔约一方与缔约另一方投资者之间有关投资的任何争议，在符合一定的条件下可以依据 1965 年 3 月 18 日在华盛顿开放签署的《解决国家和他国国民之间投资争端公约》设立的“解决投资争端国际中心”，前提是争议所涉缔约一方可要求有关投资者在提交仲裁前，用尽该缔约方法律和法规所规定的国内行政复议程序。

争端解决方案。[1] UNCITRAL 第三工作组自 2017 年着手对现有 ISDS 框架进行改革以来，在欧盟的支持下，一个潜在的改革方案是建立永久性的多边投资法庭，以取代目前各个 BIT 或其他经贸协定中规定的 ISDS 条款。中国对永久性多边投资法庭的支持历来相对有限，中国支持在更广泛的 ISDS 机制内设立常设上诉机构的想法，[2] 但迄今为止尚未表示支持欧盟关于建立具有一审职能的多边法庭的提议。[3] 有学者认为，中欧全面投资协定与中美 BIT 因其广泛的范围、前所未有的内容，将有望开创中国新一代的双边投资条约（a new generation of BITs）。[4]

中国目前生效的双边投资条约多达上百个（如图表 13 所示），而“丝绸之路经济带”沿线国家现有的投资条约体制也以双边投资条约为主（如图表 14 所示），并且沿线国家之间初步形成了比较完整的投资条约网络。[5] 在推动“一带一路”建设行稳致远的大背景下，中国与“一带一路”沿线国家之间的双边投资条约，可以借鉴和汲取“可持续发展导向”双边投资条约实践模式的创新因素，通过条约结构与条款的革新与改造，创造“共同发展导向”的双边投资条约实践模式。[6] 对国际投资争端的解决而言，通过双边投资条约来保证给予投资者将争端提交至 ICSID 的权利，仍然是必要的。同时，在吸引外资方面，考虑到外国投资者对中国方面保护其投资利益的意愿与能力（包括中国的社会稳定、财产权利保障体系健全以及执法规范等方面）仍存在顾虑，双边投资条约不仅至少能够向投资者提供保护投资的保证，亦彰显中国建立并有效维持良好投资环境的决心。因此，坚持双边投资条约的缔结，并通过双边投资条约来建立起对 ICSID 仲裁管辖权的“同意”，是完善 ICSID 仲裁管辖权条款应当信守的一个基本理念。

---

〔1〕‘EU and China Reach Agreement in Principle on Investment’，30 December 2020, available at: https: //ec.europa.eu/commission/presscorner/detail/en/ip_20_2541, visited on 8 June 2021.

〔2〕UNCITRAL Working Group III (Investor-State Dispute Settlement Reform), ‘Possible Reform of Investor-State Dispute Settlement (ISDS), Submission from the Government of China’, Thirty-eighth session, Vienna, 14 – 18 October, 2019A/CN.9/WG.III/WP.177.

〔3〕截至 2021 年 6 月，鉴于欧盟基于对中国新疆所谓人权问题的指控及制裁与中国采取的反制措施，欧洲议会已暂停了对中欧全面投资协定的审议。

〔4〕Yuwen Li, Cheng Bian, ‘China’s Stance on Investor-State Dispute Settlement: Evolution, Challenges, and Reform Options’, Netherlands International Law Review, vol.67, 523(2020).

〔5〕单文华：《丝绸之路经济带国家投资条约体制的现状与完善》，载《中国法律评论》2018 年第 5 期，第 33 页。

〔6〕曾华群：《共同发展：中国与“一带一路”国家间投资条约实践的创新》，载《国际经济法学刊》2019 年第 1 期，第 1 页。

图表 13　　中国现行有效的双边投资条约

序号	双边投资条约	缔约日期	生效日期
1	China-Albania BIT（1993）	13/02/1993	01/09/1995
2	China-Algeria BIT（1996）	17/10/1996	28/01/2003
3	China-Argentina BIT（1992）	05/11/1992	01/08/1994
4	China-Armenia BIT（1992）	04/07/1992	18/03/1995
5	China-Australia BIT（1988）	11/07/1988	11/07/1988
6	China-Austria BIT（1985）	12/09/1985	11/10/1986
7	China-Azerbaijan BIT（1994）	08/03/1994	01/04/1995
8	China-Bahrain BIT（1999）	17/06/1999	27/04/2000
9	China-Bangladesh BIT（1996）	12/09/1996	25/03/1997
10	China-Barbados BIT（1998）	20/07/1998	01/10/1999
11	China-Belarus BIT（1993）	11/01/1993	14/01/1995
12	China-BLEU（Belgium-Luxembourg Economic Union）BIT（2005）	06/06/2005	01/12/2009
13	China-Bolivia BIT（1992）	08/05/1992	01/09/1996
14	China-Bosnia and Herzegovina BIT（2002）	26/06/2002	01/01/2005
15	China-Bulgaria BIT（1989）	27/06/1989	21/08/1994
16	China-Cape Verde BIT（1998）	21/04/1998	01/01/2001
17	China-Cambodia BIT（1996）	19/07/1996	01/02/2000
18	China-Cameroon BIT（1997）	10/09/1997	24/07/2014
19	China-Canada BIT（2012）	09/09/2012	01/10/2014
20	China-Colombia BIT（2008）	22/11/2008	02/07/2013
21	China-Congo BIT（2000）	20/03/2000	01/07/2015
22	China-Costa Rica BIT（2007）	24/10/2007	20/10/2016
23	China-Croatia BIT（1993）	07/06/1993	01/07/1994
24	China-Cuba BIT（1995）	24/04/1995	01/08/1996
25	China-Cyprus BIT（2001）	15/01/2001	29/04/2002
26	China-Czech Republic BIT（2005）	08/12/2005	01/09/2006
27	China-Denmark BIT（1985）	29/04/1985	29/04/1985

续表

序号	双边投资条约	缔约日期	生效日期
28	China-Egypt BIT（1994）	21/04/1994	01/04/1996
29	China-Equatorial Guinea BIT（2005）	20/10/2005	15/11/2006
30	China-Estonia BIT（1993）	02/09/1993	01/06/1994
31	China-Ethiopia BIT（1998）	11/05/1998	01/05/2000
32	China-Finland BIT（2004）	15/11/2004	15/11/2006
33	China-France BIT（2007）	26/11/2007	20/08/2010
34	China-Gabon BIT（1997）	09/05/1997	16/02/2009
35	China-Georgia BIT（1993）	03/06/1993	01/03/1995
36	China-Germany BIT（2003）	01/12/2003	11/11/2005
37	China-Ghana BIT（1989）	12/10/1989	22/11/1990
38	China-Greece BIT（1992）	25/06/1992	21/12/1993
39	China-Guyana BIT（2003）	27/03/2003	26/10/2004
40	China-Hungary BIT（1991）	29/05/1991	01/04/1993
41	China-Iceland BIT（1994）	31/03/1994	01/03/1997
42	China-Iran，Islamic Republic of BIT（2000）	01/06/2000	01/07/2005
43	China-Israel BIT（1995）	10/04/1995	13/01/2009
44	China-Italy BIT（1985）	28/01/1985	28/08/1987
45	China-Jamaica BIT（1994）	26/10/1994	01/04/1996
46	China-Japan BIT（1988）	27/08/1988	14/05/1989
47	China-Kazakhstan BIT（1992）	10/08/1992	13/08/1994
48	China-Korea，Democratic People's Republic of BIT（2005）	22/03/2005	01/10/2005
49	China-Korea，Republic of BIT（2007）	07/09/2007	01/12/2007
50	China-Kuwait BIT（1985）	23/11/1985	24/12/1986
51	China-Kyrgyzstan BIT（1992）	14/05/1992	08/09/1995
52	China-Lao People's Democratic Republic BIT（1993）	31/01/1993	01/06/1993
53	China-Latvia BIT（2004）	15/04/2004	01/02/2006
54	China-Lebanon BIT（1996）	13/06/1996	10/07/1997

续表

序号	双边投资条约	缔约日期	生效日期
55	China-Lithuania BIT（1993）	08/11/1993	01/06/1994
56	China-Madagascar BIT（2005）	21/11/2005	01/07/2007
57	China-Malaysia BIT（1988）	21/11/1988	31/03/1990
58	China-Mali BIT（2009）	12/02/2009	16/07/2009
59	China-Malta BIT（2009）	22/02/2009	01/04/2009
60	China-Mauritius BIT（1996）	04/05/1996	08/06/1997
61	China-Mexico BIT（2008）	11/07/2008	06/06/2009
62	China-Moldova，Republic of BIT（1992）	06/11/1992	01/03/1995
63	China-Mongolia BIT（1991）	25/08/1991	01/11/1993
64	China-Morocco BIT（1995）	27/03/1995	27/11/1999
65	China-Mozambique BIT（2001）	10/07/2001	26/02/2002
66	China-Myanmar BIT（2001）	12/12/2001	21/05/2002
67	China-Netherlands BIT（2001）	26/11/2001	01/08/2004
68	China-New Zealand BIT（1988）	22/11/1988	25/03/1989
69	China-Nigeria BIT（2001）	27/08/2001	18/02/2010
70	China – Macedonia BIT（1997）	09/06/1997	01/11/1997
71	China-Norway BIT（1984）	21/11/1984	10/07/1985
72	China-Oman BIT（1995）	18/03/1995	01/08/1995
73	China-Pakistan BIT（1989）	12/02/1989	30/09/1990
74	China-Papua New Guinea BIT（1991）	12/04/1991	12/02/1993
75	China-Peru BIT（1994）	09/06/1994	01/02/1995
76	China-Philippines BIT（1992）	20/07/1992	08/09/1995
77	China-Poland BIT（1988）	07/06/1988	08/01/1989
78	China-Portugal BIT（2005）	09/12/2005	26/07/2008
79	China-Qatar BIT（1999）	09/04/1999	01/04/2000
80	China-Romania BIT（1994）	12/07/1994	01/09/1995
81	China-Russian Federation BIT（2006）	09/11/2006	01/05/2009
82	China-Saudi Arabia BIT（1996）	29/02/1996	01/05/1997

续表

序号	双边投资条约	缔约日期	生效日期
83	China-Serbia BIT（1995）	18/12/1995	13/09/1996
84	China-Slovakia BIT（1991）	04/12/1991	01/12/1992
85	China-Slovenia BIT（1993）	13/09/1993	01/01/1995
86	China-South Africa BIT（1997）	30/12/1997	01/04/1998
87	China-Spain BIT（2005）	14/11/2005	01/07/2008
88	China-Sri Lanka BIT（1986）	13/03/1986	25/03/1987
89	China-Sudan BIT（1997）	30/05/1997	01/07/1998
90	China-Sweden BIT（1982）	29/03/1982	29/03/1982
91	China-Switzerland BIT（2009）	27/01/2009	13/04/2010
92	China-Syrian Arab Republic BIT（1996）	09/12/1996	01/11/2001
93	China-Tajikistan BIT（1993）	09/03/1993	20/01/1994
94	China-United Republic of Tanzania BIT（2013）	24/03/2013	17/04/2014
95	China-Thailand BIT（1985）	12/03/1985	13/12/1985
96	China-Trinidad and Tobago BIT（2002）	22/07/2002	07/12/2004
97	China-Tunisia BIT（2004）	21/06/2004	01/07/2006
98	China-Turkey BIT（1990）	13/11/1990	20/08/1994
99	China-Turkmenistan BIT（1992）	21/11/1992	04/06/1994
100	China-Ukraine BIT（1992）	31/10/1992	29/05/1993
101	China-United Arab Emirates BIT（1993）	01/07/1993	28/09/1994
102	China-United Kingdom BIT（1986）	15/05/1986	15/05/1986
103	China-Uruguay BIT（1993）	02/12/1993	01/12/1997
104	China-Uzbekistan BIT（2011）	19/04/2011	01/09/2011
105	China-Viet Nam BIT（1992）	02/12/1992	01/09/1993
106	China-Yemen BIT（1998）	16/02/1998	10/04/2002
107	China-Zimbabwe BIT（1996）	21/05/1996	01/03/1998

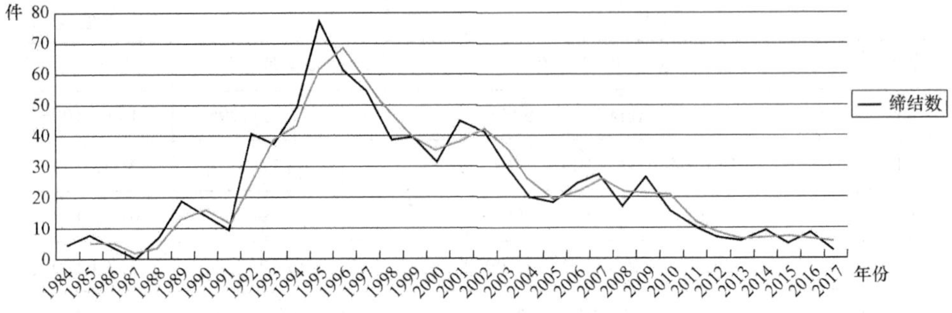

图表 14 “丝绸之路经济带”国家整体缔结双边投资条约数量〔1〕

第二节 ICSID 仲裁机制的坚信：主权让渡与私人利益的博弈

一、ICSID 仲裁机制的正当性危机

在国际法体系中，政府代表国家对外缔结条约，条约所体现的通常是国家利益。而投资条约具有特殊性——尽管是国家之间缔约的条约，其固然体现国家利益，但在现行国际投资法律框架下，各种利益的交互使得国家、私人投资者以及社会之间形成复杂的关系网络，投资条约往往要顾及国家利益、投资者利益以及社会公共利益。〔2〕作为专门解决投资者－东道国争议的 ICSID 仲裁，在处理代表私人投资与公共利益等各方利益纠纷时，由于传统的保护私有财产的倾向使然，作为东道国的发展中国家的主权与公共利益的维护在一定程度上未能得到有效实施。20 世纪 90 年代 NAFTA 的运作第一次将国际投资仲裁机制引入发达国家之间，美国与加拿大两国的正常立法、司法与行政行为遭到投资者质疑，而仲裁庭倾向于私权保护的立场引起了各界对国际投资仲裁机制合法性缺失的争论，即国际投资仲裁的“正当性危机”（Legitimacy Crisis）。〔3〕

ICSID 仲裁的正当性危机，主要体现于两方面。其一，ICSID 仲裁程序缺

---

〔1〕单文华：《丝绸之路经济带国家投资条约体制的现状与完善》，载《中国法律评论》2018 年第 5 期，第 36 页。

〔2〕国家利益与公共利益的界定尚无明确定论；不过，国家利益不等同于公共利益。公共利益是相对于商业利益而言，国家利益是相对于私人利益而言；国家利益与私人利益是一个矛盾，私人利益不能侵犯国家利益；但是国家也有商业利益，因而不能将国家行为的行使都认为是代表公共利益。

〔3〕Charles N. Brower, Stephan W. Schill, 'Is Arbitration a Threat or a Boon to the Legitimacy of International Investment Law?', Chinese Journal of International Law, vol.9，471－72（2009）.

乏透明度，特别是在涉及环境保护与劳工标准问题的程序上。[1] 诚如参与可持续发展国际研究院（International Institute for Sustainable Development，IISD）投资与可持续发展项目的 Aaron Cosbey、Howard Mann、Luke Eric Peterson 以及 Konrad von Moltke 在论及 ICSID 仲裁程序缺乏透明度与开放性时所言：

> 透明度的缺乏反映了 UNCITRAL、ICC 或者 SCC 最初是用于解决私人商事争议，特别是两个商业实体之间的争议，商事仲裁的形式被些许学者描述为“商人服务中的私人正义”系统。然而，在现代，包括对当前与日俱增的投资者与东道国之间的投资仲裁的使用中，案件的涉及面远远超出了商事的范畴，而影响到诸如环境、健康以及安全等公共政策目标。在此种情形下，更广泛的利益相关者而不仅仅是争议双方将分享争议中的合法权益，这就要求（国际投资仲裁）采取透明度的措施，并向公共参与开放。[2]

但是，在 ICSID 仲裁实践中，尽管争议所涉赔偿金额巨大、案件审理期限漫长，整个程序中关于透明度与公共监督的设置却付之阙如。例如，在 NAFTA 框架下，国际投资争端所涉及争议事项往往与国家经济主权相关，所涉及之法律往往是国家规制经济的强制性规则，但国际仲裁程序的保密性、不稳定性以及问责中其国内成分的缺乏（absence of accountability to domestic constituents）[3]，使得这一被视为公平的争端解决机制沦为一个将商业置于公共利益之前的工具。[4]

其二，ICSID 仲裁面临着裁决不一致（Inconsistent Decisions）的严峻挑战。事实上，这一争议解决机制依赖的是临时性质的特别仲裁庭，而这往往蕴藏着产生裁决不一致的较大风险。[5] 同时，缘于投资者可从不同条约中受益，即基

---

〔1〕Rainer Hofmann, Christian J. Tams, ‘Introduction: The International Convention on the Settlement of Investment Disputes (ICSID) – Taking Stock after 40 Years’, in Rainer Hofmann, Christian J. Tams (eds.), *The International Convention on the Settlement of Investment Disputes (ICSID): Taking Stock after 40 Years*, Nomos Verlagsgesellschaft, 2007，5.

〔2〕Aaron Cosbey, Howard Mann, Luke Eric Peterson, Konrad von Moltke, ‘Investment and Sustainable Development: A Guide to the Use and Potential of International Investment Agreements’, International Institute for Sustainable Development (IISD)，2004, at 5；available at: http://www.iisd.org/pdf/2004/investment_invest_and_sd.pdf, visited on 7 May 2021.

〔3〕指在确定责任时，往往未考量东道国国内利益相关者。

〔4〕Guillermo Aguilar Alvarez, William W. Park, ‘The New Face of Investment Arbitration: NAFTA Chapter 11’, Yale Journal of International Law, vol.28，370 – 71（2003）.

〔5〕Rainer Hofmann, Christian J. Tams, ‘Introduction: The International Convention on the Settlement of Investment Disputes (ICSID) – Taking Stock after 40 Years’, in Rainer Hofmann, Christian J. Tams (eds.), *The International Convention on the Settlement of Investment Disputes (ICSID): Taking Stock after 40 Years*, Nomos Verlagsgesellschaft, 2007，6.

于相同的事实投资者可依据不同的条约提起诉求，[1] 这亦增强了裁决不一致的可能性。[2] 譬如，基于阿根廷为应对经济危机而采取应对措施的相似事实，ICSID 仲裁庭在下列五个案件中作出了不尽一致的裁决：*CMS Gas Transmission Company v. Argentine Republic* 案[3]、*Enron Creditors Recovery Corporation (formerly Enron Corporation) and Ponderosa Assets，L.P. v. Argentine Republic* 案[4]、*Sempra Energy International v. Argentine Republic* 案[5]、*LG&E Energy Corp.，LG&E Capital Corp. and LG&E International Inc. v. Argentine Republic* 案[6] 以及 *Continental Casualty Company v. Argentine Republic* 案[7]。

此外，高昂的仲裁费用，包括机构费用、仲裁员费用、证据调查费用、证人与专家费用、履行仲裁程序所支出的费用等仲裁成本以及败诉方需要承担的赔偿金额等，也让一些发展中国家对 ICSID 仲裁望而却步。譬如，在 *Occidental Petroleum Corporation and Occidental Exploration and Production Company v. Republic of Ecuador（II）*案中，美国投资者的索赔金额是 10 亿美元，但仲裁庭裁定的赔偿金额达到 17.69 亿美元，[8] 经专门委员会撤销程序后赔偿金额也达到 10.62 亿美元。[9] 高昂的仲裁费用足以在发展中国家的 GDP 中占据一定分量，往往让其难以负担。

鉴于此，部分发展中国家开始回归至最初传统和保守的立场，退出了 ICSID 仲裁机制。2007 年 5 月 2 日，世界银行收到了南美国家玻利维亚退出 ICSID 公约的书面通知，依据公约第 71 条的规定，[10] 该退出于当年 11 月 3 日生效。[11] 同

〔1〕例如，美国投资者通过一家荷兰公司在捷克境内进行投资，则投资者可在美国－捷克 BIT 以及荷兰－捷克 BIT 项下获得权利诉求的依据。

〔2〕Susan D. Franck, 'The Legitimacy Crisis in Investment Treaty Arbitration: Privatizing Public International Law Through Inconsistent Decisions', Fordham Law Review, vol.73，1535（2005）.

〔3〕ICSID Case No. ARB/01/8.

〔4〕ICSID Case No. ARB/01/3.

〔5〕ICSID Case No. ARB/02/16.

〔6〕ICSID Case No. ARB/02/1.

〔7〕ICSID Case No. ARB/03/9.

〔8〕ICSID Case No. ARB/06/11, Award, 5 October 2012, para.876.

〔9〕ICSID Case No. ARB/06/11, Decision on Annulment, 2 November 2015, para.586.

〔10〕ICSID 公约第 71 条规定，任何缔约国可以书面通知本公约的保管人退出本公约，该项退出自收到该通知六个月后开始生效。

〔11〕ICSID News Release, 'Bolivia Submits a Notice under Article 71 of the ICSID Convention'，16 May 2007, available at: http://icsid.worldbank.org/ICSID/FrontServlet?requestType=CasesRH&actionVal=OpenPage&PageType=AnnouncementsFrame&FromPage=NewsReleases&pageName=Announcement3, visited on 8 May 2021.

时，玻利维亚声明将通过重新定义争议解决的方式修订其缔结的 24 个 BITs。[1] 2009 年 7 月 6 日，另一个南美国家厄瓜多尔递交了退出 ICSID 公约的通知，并于 2010 年 1 月 7 日成为第二个拒绝 ICSID 管辖权的国家。[2] 世界银行随后收到的退出 ICSID 公约通知的是由委内瑞拉于 2012 年 1 月 24 日提出，该退出于 2012 年 7 月 25 日生效。[3] 此外，尽管从未递交正式通知，但尼加拉瓜曾表达过其退出 ICSID 公约的意愿。[4] 发展中国家退出或限制 ICSID 仲裁，直接原因在于以发展中国家作为被申请方的案件持续增长，东道国为此付出的赔偿数额巨大，毕竟近乎 70%的 ICSID 案件，其结果都有利于投资者，[5] 这意味着东道国败诉的可能性极大；而 ICSID 程序透明度的缺乏，则起到了推波助澜的作用。

对于发达国家而言，直到 1993 年 NAFTA 的缔结，发达国家之间达成的投资条约才出现了投资者 – 东道国争端解决机制。但是，此种机制似乎并未获得美国的全面肯定。例如，该机制并未出现在 2004 年签署的《澳大利亚 – 美国自由贸易协定》（AUSFTA）中，而为一种新的非直接的机制所替代。[6] 更进一步地，与 1994 年 BIT 范本相比较，2004 年美国 BIT 范本在弱化对外国投资者权利的同时，增强了对东道国的保护。[7] 澳大利亚的立场则更为坚决，在 2011 年

---

〔1〕 Bretton Wood Project, 'Threats to Withdraw from Bank's Investment Tribunal', 2 July 2007, available at: http://www.brettonwoodsproject.org/art – 554233, visited on 8 May 2021.

〔2〕 ICSID News Release, 'Ecuador Submits a Notice under Article 71 of the ICSID Convention', 9 July 2009, available at: http://icsid.worldbank.org/ICSID/FrontServlet? requestType=CasesRH&actionVal=OpenPage&PageType=AnnouncementsFrame&FromPage=NewsReleases&pageName=Announcement20, visited on 8 May 2021.

〔3〕 ICSID News Release, 'Venezuela Submits a Notice under Article 71 of the ICSID Convention', 26 January 2012, available at: http://icsid.worldbank.org/ICSID/FrontServlet ? requestType=CasesRH&actionVal=OpenPage&PageType=AnnouncementsFrame&FromPage=Announcements&pageName=Announcement100, visited on 8 May 2021.

〔4〕 Sylvia Noury & Caroline Richard, 'International Arbitration in Latin America: Overview and Recent Developments', in *The International Comparative Legal Guide to International Arbitration 2008*, at 275, available at: http://www.iclg.co.uk/khadmin/Publications/pdf/2574.pdf, visited on 8 May 2021.

〔5〕 'ICSID-International Centre for Settlement of Investment Disputes', available at: http://www.brettonwoodsproject.org/item.shtml? x=537853, visited on 8 May 2021. However, based on the UNCTAD Report, of the 96 concluded cases at the end of 2008, approximately half were decided in favour of the State（51）and half in favour of the investor（45）. See UNCTAD, 'Latest Developments in Investor-State Dispute Settlement', IIA MONITOR No. 1（2009）, UNCTAD/WEB/DIAE/IA/2009/6/Rev1, at 2.

〔6〕 Chapter 11 of the Australia-United States Free Trade Agreement.

〔7〕 First, the 2004 Model BIT designed to deter frivolous claims by foreign investors; Second, the 2004 Model BIT afforded contracting parties (especially the host states) an opportunity to participate in and influence arbitral proceedings by oral or written submission, interim review, and appellate mechanism so as to limit the tribunal's discretion; Third, the 2004 Model BIT tried to strengthen protection of state sovereignty and national security by limiting or excluding some sensitive items from investor-state dispute settlement. See Won-Mog Choi, 'The Present and Future of the Investor-State Dispute Settlement Paradigm', Journal of International Economic Law, vol. 10（3），740（2007）.

8 月 12 日澳大利亚政府发布的贸易政策声明中，澳大利亚将依据五个原则和六个训导来指导未来的贸易政策；在绘制这张综合地图时，声明明确表达了未来双边投资条约或区域性贸易协定中将不再含有投资者－东道国争端解决条款。[1] 不过，随后缔结的澳大利亚－日本 FTA 中虽然未规定 ISDS 机制，但韩国－澳大利亚 FTA[2] 与中国－澳大利亚 FTA[3] 中则都包含了 ISDS 条款。在欧洲，当考虑制定一个统一、综合的欧洲国际投资政策时，欧盟委员会注意到美国和加拿大已修订其 BITs 范本，以限制仲裁解释的宽度，确保其公共介入范围。[4] 欧盟委员会的决议表明了欧盟在改革当前争端解决机制上的努力方向。尤为值得注意的是，鉴于欧盟的非成员国身份，欧盟可能不会使用当前的 ICSID 和 UNCITRAL 争端解决机制。在针对 ICSID 仲裁正当性危机的应对方面，一些发达国家同样意图限制 ICSID 仲裁的使用，而逐步收回对外资的管制权限。澳大利亚生产力委员会（Australian Productivity Commission）于 2010 年 11 月作出的最后报告中指出，政府试图避免在贸易协定中规定投资者－东道国争端解决机制，与管制寒战（Regulatory Chill）和政府为仲裁而支出的费用有关。[5] 如前述，替代 NAFTA 的于 2020 年生效的 USMCA，也对 ISDS 进行了限制，即涉及加拿大投资者与美国或墨西哥政府之间的投资争端，以及涉及美国或墨西哥投资者与加拿大政府之间的投资争端，原则上无法提交国际仲裁。

二、投资者－东道国争端解决机制的潜在范式

ICSID 仲裁的正当性危机，引起了各国学者的广泛关注，诸多替代方案亦浮出水面。其中，以公共争议解决方式、以多边投资条约为基础的机制、国际商事仲裁最有可能成为潜在的未来投资者－东道国争端解决机制范式。诚如前述，多边投资条约的谈判举步维艰，那么公共争议解决方式、国际商事仲裁以及投资法庭是否能够在不久的将来取代当前处于主导地位的 ICSID 仲裁呢？

---

〔1〕 Jürgen Kurtz, 'The Australian Trade Policy Statement on Investor-State Dispute Settlement', Insight, American Society of International Law, vol.15（22）; also see 'Gillard Government Trade Policy Statement: Trading our Way to More Jobs and Prosperity', available at: http://www.dfat.gov.au/publications/trade/trading-our-way-to-more-jobs-and-prosperity.html, visited on 8 May 2021.

〔2〕 Art. 11.16 of Section B: Investor-State Dispute Settlement of Chapter 11, the Korea-Australia FTA.

〔3〕 参见中国－澳大利亚 FTA 第 9 章第 12 条。

〔4〕 'European Parliament Resolution of 6 April 2011 on the Future European International Investment Policy', available at: http://www.europarl.europa.eu/sides/getDoc.do?pubRef=-//EP//TEXT+TA+P7-TA-2011-0141+0+DOC+XML+V0//EN, visited on 8 May 2021.

〔5〕 The Commission argued that 'Experience in other countries demonstrates that there are considerable policy and financial risks arising from ISDS provisions.' Kyla Tienhaara, Patricia Ranald, 'Australia's Rejection of Investor-State Dispute Settlement: Four Potential Contributing Factors', Investment Treaty News Quarterly, vol. 1(4), 6-7 (2011).

（一）公共争议解决方式：国家 – 国家机制、国内法院或常设司法机构

2010 年 8 月 31 日，来自世界各国的 48 名学者提出了一份关于国际投资体制的公共声明。根据声明，现行建立的为解决投资争端的投资条约仲裁并非公正、独立与平衡的方法（not a fair，independent，and balanced method），因此不应依其来解决投资争端；政府具有充分的道德和政策理由退出投资条约、反对投资者 – 东道国仲裁，包括拒绝履行对其基于正当目的而采取的善意措施所作出的赔偿裁决。声明认为，调整投资者 – 东道国关系的主要法律框架是国内法。[1] 由于放弃了投资条约并否定投资者 – 东道国仲裁，且强调应当依据国内法来解决投资者 – 东道国争端，可能的方法将是回复至最初的由国家代表投资者来解决投资争端或将投资争端诉诸国内法院。国家强化其主权诉求的行为，是近来国际法上“国家的回归”（The Return of the State）现象。[2] 当前国家的“回归”，在很大程度上是指向国际争端解决。[3] 事实上，此种替代或限制当前投资者 – 东道国争端解决机制的概念已进入了一些国家和地区的视野。在欧洲议会关于欧盟 – 加拿大贸易关系的决议（European Parliament Resolution on EU-Canada Trade Relations）中，欧盟委员会认为，鉴于加拿大和欧盟高度发达的法律体制，一个国家 – 国家（非投资者 – 国家）争端解决机制以及使用当地司法救济是解决投资争端的最适当的方式。[4] 不过，对于大多数国家而言，考虑到当前建立起来的投资条约仲裁的目的之一即避免国家与国家之间的争讼以及国内诉讼的诸多弊端，倘若此两种方式将在解决投资者 – 东道国争端方面扮演积极而重要的角色，这将是极其令人费解的。如果国内法院在投资者 – 东道国争端解决方面仍具有一定的分量，至多也应是存在于用尽当地救济规则或岔路口条款中。

除却国家 – 国家机制和国内法院，一些评论家还倡议建立一个以常设司法机构为基础的机制取代投资者 – 东道国仲裁机制，这一常设司法机构类似于国际法院。[5] 实践中，这一常设机构的设立，可能与欧洲法院抑或美国 – 伊朗争

---

〔1〕 ‘Public Statement on the International Investment Regime’, available at: http://www.osgoode.yorku.ca/public_statement, visited on 17 February 2021.

〔2〕 José E. Alvarez, ‘The Return of the State’, Minnesota Journal of International Law, vol.20，223（2011）.

〔3〕 蔡从燕：《国家的“离开”“回归”与国际法的未来》，载《国际法研究》2018 年第 4 期，第 4 页。

〔4〕 European Parliament Resolution of 8 June 2011 on EU-Canada Trade Relations, available at: http://www.europarl.europa.eu/sides/getDoc.do?type=TA&reference=P7-TA-2011-0257&language=EN, visited on 17 February 2021.

〔5〕 W. Michael Reisman, ‘Control Mechanisms in International Dispute Resolution’, United States-Mexico Law Journal, vol.2，129（1994）.

讼法庭（U.S. – Iran Claims Tribunal）更为接近。2014年欧盟与加拿大签署的《全面经济贸易协定》（CETA）为建立审理投资者与国家之间投资争端的法庭和上诉法庭作出初步尝试。[1] 2015年欧盟与越南缔结的自由贸易协定也纳入了投资法庭规定。[2] 对于投资法庭模式是否更利于解决外国投资者与东道国之间的争端，UNCITRAL第三工作组已于2017年开始对国际投资争端解决的改革方案这一议题进行探索。欧盟在2019年提交的文件中提出了创设多边投资法庭（Multilateral Investment Court，MIC）的构想，MIC将取代目前在大多数国际投资协定中指向的ISDS机制。[3] 但是，MIC的创设面临着诸多问题，例如法庭的组建、法庭能否发挥其判决的先例作用、如何在东道国的监管权与外国投资者权利之间寻得平衡、判决的承认与执行等。[4]

（二）国际商事仲裁

依据联合国贸易和发展会议的一份报告，大约三分之一的已知投资条约争议案件交由国际商事仲裁来解决，而其中绝大部分案件是通过依据UNCITRAL规则组成的仲裁庭来审理的。[5] 有学者承认国际投资条约仲裁与国际商事仲裁存在一定的差异，例如投资条约争议基于国家之间的国际条约，其争议事项仅为投资争议，其裁决作出的依据基本为国际公法而非私人商法；但是，他们却认为这些差异都不是根本性的，国际投资条约仲裁与国际商事仲裁犹如现实生活中的兄弟姐妹。[6] 鉴于在投资案件中一些仲裁庭倾向于投资者利益的保护，国际商事仲裁确实存在些许优于ICSID仲裁的特征。以裁决的执行为例，依据ICSID公约[7] 作出的裁决的执行，受到ICSID公约第53、54条的约束，即裁

---

〔1〕 Chapter 8 of the Comprehensive and Economic Trade Agreement.

〔2〕 Chapter 8 of the EU – Vietnam Free Trade Agreement.

〔3〕 European Commission, 'Submission of the European Union and its Member States to UNCITRAL Working Group III', 18 January 2019.

〔4〕 Marc Bungenberg and August Reinisch, *From Bilateral Arbitral Tribunals and Investment Courts to a Multilateral Investment Court: Options Regarding the Institutionalization of Investor-State Dispute Settlement* (European Journal of International Economic Law), Springer, 2018.

〔5〕 UNCTAD, 'Latest Developments in Investor-State Dispute Settlement', IIA Issues Note, No. 1, March, 2011, UNCTADWEBDIAEIA20113, at 1 – 2.

〔6〕 Stephan Wilske, Martin Raible & Lars Markert, 'International Investment Treaty Arbitration and International Commercial Arbitration-Conceptual Difference or Only a "Status Thing"?', Contemporary Asia Arbitration Journal, vol.1, 228（2008）.

〔7〕 只有依据ICSID公约仲裁程序作出的裁决才适用公约规定的裁决的承认与执行机制，依据调解程序作出的报告不适用；此外，依据附加便利规则（Additional Facility Rules）作出的裁决亦不能按照ICSID公约获得承认与执行，但却有可能得以适用纽约公约的承认与执行机制。

决对争议双方当事人具有约束力与终局性，[1] 同时每一缔约国应承认依照本公约作出的裁决具有约束力，并在其领土内履行该裁决中的金钱义务，正如该裁决是该国法院的最后判决一样。[2] 这意味着，裁决在缔约国具有可强制执行性，缔约国不得对裁决进行审查，不得以任何理由来拒绝执行裁决。[3] 与此相反的是，商事仲裁裁决的执行却有可能面临《纽约公约》第 5 条中所规定的拒绝情形。特别地，《纽约公约》第 5 条拒绝执行的理由包括了裁决违悖了执行地国的公共政策这一事项，[4] 且由执行地国有权当局来决定裁决是否违悖了本国的公共政策。这就赋予执行地国在拒绝执行裁决上广泛的自由裁量权，而这也可能成为了将投资争端交由国际商事仲裁解决的缘由之一。

不过，国际商事仲裁替代 ICSID 仲裁，成为投资者 – 东道国争端解决机制的主要方式，依然困难重重。事实上，当商事仲裁将仲裁技术发展到了惊人的程度时，投资法却开始更公开地拥抱其公共的性质。[5] 投资仲裁，特别是作为世界银行集团五个机构之一的 ICSID 框架下的仲裁，与致力于私人利益争议解决的商事仲裁是两种并行但却不同的争议解决机制。ICSID 仲裁在某种方式上指引着法律的发展，此种方式侧重于国家和公共利益，这是因为促进经济发展是 ICSID 主要关切的问题之一。ICSID 这个机构并非自治的，而是处于法律（如 ICSID 公约）、政治（发达国家 / 发展中国家更广泛的框架）以及经济（世界银行贷款和监测以及世界银行管理争端解决机构）的交叉点。除却这些交叉点，ICSID 解决的投资争端，往往牵涉影响当地居民福利的具有国际重要性的事项，譬如经济发展和环境保护。[6] 国际商事仲裁显然缺少 ICSID 仲裁所承载着的这些归属于公法的特质。

---

〔1〕Art. 53（1）of the Convention on the Settlement of Investment Disputes between States and Nationals of other States.

〔2〕Art. 54（1）of the Convention on the Settlement of Investment Disputes between States and Nationals of other States.

〔3〕较之纽约公约要求按被申请国国内法的程序和要求申请执行，ICSID 裁决的执行程序更为便捷，只需向主管法院或机构提供经秘书长核证无误的裁决的副本即可，主管法院或机构不再对之进行审查，即给予执行。See Art. 54（2）of the Convention on the Settlement of Investment Disputes between States and Nationals of other States.

〔4〕Art. 5(2) (b) of the Convention on the Settlement of Investment Disputes between States and Nationals of other States.

〔5〕Rainer Hofmann, Christian J. Tams, 'International Investment Law: Situating an Exotic Special Regime within the Framework of General International Law', in Rainer Hofmann, Christian J. Tams (eds.), *International Investment Law and General International Law: From Clinical Isolation to Systemic Integration?*, Nomos Verlagsgesellschaft, 2011，12.

〔6〕Ibironke T. Odumosu, 'The Antinomies of the (Continued) Relevance of ICSID to the Third World', San Diego International Law Journal, vol.8，350（2007）.

考虑到国际投资争端可能涉及的公共利益，UNCITRAL在2013年推出了《投资人与国家间基于条约仲裁透明度规则》，旨在建立公平高效解决国际投资争端的统一法律框架，提高透明度，加强问责制，促进善治，[1]并在此基础上形成了2014年通过、2017年生效的《投资人与国家间基于条约仲裁透明度公约》，即《毛里求斯透明度公约》。2020年10月，国际商会发布《2021仲裁规则》，新规则包括若干与投资者–东道国仲裁相关的修订，包括（1）基于条约提起的案件，当事人指定的仲裁员应当与该当事人的国籍不同，除非当事人作出相反约定；[2]（2）基于条约提起的案件，不得适用紧急仲裁程序；[3]（3）第三方资助应当进行披露。[4]新规则于2021年1月1日生效。UNCITRAL与ICC的新规则，都使其得以更好地适应外国投资者与东道国之间投资争端的解决。

（三）ICSID仲裁的改革与发展

如前所述，不论是公共争议解决方式，抑或以多边投资条约为基础的机制以及国际商事仲裁，这些潜在的机制看似都难以担当投资者–东道国未来争端解决机制主要范式的重任。国际投资法学界的泰斗Christoph Schreuer教授在论及投资仲裁的未来时指出，尽管在过去这些年中显现了一些不足之处，但是说投资仲裁面临着严重的危机或反弹（至国家–国家机制或国内法院），都是言过其实的；投资仲裁在将来一段时间内仍将是解决源自东道国与投资者关系的争端的最重要的方式。[5]从对投资者–东道国仲裁机制形成轨迹的考察可知，虽然当代国际法实施机制的发展并未从根本上改变传统国际法主要调整国家间关系的特征，但私人参与国际法实施机制的正当性正趋于增强；[6]在其他国际争

---

〔1〕《投资人与国家间基于条约仲裁透明度规则》序言。

〔2〕Art. 13.6 of the ICC Arbitration Rules（2021）.

〔3〕Art. 29.6 of the ICC Arbitration Rules（2021）.

〔4〕Art. 11.7 of the ICC Arbitration Rules（2021）.

〔5〕Christoph Schreuer, 'The Future of Investment Arbitration', in Mahnoush H. Arsanjani, Jacob Katz Cogan, Robert D. Sloane and Siegfried Wiessner (eds.), *Looking to the Future: Essays on International Law in Honor of W. Michael Reisman*, Martinus Nijhoff Publishers, 2010, at 802–03.

〔6〕这是因为，较之传统国际法基本只关注外交等“高级政治”，现当代国际法更多地关注“低级政治”，即经济问题，从而使传统的国际法规则结构发生了重大变化。特别是近年来，经济全球化进程的迅速推进使得经济关系成为国家间关系的主要内容，市场经济体制的被普遍接受使得这种经济关系根本上体现为国际市场上私人间的交易活动，私人的经济利益在国家间关系中的地位日益重要，国际法规则的形成与运作日益直接地影响到私人权益。参见蔡从燕：《外国投资者利用国际投资仲裁机制新发展反思——国际法实施机制与南北矛盾的双重视角》，载《法学家》2007年第3期，第104页。

端解决领域，私人已有权在用尽国内救济后寻求国际人权保护机构的救济；[1] 而在国际争端解决领域，正是国内司法解决方式、政治解决方式以及一般国际商事仲裁机制都无法满足较为特殊的国际投资争端的解决，投资者－东道国仲裁机制才作为一个新的投资争端解决机制应运而生；其中 ICSID 公约则被认为是国际争端解决的关键转折点（Key Turning Point），因为它意味着国家在外交保护等国家干预上的最小化以及强调了私人在争端解决中拥有自身的角色。[2]

此外，缔结 ICSID 公约，在一定程度上对吸引外国投资产生积极影响。智利经济学家 Jorge Fantuzzi 和 Martín Sepúlveda 基于世界不同地区的 166 个国家样本，统计每个国家 1970 年至 2020 年间的数据，对 ICSID 仲裁条款被纳入 BITs 将如何影响外国投资进行剖析。[3] 第一个确证方法如图表 15 所示，图表显示了各国 FDI 在该国加入 ICSID 当年前后的平均变化情况：加入 ICSID 后，平均投资显著增加；但其平均差较大，有些人认为投资显著增加，而有些人认为投资减少。第二个方法如图表 16 所示，图表显示了加入 ICSID 对 FDI 具有积极影响，但此种影响是短期的；与加入 ICSID 前一年相比，每个标记均显示该国投资的平均增长。从图表可观察到加入 ICSID 三年后，有一个相关效应：人均 FDI 与基准年相比平均增长 50%，但随着时间的推移，此种效果越发不显著，而十年后效果消失（最后一个标记触及零）。当然，两种分析方法也具有缺陷，即国家在缔结 ICSID 公约时，还存在其他可能影响 FDI 的事件发生，因此将加入 ICSID 对 FDI 的影响与其他可能影响 FDI 的事件效果隔离开来。[4] 两位经济学家认为需要找到加入 ICSID 与 FDI 之间的纯粹因果关系，而不仅仅是相关性，其分析的结论是 ICSID 缔约国身份并不会显著增加对 FDI 的吸引力。1985 年至 2000 年间加入 ICSID 的国家平均吸引全球 90%以上的外国投资，这些国家未曾较早或过晚加入 ICSID，且具有相对较好基本制度；[5] 较早加入 ICSID 的国家因其成熟的制度足以给投资者信心，因而缔结 ICSID 公约未能吸引更多投资；[6]

---

〔1〕Preamble and Art. 1 of the American Convention on Human Rights (stating that 'the essential rights of man are not derived from one's being a national of a certain state, but are based upon attributes of the human personality', and ensuring to 'all persons subject to their jurisdiction' the freedom and rights); Art. 1 of the European Convention for the Protection of Human Rights and Fundamental Freedoms (giving protection to 'everyone within their jurisdiction').

〔2〕Francisco Orrego Vicuña, *International Dispute Settlement in an Evolving Global Society: Constitutionalization, Accessibility, Privatization*, Cambridge University Press, 2004，63－64.

〔3〕Jorge Fantuzzi, Martín Sepúlveda：《成为〈解决国家与他国国民间投资争端公约〉缔约国能有效吸引外资吗》，钟晓宁、任衍冰译，殷维校，2022 年 1 月 27 日。西班牙语原文参见 https://ciarglobal.com/ser-miembro-ciadi-es-positivo-para-la-atraccion-de-inversion-extranjera/。

〔4〕Jorge Fantuzzi, Martín Sepúlveda：《成为〈解决国家与他国国民间投资争端公约〉缔约国能有效吸引外资吗》，钟晓宁、任衍冰译，殷维校，2022 年 1 月 27 日。

〔5〕例如巴拿马、智利和乌拉圭等拉丁美洲国家。

〔6〕例如 OECD 成员国。

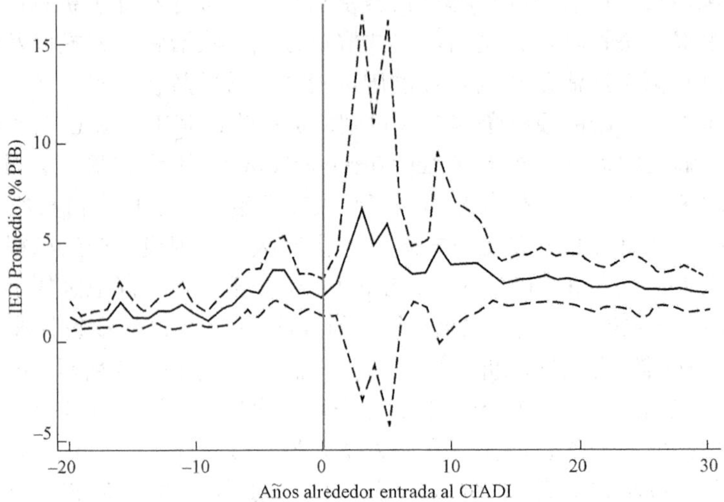

图表 15：各国缔结 ICSID 公约前后的平均 FDI（置信区间为 95%）[1]

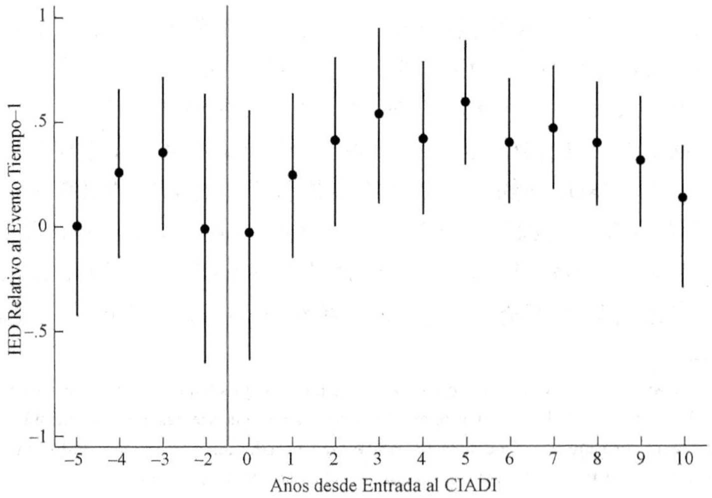

图表 16：ICSID 事件条目[2]

〔1〕纵轴为 FDI 占当年 GDP 百分比，横轴 0 点为缔结公约元年，单位为年。虚线为样本的最高值与最低值，实线为均值。

〔2〕每个标记代表伴随事件时间模型的系数，置信区间为 95%。t = -1 被省略。纵轴为 FDI 变动率，横轴为年，单个事件为 166 个样本中 FDI 较前一年的变化率，实点为算数平均值。

21 世纪新加入 ICSID 的一些国家由于较弱的制度，例如产权保护能力低下、腐败率高、机构执法的合法性低，则无法仅通过加入 ICSID 吸引更多投资。[1] 这一实证研究表明，加入 ICSID 可能对各国吸引外国投资至关重要，但须将其视为对其他事件的补充；当前，加入 ICSID 可以说实际上是各国证明其是外国投资良好目的地所需的最低限度。[2]

总体而言，尽管国际上反对将 ICSID 仲裁作为解决国际投资争端方式的声音此起彼伏，但主张 ICSID 仲裁机制继续保持其在国际投资争端解决领域中的主导地位的学者并不在少数，只不过他们同时也倡议应当对当前的投资仲裁机制进行改革。投资仲裁仍处于婴儿期，但却不得不面对着第一个“成长的阵痛”，此时应当完善这一机制的法理基础，知悉当前框架的既存问题，并寻求将正当性危机化解至最小化的方法。[3] 通常说来，仲裁员在裁断投资争端时，也开始努力作出适度一致的、不偏不倚（fairly consistent and even-handed）的裁决。[4] 过去的数十年见证了 ICSID 案件的持续增长，在一些案件中仲裁庭对未能达到 BIT 对投资者保护标准的东道国判以巨额赔偿金，[5] 但这并不意味着基于 BITs 的仲裁总是倾向于投资者，该程序也不一定是对被申请国不利的；相反，ICSID 仲裁程序缜密，而且任何一个案子的审理结果都不是预先可知的（如图表 17 所示）。近年来主权国家针对投资者的索赔主张采取了一系列的防御措施，包括管辖权以及实体案件方面的措施，这些措施在一些案件中亦得到仲裁庭的认可。

同时，ICSID 从 2016 年 10 月就着手对争端解决程序进行革新，本轮修订的首要目标是促进规则现代化，提高 ICSID 仲裁效率。[6] 2020 年 2 月 28 日，ICSID 发布了《工作文件四：ICSID 规则修订建议》。四个工作文件的修订内容涵括减

〔1〕例如墨西哥和伊拉克。

〔2〕Jorge Fantuzzi, Martín Sepúlveda：《成为〈解决国家与他国国民间投资争端公约〉缔约国能有效吸引外资吗》，钟晓宁、任衍冰译，殷维校，2022 年 1 月 27 日。

〔3〕Susan D. Franck, ‘The Legitimacy Crisis in Investment Treaty Arbitration: Privatizing Public International Law Through Inconsistent Decisions’, Fordham Law Review, vol.73，1523（2005）.

〔4〕August Reinisch, ‘The Future of Investment Arbitration’, in Christina Binder, Ursula Kriebaum, August Reinisch, Stephan Wittich (eds.), *International Investment Law for the 21st Century: Essays in Honour of Christoph Schreuer*, Oxford University Press, 2009，916.

〔5〕例如，在 *CMS Gas Transmission Company v. Argentine Republic* 案中，仲裁庭判处东道国支付的赔偿金高达 1.332 亿美元，ICSID Case No. ARB/01/8, Decision on Application for Annulment of 25 September 2007, paras. 36 – 40，163；在 *Desert Line Projects LLC v. Republic of Yemen* 案中，赔偿金额达到 4 千万美元，see ICSID Case No. ARB/05/17, Award of 6 Febuary 2008；在 *Victor Pey Casado and President Allende Foundation v. Republic of Chile* 案中，赔偿金额达到 1 千万美元，see ICSID Case No. ARB/98/2, Award of 8 May 2008；在 *ADC Affiliate Limited and ADC & ADMC Management Limited v. Republic of Hungary* 案中，赔偿金额达到 7.62 千万美元，see ICSID Case No. ARB/03/16, Award of 2 October 2006.

〔6〕ICSID News Release, ‘50th Annual Meeting of ICSID’s Administrative Council’, 7 October 2016, available at: https: // icsid-archive.worldbank.org/en/Pages/News.aspx？CID=196, visited on 18 February 2021.

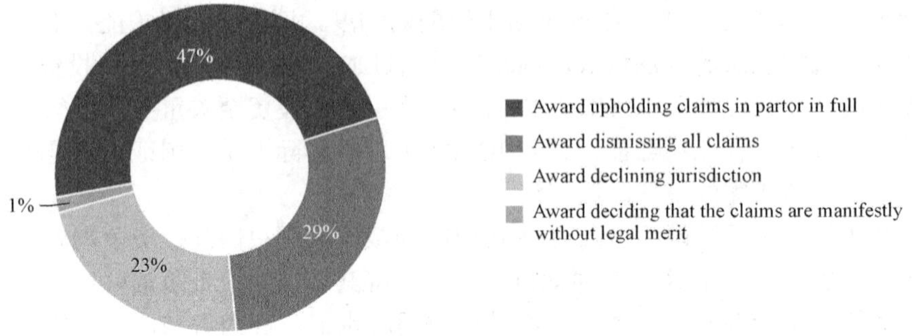

图表 17：ICSID 及其便利程序仲裁结果[1]

少仲裁程序与费用、仲裁员回避、透明度、临时措施等事项。2020年5月1日，ICSID与UNCITRAL联合发布了《投资者与东道国争议解决审裁官行为守则》（Code of Conduct for Adjudicators in Investor-State Dispute Settlement）。[2] ICSID的诸多革新，不仅能回应ISDS正当性危机，更旨在提高ICSID仲裁的效率与公信力。总体而言，ICSID仲裁为国家和投资者提供了一个强化的确定性，不仅作为国际争议解决的一个重要来源，同时也标志着国际经济法在现代的发展。[3] 因此，在将来一段较长的时间内，ICSID仲裁在国际投资争端解决领域中占据一席之地的局面恐将很难被改变。

对中国而言，完全摒弃ICSID仲裁机制并不现实，特别是考虑到在推进“一带一路”倡议的形势下，中国海外投资得以壮大发展，需要进一步参与和利用现行的国际投资体制。双边投资条约中确定的ICSID仲裁，至少能为中国海外投资者起到理论上的震慑作用抑或现实中的保护作用，这对投资者来说可能至关重要。例如，早在实施“走出去”战略时的2007年，厄瓜多尔总统签署一项总统令，宣布即日起该国将原定与各外国及私人石油企业的超额油价（类似“特别收益金”，俗称“暴利税”）分成比例由50%提高到99%，只给企业留1%；受此投资政策调整，中国中石油和中石化两大集团在厄瓜多尔的投资利益受损，欲提请国际仲裁。[4] 试想，倘若缺乏类似ICSID仲裁的投资者－东道国仲裁机

---

〔1〕ICSID, ‘The ICSID Caseload Statistics’, Issue 2021 – 1, at 14.

〔2〕https: //uncitral.un.org/en/codeofconduct, visited on 18 February 2021.

〔3〕Timothy G. Nelson, ‘“History Ain’t Changed”: Why Investor-State Arbitration Will Survive the “New Revolution”’, in Michael Waibel, Asha Kaushal, Kyo-Hwa Liz Chung, and Claire Balchin (eds.), *The Backlash against Investment Arbitration: Perceptions and Reality*, Kluwer Law International, 2010, at 572.

〔4〕参见王佑：《厄瓜多尔强征石油暴利税 中国企业或提请国际仲裁》，载《第一财经日报》2007年11月23日，第C01版。

制可资利用，中国企业的利益将难以获得维护。[1] 在同一国度，2010 年政府向国会呈交的立法法案中，外国驻厄的合资石油公司须向厄瓜多尔政府上交更多的石油收入；如遭到拒绝，厄方将没收外国石油公司在合资公司的股份。面临此风险的外国石油公司包括中石油和中石化。厄瓜多尔战略协调部长乔治·格拉斯称，本国政府希望在 60 天内签订新合同；新合同草案规定，外国石油公司不得向世界银行下属的国际投资争端解决中心（ICSID）寻求国际仲裁，如产生相关法律冲突，将由联合国国际贸易法委员会解决。[2] 这或许与外界认为 ICSID 仲裁倾向保护外国投资者利益有关，不过也显示了 ICSID 仲裁对海外投资者的重要性。

对于厄瓜多尔，还有一个值得注意的现象是自 2009 年厄瓜多尔通知世界银行退出 ICSID 公约十二载后，2021 年 6 月 21 日厄瓜多尔驻美国大使代表该国签署了 ICSID 公约，[3] 厄瓜多尔于 2021 年 8 月 4 日向世界银行交存了 ICSID 公约批准书，成为公约第 156 个缔约国。[4] 重新加入 ICSID 公约，是 2020 年 5 月上任的 Guillermo Lasso 总统为吸引外国投资而采取措施的一部分。[5]

在大洋洲，2020 年 4 月 24 日，巴布亚新几内亚政府表示，基于环境保护、安置问题等诸方面的考虑，决定依法拒绝中国紫金矿业与加拿大 Barrick Gold 公司的全资子公司 PD 在巴布亚新几内亚成立的合资公司——BNL 公司在该国 Porgera 金矿的采矿权延期。[6] 该项目是中国在巴布亚新几内亚的第二大投资项目。2020 年 7 月，BNL 向 ICSID 提起了调解程序。[7] 2021 年 4 月 9 日，紫金矿业和 Barrick Gold 公司分别发布公告，二者的合资公司 BNL 公司于当日与巴布亚新几内亚政府就 Porgera 金矿未来的所有权和运营权签署了具有约束力的

---

〔1〕1997 年生效的中国－厄瓜多尔 BIT 第 9 条规定了缔约一方的投资者与缔约另一方之间就在缔约另一方领土内的投资产生的任何争议在六个月内未能协商解决，如涉及征收补偿款额的争议，可应任何一方的要求，将争议提交专设仲裁庭。

〔2〕参见《厄瓜多尔或没收外资石油公司股份　涉中石油中石化》，载中国经济网：http://intl.ce.cn/zgysj/201004/20/t20100420_21298443.shtml, 2021 年 5 月 8 日访问。

〔3〕ICSID News Release, 'Ecuador Signs the ICSID Convention', 21 June 2021.

〔4〕ICSID News Release, 'Ecuador Ratifies the ICSID Convention', 4 August 2021.

〔5〕IISD, 'Ecuador Rejoins the ICSID Convention', 7 October 2021, available at: https://www.iisd.org/itn/en/2021/10/07/ecuador-rejoins-the-icsid-convention/, visited on 6 March 2022.

〔6〕Announcement in relation to the Special Mining Lease of the Porgera Gold Mine in Papua New Guinea, by Order of the Board of Director, Zijin Mining Group Co., Ltd.，27 April 2020.

〔7〕*Barrick (Niugini) Limited v. Independent State of Papua New Guinea*, ICSID Case No. CONC/20/1.

框架协议。[1] 同日，调解委员会宣布调解程序结束。尽管本案是通过调解程序进行救济，但也彰显了 ICSID 等国际争端解决机制在保护我国海外投资者利益上的重要性。事实上，2020 年 8 月 PD 公司就基于 1990 年的澳大利亚 – 巴布亚新几内亚 BIT 提起了 ICSID 仲裁，[2] 而巴布亚新几内亚的国内法 [3] 以及 1993

〔1〕框架协议主要涉及三大内容，即（1）权益比例发生变化，巴布亚新几内亚各方合计持有 Porgera 金矿所有权的 51%权益，BNL 持有 49%权益，BNL 将继续成为 Porgera 金矿的运营商；同时提高 Porgera 金矿项目所在地的土地所有者拥有的权益；（2）由 BNL 负责重启 Porgera 金矿运营的资本融资；（3）巴布亚新几内亚各方保留 10 年后以公平市场价值收购 BNL 持有的 Porgera 金矿 49%权益的权利。See Announcement in relation to the Progress of the Porgera Gold Mine in Papua New Guinea, by Order of the Board of Director, Zijin Mining Group Co., Ltd.，9 April 2021.

〔2〕*Barrick (PD) Australia Pty Limited v. Independent State of Papua New Guinea*, ICSID Case No. ARB/20/27.

〔3〕巴布亚新几内亚 1978 年《投资公约法》（Investment Disputes Convention Act, 1982 年修订）第 2 条规定，争端不应当被提交至 ICSID, 除非争端是投资本身的根本问题（unless the dispute is fundamental to the investment itself）。1992 年《投资促进法》（Investment Promotion Act, 1994 年修订）第 37 条第 1 款规定，本节条款应当适用于外国投资者，除非巴布亚新几内亚签署的双边或多边协定给予外国投资者更优惠的待遇；第 39 条规定，为实施 ICSID 公约，依据其条款，1978 年《投资公约法》适用因外国投资引起的争端。关于外国投资者是否可以依据巴布亚新几内亚国内法提起 ICSID 仲裁，在一起涉及巴布亚新几内亚矿产征收的争端中，持有 OK Tedi 铜金矿权益的新加坡投资者 PNGSDP 基于巴布亚新几内亚《投资公约法》和《投资促进法》启动了 ICSID 仲裁程序，争端双方就巴布亚新几内亚国内投资法是否构成投资东道国的对国际仲裁管辖的书面同意（consent in writing）发生了争辩（See *PNG Sustainable Development Program Ltd. v. Independent State of Papua New Guinea*, ICSID Case No. ARB/13/33, Award of the Tribunal, 5 May 2015）。仲裁经审理认为，首先，一国国内投资法既是该国的单方声明，同时也产生国际法效力，立法具有混合（hybrid）性质，因此应从混合的角度来兼顾国内法和国际法进行解释；当两种方法存在冲突时，一般以国际法原则为准，但要视具体情况而定（see ICSID Case No. ARB/13/33, Award of the Tribunal, 5 May 2015, para.273）。

其次，《投资促进法》第 39 条的自然和一般含义是表明《投资公约法》适用于外国投资（ICSID Case No. ARB/13/33, Award of the Tribunal, 5 May 2015, para.286），无法可信地被解释为第 39 条满足 ICSID 公约第 25 条项下对 ICSID 管辖权书面同意的具体要求。同时，《投资公约法》第 2 条明确了未来向 ICSID 提交申请时需获得同意；《投资公约法》也没有其他条款可构成对 ICSID 管辖权的书面同意。在解释条款时，仲裁庭拒绝适用双方提供的案例，即 *Brandes Investment Partners v. Argentina* 案、*CEMEX v. Argentina* 案、*ConocoPhillips v. Argentina* 案和 *SPP v. Egypt* 案，因此这是不同的立法条款中的不同语言，因此对解释本案中的书面同意并无任何实质裨益。

最后，尽管有效原则（the *effect until* principle）可适用于《投资促进法》第 39 条，但仲裁庭不接受 PNGSDP 关于第 39 条应被解释为触发 ICSID 公约对本争端的实际适用（ICSID Case No. ARB/13/33, Award of the Tribunal, 5 May 2015, para.306）。有效原则并未授权仲裁庭改写立法规定。当事人的意图和善意是首要的，而有效在确定意图方面起到的是辅助作用（ICSID Case No. ARB/13/33, Award of the Tribunal, 5 May 2015, para.307）。仲裁庭将国家的单方声明与涉及经谈判达成的双边条约的案件区分开来，指出在某些情况下，国家的立法可能“只是确认性的”（merely confirmatory）（ICSID Case No. ARB/13/33, Award of the Tribunal, 5 May 2015, para.309）。于此，仲裁庭推断《投资促进法》的目标是详细地说明巴布亚新几内亚针对外国投资的综合立法制度。因此，仲裁庭认定《投资促进法》第 39 条与《投资公约法》第 2 条不足以确立巴布亚新几内亚对 ICSID 仲裁的书面同意，最终以缺乏管辖权为由驳回了此案，并进一步拒绝考虑其他管辖权异议；各方被责令承担各自的诉讼费用 （转下页）

年生效的中国－巴布亚新几内亚 BIT[1] 均为中国投资者提供了 ICSID 仲裁这一救济的可能性。

即使是在与中国签订有《中华人民共和国和巴基斯坦伊斯兰共和国睦邻友好合作条约》并且是"一带一路"倡议重要先行先试项目——中巴经济走廊建

（接上页）并分摊仲裁费用。

尽管在 *PNG Sustainable Development Program Ltd. v. Independent State of Papua New Guinea* 案中，仲裁庭对巴布亚新几内亚国内法是否构成该国对 ICSID 仲裁管辖的书面同意作出了不利于外国投资者的裁决，这并不意味着中国紫金矿业基于巴布亚新几内亚国内法提起 ICSID 仲裁的路径已被封阻。结合《投资促进法》第 39 条与《投资公约法》第 2 条的措辞、上下文、立法目的与立法历史等的解释，以及有效原则的适用，仍存在可辩争的空间。此外，中国紫金矿业还可以依据中国－巴布亚新几内亚 BIT 第 3 条第 1 款关于"缔约一方国民或公司在缔约另一方领土内投资的待遇，不应低于第三国国民或公司的投资所受到的待遇"的最惠国规定，援引 2014 年生效的日本－巴布亚新几内亚 BIT 第 16 条第 4 款（a）项关于 ICSID 仲裁的规定，将争端交付 ICSID。

〔1〕中国－巴布亚新几内亚 BIT 有效期为 15 年，但依据 BIT 第 13 条规定，缔约任何一方可以在第一个 15 年期满前或此后任何时间提前 1 年书面通知缔约另一方终止本协定，在未终止前协定将继续有效；且第 13 条规定了有关在协定终止前所作的投资和获得的投资收益、协定的实体内容在协定终止之日起继续有效 15 年。

依据中国－巴布亚新几内亚 BIT 第 8 条第 2 款的规定，投资者可以就征收补偿款额发生的争端提交至 ICSID；若争端双方达成协议，还可将征收补偿款额以外的其他事项交付 ICSID 解决；若投资者已在东道国境内诉诸行政或司法解决，则不得再将争端提交 ICSID 仲裁。关于本条款，紫金矿业需着重考量以下事项：

第一，关于征收补偿款额的限定，在实践中可能会被仲裁庭予以广义解释，进而将可仲裁事项扩展到与征收相关的争端，例如在 *Tza Yap Shum v. Peru* 案（ICSID Case No. ARB/07/6）和 *Beijing Urban Construction v. Yemen* 案（ICSID Case No. ARB/14/30）等中国投资者作为仲裁申请人的案件中仲裁庭都采取广义解释。不过，在 *Beijing Shougang and others v. Mongolia* 案（PCA Case No. 2010－20）中，仲裁庭则采用狭义解释，认定其管辖权仅覆盖因征收补偿款额发生的争端。因此，倘若紫金矿业诉诸 ICSID 仲裁，需要提出对征收补偿款额发生的争端进行广义解释的可信论证。

第二，如果采矿权许可协议中的争端解决条款允许将征收补偿额款以外的投资争端提交 ICSID 仲裁，或事后争端双方达成可将征收补偿额款以外的投资争端提交 ICSID 仲裁的共识，紫金矿业仍可以将争端提交 ICSID 仲裁。

第三，在寻求东道国国内救济时应把握好司法或行政救济的度，以避免触发岔路口条款。事实上，巴布亚新几内亚政府拒绝采矿权的延展后，投资者已启动了东道国国内救济程序。例如参见驻巴布亚新几内亚独立国大使馆经济商务处：《巴新国家法院将对政府拒绝为巴理克公司延长波格拉金矿采矿权进行司法审查》，2020 年 6 月 10 日，载商务部网站：http://www.mofcom.gov.cn/article/i/jyjl/l/202006/20200602972499.shtml, 2021 年 5 月 30 日访问； 'Barrick to appeal PNG Court's Ruling on Porgera Mine', available at: https: //news.pngfacts.com/2020/08/barrick-to-appeal-png-courts-ruling-on.html?m=1, visited on 30 May 2021.

第四，利用中国－巴布亚新几内亚 BIT 第 3 条第 1 款关于最惠国待遇的规定，援引 2014 年生效的日本－巴布亚新几内亚 BIT 第 16 条第 1 款和第 4 款的规定，将争端提交 ICSID 仲裁。该 BIT 第 16 条第 1 款规定，可提交至 ICSID 仲裁的投资争端是指缔约一方与因缔约一方涉嫌违反本条约任何义务而遭受损失或损害的缔约另一方投资者之间的争端；此处争端的范围并不局限于因征收补偿额款发生的争端。

设方的巴基斯坦，近期也发生了恐怖主义袭击事件。2021年7月14日，中方企业承建的开普省达苏水电站项目出勤班车在赴施工现场途中遭遇爆炸，造成9名中方人员遇难。[1] 达苏水电站项目由中国葛洲坝集团承建，项目总装机达4300兆瓦，是巴基斯坦技术难度最大、总装机容量和总投资最大的项目之一。[2] 专家表示，近两年来在巴基斯坦针对中国目标的恐怖袭击呈现增多的趋势，这主要是因为中巴经济走廊进展顺利，巴基斯坦国内最大的恐怖势力“巴塔”（该势力出于宗教意识形态的原因反对巴基斯坦政府，因此亦反对政府极力推动的对华合作项目）以及俾路支分离主义势力（该势力不希望看到经济建设使巴基斯坦更加一体化，进而导致其分离主义目标的破产）企图制造恶性事件，拖延中巴经济走廊进展。[3]

长期以来，在进行对外投资时，中国资本主要流向亚洲、拉美和非洲的发展中国家，[4] 其中一些国家处于经济转型期，经济政策的变动难以预测，政治环境不是很稳定，法制环境相对落后，这就使得对外投资面临诸多非商业性风险。事实上，当前中国在非洲等地区进行的投资项目处于政治与商业风险多发的境地。[5] 同时，自然资源行业是中国对外投资的关键领域之一，[6] 而自然资源项目投资巨大、建设与回收期较长，且易于牵涉东道国的经济资源主权而面临国有化或征收风险。根据ICSID的统计，中欧、中亚、南亚、撒哈拉沙漠以南的非洲国家参与的基于ICSID公约及其附加便利程序的案件，占据ICSID受理的1966年至2020年总体案件的63%（如图表18所示）。这些区域囊括了很大一部分“一带一路”倡议参与国家，而这些国家涉及的ICSID案件数量如此庞大，是值得投资者警惕并提前制定应对策略的。世界银行于2022年1月发布的《全球经济展望》指出，由于新冠病毒变异株造成新的威胁，再加上通货膨胀、

〔1〕中国驻巴基斯坦使馆：《关于达苏水电站项目遭遇爆炸事件的声明》，2021年7月14日，载中国驻巴基斯坦使馆网站：http://pk.chineseembassy.org/chn/zbgx/t1891940.htm, 2021年7月16日访问。

〔2〕白云怡、赵觉珵、刘欣：《中巴总理通话明确班车爆炸案为恐怖袭击，最有可能的凶手是谁？》，2021年7月16日，载环球网：https: //world.huanqiu.com/article/43xvzFUD5m6，2021年7月16日访问。

〔3〕白云怡、赵觉珵、刘欣：《中巴总理通话明确班车爆炸案为恐怖袭击，最有可能的凶手是谁？》，2021年7月16日，载环球网：https: //world.huanqiu.com/article/43xvzFUD5m6，2021年7月16日访问。

〔4〕徐凯、刘向东：《“十二五”时期中国企业对外投资的战略规划研究》，载《国际贸易》2010年第12期，第17－18页。

〔5〕例如，2012年1月21日新闻报道称，非洲国家乍得政府部门决定关闭由中石油投资6000万美元建造的恩贾梅纳炼油厂，据称是因为石油价格的分歧导致这一结果。参见《外媒称乍得因价格分歧关闭中石油投资炼油厂》，载网易财经：http://money.163.com/12/0121/11/7O9QTGT1002524SO.html, 2021年2月18日访问。

〔6〕Martin Wolf:《全球经济中的中国》，载《中国发展观察》2011年第4期，第49页。

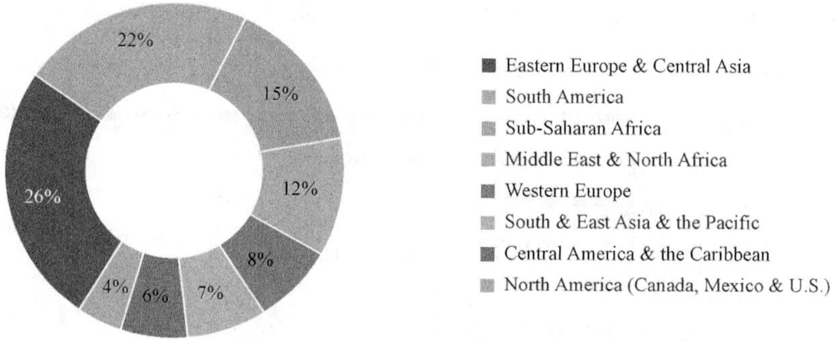

图表 18 中欧、中亚、南亚、撒哈拉沙漠以南非洲国家参与 ICSID 案件占比[1]

债务高企与收入失衡加剧，可能危及新兴市场和发展中经济体的复苏。[2] 在这一形势下，中国在亚非拉等地区的海外投资项目将面临着更多不确定的风险与挑战。

投资者对于东道国的投入是长期的，必然需要特定的法律给予他们长期的保护，在传统上此种保护诉诸国际法，而现在则主要是双边投资条约。[3] 因此，基于对中国对外投资的保护，新一代双边投资条约的签订不可避免地要权衡中国在推行“一带一路”倡议背景下日趋成为一个重要的资本输出国与资本输入国并举的国家（如图表 19、20 所示）的现实。给予海外投资者国际争议解决方式等方面的保护，是一种防患于未然的策略，既具有必要性，也愈显紧迫性。事实上，中国学界已呼吁在 ICSID 正面临一个交叉路口甚至处于危机当中时，中国应积极参与 ICSID 的改革，提出中国方案、中国智慧与中国贡献。孔庆江教授认为，在投资自由化与便利化的新趋势下，中国正在进行新一轮双边投资条约修改和自贸协定谈判。投资者-东道国争端解决程序将如何构建，归结为中国如何评估本国相对于合作伙伴的利益，以及如何在与合作伙伴的国际投资条约谈判中优先考虑相关目标。基于此，中国应在充分考虑竞争利益的情况下，对国际投资条约中的投资者－东道国争端解决条款进行重塑时承担可控的风险。[4] 李玉文教授指出，中国在“一带一路”倡议背景下积极的对外投资增加了未来广泛使用投资者－东道国争端解决机制的可能。在中国庞大的双边投资条约制度现代化的过程中，中国面临着两难境地。一方面，作为世界第二大资本输入国，

---

〔1〕ICSID, ‘The ICSID Caseload Statistics’, Issue 2021－1, at 12.

〔2〕The World Bank, ‘Global Economic Prospects’, January 2022, at xix.

〔3〕Surya P Subedi, *International Investment Law: Reconciling Policy and Principle*, Hart Publishing, 2008, 83.

〔4〕Qingjiang Kong, Kaiyuan Chen, ‘ISDS Reform in the Context of China’s IIAs’, ICSID Review - Foreign Investment Law Journal, vol.36(3), 617 (2021).

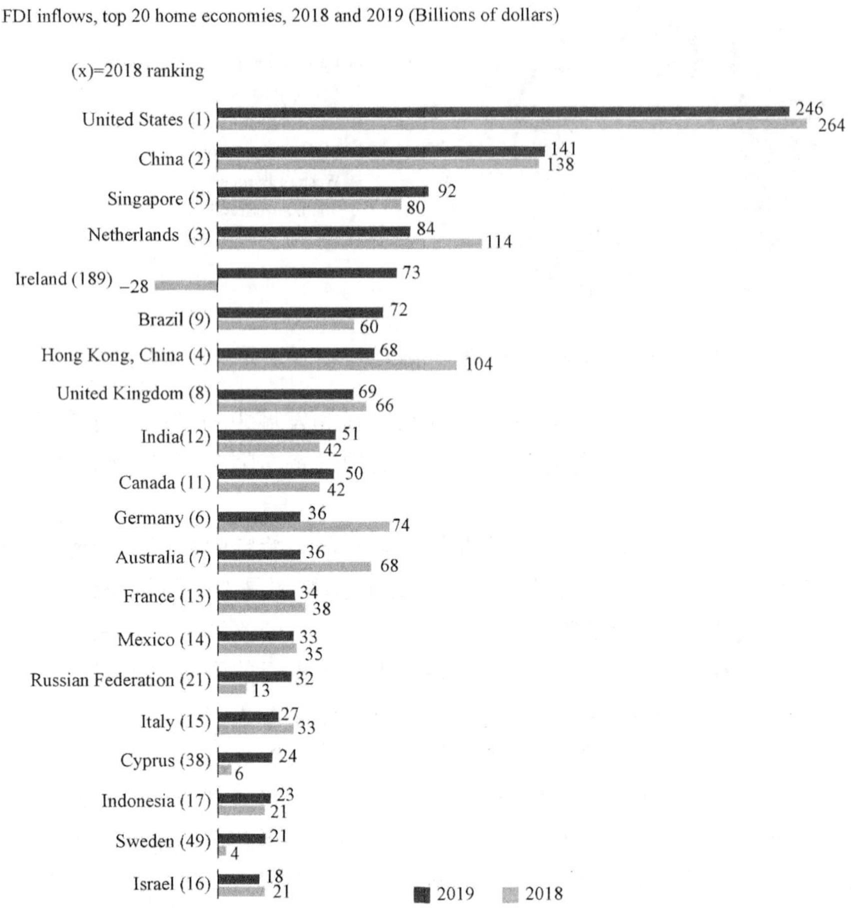

图表 19：2018 和 2019 年全球对外直接投资流入量前 20 强[1]

中国作为投资东道国需避免外国投资者在国际仲裁中频繁而轻率地对中国提出索赔，这符合中国作为东道国的防御利益，这也意味着中国双边投资条约中的ISDS条款应包括有效遏制轻率和无理索赔可能性的机制。另一方面，作为世界上最大的资本输出国之一，尤其是在“一带一路”倡议积极的对外投资背景下，保护中国投资者及其海外投资亦符合中国作为投资者母国的进攻性利益。这种进攻性的立场表明，中国BITs中的ISDS条款应当是自由与开放的，以确保中国海外投资者得以尽可能多地通过参与国际投资争端解决来保障自身利益。[2]时任商务部条法司副司长蒋成华表示，对于中国而言，不仅仅需要吸收外商投

〔1〕UNCTAD, ‘World Investment Report 2020：International Production beyond the Pandemic’, at 12.

〔2〕Yuwen Li, Cheng Bian , ‘China’s Stance on Investor-State Dispute Settlement: Evolution, Challenges, and Reform Options’, Netherlands International Law Review, vol.67, 534 (2020).

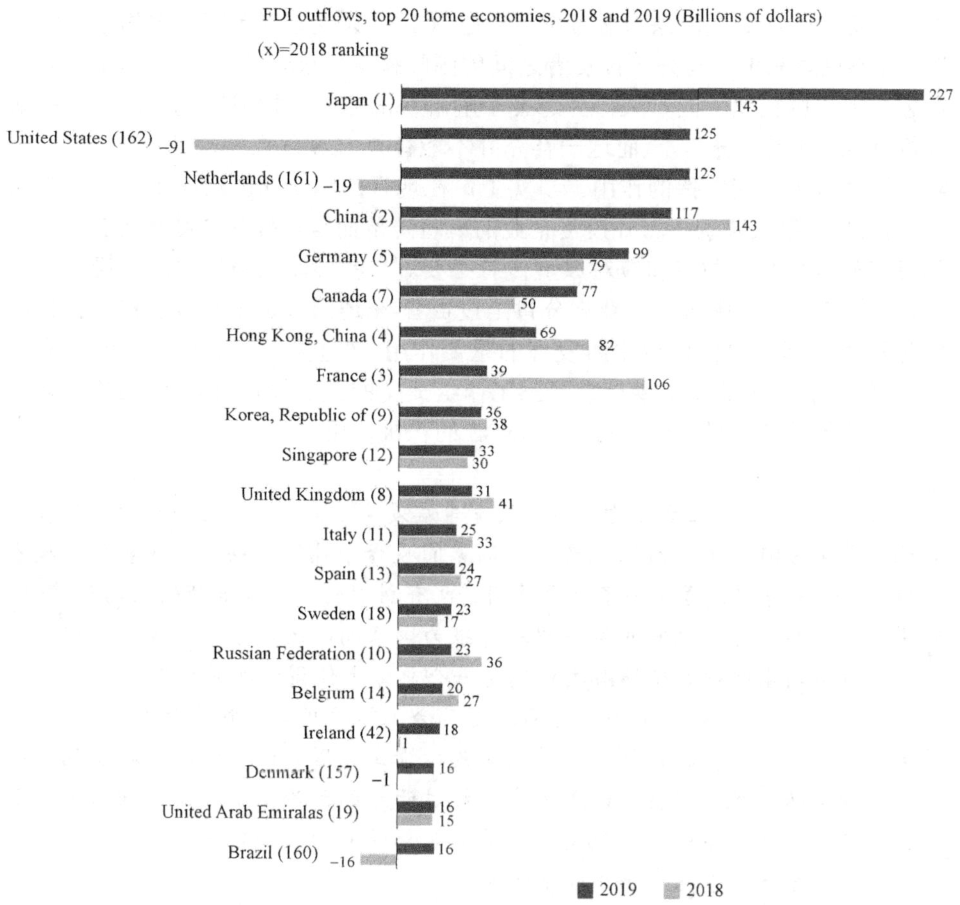

图表 20：2018 和 2019 年全球对外直接投资流出量前 20 强[1]

资，更需要考虑如何保护对外投资的利益。[2]此外，虽然 2018 年 1 月 23 日习近平总书记主持召开的中央全面深化改革领导小组会议通过《关于建立“一带一路”国际商事争端解决机制和机构的意见》，并依此由最高人民法院设立了国际商事法庭（China International Commercial Court，CICC）作为专门处理国际商事纠纷的常设审判机构，支持“一带一路”国际商事纠纷通过调解、仲裁等方式解决，推动建立诉讼与调解、仲裁有效衔接的多元化纠纷解决机制，形成便利、快捷、低成本的“一站式”争端解决中心，为“一带一路”建设参与国

---

〔1〕UNCTAD, ‘World Investment Report 2020：International Production beyond the Pandemic’, at 15.

〔2〕参见《为 ICSID 改革贡献中国智慧》, http://www.ccpit.org/Contents/Channel_4131/2019/1114/1220696/content_1220696.htm, 2021 年 2 月 18 日访问。

当事人提供优质高效的法律服务；[1] 但是，CICC 只受理平等商事主体之间的争议，并不受理东道国与外国投资者之间的国际投资争议。CICC 只是基于当事人意思自治原则拓宽了当事人自主选择争端解决的方法，构成对现行国际争端解决机制的“有益补充”，[2] 而这一补充并不能替代 ICSID 在解决“一带一路”国际投资争端上可能发挥的作用。事实上，在现行国际争端解决机制下，对中国“一带一路”倡议背景下海外投资企业的风险防范而言，熟悉与利用 ICSID 等国际投资仲裁规则，防范和应对风险极有必要。[3] 就目前已发生的涉华投资仲裁案件的处理而言，中国还是要充分肯定投资者-东道国投资争端解决机制在推动国际投资治理法治化建设中所发挥的重要作用。[4]值得注意的是，中国政府在 2019 年向联合国贸易法委员会第三工作组提交的关于投资者-东道国争端解决机制可能的改革意见书中，肯定了 ISDS 的积极作用：

自 1987 年首起基于条约的国际投资争端发生以来，目前已知的国际投资争端已经发生 940 多起。现行投资者与国家间投资争端解决机制对保护外国投资者权益、促进跨国投资发挥了重要作用，也有利于国际投资治理的法治化建设，避免投资者与东道国之间的经济纠纷升级为国家间的政治矛盾。因此，中国认为投资者与国家间投资争端解决机制是一个总体上值得维护的机制。

2017 年 7 月，联合国国际贸易法委员会（简称联合国贸法会）第 50 次委员会会议作出决定，授权第三工作组讨论投资者与国家间争端解决机制的现存问题、改革必要性和潜在的改革方案。经过两年的讨论，第三工作组认为当前的投资者与国家间争端解决机制存在需要改革的问题，决定同时研究制定多个潜在的改革方案，包括体制性改革方案。

中国欢迎此项改革动议。中国政府一直坚定奉行多边主义，积极促进“一带一路”国际合作，推动建设开放型世界经济，秉持共商共建共享的全球治理观，推动建设相互尊重、公平正义、合作共赢的新型国际关系。习近平主席早在 2013 年举行的二十国集团领导人第八次峰会上就提出：“要探讨完善全球投资规则，引导全球发展资本合理流动”。2016 年 9 月，二十国集团领导人杭州峰会达成了《全球投资指导原则》，提出“争端解决程序应公平、开放、透明，有适当的保障机制防止滥用权力。”上述努力为推进投资者与国家间争端解决机

---

〔1〕参见《关于建立“一带一路”国际商事争端解决机制和机构的意见》。

〔2〕张勇健：《国际商事法庭的机制创新》，载《人民法院报》2018 年 7 月 14 日，第 2 版。

〔3〕孙南申：《“一带一路”背景下对外投资风险规避的保障机制》，载《东方法学》2018 年第 1 期，第 28 页。

〔4〕龚柏华：《涉华投资者—东道国仲裁案法律要点及应对》，载《上海对外经贸大学学报》2022 年第 2 期，第 91 页。

制改革进程指明了方向。[1]

因此，虽然 ICSID 仲裁在当前存在正当性等危机，但不应弃之而应坚信这一机制在不断的改进与革新中将臻于完善，这是对中国双边投资条约中国际争端解决方法进行完善时应当固守的一个前提性理念。

第三节　国家主权的坚守与“一带一路”倡议下海外投资利益的平衡

一、国家主权的坚守

在国际投资争端解决领域中，当前以及未来一段较长时间内需要的不是推翻双边投资条约以及 ICSID 仲裁庭而回复至国内法院抑或国家 – 国家的争端解决的最初形态；而是在尝试重新构建一个新机制——多边投资法庭的同时，调整双边投资条约所烙印着的南北矛盾冲突。同时，应对 ICSID 仲裁的正当性危机等挑战，亦不容忽视。综观各国近年来的政策调整与立法修订可知，国际投资仲裁机制潜藏的危机已促使美国、澳大利亚等发达国家对待 ICSID 仲裁的态度更为谨慎，更遑论一些发展中国家已退出了 ICSID 公约。与诸多国家试图扩大东道国对投资的规制空间大相径庭的是，中国双边投资条约中对 ICSID 仲裁管辖权的接受程度则越来越深入。第二代双边投资条约“全面同意”ICSID 仲裁管辖权，表明了中国强调东道国管制外资的主权权力的传统立场似乎发生了转变。这一转变源于中国由资本输入国单一角色向兼具资本输入国与资本输出国双重角色的经济转型，即当中国在国际投资活动中的地位发生重要改变，则双边投资条约相应地也应在一定程度上从资本输出国的角度来考虑中国“一带一路”倡议下海外投资的保护问题。诚然，中国在国际投资活动中的角色是否发生了重要转变已引起争鸣，但关键的问题却并不在此，而是此种角色之转变

---

〔1〕UNCITRAL Working Group III (Investor-State Dispute Settlement Reform), ‘Possible Reform of Investor-State Dispute Settlement (ISDS), Submission from the Government of China’, A/CN.9/WG.III/WP.177, Thirty-eighth session, Vienna, 14 – 18 October 2019, paras.1-3. 在意见书的第二部分，中国提出了五项需要重点关注的问题，即仲裁裁决缺乏合适的纠错机制、仲裁裁决缺乏稳定性与可预期性、仲裁员的专业性与独立性受到质疑、第三方资助影响当事方权利平衡以及期限冗长和成本昂贵。在意见书的第三部分，针对存在问题，中国提出了六项对策与建议，包括增设常设上诉机制、保留当事方指定仲裁员的权利、丰富与仲裁员有关的规则、增加替代性争端解决措施、坚持纳入仲裁前磋商程序以及加强第三方资助的透明度纪律。

是否必然带来立场的转变，即在中国已成为兼具资本输入国与资本输出国双重身份甚至是净资本输出国的情况下，是否必然转变立场强调资本输出国和投资者的权益而否定资本输入国管制外资的主权权力。[1]

笔者认为，首先，无论是国内法抑或国际法体系都不可避免地渗透着国家利益的考量。在当代国际关系理论中，长久以来，学界多数认为国家利益是现实主义学派[2]的专有变量，但实际上强调国家利益并非现实主义一家之言，因为任何学派都不否认国家行为的动机是认识到的国家利益，甚至也不同程度承认国家利益是自私的，或者在国家互动过程中有自私倾向。[3]尽管不同的国家利益观对国际法的发展产生了或积极或消极的影响，但这些理论至少共同说明了如下问题，即国际法的发展与演进充斥着各国国家利益的博弈。这也就意味着，对外缔结的双边投资条约，其根本目的之一应当是维护国家利益。然而，投资条约中的 ICSID 管辖权条款显然是限制了国家司法主权，即允许在本国境内发生的争讼提交至国际仲裁庭审理而非由本国行政或司法机关来裁断。一俟在仲裁案件中落败，一国不得不承担不利后果——不仅仅是巨额赔偿，更有可能是国家的公共利益或其他重要政策目标的落空。因此，中国在国际投资活动中身份的转变，并不必然部分放弃对国家利益的追求以至削弱作为资本输入国管制外国资本的主权权力，因而对外缔结的双边投资条约对 ICSID 管辖权接受的程度需要慎重权衡。

其次，一国应当维护本国国家利益，这也并不表示要排除建立一个足以改变不当和危险的国家间争端解决方法的法律秩序。[4]就当前形势而言，ICSID 仲裁机制正是为了改变传统国家之间的外交保护、国内司法方式以及一般商事仲裁对跨国投资争端解决力不从心而建立起来的——从 20 世纪 80 年代开始跨国投资者可依据双边投资条约以及 ICSID 公约直接将争端提交至国际仲裁，[5]这一方式有效避免了外交保护中因政治本质的考量而导致的投资者母国过度行

---

〔1〕参见曾华群：《论南北问题与双边投资条约实践的发展趋向》，载曾华群主编：《国际经济新秩序与国际经济法新发展（陈安教授八十华诞祝贺文集）》，法律出版社 2009 年版，第 26 页。

〔2〕当代国际关系理论关于国家利益的基本观点主要有三大流派，即国家利益以权力或实力为核心的现实主义、将经济利益纳入利益观并以合作利益为核心的新自由主义以及通过观念和社会互动构建的建构主义。

〔3〕参见方长平、冯秀珍：《国家利益研究的范式之争：新现实主义、新自由主义和建构主义》，载《国际论坛》2002 年第 4 卷第 3 期，第 53 页。

〔4〕Clyde Eagleton, 'International Law or National Interest', American Journal of International Law, vol.45, 721（1951）.

〔5〕第一个规定了 ICSID 管辖权的是美国与埃及于 1982 年签署的双边投资条约，see Art. VII.3 of the Treaty Concerning the Reciprocal Encouragement and Protection of Investments, US-Egypt, as modified on 11 March, 1986, available at: http://www.unctad.org/sections/dite/iia/docs/bits/us_egypt.pdf, visited on 20 Feburary 2021.

使自由裁量权的现象。[1] 随着越来越多的双边投资条约订入包含 ICSID 仲裁的广泛的争议解决条款，双边投资条约、ICSID 公约以及投资条约仲裁案例构成了一个主要的投资者－东道国争端解决机制。[2] 当 WTO 争端解决机构依然使用传统的国家－国家争端解决方式，国际投资领域却因双边投资条约赋予跨国投资者使用相对去政治化的争端解决方式而经历了彻底的改变，这是在私人投资者保护制度上迈开的一大步。

最后，“一带一路”倡议作为国家顶层设计，是中国参与全球开放合作、改善全球经济治理体系、促进全球共同发展繁荣、推动构建人类命运共同体的中国方案，[3] 因此，“一带一路”倡议也反映了中国的国家利益考量。在过去，西方学者认为中国作为一个资本输出国的整体利益，显然要小于其在外来资本上所获得的利益；即使中国基于未来海外投资的考量而在新一代双边投资条约中给予投资更为全面的保护，中国在国际投资条约谈判中仍更适宜站在兼具资本输出国与资本输入国双重身份的立场上，寻求维护国家主权与监管灵活性的平衡之道。[4] 事实上，与德国或荷兰等国家的标准相比，中国第二代双边投资条约对中国海外投资者利益的保护程度稍逊一筹，而这也正表明了中国正在考量将对其海外投资的国际保护水平维持在适当的水平。越来越多的双边投资条约接受了投资的国际保护标准，也表明了新一代双边投资条约试图在保护外国投资与国家主权之间寻求一个适当的平衡。[5] 从根本上说，倘若能使国家主权与投资者利益保护臻于平衡，当是最理想不过的状态，因为这样既维护了国家利益，同时保护了外国投资者以及本国海外投资者的权益。不过，事实是否如此，仍有待商榷。

---

〔1〕On one hand, diplomatic protection tended to politicize disputes; on the other hand, the political nature of diplomatic protection also indicated that power differences would affect the resolution of international disputes. Diplomatic protection ‘came to be seen by developing nations, particularly in Latin America, as a discriminatory exercise of power rather than as a method of protecting human rights’. See John R. Dugard, ‘First Report on Diplomatic Protection’, International Law Commission, Fifty-second session, Geneva, 1 May – 9 June and 10 July – 18 August 2000, para.11; available at: http://untreaty.un.org/ilc/documentation/english/a_cn4_506.pdf, visited on 20 Feburary 2021.

〔2〕Andreas F. Lowenfeld, ‘The ICSID Convention: Origins and Transformation’, Georgia Journal of International and Comparative Law, vol.38, 47(2009); José E. Alvarez, ‘The Evolving BIT’, Transnational Dispute Management, vol.4, 1 (2010).

〔3〕《习近平谈“一带一路”》，载《人民日报》〈海外版〉2019 年 3 月 20 日，第 05 版。

〔4〕Stephan W. Schill, ‘Tearing Down the Great Wall: The New Generation Investment Treaties of the People’s Republic of China’, Cardozo Journal of International and Comparative Law, vol.15, 114 (2007).

〔5〕See Stephan W. Schill, ‘Tearing Down the Great Wall: The New Generation Investment Treaties of the People’s Republic of China’, Cardozo Journal of International and Comparative Law, vol.15, 114-15 (2007)

中国第二代双边投资条约“全面同意”ICSID 仲裁，对东道国主权造成的冲击将有可能是显著的，毕竟阿根廷放宽管辖权导致其数年内被诉至 ICSID 仲裁庭高达三十余次[1]的前车之鉴仍历历在目。如果说中国香港居民谢业深依据 1994 年中国－秘鲁 BIT 向 ICSID 提交仲裁申请，声称秘鲁税务局 2004 年针对其在秘鲁境内设立并拥有 90%股权的 TSG 公司采取的税收征管措施构成征收行为的案子[2]只是中国海外投资者诉东道国的第一案，那么 2011 年 5 月 24 日马来西亚投资者 Ekran Berhad 向 ICSID 提起对中国的仲裁申请[3]则正式拉开了中国作为 ICSID 仲裁被申请国的序幕。鉴于原告的情况，这一案件可能不具有典型性。然而，这一案件却并没有引起多米诺效应，如图表 21 所示。

图表 21　　中国在国际投资仲裁中被诉案件

序号	持续时间	案件简称	案号	投资条约	仲裁结果
已审结案件					
1	2011	*Ekran v. China*	ICSID Case No.ARB/07/6	中国－马来西亚 BIT	和解结案
2	2014－2017	*Ansung Housing v. China*	ICSID Case No.ARB/14/25	中国－韩国 BIT	申请人的主张超过仲裁时效而被仲裁庭“早前驳回”[4]
3	2020-2021	*Goh Chin Soon v. China*	ICSID Case No. ARB/20/34	中国－新加坡 BIT	仲裁庭依据 ICSID 仲裁规则第 43（1）条终止程序
4	2020-2021	*Macro Trading v. China*	ICSID Case No. ARB/20/22	中国－日本 BIT	仲裁庭依据 ICSID 行政和财务条例第 14（3）（d）条终止程序
未审结案件					
5	2017－	*Hela Schwarz v. China*	ICSID Case No.ARB/17/19	中国－德国 BIT	仲裁庭以程序令形式作出五项决定，案件进入实体审理阶段

〔1〕Arif Hyder Ali and Alexandre de Gramont, ‘ICSID Arbitration in the Americas’, in The Arbitration Review of the Americas 2008, A Special Report of Global Arbitration Review, November 2007, at 6; available at: http://www.crowell.com/documents/ICSID-Arbitration-in-the-Americas_GAR_Ali_de-Gramont_ Nov-07.pdf, visited on 12 April, 2021.

〔2〕*Tza Yap Shum v. The Republic of Peru*, ICSID Case No. ARB/07/6.

〔3〕*Ekran Berhad v. People's Republic of China*, ICSID Case No. ARB/11/15.

〔4〕本案是中国以投资东道国身份被诉诸 ICSID 仲裁并胜诉的第一案。

续表

序号	持续时间	案件简称	案号	投资条约	仲裁结果
6	2017-	*Surfeit Harvest Investment Holding Pte Ltd v. Taiwan, China*	UNCITRAL	新加坡与台澎金马单独关税区经济伙伴关系协定	具体案情尚未公开
7	2019－	*Jason Yu Song（United Kingdom）v. China*	PCA 2019－39	中国－英国 BIT	具体案情尚未公开
8	2020－	*AsiaPhos v. China*	UNCITRAL	中国－新加坡 BIT	具体案情尚未公开
9	2021-	*Goh Chin Soon v. China*	PCA Case No. 2021-30	中国－新加坡 BIT	仲裁庭组成

总体而言，在第二代双边投资条约对 ICSID 管辖权“全面同意”后，中国政府的相关外资规制措施并未受到太多 ICSID 仲裁庭的审查与裁断。尽管如此，对东道国而言，防止私人滥用诉权、避免繁琐的国际仲裁程序带来的负荷，同时拓宽政府公共管理的空间，都是极为重要的。在国家正常的规制行为与私人投资者的利益产生冲突时，坚守国家主权、捍卫国家利益应当是首先要贯彻的，但同时应当尊重条约以及其他法律规章赋予投资者的合法权利。双边投资条约中的争议解决机制，不应当只是着眼于对投资者进行赔偿，发挥法律事后补救之功能，也应关注其中的国家主权问题，注重国家基本利益和公共利益的保护。

二、国家主权与投资者利益兼顾的框架性权衡

国家主权与投资者利益兼顾的框架性权衡，首先，在形式上，可以区分发达国家和发展中国家两种分类，厘定差别互惠标准的做法不失为一种可行之策。“一带一路”沿线国家基本为发展中国家，发展中国家大多法制有待健全、法治水平尚待提高，当地救济手段和力度亦有较大的提高空间，中国在这些地区的投资面临着获得有效的当地法律保护的风险，因此中国在与此类发展中国家缔结双边投资条约时，自应在真正平等互惠的基础上相互给予较高标准的保护，包括可将投资争端诉诸 ICSID 仲裁庭的权利。事实上，在中国投资者启动的国际投资争端案件中，大部分被申请人是发展中国家（如图表 22 所示）。而在与英国等发达国家商议双边投资条约时，则不可贸然普遍地、统一地缔结高保护标准的双边投资条约。此种做法契合了中国的国情——既要“请进来”，又要“走

出去”；既求发展，又要稳定。[1] 不过，虽然此种分类以及对中国在国际投资活动中的双重身份的认定并无差错，但可能显得有些僵化，导致“一刀切”的缔约或修约标准。换言之，仅仅区分两类国家可能是不够的，可以逐案（case by case）进行，具体国家具体分析，毕竟双边投资条约是缔约双方政治、经济等实力角力的产物，缔约双方在谈判中就某一特定情形的妥协与让步可能是不同的，因而具体到国家的缔约或修约标准更有利于国家主权的维护以及投资者利益的保护。

图表 22　　　　中国投资者发起的国际投资仲裁案件[2]

序号	持续时间	案件简称	案号	投资条约	仲裁结果
已审结案件					
1	2007－2015	*Tza Yap Shum v. Peru*	ICSID Case No.ARB/07/6	中国－秘鲁 BIT	有利于投资者的裁决
2	2010－2017	*Beijing Shougang and others v. Mongolia*	PCA Case No.2010－20	中国－蒙古国 BIT	仲裁庭以缺乏管辖权驳回投资者的仲裁请求[3]

〔1〕参见陈安主编：《国际投资法的新发展与中国双边投资条约的新实践》，复旦大学出版社 2007 年版，第 383－393 页。陈安教授从“具体分析”的普遍哲理、“公平互利”的基本法理、“国家主权至高无上”的国际法基本原则、最惠国待遇原则的发展进程、UNCTAD 晚近的反复警示、国际仲裁的最新实践以及若干可援先例等七个方面对区分对待做法的正当性进行了阐释。

〔2〕此外，中国投资者拟对投资东道国提出以下潜在仲裁：

（1）中国华为技术有限公司瑞典子公司于 2020 年 12 月 31 日向瑞典发出投资仲裁通知，原因是瑞典邮政电信部门在 2020 年 10 月 20 日发布的 5G 竞拍决定中，要求参与竞拍的 Hi3G Access AB、Neet4Mobility HB、Telia Sverige AG 和 Teracom AB 四家运营商不得在 5G 网络中使用华为或中兴的设备和服务，并且需要在 2025 年 1 月 1 日前从其 3G 和 4G 网络中移除华为或中兴的设备和服务。See *Huawei Technologies Co. Ltd. v. Kingdom of Sweden*, Notice of Intent, 31 December 2020.

（2）中国航天科工集团有限公司所属航天信息股份有限公司可能对智利提起 ICSID 仲裁，因为智利撤销了一项授权该公司制作护照和身份证的公开招标结果。See ‘Chinese Tech Company Reportedly Threatens Arbitration Against Chile Over Cancellation of Tender for Personal Identification Services’, IAReporter, 17 November 2021.

〔3〕本案三家中国公司对仲裁裁决有异议，于 2017 年向美国纽约南区法院提起撤销裁决之诉，要求法院撤销仲裁庭作出的裁决，同时要求仲裁庭处理申请人的诉求。在撤销之诉被驳回后，三家中国公司向第二巡回法院提起上诉。2021 年 8 月 26 日，第二巡回上诉法院作出驳回上诉的判决，认为虽然中国－蒙古国 BIT 未明确授权仲裁庭可裁断投资诉求的可仲裁性，但三家中国公司在争端解决程序中清晰、无误地同意（clearly and unmistakably agree）将可仲裁性提交给仲裁庭审理。See Opinion & Order of the United States District Court for the Southern District of New York, 19 November 2019; Judgment of the United States Court of Appeals for the Second Circuit, 26 August 2021.

续表

序号	持续时间	案件简称	案号	投资条约	仲裁结果
3	2010－2018	*Standard Chartered Bank (Hong Kong) Limited v. Tanzania Electric Supply Company Limited*	ICSID Case No.ARB/10/20	投资合同	有利于投资者的裁决
4	2011－2017	*Philip Morris v. Australia*	PCA Case No.2012－12	澳大利亚－中国香港 BIT	仲裁庭以缺乏管辖权为由驳回投资者的仲裁请求
5	2012－2015	*Ping An v. Belgium*	ICSID Case No.ARB/12/29	中国－比利时卢森堡经济联盟 BIT（1984 及 2005）	仲裁庭以缺乏管辖权为由驳回投资者的仲裁请求
6	2012－2019	*Sanum v. Laos (I)*	PCA Case No.2013－13	中国－老挝 BIT	有利于东道国的裁决
7	2014－2018	*Beijing Urban Construction v. Yemen*	ICSID Case No.ARB/14/30	中国－也门 BIT	管辖权决定有利于投资者，实体审理阶段双方和解
8	2015－2019	*Standard Chartered Bank (Hong Kong) Limited v. Tanzania*	ICSID Case No.ARB/15/41	投资合同	有利于投资者的裁决
9	2019－2019	*Jetion and T-Hertz v. Greece*	UNCITRAL	中国－希腊 BIT	案件程序终止
10	2017－2021	*Zhongshan Fucheng v. Nigeria*	UNCITRAL	中国－尼日利亚 BIT	有利于投资者的裁决；尼日利亚未履行仲裁裁决，申请人于 2022 年向美国法院提起执行之诉
未审结案件					
11	2017－	*Sanum Investments v. Laos (II)*	ICSID Case No.ADHOC/17/1	中国－老挝 BIT	案件处于管辖权和实体问题的不分步审理阶段

续表

序号	持续时间	案件简称	案号	投资条约	仲裁结果
12	2020－	*Wang and others v. Ukraine*	/	中国－乌克兰 BIT	具体案情尚未公开[1]
13	2020－	*Fengzhen Min v. Republic of Korea*	ICSID Case No.ARB/20/26	中国－韩国 BIT	仲裁庭于 2021 年 2 月 1 日组建
14	2020－	*Shift Energy v. Japan*	UNCITRAL	中国香港－日本 BIT	具体案情尚未公开
15	2021－	*Beijing Everyway Traffic v. Ghana*	UNCITRAL	中国－加纳 BIT	具体案情尚未公开[2]
16	2021－	*Alpene Ltd v. Republic of Malta*	ICSID Case No. ARB/21/36	中国－马耳他 BIT	2021 年 11 月 8 日 John M. Townsend 接受申请人指定担任仲裁员[3]
17	2021－	*Qiong Ye and Jianping Yang v. Kingdom of Cambodia*	ICSID Case No. ARB/21/42	中国－东盟 BIT	2021 年 12 月 9 日 Christopher Harris 接受被申请人指定担任仲裁员[4]

〔1〕Chinese Investors File Arbitration Case Against Ukraine Over Motor Sich Investment', available at: https://www.rferl.org/a/china-motor-sich-skyrizon-arbitration-ukraine/31007011.html, visited on 20 February 2021. 2021 年 11 月 28 日，北京天骄航空产业投资有限公司发布公告称，乌克兰过去 5 年针对中国投资者的不公平待遇，以及持续实施的非法措施，致使中国投资者在乌克兰及中国国内均蒙受重大损失，对此目前已依照规定程序向海牙常设仲裁法院 Motor Sich 案仲裁庭提交仲裁申请书及相关证据材料，要求索赔 45 亿美元。参见《收购乌克兰航空发动机企业反被制裁 中资公司申请海牙仲裁》，载新华网：http://www.news.cn/mil/2021-11/29/c_1211466222.htm，2021 年 12 月 6 日访问。

〔2〕在本案中，申请人北京爱德威通亮技术有限公司于 2012 年与加纳政府签订合同，约定申请人在加纳首都阿克拉设计和建造智能交通管理系统。合同于 2018 年经加纳国会批准后于 2019 年生效，但 2020 年底加纳解除合同，并批准与另外两家中国公司的新合同。申请人诉称加纳政府违反了中国-加纳 BIT 中的征收、公平公正待遇、保护伞等条款。See *Beijing Everyway Traffic v. Ghana*, UNCITRAL (administered by the London Court of International Arbitration), Notice of Arbitration, 10 February 2021.

〔3〕在本案中，申请人 Alpene 是一家中国香港的公司，间接持有马耳他 Pilatus 银行的 100%股份，而 Alpene 公司的最终受益人是美国人 Ali Sadr Hasheminejad。Ali Sadr Hasheminejad 曾被美国提起与美国制裁法有关的指控，这些指控在 2020 年被驳回。但在 Ali Sadr Hasheminejad 被错误逮捕后，马耳他扣押 Pilatus 银行的业务和资产，并通过一系列行为损害 Alpene 公司的利益。申请人认为马耳他征收了 Pilatus 银行，违反了中国－马耳他 BIT 第 4 条征收、第 3 条公平公正待遇、非歧视待遇等条款的规定。See ‘Claimant Seeks Discovery From American National In Arbitration Under China-Malta BIT’, IAReporter, 1 September 2021.

〔4〕在本案中，申请人中国公民 Qiong Ye 与 Jianping Yang 是柬埔寨一家电信公司 Emaxx Telecom 的董事。2014 年，深圳一家公司的全资子公司对 Emaxx Telecom 进行投资并获得其 65%的股权。2020 年，柬埔寨邮电部以未缴纳所得税、不活跃或报告错误收入数字为由撤销了包括 Emaxx Telecom 在内的 17 家电信运营商的移动服务运营商执照。2021 年 3 月，柬埔寨邮电部宣布向 49 家互联网服务提供商发放新的许可证，但新的许可名单并未列有 Emaxx Telecom。See ‘Cambodia Is Facing Its First Known Treaty-Based Arbitration, As Chinese Telecom Investors Lodge ICSID Claim’, IAReporter, 3 September 2021.

其次，在方法上，应当摒弃保守与自由化两分法的旧思维，取而代之的是以发展为导向的双边投资条约实践新思维。此种“以发展为导向”的新思维包括两方面：其一，发展中国家基于实现其发展目标进行BIT实践；其二，发展中国家根据其所处发展阶段进行BIT实践。[1]思维模式的转变，源于进入21世纪后国际投资结构发生了意义深远的变迁，以中国为代表的发展中国家作为新的资本输出国开始崛起。以发展为导向的新思维归根结底亦是从国家整体利益出发，对不同国家具体问题具体分析，例如在中国作为资本输出国时，针对不同资本输入国的具体情况，从整体的角度理解双边投资条约在推动实现资本输入发展中国家的发展目标以及保护中国海外利益方面的作用，从而设计出双边投资条约的结构与具体条款。[2]

再次，在内容上，应当将可持续发展纳入投资条约中。基于2015年联合国贸发会发布的《可持续发展的投资政策框架》，[3]国际投资是推进可持续发展的重要一环。2016年在中国举行的G20峰会上制定的《二十国集团全球投资指导原则》也明确了“促进包容的经济增长和可持续发展”，并认为“投资政策应为投资者和投资提供有形、无形的法律确定性和强有力的保护，包括可使用有效的预防机制、争端解决机制和实施程序。争端解决程序应公平、开放、透明，有适当的保障措施防止滥用权力”。[4]在未来对双边投资条约进行革新时，在发展本国利益的同时，应当关注环境、劳工等问题，实现可持续发展的最终目标。这在“一带一路”倡议的推行中尤为重要，特别是考虑到沿线亚非国家在环境、劳工标准等方面的不足。

最后，在立法技术上，鉴于ICSID仲裁自身的正当性危机等挑战，双边投资条约中可采用包括用尽当地救济、国际救济等多元化争端解决方式。即便是仲裁条款，亦可赋予争端双方选择不同仲裁形式的权利，例如2003年中国和德国重新签订的双边投资条约中所规定的“争议应依据1965年3月18日《解决国家和他国国民之间投资争端公约》提交仲裁，除非争议双方同意依据《联合国国际贸易法委员会仲裁规则》或其他仲裁规则设立专设仲裁庭”[5]。这一条款将ICSID仲裁作为默示的推定项，而若当事人基于意思自治原则选择

---

〔1〕参见蔡从燕：《国际投资结构变迁与发展中国家双边投资条约实践的发展——双边投资条约实践的发展》，载《国际经济法学刊》第14卷第3期，北京大学出版社2007年版，第50-53页。

〔2〕蔡从燕：《国际投资结构变迁与发展中国家双边投资条约实践的发展——双边投资条约实践的发展》，载《国际经济法学刊》第14卷第3期，北京大学出版社2007年版，第54页。

〔3〕UNCTAD, ‘Investment Policy Framework for Sustainable Development’, 2015. 该可持续发展投资政策框架由三部分组成，即国家投资政策指南、设计和使用国际投资协定指南和促进与可持续发展目标有关的部门投资行动选单。

〔4〕《二十国集团全球投资指导原则》第3条。

〔5〕参见2003年中国-德国BIT第9条第3款。

UNCITRAL、ICC或SCC等其他仲裁，则从当事人之约定。多元化的争端解决方式，是在坚守与让渡部分国家主权之间，作出的于东道国与跨国投资者都有利的权衡。坚守国家主权与兼顾投资者利益，是对中国双边投资条约中ICSID仲裁管辖权条款进行完善应当贯彻的重要理念。

小结

发达国家力图扩大本国私人资本输出以获取海外利润并增强国际竞争力，而发展中国家希冀吸引并利用外国资本来发展本国经济，这就造成了双边投资条约缔结中的南北矛盾：发达国家旨在通过BIT来创设明确的国际法规则以及确实有效的实施机制以形成对海外投资安全和利益的保障，而发展中国家则试图在BIT中规定相关条款来赋予本国对境内外资监管的权力以及投资者遵守本国法律规范的义务；缘于谈判地位的不平等，由资本输出国主导的缔结程序，导致了发展中国家的一部分外资管理权不可避免地要让渡出去。然而，为获得外资流入而不得不让渡的部分主权，是否能等价地得到预期的效果仍未获得确凿有效的证实。不过，这并不影响双边投资条约的缔约前景，由于双边投资条约为外国投资者提供各项待遇的保证、消除其需要面对的东道国国内不稳定因素，且缔结多边投资条约的谈判进程受阻，过去数十年来各国缔结了数量众多的双边投资条约，已然成为国际法新发展的最显著标志。尽管中国在寻求多边经贸合作上取得了一定进展，双边经贸合作仍然占据重要位置，因此双边投资条约仍将是中国在国际投资活动中规范东道国之间以及东道国与投资者之间的主要法律规范之一。对国际投资争端的解决而言，通过双边投资条约来保证给予投资者寻求ICSID救济的权利，这在当前形势下，特别是纵深推进与“一带一路”沿线亚非国家的经贸合作背景下，仍是极为必要的。坚持双边投资条约的缔结，并通过双边投资条约来建立起对ICSID仲裁管辖权的“同意”，是对ICSID仲裁管辖权条款进行完善应当信守的一个基本理念。

ICSID仲裁的正当性危机，导致玻利维亚、厄瓜多尔以及委内瑞拉等南美国家退出了ICSID公约，部分发展中国家的立场回复至最初对国际投资争端解决传统而保守的立场；美国、澳大利亚等国家亦开始在投资条约中增强东道国对外资的管制权限、相对弱化对投资者的高标准保护。然而，不论是公共争议解决方式，还是多边投资条约为基础的机制以及国际商事仲裁，可能都难以担当未来投资者－东道国争端解决机制主要范式的重任，ICSID仲裁仍将是未来可预见的较长时间内主导投资者－东道国争端解决机制的力量之一，同时ICSID仲裁也正在接受各方建议进行改革，以更好地适应当前及未来国际投资争端的解决。对中国而言，放弃ICSID仲裁并不现实，特别是考虑到“一带一路”建设中海外投资的发展需要进一步参与和利用现行的国际投资体制；双边投资条约中确定的 ICSID 仲裁，至少能为中国“一带一路”倡议下海外投资者起到理论上对投资东道国的震慑作用抑或现实中的保护作用，这对投资者来说可能至关重要。纵然 ICSID 仲裁存在正当性危机，但不应舍弃而应坚信这一机制在不断的改进中将得以完善，这是对中国双边投资条约中国际争端解决方法进行革新时应当遵循的一个前提性理念。

中国第二代双边投资条约“全面同意”ICSID 仲裁管辖权，表明了中国强调东道国管制外资的主权权力的传统立场发生了一定转变。这一转变源于中国由资本输入国单一角色向兼具资本输入国与资本输出国双重角色的经济转型，但此种角色之转变并不必然带来立场的转变，以至于弱化甚至过多让渡资本输入国管制外资的主权权力。在维护国家主权与保障“一带一路”倡议下海外投资利益之间寻得平衡，可考虑在缔结双边投资条约时作出如下框架性权衡：在形式上，可以对发达国家与发展中国家进行区别对待，甚至具体国家具体分析；在方法上，秉承发展为导向；在内容上，基于 2012 年联合国贸发会发布的《可持续发展的投资政策框架》纳入环境保护、劳工标准等可持续发展事项；在立法技术上，可采用包括用尽当地救济、国际救济等多元化争端解决方式，从而对 ICSID 管辖权进行适当限制。总之，对中国双边投资条约中 ICSID 仲裁管辖权条款进行的革新，应当贯彻坚守国家主权与兼顾“一带一路”海外投资利益这一重要理念。

第三章
国际投资自由化背景下 ICSID 管辖权扩展及应对

第一节 ICSID 管辖权的扩展：趋势与途径

20 世纪七八十年代几个亚洲经济体近乎神奇地起飞，[1] 加上东欧国家的经济转型，一个广泛的共识得以产生，即通过经济自由化方能更好地实现经济发展。即便一些发展中国家对自由主义经济政策持怀疑态度，强加于这些国家的结构调整政策，例如接受来自世界银行和国际货币基金组织等国际金融机构的贷款，亦使得这些国家不得不在一定程度

〔1〕依据 Walt Whitman Rostow 的经济发展阶段理论，基于科学技术、工业发展水平、产业结构和主导部门的演变特征，一个国家或地区，甚至全世界的经济发展历史分为六个阶段：即传统社会阶段、准备阶段、起飞阶段、向成熟推进阶段、大众消费阶段和追求生活质量阶段。其中，经济起飞（Take – Off）是现代社会生活的一个分水岭，此时生产方式的急剧变革，工业化和经济发展的开始，都决定了这一阶段在所有阶段中是最为关键的阶段。See Walt Whitman Rostow, *The Stages of Economic Growth: A Non-Communist Manifesto*, Cambridge University Press, 1990，36 – 58.（本书在 1960 年首次出版时将一个国家的经济发展过程分为五个阶段，作者在 1971 年出版的 Politics and the Stages of Growth 一书中增加了第六阶段）。中国香港、中国台湾、新加坡和韩国是 20 世纪七八十年代亚洲经济体起飞的典范。

上采取自由化政策。在这一国际经济大背景下，鉴于商业性贷款供应量减少导致的第三次世界债务危机和来自发展中国家国内储蓄的大规模撤出，出于吸引资本特别是外国投资的需求，也促使了发展中国家转向自由主义。可以说，投资自由化浪潮正在席卷着发展中世界，而发展中国家与发达国家之间缔结双边投资条约，则是自由化进程的一个组成部分。[1] 国际投资自由化如双刃剑，在促进资本在国家之间更自由流动的同时，要求国家减少对国际资本的监督与管制，而这极易造成对发展中国家人民福祉的忽视；换言之，国际投资自由化在投资者利益保护与东道国经济和社会发展目标保障上已出现了失衡。反映在投资争端解决领域，不仅传统投资争端解决方式的作用逐渐削弱，ICSID 仲裁机制亦显现出了管辖权扩展的趋势（Expansionary Trends），[2] 东道国司法主权进一步受到制约。在扩展管辖权的途径方面，ICSID 仲裁庭往往通过扩大解释“投资”与“投资者”定义，同时利用保护伞条款以及最惠国待遇条款，最终达到将投资争端纳入 ICSID 管辖权范围内的目的。

一、投资和法人国籍的界定

（一）投资

1. ICSID 公约“投资”定义的阙如

ICSID 公约的起草历经了三个阶段，即世界银行的初步内部起草过程、来自参与国家的专家参加一系列会议对世行草案进行审查讨论过程，以及由成员国代表组成的法律委员会修订文本以获得世行执行董事会的最终批准。[3] 在 1963 年 10 月达成的草案所附的评论中，对管辖权的要求是争端应当具有有别于政治、经济或纯粹商事纠纷的法律性质。[4] 在第二阶段，各方达成的共识则是提倡将“尽可能广泛的争端”纳入争端解决机制。世界银行在 1964 年 9 月作出的公约文本第 30 条中首次对“投资”予以规定——“投资”意指在一个不确定期间或不少于 5 年的确定期间内任何货币或其他具有经济价值的资产的投

---

〔1〕Kenneth J. Vandevelde, ‘Investment Liberalization and Economic Development: The Role of Bilateral Investment Treaties’, Columbia Journal of Transnational Law, vol.36，502－03（1998）.

〔2〕M. Sornarajah, ‘A Coming Crisis: Expansionary Trends in Investment Treaty Arbitration’, in Karl P. Sauvant, Michael Chiswick-Patterson (ed.), *Appeals Mechanism In International Investment Disputes*, Oxford University Press, 2008，40.

〔3〕Julian Davis Mortenson, ‘The Meaning of “Investment”：ICSID’s Travaux and the Domain of International Investment Law’, Harvard International Law Journal, vol.51，281（2010）.

〔4〕See Julian Davis Mortenson, ‘The Meaning of “Investment”：ICSID’s Travaux and the Domain of International Investment Law’, Harvard International Law Journal, vol.51，282－83（2010）.

入；随后更进一步列举了投资形式。[1] 不过，试图限制“投资”定义的尝试遭到了主要代表投资者利益的发达国家的反对。最终，执行董事会报告认为：

鉴于已经存在当事人同意这个基本要求，且缔约国如需要可考虑或不考虑把它提交给中心管辖的争端类型提前通知中心（第 25 条第 4 款），因此没有试图对“投资”这一术语作出定义。[2]

因此，各方代表通过了缺失“投资”定义的公约。由于一个综合详尽的投资定义将无法满足缔约各方的利益需求，且可能过于宽泛而背离其定义的本来目的或过于狭小而限制了公约的管辖范围，因而公约在投资定义上的留白在很大程度上保证了公约获得利益各方的通过。虽然公约并未对投资作出明确的定义，但是 ICSID 仲裁庭通过解释公约第 25 条对投资提出了一个客观要求，即必须满足“客观的”投资定义，仲裁庭方可对该投资争端行使管辖权。ICSID 仲裁庭对其设置额外的客观定义的解释是，各国可能会为了将某些明显不属于投资的事项纳入条约而修改条约中关于投资的定义。例如在 *Joy Mining Machinery Limited v. Arab Republic of Egypt* 案中，仲裁庭作出了如下推理：考虑到 ICSID 管辖权，争议当事方不能通过合同或条约将不符合公约第 25 条客观要求的事项定义为投资；否则第 25 条及其所依靠的投资概念，即使尚未明确界定，也将成为无效条款。[3] 在 *Salini Costruttori SpA v. Morocco* 案等案件中，ICSID 仲裁庭确立并发展了 Salini 标准，[4] 即通过五个要素来客观地定义投资：其一，一定的持续期间，或至少是维持长期关系的预期；其二，定期的收益与回报，包括无实际收益时的投资回报预期；其三，风险承担，风险部分源自第一和第二个因素即持续期间和（预期）投资回报；其四，实质性承诺；其五，对东道国的发展具有重要性。[5] 正是“客观”投资定义标准，才使得 ICSID 仲裁庭在 *Mihaly*

---

〔1〕Christoph H. Schreuer, *The ICSID Convention: A Commentary on the Convention on the Settlement of Investment Disputes between States and Nationals of Other States*, Cambridge University Press, 2001, 122 – 23.

〔2〕See Christoph H. Schreuer, *The ICSID Convention: A Commentary on the Convention on the Settlement of Investment Disputes between States and Nationals of Other States*, Cambridge University Press, 2001, 124.

〔3〕ICSID Case No. ARB/03/11, Award of 6 August 2004, para.50.

〔4〕ICSID Case No. ARB/00/4, Decision on Jurisdiction of 23 July 2001, paras.52 – 57.

〔5〕Christoph H. Schreuer, *The ICSID Convention: A Commentary on the Convention on the Settlement of Investment Disputes between States and Nationals of Other States*, Cambridge University Press, 2001, 140; *Malaysian Historical Salvors, SDN, BHD v. Malaysia*, ICSID Case No. ARB/05/10, Award of 17 May 2007, paras. 107 – 45.

International Corporation v. Democratic Socialist Republic of Sri Lanka 案[1]、*PSEG Global et al. v. Republic of Turkey* 案[2]以及 *Joy Mining Machinery Limited v. Egypt* 案中对投资定义作出严格的限制性解释。然而，这五个要素，并不对投资的构成起决定性作用，不能理解成是管辖权要求所必需的，而仅仅是公约项下投资的典型特征而已。[3] 甚至一些仲裁庭和评论家认为，只要争议双方一致认为某项交易构成投资，则符合了公约第 25 条第 1 款关于“投资”的要求。[4]

投资定义的付之阙如，遗留给仲裁庭的自由裁量空间将是不可估量的。[5] 具言之，公约将投资定义的解释权交由缔约各方，但当事双方对争端事项是否属于“投资”的范畴可能会存在不同见解，结果是在双边投资条约谈判中处于强势地位的缔约一方可能获得更多话语权，其所定义的“投资”将有可能偏离了公平与公正的轨道；而实践中处于强势地位的往往是代表投资者利益的发达国家，“投资”的定义难免会扩大化。在实际案件中，ICSID 仲裁庭负责断定争端事项是否属于“投资”，并由此确定仲裁庭对案件是否具有管辖权，这就为仲裁庭扩展自身管辖权提供了一种可能。

2. ICSID 仲裁庭对“投资”定义的拓宽

在 ICSID 仲裁机制运行的前三十年中，ICSID 的管辖权鲜有因一项争端是否属于投资的认定而受到争端当事方的质疑。1996 年的 *Fedax N.V. v. Republic of Venezuela* 案[6] 成为了转折点。在该案中，委内瑞拉政府因其与一家国内公司之间的合同向对方开出六张本票，后荷兰 Fedax N.V.公司通过背书获得了该六张本票。由于在本票支付问题上产生冲突，Fedax N.V.公司遂依据 1991 年荷兰－委内瑞拉 BIT 向 ICSID 提请仲裁。委内瑞拉提出管辖权抗辩，认为 Fedax N.V.公司通过背书取得本票之行为不能认为是一项投资，因为该公司的这项交易不构成涉及“为了获得在公司和交易中的利益而从一国到另一国（投资接受国）的金融资源的长期转移——资本流动（Capital Flow），此种公司和交易通常给潜在投资者带来一定的风险”的直接国际投资；这项交易亦不构成一项获取金钱所有权的证券投资（Portfolio Investment），因为在委内瑞拉此种投资只有在“投资者通过证券交易所（在委内瑞拉为 Caracas 或 Maracaibo）购买一个公司的股

〔1〕ICSID Case No. ARB/00/2.

〔2〕ICSID Case No. ARB/02/5.

〔3〕Christoph H. Schreuer, *The ICSID Convention: A Commentary on the Convention on the Settlement of Investment Disputes between States and Nationals of Other States*, Cambridge University Press, 2001，140.

〔4〕Tony Cole, Kumar Vaksha, ‘Power-Conferring Treaties: The Meaning of “Investment” in the ICSID Convention’, Leiden Journal of International Law, vol.24，314（2011）.

〔5〕Michael M. Moore, ‘International Arbitration between States and Foreign Investors-The World Bank Convention’, Stanford Law Review, vol.18，1362（1965－1966）.

〔6〕ICSID Case No. ARB/96/3.

票时”才能发生。[1]委内瑞拉进一步辩称，经济意义上的“投资”应当解释为“金钱或财产在商事企业中的展开，以便产出收入或收益”。[2]不过，在回顾了ICSID公约的起草进程后，仲裁庭认为应当用一种宽泛的方法来解释公约第25条中的“投资”这一术语，[3]并作出如下解释：

> 将跨国借款的性质界定为“投资”并不困难。理由是双重的。首先，从公约的来源可推断出：借款，更准确地说是区别于迅速完成的商业金融工具的那些持续一定期间的借款，属于“投资”概念的范畴。这一点在公约第一个草案中得到证明：
>
> 为本章之目的，“投资”是指在一个不确定期间或不少于5年的确定期间内任何货币或其他具有经济价值的资产的投入。
>
> 纵然公约的制定者放弃对投资概念进行界定的尝试导致这一条款的阙如，但并无理由怀疑依公约之目的，贷款可以被视为投资。关于定义这一事项并非非同小可的另一个理由是，倘若借款合同所涉外国公共借款人将ICSID作为解决借款争端的方法，此种情况下当事方为公约之目的已将该借款明示规定为一项投资。[4]

荷兰－委内瑞拉BIT第1条对“投资”采用开放式的定义，因此可认定缔约双方希望通过此种定义方式来对各类投资给予广泛的保护。本案争议所涉的本票作为一项借款，是付款承诺，属于一种给付金钱的权利凭证，可认为是一种相当典型的金融和信用工具的证明，因而本票的购买属于“投资”的范畴。在这一案子中，仲裁庭通过解释，已明确将通过背书获取本票认定为一项投资。[5]

在*Československa obchodní banka, a.s. v. Slovak Republic*案[6]中，申请方捷克公司Československa obchodní banka，a.s.向被申请方斯洛伐克国内的金融资产管理公司Collection Company提供贷款，而依据申请方与被申请方之间的一份有关金融整合协议（Consolidation Agreement），为保证申请方的贷款安全，斯洛伐克政府应补偿其国内Collection Company的损失，但实际上斯洛伐克政府并未补偿该损失。本案中的一个争议点即所涉贷款是否属于ICSID公约规定的

---

〔1〕ICSID Case No. ARB/96/3, Decision on Objections to Jurisdiction of 11 July 1997, International Legal Materials, vol.37，1378（1998）, para.19.

〔2〕The laying out if money or property in business ventures, so it may produce a revenue or income；see ICSID Case No. ARB/96/3, Decision on Objections to Jurisdiction of 11 July 1997, para.19.

〔3〕See ICSID Case No. ARB/96/3, Decision on Objections to Jurisdiction of 11 July 1997, para.22.

〔4〕See ICSID Case No. ARB/96/3, Decision on Objections to Jurisdiction of 11 July 1997, para.23.

〔5〕See ICSID Case No. ARB/96/3, Decision on Objections to Jurisdiction of 11 July 1997, para.45.

〔6〕ICSID Case No. ARB/97/4.

“投资”。与前述*Fedax N.V. v. Republic of Venezuela*案的逻辑一致，本案仲裁庭基于公约历史认为当对“投资”作宽泛解释，且捷克-斯洛伐克BIT第1条亦采用广义的“投资”规定。不同的是，仲裁庭进一步认为，虽然该笔贷款单独来看难以构成一项“投资”，但实践中投资往往是一项极为复杂的活动（a rather complex operation），由各种相互关联的交易组成，即使一笔交易单独来看并不构成一项“投资”，但倘若这笔单独交易所在的整个交易过程构成了一项“投资”，那么以这个单独的交易为由所提起的争议仍符合公约所规定的“投资”。[1]较之Fedax案，本案对“投资”定义的解释更加宽泛化，即已不再拘泥于单一行为是否构成公约第25条所载之“投资”，而是放眼于整个交易过程，此种解释已然超越了投资定义本身包含的内容，从而在一定程度上也使得ICSID仲裁管辖权的范围超出了条约缔结时可合理预见之范围，仲裁庭的管辖权由此获得进一步扩展。

除了ICSID仲裁，其他投资条约仲裁机制亦存在借助对“投资”定义解释的宽泛化达成扩展管辖权的目的。例如，基于NAFTA和UNCITRAL规则的案件中，*S.D. Myers，Inc. v. Government of Canada*案仲裁庭有关“市场份额”构成投资的解释，实际上是将NAFTA的保护范围扩展至贸易领域；[2]*Pope & Talbot, Inc. v. Government of Canada*案仲裁庭将投资解释为投资者的产品“进入市场”的权利，实质上亦是将NAFTA第1139条规定的“投资”定义扩展至贸易领域。[3]

（二）法人国籍

1. 对ICSID公约规定的审视

依据ICSID公约第25条第1款的规定，投资争端得以提交ICSID仲裁的一个必要条件是投资者必须是ICSID公约意义上的“另一缔约国国民”；第2款则进一步规定了“另一缔约国国民”包括自然人（Natural Person）和法人（Juridical Person）[4]。虽然公约本身没有对自然人国籍作出具体定义，但ICSID仲裁庭在处理上并未体现出管辖权的扩展倾向。相反，对法人国籍的认定更为

---

〔1〕ICSID Case No. ARB/97/4, Decision on Objections to Jurisdiction, 24 May 1999, para.72.

〔2〕*S.D. Myers, Inc. v. Government of Canada*, Partial Award on the Merits, 13 November 2000, available at: http://www.naftalaw.org/Disputes/Canada/SDMyers/SDMyersMeritsAward.pdf, visited on 12 April 2021.

〔3〕*Pope & Talbot, Inc. v. Government of Canada*, Interim Award on Merits-Phase One, 26 June 2000, available at: http://www.naftaclaims.com/Disputes/Canada/Pope/PopeInterimMeritsAward.pdf, visited on 12 April 2021.

〔4〕投资协定中的法人实体（Legal Entity）通常包括股份公司、信托公司、个人独资、合伙企业、分支机构、合资企业等形式，无论其组建目的是否为营利，由私人抑或政府拥有或控制。UNCTAD, ‘Scope and Definition’, UNCTAD Series on Issues in International Investment Agreements II, 2011, U.N. Doc. UNCTAD/ DIAE/IA/2010/2, U.N. Sales No. E.11.II.D.9, at 80.

复杂，尽管从公约规定的“具有作为争端一方的国家以外的某一缔约国国籍的任何法人”以及“具有作为争端一方缔约国国籍的任何法人，而该法人因受外国控制（Foreign Control），双方同意为了本公约的目的，应看作是另一缔约国国民”两种情况来看，这应当是对 ICSID 管辖权范围的限制，即将属于直接因投资而产生的法律争议，但却属于缔约国之间、缔约国与非缔约国之间、缔约国与本国国民之间以及缔约国各方国民之间的争议置于 ICSID 管辖权之外；但是，缘于公约并未对“法人”、法人“国籍”以及“外来控制”等术语进行解释，而对这些术语确切含义的理解直接关系着 ICSID 能否对争议享有管辖权，由此导致了法人国籍成为 ICSID 仲裁管辖范围扩展的一个途径。

从公约制定的历史来看，公约的初步草案提出了对法人国籍认定的两项可能标准：其一，依据该法人所在缔约国的国内法确定，这一标准在后来被进一步明确为成立地标准与管理中心地标准；其二，依据在该法人内具有“控制利益”（Controlling Interest）的人的国籍来确定，即控制利益标准。[1] 不过，鉴于存在诸多争论，特别是对控制利益的质疑，[2] 随后制定的第一次公约草案在定义“另一缔约国国民”时删除了所有关于法人国籍认定的标准，而只是规定了争议各方同意的标准。[3] 针对各方不同意见，修订后的公约草案在第 30 条第 3 款第 2 项作出了如下规定：“……具有争议当事国国籍且因受外来控制争议各方同意，为了本公约之目的，而将其视为另一缔约国国民的任何法人。”[4] 最终通过的公约文本与修订草案一样，都在法人国籍认定标准这一问题上保持沉默。[5]

2. ICSID 仲裁实践的新发展

ICSID 仲裁实践中不同案件对法人国籍的认定标准不尽一致，但基本坚持法人国籍认定的传统标准。在 *Kaiser Bauxite Company v. Jamaica* 案[6]、*Southern Pacific Properties (Middle East) Limited v. Arab Republic of Egypt* 案[7]以及 *Société*

---

〔1〕Christoph H. Schreuer, *The ICSID Convention: A Commentary on the Convention on the Settlement of Investment Disputes between States and Nationals of Other States*, Cambridge University Press, 2001，277.

〔2〕See Christoph H. Schreuer, *The ICSID Convention: A Commentary on the Convention on the Settlement of Investment Disputes between States and Nationals of Other States*, Cambridge University Press, 2001，277 – 78.

〔3〕See Christoph H. Schreuer, *The ICSID Convention: A Commentary on the Convention on the Settlement of Investment Disputes between States and Nationals of Other States*, Cambridge University Press, 2001，278.

〔4〕ICSID, *History of the ICSID Convention*, Volume Ⅱ – 1，1970, at 871.

〔5〕Christoph H. Schreuer, *The ICSID Convention: A Commentary on the Convention on the Settlement of Investment Disputes between States and Nationals of Other States*, Cambridge University Press, 2001，278.

〔6〕ICSID Case No. ARB/74/3.

〔7〕ICSID Case No. ARB/84/3.

Ouest Africaine des Bétons Industriels v. Senegal 案[1]中，仲裁庭采取的法人国籍认定标准是法人的成立地或法人管理中心所在地的国籍。[2]即便在 *Amco Asia Corporation and others v. Republic of Indonesia* 案[3]等一些案子的审理中考虑了外来控制等标准，但仲裁庭最终还是根据基于法人成立地或管理中心所在地的国籍来确定法人的国籍。然而，ICSID 仲裁裁决并不具有先例作用，仲裁庭在判定法人国籍时无需全都遵循传统标准，新的认定标准的出现在一定程度上拓展了 ICSID 仲裁的管辖权范围。

在 *Maritime International Nominees Establishment v. Republic of Guinea* 案[4]中，成立于列支敦士登的公司 Maritime International Nominees Establishment 与几内亚订立了开采几内亚铝土矿及出口国外的投资协议，协议就 ICSID 仲裁条款作出明确约定，将在列支敦士登（其时列支敦士登并未加入 ICSID 公约）登记成立但控股股东是瑞士（ICSID 公约成员国）国民的 Maritime International Nominees Establishment，看作是瑞士国民。争端提交 ICSID 后，秘书长考虑到列支敦士登并非公约缔约国而要求公司提供更多证据，公司辩称公司的真正利益获得者和控制者是瑞士国民，案件获得登记。按照 ICSID 公约的规定，秘书长的登记仅为初步判断，[5]只有仲裁庭才具有确定自身管辖权的权利。但仲裁庭并未说明是依据何种法人国籍认定标准来确定 Maritime International Nominees Establishment 的国籍从而适用公约第 25 条确立其对案件具有管辖权。此后对本案仲裁庭关于法人国籍认定标准存在诸多争鸣，其中国际投资法权威 Christoph H.Schreuer 教授认为，仲裁庭实质上是接受了当事人约定国籍的做法，只是要求此种约定要基于实际控制因素，例如利益控制因素；倘若作为 ICSID 公约成员国的东道国与在非公约成员国设立但受到公约成员国国民控制的投资者明确约定将投资争端提请 ICSID 仲裁解决的，那么只要投资者国籍确定，则该东道国接下来就无权以公约第 25 条第 2 款（b）项作为理由提出管辖权异议。[6]这一案子反映了 ICSID 公约适用范围的扩大，从而扩展了 ICSID 仲裁庭的管辖权范围。

---

〔1〕ICSID Case No. ARB/82/1.

〔2〕Christoph H. Schreuer, *The ICSID Convention: A Commentary on the Convention on the Settlement of Investment Disputes between States and Nationals of Other States*, Cambridge University Press, 2001，279－80.

〔3〕ICSID Case No. ARB/81/1.

〔4〕ICSID Case No. ARB/84/4.

〔5〕Art. 36(3) of the ICSID Convention.

〔6〕Christoph H. Schreuer, *The ICSID Convention: A Commentary on the Convention on the Settlement of Investment Disputes between States and Nationals of Other States*, Cambridge University Press, 2001，284.

在 *Tokios Tokelės v. Ukraine* 案[1]中，申请人立陶宛公司 Tokios Tokelės 的 99%股份由乌克兰国民持有，且在管理层中乌克兰国民达到三分之二。乌克兰政府就此提出管辖权异议，认为 Tokios Tokelės 表面上看是立陶宛公司，但通过"揭开公司面纱"，无论从所有权、管理权抑或公司控制中心所在地来看实际国籍应是乌克兰。ICSID 仲裁庭多数成员认为，依据 *Amco Asia Corporation and others v. Republic of Indonesia* 案中关于法人国籍认定的标准，国籍应当基于成立地来确定。[2]尽管本案首席仲裁庭 Prosper Weil 教授对此表示异议，认为 ICSID 公约并未对资本流出国作出明确规定，ICSID 不应对本案进行管辖，因为此种情况与 ICSID 的宗旨相悖，但仲裁庭还是根据多数意见裁定对本案具有管辖权。法人国籍再次成为仲裁庭扩大管辖权的一个载体。[3]

在前述 *Aguas del Tunari S.A. v. Republic of Bolivia* 案[4]中，申请人是依据玻利维亚法律成立的公司 Aguas del Tunari，S.A.（AdT），获得一份为 Cochabamba 城市提供公共饮用水和污水处理服务的特许协议，协议第 41.2 条规定了协议各方同意适用玻利维亚法律以及玻利维亚法院的管辖权。AdT 的股份由三部分组成，其中 20%由数家玻利维亚公司持有，25%由一家乌拉圭公司持有，另外 55%均由一家名为 International Water 的注册在开曼群岛的公司持有，而美国公司 Bechtel Enterprises Holdings，Inc.则持有 International Water 公司的全部股份。但设立数月之后，在特许权届满之前，International Water 迁至卢森堡，变成由一家荷兰公司 100%持股的公司（AdT 所有权结构如下图表 23 所示）。缘于玻利维亚和荷兰都是 ICSID 公约缔约国，AdT 声称其属于荷兰－玻利维亚 BIT 第 1（b）条所规定的荷兰国民，主张应当依据 BIT 第 9 条第 6 款将争端交付 ICSID 仲裁。ICSID 仲裁庭认为不应对 BIT 作狭义解释，且多数仲裁员认为"直接或间接控制"（controlled directly or indirectly）应基于法律能力而非实际能力，因此被申请人基于 AdT 是否为荷兰国民控制的管辖权异议被予以驳回。本案反映了一种可能性，即公司可"迁移"（Migrate）至存在条约保护的国家并因此获得投资条约中规定的包括 ICSID 国际仲裁救济的权利，尽管此种"迁移"并未获得东道国的同意。[5]

---

〔1〕ICSID Case No. ARB/02/18.

〔2〕ICSID Case No. ARB/02/18, Decision on Jurisdiction of 29 April 2004, para.40.

〔3〕M. Sornarajah, 'A Coming Crisis: Expansionary Trends in Investment Treaty Arbitration', in Karl P. Sauvant, Michael Chiswick-Patterson (ed.), *Appeals Mechanism In International Investment Disputes*, Oxford University Press, 2008，57.

〔4〕ICSID Case No. ARB/02/3.

〔5〕M. Sornarajah, 'A Coming Crisis: Expansionary Trends in Investment Treaty Arbitration', in Karl P. Sauvant, Michael Chiswick-Patterson (ed.）, *Appeals Mechanism In International Investment Disputes*, Oxford University Press, 2008，57－58.

二、最惠国条款在程序中的适用

依据联合国国际法委员会（International Law Commission，ILC）1978年第30次会议通过的最惠国条款条文草案，最惠国（Most-Favoured-Nation，MFN）条款是指“规定一国向另一国承担在约定的关系范围内给予最惠国待遇义务的条款”；[1]而最惠国待遇则是指“授予国（Granting State）给予受惠国（Beneficiary State）或与之有确定关系的人或事的待遇不低于授予国给予第三国或与之有同于上述关系的人或事的待遇”。[2]其中，载有最惠国条款的条约为基础条约

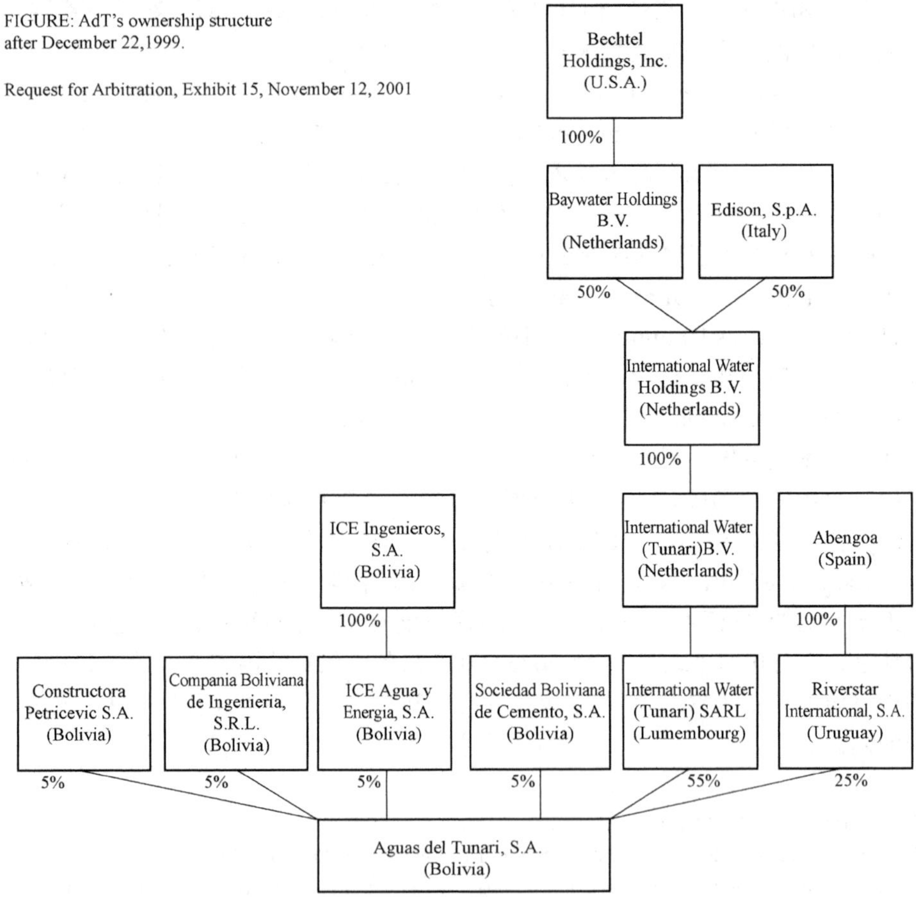

图表23：1999年12月22日后AdT所有权结构[3]

（1）Art.4 of the Draft Articles on Most-Favoured-Nation Clauses.

（2）Art.5 of the Draft Articles on Most-Favoured-Nation Clauses.

（3）ICSID Case No. ARB/02/3, Decision on Respondent's Objections to Jurisdiction of 21 October 2005, para.71.

（Basic Treaty），而作为实施最惠国待遇参照系的条约为第三方条约（Third Party Treaty）。目前世界上大多数国家缔结的双边投资条约中都规定了最惠国条款，且这些条款通常是互惠的、无条件的、有限的。早在 1987 年 ICSID 仲裁庭受理的 *Asian Agricultural Products Limited v. Democratic Socialist Republic of Sri Lanka* 案[1]中，英国公司 Asian Agricultural Products Limited 曾试图援引 1980 年英国－斯里兰卡 BIT 中的最惠国条款，以获得 1981 年瑞士－斯里兰卡 BIT 中规定的更优惠待遇；不过本案主张的最惠国条款适用范围属于实体问题，这一主张也因第三方条约规定的相应待遇并未更优惠而没能得到仲裁庭的支持。在传统上，投资条约中的最惠国条款一般是可以用来导入实体待遇标准，但是大多数允许此种导入的仲裁庭都依赖于推定，而忽略了条款之间有意义的变化。同时，最惠国条款适用于实体待遇所带来的成本与后果不容忽视，包括可能侵蚀东道国的正当规制权和公共政策空间、加剧国际投资法律秩序碎片化和不确定，以及阻碍投资条约的平衡化与更新换代。[2]因此，新近的一些仲裁裁决已开始拒绝适用最惠国条款来导入诸如公平公正待遇、全面保护与安全（Full Protection and Security）等实体待遇的企图。[3]

晚近 ICSID 在适用最惠国条款上的实践——将最惠国条款扩张适用于争端解决这一程序性事项，则引起了各方广泛的关注。大多数双边投资条约并未就最惠国条款可否适用于程序性事项作出明确规定，因而在探究缔约国真实意图时就须采取逐案分析的方法并综合考虑多种背景因素。当前在解释最惠国条款时，通常采取两种解释方法，一是维也纳条约法公约规定的"条约应依其用语按其上下文并参照条约之目的及宗旨所具有之通常意义，善意解释之"；[4]二是"同类原则"（Ejusdem Generis Principle），意指授予国在第三方条约中给予第三国的特定待遇属于基础条约最惠国条款的主体范畴，[5]即第三方条约与基础条约规定的事项属于同一类别，且该事项与最惠国待遇有关。[6]纵然各个仲裁庭

〔1〕ICSID Case No. ARB/87/3.

〔2〕王彦志：《从程序到实体：国际投资协定最惠国待遇适用范围的新争议》，载《清华法学》2020 年第 5 期，第 182 页。

〔3〕Simon Batifort, J. Benton Heath, 'The New Debate on the Interpretation of MFN Clauses in Investment Treaties: Putting the Brakes on Multilateralization', American Journal of International Law, vol.111（4），873（2017）.

〔4〕参见《维也纳条约法公约》第 31 条第 1 款。

〔5〕UNCTAD, 'Most-Favoured Nation Treatment', UNCTAD Series on Issues in International Investment Agreements II, 2010, U.N. Doc. UNCTAD/DIAE/IA/2010/1, U.N. Sales No. E.10.II.D.19, at 24.

〔6〕这与最惠国条款条文草案第 9 条第 1 款相似，该条规定如下：Under a most-favoured-nation clause the beneficiary State acquires, for itself or for the benefit of persons or things in a determined relationship with it, only those rights which fall within the limits of the subject-matter of the clause.

就此问题的解释不尽一致，但多数仲裁庭的决定支持了将双边投资条约中的最惠国条款扩张适用于争端解决事项，从而扩展了 ICSID 仲裁管辖权范围。

ICSID 于 1997 年受理的 *Emilio Agustín Maffezini v. Kingdom of Spain* 案[1]是第一个详细涉及最惠国条款能否适用于争端解决事项的案例。在该案中，阿根廷投资者 Maffezini 在西班牙投资建立了一个化工厂，后与当地政府发生争端。按照 1991 年西班牙 – 阿根廷 BIT 的规定，在投资者与东道国发生投资争端的情况下，如果投资者欲提请 ICISD 仲裁，除非东道国另行同意，否则投资者须履行以下程序：自任何一方提出争端存在之日起友好解决；如 6 个月内友好解决未果则向西班牙法院寻求当地司法救济；如经 18 个月仍未获得判决的，方可将争端提请 ICSID 仲裁。[2] 同时，西班牙 – 阿根廷 BIT 就最惠国待遇作出了如下规定：在本协定所覆盖的所有事项（in all matters subject to this Agreement），缔约双方须给予另一方最惠国待遇。[3] Maffezini 注意到，1991 年西班牙 – 智利 BIT 中规定，倘若自投资争端发生之日起协商 6 个月未果，投资者有权选择提起 ICSID 仲裁；[4] 遂主张援引西班牙 – 阿根廷 BIT 中最惠国条款规定，要求获得西班牙 – 智利第三方条约规定的在争端解决方面的更优惠待遇，即无需经过西班牙国内司法救济程序而直接启动国际仲裁程序。对此，西班牙辩称，西班牙 – 阿根廷基础条约第 10 条的规定构成了用尽当地救济规定，Maffezini 未将争端提交西班牙法院而直接交付 ICSID 违背了东道国当地救济规则；[5] 同时，依据同类原则，基础条约中的最惠国条款的适用事项仅指实体事项或者给予投资

---

〔1〕ICSID Case No. ARB/97/7.

〔2〕Settlement of Disputes Between a Contracting Party and an Investor of the other Contracting Party

1. Disputes which arise within the terms of this Agreement concerning an investment between an investor of one Contracting Party and the other Contracting Party shall, if possible, be settled amicably by the parties to the dispute.
2. If the dispute cannot thus be settled within six months following the date on which the dispute has been raised by either party, it shall be submitted to the competent tribunal of the Contracting Party in whose territory the investment was made.
3. The dispute may be submitted to international arbitration in any of the following circumstances:

a) at the request of one of the parties to the dispute, if no decision has been rendered on the merits of the claim after the expiration of a period of eighteen months from the date on which the proceedings referred to in paragraph 2 of this Article have been initiated, or if such decision has been rendered, but the dispute between the parties continues;

b) if both parties to the dispute agree thereto. See Article X of 1991 Spain – Argentina BIT.

〔3〕In all matters subject to this Agreement, this treatment shall not be less favorable than that extended by each Party to the investments made in its territory by investors of a third country. See Article IV of the 1991 Spain – Argentina BIT.

〔4〕Art.10（2）of 1991 Spain-Chile BIT.

〔5〕ICSID Case No. ARB/97/7, Decision on Jurisdiction of 25 January 2000, para.19.

者的待遇的实体方面，而不包括程序事项或管辖权事项；[1] 因此 Maffezini 无权依据最惠国条款直接提请 ICSID 仲裁。

对于西班牙的管辖权异议，ICSID 仲裁庭认为，即使基础条约第 10 条的规定不能视为“用尽”当地救济规定，至少也应构成规定了期间限制的当地救济，Maffezini 未经西班牙国内救济而直接提起 ICSID 仲裁，ICSID 对此不具有管辖权。[2] 但申请方仍有关于最惠国条款的诉由。在基本条约未对最惠国条款的适用范围是否包含争端解决事项作明确规定的情况下，应从对缔约国的缔约原意进行判断，或从缔约国对待外国投资及其本国投资者的实践中进行揣摩来决定该条款是否适用于争端解决事项。对于缔约国缔约原意的判断，仲裁庭主要从两方面考量：一方面，仲裁庭援引国际法院审理的 *Anglo-Iranian Oil Company* 案[3]、*Case concerning the rights of nationals of the United States of America in Morocco* 案[4] 以及 *Ambatielos* 案[5]，认为在国际投资中，争端解决安排与对外国投资者的保护密不可分，因而倘若某个第三方条约中的争端解决规定相对于基础条约来说对保护投资者的权利与利益更为有利，此类规定即可为投资者援引。[6] 另一方面，鉴于基础条约中规定的最惠国待遇的适用范围是“本协定所覆盖的所有事项”，其范围比西班牙缔结的其他双边条约中的最惠国条款的适用范围都要广泛，[7] 因而 Maffezini 可依据基础条约的最惠国条款来主张在程序上更为便利的待遇。而对基础条约缔约双方的缔约实践进行探析时，仲裁庭认为，尽管在西班牙－阿根廷 BIT 签署过程中因阿根廷坚持才使得条约规定了 6 个月协商之外的 18 个月国内诉讼要求，但随后阿根廷在与其他国家缔结双边投资条约时改变了立场，允许投资者经过一定期间的协商后将争端直接交付国际仲裁解决；[8] 同时缔约另一方西班牙在缔约实践中原本就倾向于允许投资者在经过 6 个月的协商后将争端提请国际仲裁，且其缔约实践中基本允许经过一定期限的协商后投资者可径行提请仲裁，[9] 因此将最惠国条款适用于争端解决事项

---

〔1〕 See ICSID Case No. ARB/97/7, Decision on Jurisdiction of 25 January 2000, para.41.

〔2〕 ICSID Case No. ARB/97/7, Decision on Jurisdiction of 25 January 2000, para.37.

〔3〕 I.C.J. Report 1952, at 93.

〔4〕 I.C.J. Report 1952, at 176.

〔5〕 I.C.J. Report 1953, at 10.

〔6〕 ICSID Case No. ARB/97/7, Decision on Jurisdiction of 25 January 2000, para.53.

〔7〕 ICSID Case No. ARB/97/7, Decision on Jurisdiction of 25 January 2000, para.60.

〔8〕 ICSID Case No. ARB/97/7, Decision on Jurisdiction of 25 January 2000, para.57.

〔9〕 例如，西班牙与阿尔及利亚、智利、哥伦比亚、古巴、捷克斯洛伐克、多米尼加共和国、埃及、萨尔瓦多、洪都拉斯、匈牙利、印度尼西亚、韩国、立陶宛、马来西亚、尼加拉瓜、巴基斯坦、秘鲁、菲律宾以及波兰等国缔结的双边投资条约。See ICSID Case No. ARB/97/7, Decision on Jurisdiction of 25 January 2000, para.58.

符合基础条约缔约方对待外资的实践。值得注意的是，虽然仲裁庭肯定了本案中最惠国条款可适用于争端解决事项，但也提出了一项重要限制，即不能无视公共政策考量，[1]这包括四个方面：其一，不可排除用尽当地救济规则；[2]其二，不可损害岔路口条款的适用；[3]其三，不能取代对一个特定仲裁机构的约定；[4]其四，不能排除对一个具有详细程序规则、高度组织化的仲裁机制[5]的选择。[6]

随后，在 *Siemens A.G. v. Argentine Republic* 案[7]中，ICSID仲裁庭亦支持了德国西门子公司将最惠国条款适用于争端解决程序中的请求。相较于Maffezini案，本案进一步放宽了对最惠国条款的扩大化解释，因为Maffezini案中的基础条约规定的最惠国待遇范围是“本协定所覆盖的所有事项”，仲裁庭遂认为“所有事项”包括争端解决事项；而Siemens案中BIT所规定的最惠国待遇适用范围在措辞上比“所有事项”范围要窄得多，BIT第3条只是规定了最惠国条款的适用范围是“投资者的投资”及“投资者的有关活动”。[8]继Siemens案后，*Gas Natural SDG，S.A. v. Argentina Republic* 案[9]、*Suez，Sociedad General de Aguas de Barcelona S.A.，and InterAgua Servicios Integrales del Agua S.A. v. Argentina Republic* 案[10]、*Camuzzi International S.A. v. Argentine Republic* 案[11]以及 *Técnicas Medioambientales Tecmed，S.A. v. United Mexican States* 案[12]中，ICSID仲裁庭均支持将最惠国条款扩展适用于投资争端解决程序事项。依据UNCITRAL规则审理的 *National Grid Plc. v. Argentina Republic* 案[13]与 *AWG Group Ltd. v. Argentina Republic* 案[14]也同样肯定了最惠国条款可扩展适用于争

〔1〕ICSID Case No. ARB/97/7, Decision on Jurisdiction of 25 January 2000, para.62.

〔2〕倘若基础条约要求外国投资者须用尽东道国国内行政或司法救济后方寻求国际救济的，投资者不能援用最惠国待遇条款，以第三方条约没有这样的限定为由来排除基础条约中用尽当地救济规则的适用，因为此项限定条件反映了国际法的基本规则。

〔3〕倘若基础条约规定了多种争端解决途径可供选择时，一俟投资者选择了其中一种则不能再选择其他，此时投资者不能援用最惠国条款，以第三方条约没有这样的限定为由来排除基础条约中岔路口条款的适用。

〔4〕例如倘若基础条约已明确规定ICSID仲裁，则不能援用最惠国条款，以第三方条约中的其他争端解决方式来代替。

〔5〕例如NAFTA仲裁机制。

〔6〕ICSID Case No. ARB/97/7, Decision on Jurisdiction of 25 January 2000, para.63.

〔7〕ICSID Case No. ARB/02/8.

〔8〕ICSID Case No. ARB/02/8, Decision on Jurisdiction of 3 August 2004, para.83.

〔9〕ICSID Case No. ARB/03/10.

〔10〕ICSID Case No. ARB/03/17.

〔11〕ICSID Case No. ARB/03/7.

〔12〕ICSID Case No. ARB (AF)/00/2.

〔13〕UNCITRAL (UK-Argentina BIT)，Decision on Jurisdiction, 20 June 2006.

〔14〕UNCITRAL (UK-Argentina BIT)，Decision on Jurisdiction, 3 August 2006.

端解决程序。[1] 不过，在 *Plama Consortium Limited v. Republic of Bulgaria* 案[2]和 *Salini Costruttori S.p.A.and Italstrade S.p.A. v. Kingdom of Morocco* 案[3]中，ICSID 仲裁庭对最惠国条款可否适用于争端解决程序性事项上的态度可谓峰回路转；如果说相较于 Maffezini 案中最惠国条款适用于“本协定所覆盖的所有事项”，Salini 案中的最惠国条款适用范围较狭窄仅适用于“投资者的投资及收益”尚可理解，那么 Plama 案则表明了与 Maffezini 案的彻底不同。Plama 案仲裁庭认为，保加利亚 – 塞浦路斯 BIT 第 4 条规定的用尽当地救济要求，是两国间特别谈判设定的将争端交付国际仲裁庭的限制性条件，且除非缔约双方有明确的、不含糊的约定，否则基础条约中的争端解决条款不能经由最惠国条款为第三方条约中的其他争端解决机制所替代。[4] Plama 案仲裁庭的意见，得到了后来的 *Telenor Mobile Communications AS v. Republic of Hungary* 案[5]的赞同。总体而言，在已公开的 ICSID 案例中，目前赞成将最惠国条款适用于争端解决程序事项的案例要远多于持否定立场的案例，而对最惠国条款作扩大化解释，直接拓宽了 ICSID 仲裁庭的管辖权。

三、保护伞条款的适用

保护伞条款（Umbrella Clause）可追溯至剑桥大学 Elihu Lauterpacht 教授在国际法院审理的 *Anglo-Iranian Oil Co.（United Kingdom）v. Iran* 案中就解决伊朗石油国有化争端所提出的意见，其时学者们所用的术语包括“镜像”（mirror）、“平行效应”（parallel effect）或“条约必须遵守”（*pacta sunt servanda* clause）。[6] 1953 年 12 月，Elihu Lauterpacht 教授对 Anglo-Persia 石油公司提出建议，认为应考虑订入可以适用国际法的准据法条款来维护争端解决协议，这一建议在他 1954 年 1 月提出的通过“保护伞条约概念”来平行维护争端解决协议的意见中得到了进一步明确，即 Anglo-Persia 石油公司和其他在争端解决协议中涉及的此类石油公司与另一方伊朗国家石油公司和/或伊朗政府，这两者之间的任何合同，都应当在伊朗和英国的条约中以违反该合同或争端解决协议本身将会被认为是违反条约的方式包括或提及。[7] 这一意见实质上是通过订入一项法律

---

〔1〕Andrew Newcombe and Lluís Paradell, *Law and Practice of Investment Treaties: Standards of Treatment*, Kluwer Law International, 2009，208 – 209.

〔2〕ICSID Case No. ARB/03/24.

〔3〕ICSID Case No. ARB/00/4.

〔4〕ICSID Case No. ARB/00/4, Decision on Jurisdiction of 8 February 2005, paras.197 – 212.

〔5〕ICSID Case No. ARB/04/15.

〔6〕Jeswald W. Salacuse, *The Law of Investment Treaties*, Oxford University Press, 2010，276.

〔7〕Anthony C. Sinclair, ‘The Origins of the Umbrella Clause in the International Law of Investment Protection’, Arbitration International, vol.20，412 – 19（2004）.

条款，使得对合同的违反构成对条约的违反。随着国际投资实体法的发展，投资保护协定草案中开始出现了保护伞条款的雏形。1959 年德国学界为促进对外国投资的保护，由德意志银行主席 Hermann Abs 主持召集一批法学家、银行家以及经济学家起草了《相互保护外国私人财产的国际公约草案》（Draft International Convention for the Mutual Protection of Private Property Rights in Foreign Countries），其中第 5 条第 4 款关于“通过政府间协定、其他协议或者缔约一方的行政法令，给予非国民的包括最惠国条款在内的比国民更优惠的待遇，这些承诺应当优先”[1] 的规定，已包含了现代保护伞条款的一些要素。而在 1958 年，时任壳牌石油公司董事、前英国检察总长 Hartley Shawcross 曾召集英美法与大陆法学者制定了《外国投资公约草案》（Draft Convention on Foreign Investments），这一举动是为了挽回在 Anglo-Persia 石油公司案等案例中的失败所做的努力。经 Hermann Abs 与 Hartley Shawcross 合作将各自文本合并、修订，于 1959 年 4 月共同出版了《海外投资公约草案》（Draft Convention on Investments Abroad，Abs-Shawcross Draft），其中第 2 条关于“缔约任一方应永久确保遵守其对任何其他一方国民所作的有关投资的所有承诺”[2] 的规定基本上具备了保护伞条款的全部要素。[3] 以此为蓝本，1967 年经 OECD 修订并重新公布的《保护外国财产公约草案》在第 2 条（信守承诺，Observance of Undertakings）规定了缔约各方应当永久确保遵守其作出的与任何其他缔约方国民财产有关的承诺。虽然本条文并未直接提及“投资”“合同”等措辞，但对“财产”的范围采取广义解释，不限于外国国民的财产权利，亦包括与财产有关的权利，从而包含了来自东道国与外国国民特许等合同的承诺。[4]

早在世界上第一个签署的双边投资条约中，就能找到保护伞条款的身影。1959 年德国－巴基斯坦 BIT 第 7 条规定：“缔约任一方应遵守其对另一方国民或公司之投资所承诺的任何其他义务。”[5] 倘若说在 Abs-Shawcross Draft 直至

---

〔1〕In so far as better treatment is promised to non-nationals than to nationals either under inter-governmental or other agreements, or by administrative decrees of one of the High Contracting Parties, including most-favoured-nation clauses, such promises shall prevail. See Anthony C. Sinclair, 'The Origins of the Umbrella Clause in the International Law of Investment Protection', Arbitration International, vol.20，419（2004）.

〔2〕Each Party shall at all times ensure the observance of any undertakings which it may have given in relation to investments made by nationals of any other Party. See Anthony C. Sinclair, 'The Origins of the Umbrella Clause in the International Law of Investment Protection', Arbitration International, vol.20，421（2004）

〔3〕Anthony C. Sinclair, 'The Origins of the Umbrella Clause in the International Law of Investment Protection', Arbitration International, vol.20，418－22（2004）.

〔4〕Anthony C. Sinclair, 'The Origins of the Umbrella Clause in the International Law of Investment Protection', Arbitration International, vol.20，427－29（2004）.

〔5〕Anthony C. Sinclair, 'The Origins of the Umbrella Clause in the International Law of Investment Protection', Arbitration International, vol.20，433（2004）.

OECD 公约中，与投资有关的协议范围较为狭窄，往往涉及国家行使公法上的权利，且当时基本上是由国家依据投资保护条约寻求救济，即保护伞条款的提升作用仅仅针对国家作为主权者而非普通商业实体与投资者达成的合同；那么，随着双边投资条约的大量涌现，两大因素极大增强了保护伞的重要性：其一，“投资”含义不断得到拓展，从 20 世纪 60 年代“外国直接投资”发展至当前可能包括“间接投资”在内的资产或财产权利，保护伞与投资定义的互动关系扩展了受保护合同的范围，使得几乎所有涉及“投资”的争端都有可能由于保护伞条款而被提升到国际层面进行处理；其二，投资者－东道国仲裁机制的广泛运用，赋予保护伞条款以强大之活力，使得东道国在遵守其所作合同承诺方面承受巨大的约束力。[1] 在国际法上，对于违反合同行为、东道国国内立法以及行政行为是否构成对国际义务的违背并非十分明确，[2] 而且要证明这些行为违背了最低待遇标准、公平与公正待遇标准抑或构成间接征收亦具有一定的困难；[3] 不过，尽管这些问题在案件的实体裁断中仍具有举足轻重的作用，但在程序事项上可能将不再具有决定性的意义，因为只要能证明东道国违背了某一项投资合同（非投资条约），即便是投资合同并未载有 ICSID 仲裁等争端解决条款，外国投资者亦可经由保护伞条款将合同争议上升为条约争议从而主张寻求国际救济。而此种解释，也已得到了一些 ICSID 仲裁庭的认可。

在 *SGS Société Générale de Surveillance S.A. v. Republic of the Philippines* 案[4]中，1986 年瑞士公司 SGS 与菲律宾政府签订了两个连续的进口综合监管服务协议，就此发生争议后 SGS 向 ICSID 提请仲裁，要求菲律宾政府偿还约一亿四千万美元的服务价款及其利息。双方争议的焦点问题之一，即双边投资条约项下保护伞条款对 ICSID 仲裁管辖权的效力问题。在此之前，另一个 ICSID 仲裁庭在审理 *SGS Société Générale de Surveillance S.A. v. Islamic Republic of Pakistan* 案[5]中，已裁定巴基斯坦政府违反与 SGS 签订的合同的行为，属于纯合同请求，并未违反双边投资条约中其他实体条款（例如最惠国待遇、征收、外汇汇兑等保证），不构成条约请求，因此仲裁庭只对本案中 SGS 诉巴基斯坦政府违反条约的请求具有管辖权，而对 SGS 和巴基斯坦政府互诉对方违反合同的请求没有

---

〔1〕参见陈安主编：《国际投资法的新发展与中国双边投资条约的新实践》，复旦大学出版社 2007 年版，第 232－33 页。

〔2〕Rudolf Dolzer, Margrete Stevens, *Bilateral Investment Treaties*, Martinus Nijhoff Publishers, 1995，81－82.

〔3〕不过，对最低待遇标准、公平与公正待遇标准以及征收等解释，也存在着扩大化的倾向。See M. Sornarajah, ‘A Coming Crisis: Expansionary Trends in Investment Treaty Arbitration’, in Karl P. Sauvant, Michael Chiswick-Patterson (ed.), *Appeals Mechanism In International Investment Disputes*, Oxford University Press, 2008，63－73.

〔4〕ICSID Case No. ARB/02/6.

〔5〕ICSID Case No. ARB/01/13.

管辖权。[1] 不过，本案仲裁庭对保护伞条款的适用作出了截然不同的解释，即只要菲律宾政府违反了与瑞士投资者订立的合同，其本身就违反瑞士－菲律宾BIT中的保护伞条款。在双边投资条约第10条第2款中，缔约双方约定，缔约任一方应当遵守就缔约另一方投资者在其境内特定投资所承诺的任何义务。[2] 对于这一保护伞条款，仲裁庭指出，保护伞条款中的术语“任何义务”能够解释为包括产生于国内法上的义务，例如源自合同的义务；[3] 对保护伞条款的此种包容性解读更符合双边投资条约“为投资创造和维持有利环境”的目的。[4] 因此，菲律宾未能遵守对其有约束力的承诺，包括其所承担的与特定投资有关的合同承诺，违反了瑞士与菲律宾签订的双边投资条约，仲裁庭就此对源自合同项下的诉求具有管辖权。对于 *SGS Société Générale de Surveillance S.A. v. Islamic Republic of Pakistan* 案中仲裁庭对保护伞条款所作的限制性解释，本案仲裁庭认为将此种理由适用于本案并不具有说服力。一方面，巴基斯坦案中保护伞的用语是“任一缔约方应持续保证遵守所作承诺”[5]，而本案的措辞是“缔约任一方应当遵守……承诺的任何义务”，前者更为含糊不清，而后者表述更加明确和直接，所提及的“就缔约另一方投资者在其境内特定投资所承诺的任何义务”应当包含缔约一方与另一方投资者所订立的合同义务，所以保护伞条款得以适用。[6] 另一方面，巴基斯坦案仲裁庭未能就保护伞条款给予任何明确的含义，在其作出的裁决中提到，保护伞条款标志着一个默示确定的承诺（implied affirmative commitment），即制定必要或适当的实施细则和规定，以确保有利于另一缔约方投资者的合同或法定义务的兑现，否则对投资者的合同或法定承诺将成一纸空文；但仲裁庭不排除在例外情况下某些违反合同的行为可能构成违反双边投资条约。[7] 不过，本案仲裁庭认为，倘若保护伞条款具有

---

〔1〕ICSID Case No. ARB/01/13, Decision of the Tribunal on Objections to Jurisdiction of 6 August 2003.

〔2〕Each Contracting Party shall observe any obligation it has assumed with regard to specific investments in its territory by investors of the other Contracting Party. See ICSID Case No. ARB/02/6, Decision of the Tribunal on Objections to Jurisdiction of 29 January 2004, para.115.

〔3〕ICSID Case No. ARB/02/6, Decision of the Tribunal on Objections to Jurisdiction of 29 January 2004, para.115.

〔4〕ICSID Case No. ARB/02/6, Decision of the Tribunal on Objections to Jurisdiction of 29 January 2004, para.116.

〔5〕Either Contracting Party shall constantly guarantee the observance of the commitments it has entered into with respect to the investments of the investors of the other Contracting Party. See ICSID Case No. ARB/02/6, Decision of the Tribunal on Objections to Jurisdiction of 29 January 2004, para.119.

〔6〕ICSID Case No. ARB/02/6, Decision of the Tribunal on Objections to Jurisdiction of 29 January 2004, para.121.

〔7〕ICSID Case No. ARB/01/13, Decision of the Tribunal on Objections to Jurisdiction of 6 August 2003, para.172.

授予国际仲裁庭以管辖权的效力，需要予以充分的确定，管辖权并非通过所谓默示确定的承诺或例外情况来授予。[1]

虽然本案由于 SGS 与菲律宾签订的 CISS 协议中存在争议解决选择条款，仲裁庭多数意见认为应暂时中止正在进行的仲裁程序，待 CISS 协议第 12 条规定的双方合意选择的菲律宾法院对应当支付的欠款数额作出裁断；[2] 但此种对保护伞条款作扩大性解释的方法得到了之后包括 *Noble Ventures, Inc. v. Romania* 案 [3] 以及 *LG&E Energy Corp., LG&E Capital Corp. and LG&E International Inc. v. Argentine Republic* 案 [4] 仲裁庭的遵循并获得了一定的发展。目前保护伞条款适用过程中限制性与扩大性解释两种方法的争鸣尚未有定论，也正是因为在 ICSID 仲裁实践中保护伞条款的解释没有确定的标准可循，因而易为投资者借以作为寻求国际救济的依据，因此如何应对保护伞条款可能对东道国司法主权带来的负面冲击，是东道国在缔结双边投资条约时应当考量的重要问题。

第二节 中国双边投资条约的修订与改良

一、投资与法人国籍

（一）投资定义的限制

综观各国实践，双边投资条约中的“投资”定义通常存在三种类型：其一，以企业为基础的投资定义（enterprise-based definition），即一个国家的实体企业为了获得持续性收益，在另一个国家内建立或并购一个实体企业，或获得足以控制该实体企业的股份。例如 1998 年美国 – 加拿大 FTA 规定的投资仅包括：新建企业的投资；企业收购的投资；投资者在建立或收购过程中所进行的投资；企业投资者所能控制企业的股份或其他投资收益。[5] 其二，参照“商业存在”的定义（definition by reference to “commercial presence”），即投资仅限于采取

〔1〕ICSID Case No. ARB/02/6, Decision of the Tribunal on Objections to Jurisdiction of 29 January 2004, para.125.

〔2〕ICSID Case No. ARB/02/6, Decision of the Tribunal on Objections to Jurisdiction of 29 January 2004, para.155.

〔3〕ICSID Case No. ARB/01/11.

〔4〕ICSID Case No. ARB/02/1.

〔5〕UNCTAD, ‘Scope and Definition’, UNCTAD Series on Issues in International Investment Agreements II, 2011, U.N. Doc. UNCTAD/ DIAE/IA/2010/2, U.N. Sales No. E.11.II.D.9, at 22.

“商业存在”的形式，例如投资者在东道国设立的法人实体、分支机构或代表处。此种定义为欧盟经济协议所采纳。[1] 其三，以资产为基础的广义投资定义（the broad asset-based definition），指缔约各方依据各自法律法规所允许或接受的各种财产（every kind of asset），不仅包括金融资产及经济概念上的“资本”，亦包括具有创造生产能力的所有有形和无形资产。通常说来，这一定义包括：

> 动产、不动产和其他财产权如抵押权、留置权和质权；
> 公司的股份、股票、债券和任何其他形式的参股；
> 金钱请求权和合同项下具有经济价值的其他行为请求权；
> 知识产权和商誉；
> 依据法律或合同取得的特许权，包括自然资源的勘探、耕作、提炼或开发的特许权。[2]

大多数双边投资条约采取的是以资产为基础的广义投资定义，[3] 这其中包括了欧式双边投资条约与美式双边投资条约，只不过前者以投资保护为目的，而后者以投资自由化为目标。中国亦采用了以资产为基础的广义投资定义。[4] 采用广义定义不仅能够对大范围的资产提供保护，同时随着国际上新型资产以及新型所有权的不断涌现，广义定义对传统和未来双边投资条约的兼容与协调是极为有利的。例如，在应用类似欧盟排放交易体系（European Union Emissions Trading Scheme，EU ETS）的碳排放交易体系[5] 时，需要考虑如何恰当地对各

---

〔1〕UNCTAD, ‘Scope and Definition’, UNCTAD Series on Issues in International Investment Agreements II, 2011, at 23.

〔2〕UNCTAD, ‘Scope and Definition’, UNCTAD Series on Issues in International Investment Agreements II, 2011, at 24.

〔3〕UNCTAD, ‘Scope and Definition’, UNCTAD Series on Issues in International Investment Agreements II, 2011, at xi.

〔4〕例如，2003年重新签署的中国－德国BIT第1条作了如下规定：“‘投资’一词系指缔约一方投资者在缔约另一方境内直接或间接投入的各种财产，包括但不限于：（一）动产，不动产及抵押、质押等其他财产权利；（二）公司的股份、债券、股票或其他形式的参股；（三）金钱请求权或其他具有经济价值的行为请求权；（四）知识产权，特别是著作权、专利和工业设计、商标、商名、工艺流程、商业秘密、专有技术和商誉；（五）法律或法律允许依合同授予的商业特许权，包括勘探、耕作、提炼或开发自然资源的特许权；作为投资的财产发生任何形式上的变化，不影响其作为投资的性质。”

〔5〕欧盟十五个成员国在接受京都议定书时选择了在共同体内分担同一减排目标，并为此设立了欧盟排放交易体系。该体系于2005年1月1日开始运作，影响范围覆盖了欧盟45%的二氧化碳排放及大约11 500项设施。See Lisa Bennett, ‘Are Tradable Carbon Emissions Credits Investments-Characterization and Ramifications under International Investment Law, New York University Law Review, vol.85, 1585－86（2010）. 进入2012年，欧盟将航空业纳入欧盟排放交易体系的法令正式实施。这意味着，来往欧盟的航空公司自2012年起要递交碳排放监测数据，2013年3月开始将根据监测数据和相应的配额减免，向欧盟缴纳国际航空碳排放费，即航空碳税。

种国内与国际法律框架下新产生的排放配额进行定性。有学者通过 ICSID 对“投资”的客观定义以及国际条约对“投资”的特有定义，推论出碳排放配额可被视为一项适格的投资。[1] 如果采用的是广义定义，碳排放配额亦有可能受到投资条约的保护。碳排放权交易只是作为应对气候变化的一种措施，在更广泛的角度，东道国气候治理政策也已进入国际投资仲裁的视野。从 2012 年至 2021 年 6 月，与气候变化相关的国际投资仲裁案件至少有 13 起。[2] 考虑到中国已在一些双边投资条约中全面接受了 ICSID 仲裁的管辖权，投资者可据此获得对新兴投资方式的强有力的程序保障，这可能加大了中国被诉至国际仲裁庭的风险。

关于中国双边投资条约中“投资”定义的把握，笔者认为，“投资”范围的界定，应当从国家利益的角度出发，符合国内经济发展以及“一带一路”倡议下海外投资促进的政策目标。一方面，作为双边投资条约最基本的条款，投资定义的界定方式及范围，将对一国经济产生重大影响。以间接投资为例，由于间接投资是投资者以其资本购买公司债券、金融债券或公司股票等各种有价证券，资本运用较为灵活，可随时调用或转卖，更换其他资产，因此可能造成大规模的波动，例如金融风暴，对国民经济产生极大的冲击。早年中国资本市场尚未健全，资本市场持续稳定运行的基础仍不牢固，[3] 即使在当代“黑天鹅”或“灰犀牛”仍可能给金融安全带来系统性风险，因而更应当防范金融危机所引致的风险。鉴于在 WTO 和 UNCTAD 的审议中，多数国家倾向于在未来多边投资框架中使用狭义的投资定义，即仅适用于国际直接投资，而不包括间接投资；投资条约通常允许东道国政府对外国投资实施一定程度的监控，允许东道国政府仅为某些类别的投资提供保护，对于具有负面效应的投资施行一定限制，以达到限制投机、控制短期资本流动以及避免外国资本流动的过度波动的目的。[4] 另一方面，中国与“一带一路”沿线国家之间的双边投资条约大部分缔结于二十世纪，内容较为“粗略过时”，对投资的定义较为狭隘，未能反映时代的要求，不利于保护和促进“一带一路”海外投资。[5]

结合国内经济发展与“一带一路”倡议下海外投资促进的政策目标，中国

---

〔1〕 Lisa Bennett, ‘Are Tradable Carbon Emissions Credits Investments-Characterization and Ramifications under International Investment Law, New York University Law Review, vol.85，1616 – 17（2010）.

〔2〕 Catherine Higham, Joana Setzer, ‘‘Investor-State Dispute Settlement’ as a New Avenue for Climate Change Litigation’, Grantham Institute on Climate Change and the Environment, Commentary, 2 June 2021, available at: https://www.lse.ac.uk/granthaminstitute/news/investor-state-dispute-settlement-as-a-new-avenue-for-climate-change-litigation/, visited on 6 March 2022.

〔3〕 参见中国证券监督管理委员会：《中国资本市场发展报告（摘要）》，载《上海证券报》2008 年 1 月 25 日，第 015 版。

〔4〕 詹晓宁、葛顺奇：《国际投资协定：“投资”和“投资者”的范围与定义》，载《国际经济合作》2003 年第 1 期，第 41 页。

〔5〕 龚柏华、何力、陈力：《“一带一路”投资的国际法》，载《上海法学研究》2019 年第 4 卷，第 24 页。

应当适度地限制“投资”定义的范围。适度限制“投资”定义的范围，可通过以下三个途径来完成。首先，规定受到双边投资条约保护的“资产”应当满足一个前提条件，即属于东道国接受或允许的投资。这样的规定实质上是将“投资”定义的范围限制在东道国国内法的制约内，即只有东道国国内法律允许的且通过东道国审批接受的“投资”，才能获得投资条约的保护。[1] 由于国内法律涉及东道国禁止、限制或鼓励投资的各国法律规范以及投资审查批准的各种制度，因此这一规定充分体现了东道国的投资政策，反映了东道国的国家利益。其次，有些国家倾向于依据进入市场前后对外国直接投资采用不同定义，即在投资前考虑市场准入与跨国投资自由化问题，而在投资后主要考虑对投资资产的保护，因此中国亦可在投资准入上采取较为宽泛的投资定义，但在双边投资条约中的争议解决条款中，明确将对中国经济有重大影响的投资排除在ICSID仲裁管辖权之外，例如涉及证券等间接投资方式的争议。此外，涉及东道国投资管制措施的正当性问题，可依据双边投资条约的缔结对方进行具体区别对待。与发达国家缔结双边投资条约时，可考虑将投资管制正当性问题排除在“投资”争议外，例如对于有关国有化或征收措施的合法性争议、因中国现行法律法规的合法性以及解释与适用法律法规引起的争议等，可能是直接因投资而产生的争议，但都应当排除在ICSID仲裁管辖权之外。但对与“一带一路”沿线国家缔结的双边投资条约，则应谨慎保留投资管制正当性问题，为我国海外投资者利益的保护提供可能。最后，有必要修订以资产为基础的广义投资定义方式，可规定只有具有投资特征（characteristics of an investment）的资产方能获得双边投资条约的保护；而何谓“投资特征”，可借鉴美国2004年BIT范本中规定，即获得资金或其他自然资源的保证、收益或利润的预期，或风险的承担（commitment of capital or other resources，the expectation of gain or profit，or the assumption of risk）。[2] 如此，便可将依据货物销售或提供服务而取得即时金钱请求权等不具有投资特征的投资排除在投资之外，而“一带一路”倡议下我国海外基础设施投资基本具有“投资特征”，由此也可获得保护。通过这一系列的修订，限制了“投资”定义中的资产范围，抑或在执行双边投资条约过程中对不同的资产加以区别对待，从而达到维护国家经济利益的目的、降低被诉至ICSID仲裁庭的风险，亦能给予“一带一路”倡议下我国海外投资有效的法律保障。

值得一提的是，2020年施行的《外商投资法》对“外商投资”作出的定义为“外国的自然人、企业或者其他组织（以下称外国投资者）直接或者间接在

---

〔1〕杜新丽：《中外双边投资保护协定法律问题研究》，载《政法论坛》1998年第3期，第89－90页。

〔2〕Art.1 of the 2004 U.S. Model BIT.

中国境内进行的投资活动，包括下列情形：（一）外国投资者单独或者与其他投资者共同在中国境内设立外商投资企业；（二）外国投资者取得中国境内企业的股份、股权、财产份额或者其他类似权益；（三）外国投资者单独或者与其他投资者共同在中国境内投资新建项目；（四）法律、行政法规或者国务院规定的其他方式的投资。”[1] 这一列举加兜底的定义模式，将“投资”划分为设立企业、取得股权等权益、投资新建项目以及法律规章规定的其他方式共四种类型。这一定义方法，既有别于世界上多数双边投资条约采用的以资产为基础的广义投资定义，也不同于我国早先立法——三资企业法以及我国对外缔结的双边投资条约中规定的投资定义。同时，《外商投资法》对一些重要问题并未作出规定，这将有可能在实践中产生争议。例如，由于与我国缔结的国际投资条约不一致，是否会与条约项下义务形成冲突？

（二）法人国籍的认定标准

中国由于主要以双边投资条约方式规定 ICSID 仲裁，因此中国对外缔结的双边投资条约中对“缔约国一方的投资者”的界定，将对 ICSID 管辖权具有举足轻重的作用。2007 年在 ICSID 登记的 *Tza Yap Shum v. Republic of Peru* 案[2] 是第一个涉及中国的 ICSID 案件，亦是第一个由中国公民作为申请方的 ICSID 案件，该案中在中国香港有永久性居住权的中国公民是否属于中国双边投资条约中所规定的“投资者”这一问题引起了广泛关注。ICSID 仲裁庭对中国－秘鲁 BIT 中投资者定义分析后认为谢业深是中国公民，因此没有必要确定中国－秘鲁 BIT 是否适用于中国香港地区。[3] 不过，这一决定值得商榷。有学者通过对中国宪法、中国香港特区基本法、中英联合声明以及中国过往的惯常做法进行研究，认为在确定有关双边投资条约中中国“投资者”的范围时，应将在中国香港有永久性居住权的中国公民与在中国内地有永久居住权的中国公民区分开来。[4] 自然人国籍之认定尚且如此大费周章，对跨国投资中法人国籍的认定则更为繁杂，对 ICSID 仲裁庭管辖权的影响亦将是更为关键的。

中国对外缔结的双边投资条约关于法人形式的投资者是否属于缔约国国民的认定，通常以法人的成立地作为认定标准，例如 1986 年中国－英国 BIT 就规定公司“在中华人民共和国方面，系指在中华人民共和国领土内任何地方依照有效法律设立或组建的公司、商号或社团”，在“在联合王国方面，系指在联合王国任何地方或依照本协定第十条规定延伸适用的任何领土内依照有效法律设立

---

〔1〕参见《外商投资法》第 2 条。

〔2〕ICSID Case No. ARB/07/6.

〔3〕ICSID Case No. ARB/07/6, Decision on Jurisdiction and Competence of 19 June 2009, para.68.

〔4〕参见王海浪：《中外 BIT 中“投资者”的区域范围问题初探》，载曾华群主编：《国际经济新秩序与国际经济法新发展（陈安教授八十华诞祝贺文集）》，法律出版社 2009 年版，第 400－405 页。

或组建的公司、商号或社团”。[1] 2004 年，美国 BIT 范本亦采用了法人成立地标准。[2] 2012 版的美国 BIT 范本延续了法人成立地标准。[3] 此种传统的认定方法目前为各国广泛接受，运用这一法人国籍认定标准来解决 ICSID 仲裁机制中法人国籍的认定问题，尊重既有的国际法原则，有利于国际法发展的稳定性与延续性。而就对华投资来说，目前外资在中国投资的主要形式是外商投资企业，包括中外合资企业、中外合作企业以及外商独资企业。[4] 依照 1986 年 4 月 12 日施行的《民法通则》的规定：“在中华人民共和国领域内设立的中外合资经营企业、中外合作经营企业和外资企业，具备法人条件的，依法经工商行政管理机关核准登记，取得中国法人资格”。[5] 按照 2020 年实施的《外商投资法》，外商投资企业是指全部或者部分由外国投资者投资，依照中国法律在中国境内经登记注册设立的企业。[6] 当前中国国内法对中国法人国籍的取得采用的是复合标准，包括注册登记地与住所地，即要求既在中国注册登记且住所地亦须在中国。据此，在中国境内设立的外商投资企业的国籍认定，同样要采取注册登记地与住所地的标准。

除却法人成立地标准，实践中也存在一些例外情形，例如 1992 年中国－阿根廷 BIT 中关于“投资者”定义中除了规定“依照中华人民共和国法律设立，其住所在中华人民共和国领土内的经济组织”外，还规定了“如果缔约一方的自然人或法人在某一设立于第三国领土内的法人中拥有利益，并且该法人在缔约另一方进行投资，则它应被视为缔约前者一方的法人。本条该款仅在上述第三国没有或放弃保护上述法人的权利时方可适用”[7]。这实际上是采用了控制标准。2001 年重新签署的中国－荷兰 BIT [8] 也作出了相似的规定。控制标准有利于正确判断投资者的身份，可以避免适用法律时将形式上的外资或实际上的内资当作外资，或是将形式上的内资或实质上的外资当作内资，这是从投资者的立场上考虑问

---

〔1〕参见 1986 年中国－英国 BIT 第 1 条丁项。

〔2〕“Enterprise” means any entity constituted or organized under applicable law, whether or not for profit, and whether privately or governmentally owned or controlled, including a corporation, trust, partnership, sole proprietorship, joint venture, association, or similar organization; and a branch of an enterprise. “Enterprise of a Party” means an enterprise constituted or organized under the law of a Party, and a branch located in the territory of a Party and carrying out business activities there. See Art.1 of the 2004 U.S. Model BIT.

〔3〕See Art.1, Section A of the 2012 U.S. Model BIT.

〔4〕2020 年 1 月 1 日《外商投资法》正式施行时，《中外合资经营企业法》《外资企业法》《中外合作经营企业法》同时废止。

〔5〕参见《民法通则》第 41 条第 2 款。

〔6〕参见《外商投资法》第 2 条。

〔7〕参见 1992 年中国－阿根廷 BIT 第 1 条第 2 款。

〔8〕2001 年中国－荷兰 BIT 议定书关于第一条作了如下规定：“第一条第一款所述‘投资’一词包括由缔约一方投资者拥有或控制的第三国法人在缔约另一方领土内依照后者的法律法规已经进行的投资。只有当投资被缔约另一方征收之后该第三国无权或放弃其赔偿请求权的情况之下，本协定相关条款方为适用。”

题，确保投资者能够利用 ICSID 仲裁机制。鉴于中石油、中石化等能源企业已在海外注册子公司或上市，而其资本主要来自中国境内，采用控制标准则得以认定这些公司具有中国法人国籍，这对保护“一带一路”倡议下中国海外投资者裨益颇深。

控制标准的出现，也使得在中国的外商投资企业有可能因受外来控制而符合 ICSID 公约第 25 条关于“视为另一缔约国国民”的规定，从而获得 ICSID 仲裁管辖权的资格。就外商独资企业[1]而言，如果外来控制因素明显，则其完全由外国投资者来投资、经营和管理，其决策权亦完全掌握在外国投资者手中，因此将其视为 ICSID 公约意义上的另一缔约国国民是可以理解的。而对于中外合资与中外合作企业，情况稍显复杂，应当对“外来控制”作出限制性规定。从 ICSID 仲裁实践来看，在 *Liberian Eastern Timber Corporation v. Republic of Liberia* 案中，仲裁庭在指出 Liberian Eastern Timber Corporation 公司的股份全部为法国国民拥有后认为，有效控制的意义还在于法国国民控制着公司决策机构。[2]在 *Vacuum Salt Products Ltd. v. Republic of Ghana* 案中，仲裁庭认为在控股不足的情况下，就要重视分析其他方式，对公司的控制除了控股外还应考虑投票权与管理权等因素。[3]由此可知，ICSID 仲裁庭在认定“外来控制”时，不仅限于持股比例，还考虑了公司的决策机制、表决权与管理权等诸多因素。为防止 ICSID 仲裁庭以存在其他方式的控制为由对中方占多数股权的合营企业与具有法人资格的合作企业行使管辖权，双边投资条约中可明确将“外来控制”限定为多数股权控制。此外，2020 年《外商投资法》对“外商投资企业”的规定是“全部或者部分由外国投资者投资，依照中国法律在中国境内经登记注册设立的企业”。[4]考虑到实际控制标准，也可以考虑设置拒绝授惠条款（Denial of Benefits Clause），对中国投资者实际控制外国公司不予保护，包括但不限于采用可变利益实体（Variable Interest Entity，VIE）方式，并通过该外国公司在中国进行投资从而获得“外国投资者”身份的所谓“返程投资”。

二、最惠国条款

对于最惠国条款的适用范围，中国双边投资条约的规定大致可分为三种情形：一是仅为“投资者及其投资，包括投资收益”[5]；二是“投资者的投资及

---

〔1〕依据《外商投资法》第 42 条的规定，在《外商投资法》施行前依照《中外合资经营企业法》《外资企业法》《中外合作经营企业法》设立的外商投资企业，在《外商投资法》施行后五年内可以继续保留原企业组织形式等。

〔2〕ICSID Case No. ARB/83/2.

〔3〕ICSID Case No. ARB/92/1.

〔4〕参见《外商投资法》第 2 条。

〔5〕例如 2006 年中国 – 印度 BIT 第 4 条第 1、2 款。

与投资有关活动”[1]；三是列举“投资者投资的设立、征收、运营、管理、维持、使用、享有、扩张、出售或投资的其他处置”[2]（最惠国条款的具体文本参见图表24）。这些规定能够适用于实体性问题基本上是无疑义的，但是否能够将其适用于程序性问题，从措辞上却难以权衡。不过，从前述ICSID仲裁实践来看，这三种情形都曾被解释为包括投资争端解决程序。在缔约实践中，亦有国家明确表示接受最惠国条款适用于国际投资争端解决程序，例如，英国2005年BIT范本第3条第1、2款首先规定了对外国投资的国民待遇和最惠国待遇标准，第3款进而表明“为了避免疑义，兹确认上述第1和第2款应适用于本协定第1至11条规定”[3]；而BIT范本第8条则是关于投资者与东道国争端解决的规定。英国与巴基斯坦、阿尔巴尼亚等国缔结的双边投资条约对最惠国条款的规定均与此相似。

图表24　我国与“一带一路”沿线国家缔结的BITs中的最惠国条款

序号	缔约时间	缔约对方	双边投资条约中的最惠国条款规定
1	1985	意大利	第三条 一、缔约一方的国民或公司在缔约另一方领土内的投资所享受的待遇，不应低于任何第三国国民或公司的投资所享受的待遇。 二、缔约一方的国民或公司在缔约另一方领土内与投资有关的活动所享受的待遇，不应低于任何第三国国民或公司与投资有关的活动所享受的待遇。 三、上述待遇不应适用于缔约一方基于其加入关税同盟、共同市场或自由贸易区或基于该缔约一方与第三国签订的避免双重征税协定或为方便边境贸易而给予第三国国民或公司的任何优惠。 议定书第二条 二、关于第三条协定第三条第二款所述“活动”，系指对投资的管理、维护、使用和享有，以及与投资有关的国民的入境、逗留和旅行。协定第三条第二款所述“待遇低于”，系指与给予第三国国民或公司投资活动的待遇相比较，限制购买原材料、辅料、能源或燃料和各种生产或操作工具以及其他具有类似效果的措施。

〔1〕例如2003年中国－德国BIT第3条第3款。
〔2〕例如2004年中国－芬兰BIT第3条第3款。
〔3〕(1) Neither Contracting Party shall in its territory subject investments or returns of nationals or companies of the other Contracting Party to treatment less favourable than that which it accords to investments or returns of its own nationals or companies or any third State.
(2) Neither Contracting Party shall in its territory subject nationals or companies of the other Contracting Party, as regards their management, maintenance, use, enjoyment or disposal of their investments, to treatment less favourable than that which it accords to its own nationals or companies of any third State.
(3) For the avoidance of doubt it is confirmed that the treatment provided for in paragraphs（1）and（2）above shall apply to the provisions of Articles 1 to 11 of this Agreement. See Art.3 of 2005 UK Model BIT.

续表

序号	缔约时间	缔约对方	双边投资条约中的最惠国条款规定
2	1985	泰国	第四条 一、(一) 缔约各方国民和公司在缔约另一方领土内的投资及其收益受到的待遇应是公平的，并不低于任何第三国国民和公司的投资及其收益所受到的待遇。 (二) 缔约各方在其领土内给予缔约另一方国民和公司在管理、使用、享有或处置他们的投资方面的待遇应是公平的，并不低于给予任何第三国国民和公司的待遇。 二、缔约各方应恪守根据其法律对缔约另一方国民和公司的投资所作的除本协定以外的任何承诺。如果缔约一方的法律有改变，缔约另一方国民和公司应遵守新法律，但缔约一方应对上述国民和公司的适当利益给予合理安排。
3	1985	奥地利	第三条 一、缔约一方投资者在缔约另一方领土内的投资所享受的待遇，不应低于第三国投资者的投资所享受的待遇。 二、缔约一方投资者在缔约另一方领土内与投资有关的活动，特别是投资的管理、运用、使用和利用方面所享受的待遇，不应低于第三国投资者与投资有关的活动所享受的待遇。 三、上述待遇不涉及： (一) 缔约一方根据关税同盟、自由贸易区或由于属于某一经济共同体而给予第三国投资者的优惠； (二) 缔约一方根据免征双重税协定和其他有关税收问题的协议而给予第三国投资者的优惠； (三) 缔约一方为方便边境贸易而给予第三国投资者的优惠。 四、缔约任何一方保证，在不损害其有关外国人参股的合资经营企业和外资企业的法律和法规的情况下，对缔约另一方投资者参股的合资经营企业和缔约另一方投资者的投资不采取歧视措施。 议定书 二、关于第三条 (一) 协定第三条第二款所述的“待遇低于”和协定第三条第四款所述的“歧视措施”主要是指：限制获得原材料、辅料、能源、生产设备和操作工具以及其他具有类似效果的措施。 (二) 协定第三条第四款所述的“歧视措施”不包括下列情况：1.缔约一方因公共安全和秩序或国民卫生和道德原因而采取的措施。 2. 缔约一方因国民经济的优先顺序而采取的措施，该措施不是专门针对缔约另一方投资者或有缔约另一方投资者参股的合资经营企业的。 (三) 缔约一方应在其法规允许范围内对在其领土内进行和执行投资活动的人员尽快给予签证。 对于申请工作许可者，必要时给予善意的考虑并迅速作出决定。
4	1985	科威特	第三条　最惠国条款 一、缔约各国在其领土和海域内应给予缔约另一国投资者的投资及收益不低于其给予任何第三国投资者的投资及收益的待遇。 二、缔约各国在其领土和海域内应给予缔约另一国投资者有关投资的管理、维持、使用、享有或处分的待遇不低于其给予任何第三国投资者的待遇。 但本条或第二条不应被解释为缔约一国有法律义务将其因参加关税同盟、自由贸易区或任何其他完全或主要与税收有关的协定或安排或任何与资本流动有关的地区性或分地区性安排，而可能给予其他国家的投资者的任何优惠待遇、特惠或特权扩展至缔约另一国的投资者。 议定书 二、关于第三条：

续表

序号	缔约时间	缔约对方	双边投资条约中的最惠国条款规定
4	1985	科威特	（一）一切有关购买、销售和运输原料和辅料、能源、燃料和各种生产工具和操作工具的活动，应享受不低于第三国投资者的投资活动的待遇。凡上述活动遵守并符合东道国的法律和法规以及本协定的规定，其正常运行应不受阻碍。 （二）东道国应给予被批准在其领土和海域内工作的缔约一国国民适当的物质支持，以便其履行职能。 （三）缔约两国应根据其国内对缔约一国国民及其雇员因在缔约另一国领土和海域内投资而提出的入境申请和关于准许居留、工作和旅行的申请给予善意的审查。
5	1986	斯里兰卡	第四条　最惠国条款 除第五、六和十一条外，缔约任何一方对缔约另一方国民和公司根据第二条规定允许在其领土内的投资或收益所给予的待遇不应低于其给予第三国国民和公司的投资或收益的待遇。 第五条　例外 本协定关于不低于给予任何第三国国民和公司的待遇的规定，不应解释为缔约一方有义务因下述原因所产生的待遇、优惠或特权而给予缔约另一方的国民和公司： （一）任何地区或国际性的海关、金融、关税或贸易方面的安排（包括自由贸易区）或可能导致实施这类安排的协议； （二）任何全部或主要是有关税收的国际协定或安排或全部或主要是有关税收的国内立法。
6	1988	波兰	第三条 一、缔约一方的投资者在缔约另一方领土内的投资和与投资有关的活动应受到公平的待遇和保护。 二、本条第一款所述的待遇和保护，应不低于给予第三国投资者的投资和与投资有关的活动的待遇和保护。 三、本协定关于给予缔约另一方投资者的待遇不低于给予第三国投资者的待遇的规定不应解释为缔约一方有义务因关税同盟、自由贸易区、经济联盟、经济互助委员会组织、关于税收的国际协议、安排或国内立法、便利边境贸易的法规所产生的待遇利益、优惠或特权给予缔约另一方的投资者。
7	1988	马来西亚	第三条　最惠国条款 （一）缔约一方投资者在缔约另一方领土内投资的待遇，不应低于任何第三国投资者的投资所受到的待遇。 （二）缔约一方投资者在缔约另一方领土内的投资，由于该另一方领土内的战争或其他武装冲突、全国紧急状态、叛乱、暴乱或骚乱遭受了损失，假如该缔约另一方采取任何恢复、补偿、赔偿或其他解决办法，所受待遇不应低于给予任何第三国投资者的待遇。 第四条　例外 本协定中有关不低于给予任何第三国投资者待遇的条款不应解释为缔约任何一方有义务因下述情况而产生的投资利益、特惠或特权给予缔约另一方的投资者： （一）缔约任何一方已经或可能参加的任何现存或将来的关税同盟、自由贸易区、共同对外关税区、货币联盟或类似的国际协议或其他形式的区域合作； （二）接受旨在合理时间内组成或扩大上述同盟或区域的协议； （三）主要或全部是关于税收的国际协议或安排，或主要或全部是关于税收的国内立法； （四）有关边境贸易的安排。

续表

序号	缔约时间	缔约对方	双边投资条约中的最惠国条款规定
8	1988	新西兰	第四条　最惠国条款 一、缔约任何一方对在其境内的缔约另一方的国民和公司的投资或收益所给予的待遇不应低于其给予第三国国民和公司的投资或收益的待遇。 二、缔约任何一方对在其境内的缔约另一方的国民和公司的与投资有关的活动，包括原料和辅料、动力、燃料及各种经营和生产资料的购买、销售和运输所给予的待遇，不应低于其给予第三国的国民和公司的与投资有关的活动的待遇。如上述活动符合下列条件，则不得妨碍该活动的正常进行。 （一）遵照进行该活动所在缔约一方的法律和法规； （二）依照本协定的规定。 第五条　例外 一、本协定关于给予不低于任何第三国国民和公司待遇的规定，不应解释为缔约一方有义务因下述原因所产生的待遇、优惠或特权给予缔约另一方的国民和公司： （一）任何有关海关、金融、关税或贸易的地区性安排（包括自由贸易区）或任何旨在将来导致实施这类地区性安排的协议；或 （二）任何与同一地区第三国在具体项目范围内作出的旨在促进地区性的经济、社会、劳动、工业或金融合作的安排。 二、本协定的规定不适用于缔约任何一方境内的税收事宜。税收应受制于缔约各方的国内法和缔约双方于一九八六年九月十六日在惠灵顿签订的关于对所得避免双重征税和防止偷漏税的协定。
9	1989	巴基斯坦	第三条 一、缔约一方的投资者在缔约另一方领土内的投资和与投资有关的活动应受到公平的待遇和保护。 二、本条第一款所述的待遇和保护，应不低于给予第三国投资者的投资和与投资有关的活动的待遇和保护。 三、本条第一款和第二款所述的待遇和保护，不应包括缔约另一方依照关税同盟、自由贸易区、经济联盟、避免双重征税协定和为了方便边境贸易而给予第三国投资者的投资的优惠待遇。
10	1989	保加利亚	附加议定书修改第三条为： 一、缔约一方在其领土内应给予缔约另一方投资者的投资不低于其给予本国投资者或任何第三国投资者的投资的待遇，并从优适用。 二、缔约一方在其领土内应给予缔约另一方投资者在其投资的管理、维持、使用、享有和处分方面不低于其给予本国投资者或任何第三国投资者的待遇，并从优适用。 三、（一）本协定中的国民待遇和最惠国待遇条款不应适用于缔约一方因作为关税、经济或者货币联盟、统一市场或者自由贸易区的成员承担义务而享受的优惠。 （二）缔约方认为，缔约另一方因作为关税、经济或者货币联盟、统一市场或者自由贸易区的成员而承担的义务包括建立该关税、经济或者货币联盟、统一市场或者自由贸易区的国际协定或互惠协定中规定的义务。 （三）本协定的条款不得解释为缔约一方有义务将因全部或主要与税收有关的任何国际协定或安排产生的任何待遇、优惠或特权而获得的利益给予缔约另一方投资者，或该投资者的投资或收益。

续表

序号	缔约时间	缔约对方	双边投资条约中的最惠国条款规定
10	1989	保加利亚	（四）缔约方保留根据国家立法制定或者维持本条第一款、第二款所规定的国民待遇的例外措施的权利。但是，任何新的例外措施只应适用于该例外措施生效后的投资。 （五）缔约方的国内立法、现有或者未来缔约双方之间缔结的可适用的国际协定或其他双方都为缔约方的国际协定，其条款不论是普遍性的还是特定的，如果含有使缔约另一方投资者的投资享受比本协定规定待遇更优惠的条款，则该规定应在其更优惠的范围内比本协定优先适用。
11	1989	加纳	第三条　保护投资和最惠国待遇 一、缔约国一方的投资者在缔约国另一方领土内的投资和与投资有关的活动应受到公平的待遇和保护。 二、本条第一款所述的待遇和保护，应不低于给予任何第三国投资者的投资和与投资有关的活动的待遇和保护。 三、本条第一款和第二款所述的待遇和保护，不应包括缔约国另一方依照关税同盟、自由贸易区、经济联盟、避免双重征税协定和为了方便边境贸易而给予第三国投资者的投资的任何优惠待遇。
12	1990	土耳其	第二条　投资待遇 一、缔约双方应在其法律和法规的范围内，允许在其领土内的投资和与投资有关的活动在相同情况下享受不低于给予第三国国民或公司的投资的待遇。 二、投资一旦设立，缔约一方给予此种投资的待遇在相同情况下，不应低于给予任何第三国国民或公司的投资的待遇。 三、应允许依照缔约一方适用的法律和法规合法设立并拥有缔约另一方国民或公司的投资的公司自行聘请管理和技术人员，而不论其国籍如何。 四、缔约双方应公开有关或影响投资的所有法律、法规和规章。 五、本条第一款和第二款所述的待遇和保护不应解释为缔约一方有义务将因其为关税同盟、共同市场或自由贸易区成员产生的给予第三国国民或公司的特权而给予缔约另一方的国民或公司。
13	1991	巴布亚新几内亚	第三条　最惠国规定 一、缔约一方国民或公司在缔约另一方领土内投资的待遇，不应低于第三国国民或公司的投资所受到的待遇。 二、本条和前条不应被解释为缔约一方有法律义务将其因根据关税同盟、自由贸易区或其他全部或部分有关税收的协议或安排或该国为其成员的有关资本流动的地区性或分区性安排而可能给其他国家国民或公司的任何待遇、优惠或特权扩大到缔约另一方的国民或公司。
14	1991	匈牙利	第三条 一、缔约国一方的投资者在缔约国另一方领土内的投资和与投资有关的活动应受到公平的待遇和保护。 二、本条第一款所述的待遇和保护，应不低于给予任何第三国投资者的投资和与投资有关的活动的待遇和保护。 三、本条第一款和第二款所述的待遇和保护，不应包括缔约国另一方依照关税同盟、自由贸易区、经济联盟、避免双重征税协定和为了方便边境贸易而给予第三国投资者的任何优惠待遇。

续表

序号	缔约时间	缔约对方	双边投资条约中的最惠国条款规定
15	1991	蒙古国	第三条 一、缔约国一方的投资者在缔约国另一方领土内的投资、收益和与投资有关的活动应受到公正与公平的待遇和保护。 二、本条第一款所述的待遇和保护，应不低于给予任何第三国投资者的投资、收益和与投资有关的活动的待遇和保护。 三、本条第一款和第二款所述的待遇和保护，不应包括缔约国另一方依照关税同盟、自由贸易区、经济联盟、避免双重征税协定或为了方便边境贸易而给予第三国投资者的投资的任何优惠待遇。
16	1991	斯洛伐克	第三条　投资待遇 一、缔约任何一方在其领土内给予缔约另一方投资者就投资、收益及与投资有关的业务活动的待遇和保护，不应低于给予第三国投资者的待遇和保护。 二、缔约任何一方在其领土内给予缔约另一方投资者就投资、收益及与投资有关的业务活动的待遇和保护，不应低于给予其本国投资者的待遇和保护。 三、本条第一款所述的待遇和保护，不应包括缔约另一方依照关税同盟、自由贸易区、经济联盟、避免双重征税协定和为了方便边境贸易而给予第三国投资者投资的任何优惠待遇。
17	1992	玻利维亚	第三条 一、缔约国一方的投资者在缔约国另一方领土内的投资和与投资有关的活动应受到公正与公平的待遇和保护。 二、本条第一款所述的待遇和保护，应不低于给予任何第三国投资者的投资和与投资有关的活动的待遇和保护。 三、本条第一款和第二款所述的待遇和保护，不应包括缔约国另一方依照关税同盟、自由贸易区、经济联盟、避免双重征税协定和为了方便边境贸易而给予第三国投资者的投资的任何优惠待遇。
18	1992	吉尔吉斯斯坦	第三条 一、缔约各方有义务在其领土内对缔约另一方投资者的投资和与投资有关的活动提供公平的待遇和保护。 二、本条第一款所述的待遇，应不低于给予任何第三国投资者的投资和与投资有关的活动的待遇。 三、本条第一款和第二款所述的规定，不适用于缔约一方因下列事项已提供或将向任何第三国投资者或其投资提供的优惠： 本协定签字前，该缔约一方参加了自由贸易区、关税同盟、经济联盟、经济互助组织或规定了该缔约一方向上述组织的参加者提供类似优惠的生效的国际协定； 根据国际协定或其他有关税收的协议； 根据就边境贸易达成的协议。
19	1992	希腊	第三条　最惠国条款 一、缔约任何一方在其领土内给予缔约另一方投资者全部或部分拥有的投资的待遇不应低于其给予任何第三国投资者的投资的待遇。 二、缔约任何一方在其领土内给予缔约另一方投资者在其与投资有关的活动方面的待遇，不应低于其给予任何第三国投资者的待遇。 三、上述待遇不涉及缔约一方因下述情况而给予第三国投资者的特权和优惠： （一）因是关税或经济同盟、共同市场、自由贸易区或类似组织的成员或准成员； （二）因双重征税的协定或有关税收的其他协定。

续表

序号	缔约时间	缔约对方	双边投资条约中的最惠国条款规定
20	1992	亚美尼亚	第三条 一、缔约一方应在其领土内保障缔约另一方投资者的投资和与该投资有关的活动受到公平的待遇和保护。 二、本条第一款所述的待遇，应不低于给予任何第三国投资者的投资和与投资有关的活动的待遇。 三、本条第一、二款的规定不适用于缔约一方根据下述情况对任何第三国投资者或其投资提供的或将提供的优惠和特权：（一）参加自由贸易区、关税或经济同盟，经济互助组织或者缔约一方在本协定签署前生效的向上述组织参加者提供类似优惠和特权的国际协定； （二）关于税收问题的国际协定和其他税收协议； （三）关于边境贸易问题的协议。
21	1992	菲律宾	第三条 一、缔约一方的投资者在缔约另一方领土内的投资和与该投资者有关的活动应受到公正的待遇和保护。 二、本条第一款所述的待遇和保护，应不低于给予任何第三国投资者的投资和与投资有关的活动的待遇和保护。 三、本条第一款和第二款所述的待遇和保护，不应包括缔约另一方依照关税同盟、自由贸易区、经济联盟而给予第三国投资者的投资的任何优惠待遇，或，由缔约任何一方根据其参加的地区性或分区性安排，或导致组成关税同盟或自由贸易区的措施，或避免双重征税协定或为了方便边境贸易而给予的其他优惠。
22	1992	哈萨克斯坦	第三条 一、缔约一方应在其领土内保障缔约另一方投资者的投资和与该投资有关的活动受到公平的待遇和保护。 二、本条第一款所述的待遇，应不低于给予任何第三国投资者的投资和与投资有关的活动的待遇。 三、本条第一、二款的规定不适用于缔约一方根据下述情况对任何第三国投资者或其投资提供的或将提供的优惠和特权：（一）参加自由贸易区、关税或经济同盟，经济互助组织或者缔约一方向上述组织参加者提供类似优惠和特权的国际协定；（二）关于税收问题的国际协定和其他税收协议；（三）关于边境问题的协议。
23	1992	乌克兰	第三条 一、缔约一方应在其领土内保障缔约另一方投资者的投资和与该投资有关的活动受到公平的待遇和保护。 二、本条第一款所述的待遇，应不低于给任何第三国投资者的投资和与投资有关的活动的待遇。 三、本条第一、二款的规定不适用于缔约一方根据下述情况对任何第三国投资者或其投资提供的或将提供的优惠和特权：（一）参加自由贸易区、关税或经济同盟，经济互助组织或者缔约一方在本协定签署前生效的向上述组织参加者提供类似优惠和特权的国际协定； （二）关于税收问题的国际协定和其他税收协议； （三）关于边境贸易问题的协议。

续表

序号	缔约时间	缔约对方	双边投资条约中的最惠国条款规定
24	1992	摩尔多瓦	第三条 一、缔约一方的投资者在缔约另一方领土内的投资和与投资有关的活动应受到公正与公平的待遇和保护。 二、本条第一款所述的待遇和保护，应不低于给予任何第三国投资者的投资和与投资有关的活动的待遇和保护。 三、本条第一、二款的规定不适用于缔约一方根据下述情况对任何第三国投资者或其投资提供的优惠和特权： （一）参加经济或关税同盟、自由贸易区； （二）关于避免双重征税的协定； （三）关于边境贸易问题的协议。
25	1992	越南	第三条 一、缔约国一方的投资者在缔约国另一方领土内的投资和与投资有关的活动应受到公正与公平的待遇和保护。 二、本条第一款所述的待遇和保护，应不低于给予任何第三国投资者的投资和与投资有关的活动的待遇和保护。 三、本条第一款和第二款所述的待遇和保护，不应包括缔约国另一方依照关税同盟、自由贸易区、经济联盟、避免双重征税协定和为了方便边境贸易而给予第三国投资者的投资的任何优惠待遇。
26	1993	白俄罗斯	第三条 一、缔约一方应在其领土内保障缔约另一方投资者的投资所享受的待遇不低于第三国投资者的投资的待遇。 二、本条第一款所述的待遇，应不低于给予任何第三国投资者的投资和与投资有关的活动的待遇。 三、本条第一、二款的规定不适用于缔约一方根据下述情况对任何第三国投资者或其投资提供的或将提供的优惠和特权： （一）已签订的或将要签订的关于经济和关税同盟及自由贸易区的协定； （二）关于税收问题的国际协定和其他税收协议； （三）关于边境贸易问题的协议。
27	1993	老挝	第三条 一、缔约国一方的投资者在缔约国另一方领土内的投资和与投资有关的活动应受到公正与公平的待遇和保护。 二、本条第一款所述的待遇和保护，应不低于给予任何第三国投资者的投资和与投资有关的活动的待遇和保护。 三、本条第一款和第二款所述的待遇和保护，不应包括缔约国另一方依照关税同盟、自由贸易区、经济联盟、避免双重征税协定和为了方便边境贸易而给予第三国投资者的任何优惠待遇。
28	1993	阿尔巴尼亚	第三条 一、缔约国一方的投资者在缔约国另一方领土内的投资和与投资有关的活动应受到公正与公平的待遇和保护。 二、本条第一款所述的待遇和保护，应不低于给予任何第三国投资者的投资和与投资有关的活动的待遇和保护。 三、本条第一款和第二款所述的待遇和保护，不应包括缔约国另一方依照关税同盟、自由贸易区、经济联盟、避免双重征税协定和为了方便边境贸易而给予第三国投资者的投资的任何优惠待遇。

续表

序号	缔约时间	缔约对方	双边投资条约中的最惠国条款规定
29	1993	塔吉克斯坦	第三条 一、缔约一方应在其领土内保障缔约另一方投资者的投资和与该投资有关的活动受到公平的待遇和保护。 二、本条第一款所述的待遇，应不低于给予任何第三国投资者的投资和与投资有关的活动的待遇。 三、本条第一、二款的规定不适用于缔约一方根据下述情况对任何第三国投资者或其投资提供的或将提供的优惠和特权： （一）参加自由贸易区、关税或经济同盟，经济互助组织或者缔约一方在本协定签署前生效的向上述组织参加者提供类似优惠和特权的国际协定； （二）关于税收问题的国际协定和其他税收协议； （三）关于边境贸易问题的协议。
30	1993	格鲁吉亚	第三条 一、缔约任何一方的投资者在缔约另一方的领土内的投资和与投资有关的活动应受到公正与公平的待遇和保护。 二、缔约任何一方在其领土内给予缔约另一方投资者的投资和与投资有关的活动的待遇不应低于其给予任何第三国投资者的投资及与投资有关的活动的待遇和保护。 三、本条第一款和第二款所述的待遇和保护，不应包括缔约另一方依照关税同盟、自由贸易区、经济联盟、避免双重征税协定和为了方便边境贸易而给予第三国投资者的投资的任何优惠待遇。
31	1993	克罗地亚	第三条 一、缔约任何一方的投资者在缔约另一方领土内的投资和与投资有关的活动应受到公正与公平的待遇和保护。 二、本条第一款所述的待遇和保护，应不低于给予任何第三国投资者的投资和与投资有关的活动的待遇和保护。 三、本条第一款和第二款所述的待遇和保护，不应包括缔约另一方依照关税同盟、自由贸易区、经济联盟、避免双重征税协定和为了方便边境贸易而给予第三国投资者的投资的任何优惠待遇。
32	1993	阿联酋	第三条　最惠国条款 一、缔约各国在其领土内给予缔约另一国投资者的投资和收益的待遇，应不低于其给予任何第三国投资者的投资和收益的待遇。 二、缔约各国在其领土内应给予缔约另一国投资者有关投资的管理、维持、使用、享有、取得或处置或其他与此有关的活动方面的待遇不低于其给予任何第三国投资者的待遇。 第四条　例外 本协定关于不低于给予任何第三国投资者的待遇规定，不应解释为缔约一国有义务因下述原因： （一）任何现有或未来的关税同盟、经济联盟或自由贸易区、共同对外关税区或货币联盟或类似国际协议或缔约任何一国已经或将为其成员的其他形式的地区性或分地区性合作安排；或（二）通过旨在一段合理的时期组成或扩展该联盟或地区的协定；或（三）任何全部或部分与税收或资本流动有关的国际性、地区性或分地区性协议，全部或部分与税收有关的国内立法。

续表

序号	缔约时间	缔约对方	双边投资条约中的最惠国条款规定
33	1993	爱沙尼亚	第三条 一、缔约一方的投资者在缔约另一方领土内的投资和与投资有关的活动应受到公正与公平的待遇和保护。 二、本条第一款所述的待遇和保护，应不低于给予任何第三国投资者的投资和与投资有关的活动的待遇和保护。 三、本条第一款和第二款所述的待遇和保护，不应包括缔约另一方依照关税同盟、自由贸易区、经济联盟、避免双重征税协定和为了方便边境贸易而给予第三国投资者的投资的任何优惠待遇。
34	1993	斯洛文尼亚	第三条 一、缔约国一方的投资者在缔约国另一方领土内的投资和与投资有关的活动应受到公正与公平的待遇和保护。 二、缔约国任何一方应尽量根据其法律和法规的规定给予缔约国另一方的投资者的投资与其给予本国投资者以相同待遇。 三、本条第一款所述的待遇和保护，应不低于给予任何第三国投资者的投资和与投资有关的活动的待遇和保护。 四、本条第一款和第三款所述的待遇和保护，不应包括缔约国另一方依照关税同盟、自由贸易区、经济联盟、避免双重征税协定和为了方便边境贸易而给予第三国投资者的投资的任何优惠待遇
35	1993	立陶宛	第三条 一、缔约任何一方的投资者在缔约另一方的领土内的投资和与投资有关的活动应受到公正与公平的待遇和保护。 二、本条第一款所述的待遇和保护不应低于其给予第三国投资者的投资及与投资有关的活动的待遇和保护。 三、本条第一款和第二款所述的待遇和保护，不应包括缔约另一方依照关税同盟、自由贸易区、经济联盟、避免双重征税协定和为了方便边境贸易而给予第三国投资者的投资的任何优惠待遇。
36	1993	乌拉圭	第三条 一、缔约任何一方的投资者在缔约另一方的领土内的投资和与投资有关的活动应受到公正与公平的待遇和保护。 二、本条第一款所述的待遇和保护不应低于其给予任何第三国投资者的投资及与投资有关的活动的待遇和保护。 三、本条第一款和第二款所述的待遇和保护，不应包括缔约另一方依照关税同盟、自由贸易区、经济联盟、避免双重征税协定而给予第三国投资者的投资的任何优惠待遇。
37	1994	阿塞拜疆	第三条 一、缔约任何一方的投资者在缔约另一方的领土内的投资和与投资有关的活动应受到公正与公平的待遇和保护。 二、本条第一款所述的待遇和保护不应低于其给予任何第三国投资者的投资及与投资有关的活动的待遇和保护。 三、本条第一款和第二款所述的待遇和保护，不应包括缔约另一方依照关税同盟、自由贸易区、经济联盟、避免双重征税协定和为了方便边境贸易而给予第三国投资者的投资的任何优惠待遇。

续表

序号	缔约时间	缔约对方	双边投资条约中的最惠国条款规定
38	1994	埃及	第三条　投资待遇 一、缔约任何一方的投资者在缔约另一方的领土内的投资和与投资有关的活动应受到公正与公平的待遇和保护。 二、本条第一款所述的待遇和保护不应低于给予第三国投资者的投资及与投资有关的活动的待遇和保护。 三、本条第一款和第二款所述的待遇和保护，不应包括缔约另一方依照关税同盟、自由贸易区、经济联盟、避免双重征税协定和为了方便边境贸易而给予第三国投资者的投资的任何优惠待遇。 四、如果缔约一方根据其法律和法规给予缔约另一方投资者的投资或与投资有关的活动的待遇较本协定的规定更为优惠，应从优适用。
39	1994	秘鲁	第三条 一、缔约任何一方的投资者在缔约另一方领土内的投资和与投资有关的活动应受到公正与公平的待遇和保护。 二、本条第一款所述的待遇和保护，应不低于给予任何第三国投资者的投资和与投资有关的活动的待遇和保护。 三、本条第一款和第二款所述的待遇和保护，不应包括缔约另一方依照关税同盟、自由贸易区、经济联盟、避免双重征税协定和为了方便边境贸易而给予第三国投资者的投资的任何优惠待遇。
40	1994	罗马尼亚	第三条　保护、待遇 一、缔约任何一方的投资者在缔约另一方领土内的投资和与投资有关的活动应受到公正与公平的待遇和保护。 二、本条第一款所述的待遇和保护，应不低于给任何第三国投资者的投资和与此种投资有关的活动的待遇和保护。 三、本条第一款和第二款所述的待遇和保护，不应包括缔约另一方依照关税同盟、自由贸易区、经济联盟、避免双重征税协定和为了方便边境贸易而给予第三国投资者的投资的任何优惠待遇。
41	1994	牙买加	第三条 一、缔约任何一方的投资者在缔约另一方的领土内的投资和与投资有关的活动应受到公正与公平的待遇和保护。 二、本条第一款所述的待遇和保护不应低于其给予第三国投资者的投资及与投资有关的活动的待遇。 三、本条第一款和第二款所述的待遇和保护，不应适用于缔约另一方基于以下给予第三国投资者的优惠待遇： （一）关税同盟、自由贸易区或经济联盟成员； （二）避免双重税收协定下的义务； （三）方便边境贸易协定下的义务。
42	1995	阿曼	第三条　最惠国条款 一、缔约各方在其领土内应给予缔约另一方投资者的投资及收益不低于其给予任何第三国投资者的投资及收益的待遇。 二、缔约各方在其领土内应给予缔约另一方投资者有关投资和与投资有关的其他活动的管理、维持、使用、享有或处置的待遇不低于其给予任何第三国投资者的待遇。 三、上述待遇不适用于缔约任何一方因其参加关税同盟、共同市场、自由贸易区、地区或分地区安排、多边国际经济协定或避免双重税收协定或为了方便边境贸易而给予第三国投资者的任何优惠。

续表

序号	缔约时间	缔约对方	双边投资条约中的最惠国条款规定
43	1995	摩洛哥	第三条 投资待遇 一、缔约一方应保证给予在其领土内的缔约另一方的投资公正和公平的待遇，该待遇不应低于依照其法律和法规给予本国投资者的投资的待遇，或不应低于最惠国的投资的待遇，如后者更优惠的话。缔约一方应保证给予在其领土内的缔约另一方投资者与其投资有关的活动的待遇不应低于依照其法律和法规给予本国投资者的待遇，或不应低于最惠国的投资者的待遇，上述待遇从优适用。 二、最惠国待遇不适用于缔约一方因其参加或参与自由贸易区、经济或关税同盟、共同市场或其他任何形式的地区经济组织，或依照类似的国际协定或避免双重征税协定或任何其他税收协定给予第三国投资者的优惠待遇。
44	1995	古巴	第三条 一、缔约任何一方的投资者在缔约另一方的领土内的投资和与投资有关的活动应受到公正与公平的待遇和保护。 二、本条第一款所述的待遇和保护不应低于其给予任何第三国投资者的投资及与投资有关的活动的待遇和保护。 三、本条第一款和第二款所述的待遇和保护，不应包括缔约另一方依照关税同盟、自由贸易区、经济联盟、避免双重征税协定和为了方便边境贸易而给予第三国投资者的投资的任何优惠待遇。 2007 年修订书 六、第三条第二款修改为：本条第一款所述的待遇和保护不应低于在类似条件下其给予任何第三国投资者的投资及与投资有关的活动的待遇和保护。
45	1995	塞尔维亚	第三条 投资待遇 一、缔约一方在其领土内给予缔约另一方投资者的投资和收益的待遇不应低于给予任何第三国投资者的投资和收益的待遇。 二、除本条第一款的规定外，缔约一方还应根据其法律和法规的规定，尽可能将给予其本国投资者的待遇给予缔约另一方投资者的投资。 三、本条第一款和第二款的规定不应解释为缔约一方有义务将因下述待遇、优惠和特权产生的利益给予缔约另一方的投资者： （一）任何现有或将来的关税同盟、自由贸易区或类似国际协定或为了方便边境贸易缔约一方为其成员或可能为其成员的协定，或 （二）任何全部或部分有关避免双重征税的国际协定或安排。
46	1996	沙特阿拉伯	第三条 一、缔约任何一方应尽量根据其法律和法规给予缔约另一方投资者的投资或投资收益以不低于其给予任何第三国投资者的待遇。 二、根据其法律、法规，缔约任何一方应给予其接受的缔约另一方投资者的投资和投资收益以不低于其给予本国投资者的投资和投资收益的待遇。 三、缔约任何一方应给予缔约另一方的投资者在投资的管理、维持、使用、享有或处置或保证投资者对投资的权利的措施，如转让和赔偿，或在其领土内与此相关的其他活动方面以不低于其给予任何第三国投资者的待遇。 四、本条第一、二和第三款所述的待遇，不应包括另一方依照关税同盟、自由贸易区、经济联盟、避免双重征税协定和为了方便边境贸易而给予第三国投资者的任何优惠。

续表

序号	缔约时间	缔约对方	双边投资条约中的最惠国条款规定
47	1996	津巴布韦	第三条 一、缔约任何一方的投资者在缔约另一方领土内的投资和与投资有关的活动应受到公平和公正的待遇和保护。 二、本条第一款提及的待遇和保护不应低于其给予任何其他国家投资者的投资及与投资有关的活动的待遇。 三、本条第一、二款规定的待遇和保护，不应包括缔约另一方依照关税同盟、自由贸易区、经济联盟、有关避免双重征税及任何其他税收的协定或有关便利边境贸易协定而给予任何其他国家投资者的投资的任何优惠待遇。
48	1996	黎巴嫩	第三条　最惠国待遇 一、缔约任何一方的投资者在缔约另一方的领土内所从事的投资及与投资有关的活动应被给予公平和公正的待遇并享有保护。 二、本条第一款所述的待遇和保护不应低于给予任何第三国投资者的投资及与投资有关的活动的待遇和保护。 三、最惠国待遇不应解释为缔约任何一方有义务将其因参加现在或将来关税同盟、自由贸易区、地区经济组织而产生的便利条件扩展至缔约另一方的投资者和投资。该待遇亦不应与缔约任何一方根据双重征税协定或其他以互惠为基础的有关税收事务的协定，或便利边境贸易协定相关。
49	1996	柬埔寨	第三条 一、缔约任何一方的投资者在缔约另一方的领土内的投资和与投资有关的活动应受到公正与公平的待遇和保护。 二、本条第一款所述的待遇和保护不应低于其给予任何第三国投资者的投资及与投资有关的活动的待遇和保护。 三、本条第一款和第二款所述的待遇和保护，不应包括缔约另一方依照关税同盟、自然贸易区、经济联盟、避免双重征税协定和为了方便边境贸易而给予第三国投资者的投资的任何优惠待遇。
50	1996	孟加拉国	第三条 一、缔约任何一方的投资者在缔约另一方领土内的投资和与投资有关的活动应受到公平和公正的待遇和保护。 二、本条第一款提及的待遇和保护不应低于其给予第三国投资者的投资及与投资有关的活动的待遇和保护。 三、本条第一、二款规定的待遇和保护，不应包括缔约另一方依照关税同盟、自由贸易区、经济联盟、有关避免双重征税协定或有关便利边境贸易协定而给予第三国投资者的投资的任何优惠待遇。
51	1996	阿尔及利亚	第三条 一、缔约任何一方的投资者在缔约另一方领土内的投资和与投资有关的活动应受到公平和公正的待遇和保护。 二、本条第一款提及的待遇和保护不应低于其给予第三国投资者的投资及与投资有关的活动的待遇和保护。 三、本条第一、二款规定的待遇和保护，不应包括缔约另一方依照关税同盟、自由贸易区、经济联盟、有关避免双重征税协定或有关便利边境贸易协定而给予第三国投资者的投资的任何优惠待遇。

续表

序号	缔约时间	缔约对方	双边投资条约中的最惠国条款规定
52	1997	加蓬	第三条 投资待遇 一、缔约各方应保证对缔约另一方在其领土内的投资给予公平和公正的待遇，根据其法律法规给予不低于其国民的投资的待遇或者给予最惠国待遇，两者从优适用。 缔约各方应保证对缔约另一方在其领土内从事与投资有关的活动给予公平和公正的待遇，根据其法律法规给予不低于其国民的投资的待遇或者给予最惠国待遇。两者从优适用。 二、最惠国待遇不适用于缔约一方由于边境贸易的原因或依照其参加或缔结的自由贸易区、经济联盟、关税同盟、共同市场或其他形式的地区性经济组织或类似的国际协定，或避免双重征税协定或其他有关税收公约，而给予第三国投资者的投资的任何优惠待遇。
53	1997	苏丹	第三条 一、缔约任何一方的投资者在缔约另一方领土内的投资和与投资有关的活动应受到公平和公正的待遇和保护。 二、本条第一款提及的待遇和保护不应低于其给予第三国投资者的投资及与投资有关的活动的待遇和保护。 三、本条第一、二款规定的待遇和保护，不应包括缔约另一方依照关税同盟、自由贸易区、经济联盟、有关避免双重征税协定或有关便利边境贸易协定而给予第三国投资者的投资的任何优惠待遇。
54	1997	北马其顿	第三条 投资待遇 一、缔约任何一方给予缔约另一方投资者在其领土内投资或收益的待遇不应低于其给予任何第三国投资者投资或收益的待遇。 二、缔约任何一方给予在其领土内的缔约另一方投资者在管理、使用、享有或处置、扩大、清算其投资方面的待遇不应低于其给予任何第三国投资者的待遇。 三、作为本条第一款和第二款的补充，缔约任何一方按照其法律法规的规定应尽可能给缔约另一方投资者投资予其给予本国投资者相同的待遇。 四、本条第一款到第三款的规定不应解释为缔约一方有义务将基于关税同盟、自由贸易区、经济同盟、有关避免双重征税或便利边境贸易协定而给予第三国投资者的待遇、优惠或特权同样给予缔约另一方投资者。
55	1997	喀麦隆	第三条 投资待遇 一、缔约各方承诺保证对缔约另一方投资者在其领土内的投资给予公平和公正的待遇，根据其法律法规给予不低于其国民的投资的待遇或者给予最惠国待遇，两者从优适用。 二、最惠国待遇不适用于缔约一方由于边境贸易的原因或依照参加或缔结的自由贸易区、经济联盟、关税同盟、共同市场或其他形式的地区性经济组织或类似国际协定，或避免双重征税协定或其他有关税收公约而给予第三国投资者的投资的任何优惠待遇。

续表

序号	缔约时间	缔约对方	双边投资条约中的最惠国条款规定
56	1997	南非	第三条 一、缔约一方的投资者在缔约另一方领域内的投资和与投资有关的活动应当受到公正和公平的待遇和保护。缔约一方在任何情况下均不得以不合理或歧视性措施损害缔约另一方的投资者对在其领域内投资所享有的管理、维护、使用、享有和处分的权利。 二、本条第一款所称待遇和保护，不得低于缔约另一方给予任何第三国投资者的投资和与投资有关的活动的待遇和保护。 三、南非共和国在其境内给予缔约另一方投资者的投资和收益的待遇不应低于其给予本国投资者的投资和收益的待遇，但全部或主要关于税收的国内立法或旨在专为促进、保护和提高由于南非共和国过去的歧视性做法而受到损害的人或人群的计划或经济行动除外。 四、本条第一、二款的规定不应解释为要求缔约一方给予缔约另一方投资者由于下述原因而产生的待遇、优惠和特权：（一）缔约方作为或将成为其成员的关税同盟、自由贸易区、共同市场、任何类似的国际协定或将导致此类关税同盟、自由贸易区或共同市场的临时性安排； （二）任何全部或主要关于税收的国际协定或安排； （三）任何旨在便利边境贸易的特别安排； 五、若缔约一方给予有外资参与的、其设立的唯一目的为主要通过非营利行为提供发展援助的开发金融机构的特别优惠，该缔约方无义务将此类优惠给予缔约另一方的开发金融机构或其他投资者。
57	1998	也门	第三条　投资待遇 一、缔约一方应保证给予在其领土内的缔约另一方的投资公正与公平的待遇，该待遇依照其法律和法规不应低于给予本国投资者的投资的待遇，或不应低于最惠国的投资的待遇，如后者更优惠的话。 缔约一方应依照其法律和法规保证给予在其领土内的缔约另一方投资者与其投资有关的活动的待遇不应低于给予本国投资者的待遇，或不应低于最惠国的投资者的待遇，上述待遇从优适用。 二、最惠国待遇不适用于缔约一方因其参加或参与自由贸易区、经济或关税同盟、共同市场或其他任何形式的地区经济组织，或依照类似的国际协定、避免双重征税协定或任何其他税收协定给予第三国投资者的优惠待遇。
58	1998	佛得角	第三条 一、缔约任何一方的投资者在缔约另一方领土内所从事的投资及与投资有关的活动应被给予公平与公正的待遇并享有保护。 二、本条第一款所称待遇和保护不应低于对任何第三国投资者的投资和与投资有关的活动给予的待遇和保护。 三、本条第一款和第二款所称待遇和保护，不应包括缔约另一方依照关税同盟、自由贸易区、经济联盟、避免双重征税协定或者为了方便边境贸易对第三国投资者的投资和与投资有关活动给予的任何优惠待遇。
59	1998	埃塞俄比亚	第三条　投资待遇 一、缔约一方的投资者在缔约另一方领土内的投资和与投资有关的活动应当受到公正与公平的待遇和保护。 二、本条第一款所称待遇和保护，不得低于缔约另一方对任何第三国投资者的投资和与投资有关的活动给予的待遇和保护。 三、本条第一款和第二款所称待遇和保护，不应包括缔约另一方依照关税同盟、自由贸易区、经济联盟、避免双重征税协定或者为了方便边境贸易对第三国投资者的投资和与投资有关活动给予的任何优惠待遇。

续表

序号	缔约时间	缔约对方	双边投资条约中的最惠国条款规定
60	1998	巴巴多斯	第三条　投资保护 一、缔约一方的投资者在缔约另一方领土内的投资和与投资有关的活动应当受到公正与公平的待遇和保护。 二、本条第一款所称待遇和保护，不得低于缔约另一方给予任何第三国投资者的投资和与投资有关活动的待遇和保护。 三、本条第一款和第二款所称待遇和保护，不应包括缔约另一方依照关税同盟、自由贸易区、经济联盟、避免双重征税协定或者为了方便边境贸易对第三国投资者的投资和与投资有关活动给予的任何优惠待遇。
61	1999	卡塔尔	第三条 一、缔约任何一方的投资者在缔约另一方领土内的投资和与投资有关的活动应受到公正与公平的待遇和保护。 二、本条第一款所述的待遇和保护不应低于其给予任何第三国投资者的投资及与投资有关的活动的待遇和保护。 三、本条第一款和第二款所述的待遇和保护，不应包括缔约另一方依照关税同盟、自由贸易区、经济联盟、避免双重征税协定和为了方便边境贸易而给予第三国投资者的投资的任何优惠待遇。
62	1999	巴林	第三条 一、缔约任何一方的投资者在缔约另一方的领土内的投资和与投资有关的活动应享受平等待遇并受到保护。 二、本条第一款所述的待遇和保护不应低于其给予任何第三国投资者的相同投资及与投资有关的相同活动的待遇和保护。 三、本条第一款和第二款所述的待遇和保护，不应包括缔约另一方依照关税同盟、自由贸易区、经济联盟、避免双重征税协定和为了方便边境贸易而给予第三国投资者的投资的任何优惠待遇。
63	2000	刚果	第三条　投资待遇 一、缔约任何一方的投资者在缔约另一方的领土内的投资和与投资有关的活动应享受公平、平等的待遇。 二、在不损害法律法规的前提下，缔约一方应给予缔约另一方投资者在其境内的投资及与投资有关活动不低于其给予本国投资者的投资及与投资有关活动的待遇。 三、缔约任何一方给予缔约另一方投资者在其境内的投资及与投资有关活动的待遇，不应低于其给予任何第三国投资者的投资及与投资有关活动的待遇。 四、本条第一款到第三款所述的给予待遇，不应解释为缔约一方有义务将由下列原因产生的待遇、优惠或特权给予缔约另一方投资者：（一）关税同盟、自由贸易区、经济联盟以及形成关税同盟、自由贸易区、经济联盟的任何国际协议；（二）任何全部或主要与税收有关的国际协议或安排；（三）任何为方便边境贸易的国际协议或安排。
64	2000	伊朗	第四条　投资保护 一、缔约一方应对在其领土内投资的缔约另一方的投资者的投资给予充分的法律保护和公平待遇，该保护和待遇依照东道国缔约一方的法律和法规在可比较情况下应当不低于其给予本国投资者或任何第三国投资者投资的保护和待遇。 二、缔约一方无义务将依照现存的或将来拟建立自由贸易区、关税同盟、统一市场或类似区域性组织的协定和/或避免双重征税的协议给予或将要给予第三国投资者的任何特别优惠或权利给予缔约另一方投资者。

续表

序号	缔约时间	缔约对方	双边投资条约中的最惠国条款规定
65	2001	塞浦路斯	第三条　投资待遇 一、缔约一方的投资者在缔约另一方的领土内的投资和与投资有关的活动应享受公平与公正的待遇，并应得到保护。 二、任何缔约一方都不应对缔约另一方投资者对投资的管理、维护、使用、享有、扩展和处置，采取任何不合理或歧视性的措施。 三、缔约一方应给予缔约另一方投资者的投资和与投资有关的活动不低于其给予本国投资者或任何第三国投资者的投资及与投资有关活动的待遇中更优惠的待遇。 四、本条第三款所述的待遇应基于互惠而给予。 五、本协定第三款所述的待遇不应解释为缔约一方有义务将由下列原因产生的任何待遇、优惠或特权给予缔约另一方投资者： （一）任何现有或未来的经济联盟、货币同盟或任何其他区域经济一体化组织； （二）任何全部或主要与税收有关的国际协议或安排，或任何全部或主要与税收有关的国内法律。
66	2001	莫桑比克	第三条　投资待遇 一、缔约任何一方的投资者的投资和收益始终应享受公平与平等的待遇。 二、在不损害有关法律和法规的前提下，缔约一方应给予缔约另一方投资者在其境内的投资及收益不低于其给予本国投资者的投资及收益的待遇。 三、缔约一方给予缔约另一方投资者在其境内的投资及收益的待遇，不应低于其给予任何第三国投资者的投资及收益的待遇。 四、本条第二款和第三款所述的规定，不应被解释为缔约一方有义务将由下列情况而产生的待遇、优惠或特权给予缔约另一方投资者： （一）关税同盟、自由贸易区、共同市场或者将形成缔约一方作为其成员的关税同盟，自由贸易区或共同市场的任何类似国际协定或临时安排； （二）任何全部或主要与税收有关的国际协定或安排或任何全部或主要与税收有关的国内立法； （三）任何为方便边境贸易的国际协定或安排。
67	2001	尼日利亚	第三条　投资待遇 一、缔约一方的投资者在缔约另一方的领土内的投资应始终享受公平与平等的待遇。 二、在不损害其法律法规的前提下，缔约一方应给予缔约另一方投资者在其境内的投资及与投资有关活动不低于其给予本国投资者的投资及与投资有关活动的待遇。 三、缔约一方给予缔约另一方投资者在其境内的投资及与投资有关活动的待遇，不应低于其给予任何第三国投资者的投资及与投资有关活动的待遇。 四、本条第一款到第三款所述的待遇，不应解释为缔约一方有义务将由下列原因产生的待遇、优惠或特权给予缔约另一方投资者： （一）关税同盟、自由贸易区、经济联盟以及形成关税同盟、自由贸易区、经济联盟的任何国际协议； （二）任何全部或主要与税收有关的国际协议或安排。
68	2001	缅甸	第三条　投资待遇 一、缔约一方的投资者在缔约另一方的领土内的投资应始终享受公平与平等的待遇。 二、在不损害其法律法规的前提下，缔约一方应给予缔约另一方投资者在其境内的投资及与投资有关活动不低于其给予本国投资者的投资及与投资有关活动的待遇.

续表

序号	缔约时间	缔约对方	双边投资条约中的最惠国条款规定
68	2001	缅甸	三、缔约一方给予缔约另一方投资者在其境内的投资及与投资有关活动的待遇，不应低于其给予任何第三国投资者的投资及与投资有关活动的待遇。 四、本条第一款到第三款所述的待遇，不应解释为缔约一方有义务将由下列原因产生的待遇、优惠或特权给予缔约另一方投资者： （一）关税同盟、自由贸易区、经济联盟以及形成关税同盟、自由贸易区、经济联盟的任何国际协议； （二）任何全部或主要与税收有关的国际协议或安排。
69	2002	特立尼达和多巴哥	第四条　国民待遇和最惠国待遇 一、在本条款内，“与投资有关的活动”系指运作、管理、维持、使用、享受以及处分投资者的投资。 二、在不损害其法律法规的前提下，缔约一方应给予缔约另一方投资者在其境内的投资、收益以及与投资有关活动不低于其给予本国投资者的投资、收益及与投资有关活动的待遇。 三、缔约一方给予缔约另一方投资者在其境内的投资、收益及与投资有关活动的待遇，不应低于其给予任何第三国投资者的投资、收益及与投资有关活动的待遇。 四、本条款项下所给予的待遇不适用于缔约任何一方基于其关税同盟、经济联盟、共同市场或者自由贸易区成员资格或与之有关的提供给第三国投资者的特权。 五、本条款项下所给予的待遇不适用于缔约任何一方基于避免双重征税协议或者其他有关税收的国际协议给予第三国投资者的优惠。
70	2003	圭亚那	第三条　投资待遇 一、本协定内，“与投资有关的活动”系指投资者对投资的经营、管理、维持、使用、享受和处分。 二、在不损害其法律法规的前提下，缔约一方应给予缔约另一方投资者在其境内的投资、收益及与投资有关活动不低于其给予本国投资者的投资、收益及与投资有关活动的待遇。 三、缔约一方给予缔约另一方投资者在其境内的投资、收益及与投资有关活动的待遇，不应低于其给予任何第三国投资者的投资、收益及与投资有关活动的待遇。 四、根据本条款赋予的待遇，不影响缔约任何一方根据关税同盟、经济联盟、共同市场或自由贸易区协定给予第三国投资者的特权。 五、根据本条款赋予的待遇，不影响缔约任何一方根据避免双重征税协定或其他与税收有关的国际协议给予第三国投资者的优惠。 六、本地工业的产生和发展，只赋予本国国民和公司的特别激励措施。只要这类激励措施不损害缔约另一方的国民和公司的投资及与投资有关的活动。本条规定不影响任一缔约方根据其法律、法规，为了促进本地工业的产生和发展，只赋予本国国民和公司的特别激励措施。只要这类激励措施不损害缔约另一方的国民和公司的投资及与投资有关的活动。
71	2004	拉脱维亚	第三条　投资待遇 一、缔约一方的投资者在缔约另一方的领土内的投资应始终享受公正与公平的待遇。 二、在不损害其法律法规的前提下，缔约一方应给予缔约另一方投资者在其境内的投资及与投资有关活动不低于其给予本国投资者的投资及与投资有关活动的待遇。 三、缔约一方给予缔约另一方投资者在其境内的投资及与投资有关活动的待遇，不应低于其给予任何第三国投资者的投资及与投资有关活动的待遇。

续表

序号	缔约时间	缔约对方	双边投资条约中的最惠国条款规定
71	2004	拉脱维亚	四、缔约一方应给予缔约另一方投资者在其境内的投资及与投资有关活动本条第二款和第三款所规定的待遇中最优者。 五、本条第三款的规定，不应解释为缔约一方有义务将由下列原因产生的待遇、优惠或特权给予缔约另一方投资者： （一）关税同盟、自由贸易区、经济联盟、货币联盟以及产生此类联盟或类似机构的任何国际协议； （二）任何全部或主要与税收有关的国际协议或安排； （三）任何便利边境地区小额边境贸易的安排。
72	2004	突尼斯	第三条　投资待遇 一、缔约一方的投资者在缔约另一方的领土内的投资应始终享受公平与公正的待遇。 二、缔约一方给予缔约另一方投资者及其投资的待遇不低于其给予任何第三国投资者及其投资的待遇。 三、本条第二款不应解释为约束缔约一方将由下列原因产生的待遇、优惠或特权给予缔约另一方投资者和投资： （一）任何现存或将来的关税同盟、共同市场、自由贸易区或其他任一缔约方已经或可能成为其成员的类似的国际协定，或任何其他形式的区域经济组织； （二）任何全部或主要与税收有关的国际协议或安排； （三）任何便利边境贸易的国际协定或安排。
73	2005	马达加斯加	第四条　国民待遇和最惠国待遇 一、依照其法律法规的规定，缔约一方应给予缔约另一方的投资者在其领土内的投资及与投资相关活动不低于其给予本国投资者的待遇，或不低于其给予任何第三国投资者的待遇，如果此待遇更为优惠。 二、但是，本条前款所述的最惠国待遇不包括缔约一方根据其参加或被吸收加入的自由贸易区、关税同盟、共同市场或其他形式的地区经济组织的规定而给予第三国投资者的优惠。 三、本条给予的待遇不包括缔约一方根据避免双重征税协定或其他税务安排给予第三国投资者的优惠。
74	2005	捷克	第三条　投资待遇 一、缔约任何一方在其领土内给予缔约另一方投资者就投资、收益及与投资有关的业务活动的待遇和保护，不应低于给予第三国投资者的待遇和保护。 二、缔约任何一方在其领土内给予缔约另一方投资者就投资、收益及与投资有关的业务活动的待遇和保护，不应低于给予其本国投资者的待遇和保护。 三、本条第一款所述的待遇和保护，不应包括缔约另一方依照关税同盟、自由贸易区、经济联盟、避免双重征税协定和为了方便边境贸易而给予第三国投资者投资的任何优惠待遇。
75	2005	葡萄牙	第三条　投资待遇 一、一方的投资者在另一方的境内的投资应始终享受公平与公正的待遇。 二、一方应给予另一方投资者在其境内的投资及与投资有关活动不低于其给予本国投资者的投资及与投资有关活动的待遇。 三、一方给予另一方投资者在其境内的投资及与投资有关活动的待遇，不应低于其给予任何第三国投资者的投资及与投资有关活动的待遇。 四、本条第二款和第三款所述的待遇，不应解释为一方有义务将由下列原因产生的待遇、优惠或特权给予另一方投资者及其投资：（一）任何现存或将来的关税同盟、自由贸易区、经济联盟、货币联盟的成员，以及任何建立该种联盟或者类似机构的国际协议；（二）任何双重征税协定或其他有关税收问题的协定；（三）为方便边境地区小额贸易的任何国际安排。

续表

序号	缔约时间	缔约对方	双边投资条约中的最惠国条款规定
76	2005	赤道几内亚	第三条 投资待遇 一、缔约一方的投资者在缔约另一方的领土内的投资应始终享受公平与平等的待遇。 二、在不损害其法律法规的前提下，缔约一方应给予缔约另一方投资者在其境内的投资及与投资有关活动不低于其给予本国投资者的投资及与投资有关活动的待遇。 三、缔约一方给予缔约另一方投资者在其境内的投资及与投资有关活动的待遇，不应低于其给予任何第三国投资者的投资及与投资有关活动的待遇。 四、本条第三款所述的待遇，不应解释为缔约一方有义务将由下列原因产生的待遇、优惠或特权给予缔约另一方投资者： （一）关税同盟、自由贸易区、经济联盟； （二）任何全部或主要与税收有关的国际协议或安排。
77	2006	俄罗斯	第三条 投资待遇 一、缔约一方应保证在其领土内给予缔约另一方投资者的投资和与该投资相关的活动公平和平等的待遇。在不损害其法律法规的前提下，缔约方不得采取任何可能阻碍与投资相关的行为的歧视措施。 二、在不损害其法律法规的前提下，缔约一方应给予缔约另一方投资者的投资及与投资有关活动不低于其给予本国投资者的投资及与投资有关活动的待遇。 三、缔约一方给予缔约另一方投资者的投资及与投资有关活动的待遇，不应低于其给予任何第三国投资者的投资及与投资有关活动的待遇。 四、本条第三款所述的待遇，不应解释为缔约一方有义务将由下列原因产生的待遇、优惠或特权获得的利益给予缔约另一方投资者：（一）建立自由贸易区、关税同盟、经济联盟、货币联盟或类似机构的协定，或者基于将形成此类联盟或机构的过渡协定；（二）与税收有关的国际协定或者国际安排；（三）俄罗斯联邦与前苏维埃社会主义共和国联盟国家之间的与本协定项下投资有关的协定。在世界贸易组织协议所包含的议题方面，本条第四款所述协定应符合前一缔约方在世界贸易组织中的承诺。 五、在不损害本协定第四、五、九条规定的前提下，缔约双方给予的待遇可以不高于缔约双方依据双方都加入了的与投资待遇相关的多边安排所给予的待遇。
78	2007	韩国	第三条 投资待遇 一、在扩张、运营、管理、维持、使用、享有、销售和其他对于投资的处理（以下称“投资和商业行为”）方面，每一个缔约方应在其领土内提供给缔约另一方的投资者和他们的投资不低于在相似条件下其提供给其本国投资者和他们的投资的待遇（简称“国民待遇”），投资者在缔约另一方的领土内的投资应始终享受公正与公平的待遇。 二、第二条第三款和第三条第一款并不适用于在中华人民共和国领土内任何已存在的不符合措施和将来对于该措施的修改，但是修改相对于修改之前不能加重其不符合效果。赋予投资的待遇一旦被接受，其后的修改不应该比最初投资作出的时候更具限制性。中华人民共和国将采取所有可能的措施进一步消除不符合措施。 三、在投资和商业行为方面，包括投资准入上，每个缔约方将在其领土上给予缔约另一方投资者、他们的投资及由缔约另一方投资者作出的投资相关的活动不低于类似条件下其给予任何第三国投资者、他们的投资及与投资相关活动的待遇（简称“最惠国待遇”）。

续表

序号	缔约时间	缔约对方	双边投资条约中的最惠国条款规定
78	2007	韩国	四、本条第三款的规定不应解释为缔约一方有义务将由下列原因产生的待遇、优惠或特权给予缔约另一方投资者：（一）任何现存或将来的关税同盟、自由贸易区、经济联盟和任何由上述同盟或类似机构制定的国际协议；（二）任何全部或主要与税收有关的国际协议或安排；（三）任何便利边境地区小规模投资的安排。 五、缔约一方的投资者可就在缔约另一方领土内受到的待遇寻求司法机关或者行政机构、主管机关的救济，包括诉求与申辩的权利，而且上述待遇不低于缔约另一方给与其本国投资者或者任何第三国投资者的待遇。
79	2007	哥斯达黎加	第三条　投资待遇 一、缔约一方的投资者在缔约另一方的领土内的投资应始终享受符合普遍接受的国际法规则的公正与公平的待遇。 二、在不损害其法律法规的前提下，缔约一方应给予缔约另一方投资者的投资及与投资有关活动不低于其给予本国投资者的投资及与投资有关活动的待遇。 三、缔约一方给予缔约另一方投资者的投资及与投资有关活动的待遇，不应低于其给予任何第三国投资者的投资及与投资有关活动的待遇。 四、本条第三款的规定，不应解释为缔约一方有义务将由下列原因产生的待遇、优惠或特权的利益给予缔约另一方投资者： （一）关税同盟、自由贸易区、经济联盟以及产生此类联盟或类似机构的任何国际协议； （二）任何全部或主要与税收有关的国际协议或安排； （三）任何便利边境地区小额边境贸易的安排。
80	2009	马里	第三条　投资待遇 一、缔约一方的投资者在缔约另一方的领土内的投资应始终享受公正与公平的待遇。 二、在不损害其法律法规的前提下，缔约一方应给予缔约另一方投资者在其境内的投资及与投资有关活动不低于其给予本国投资者的投资及与投资有关活动的待遇。 三、缔约一方给予缔约另一方投资者在其境内的投资及与投资有关活动的待遇，不应低于其给予任何第三国投资者的投资及与投资有关活动的待遇。 四、本条第三款所述的待遇，不应解释为缔约一方有义务将由下列原因产生的待遇、优惠或特权给予缔约另一方投资者：（一）关税同盟、自由贸易区、经济联盟以及产生此类同盟或类似机构的任何国际协议；（二）任何全部或主要与税收有关的国际协议或安排；（三）任何便利边境地区小额边境贸易的安排。
81	2009	马耳他	第三条　国民待遇和最惠国待遇 一、缔约一方的投资者在缔约另一方的领土内的投资应始终享受公正与公平的待遇。 二、在不损害其法律法规的前提下，缔约一方应给予缔约另一方投资者在其境内的投资及与投资有关活动不低于其给予本国投资者的投资及与投资有关活动的待遇。

续表

序号	缔约时间	缔约对方	双边投资条约中的最惠国条款规定
81	2009	马耳他	三、（一）缔约一方给予缔约另一方投资者在其境内的投资及与投资有关活动的待遇，在其投资的管理、使用、享用或处分等方面，不应低于其给予任何第三国投资者的投资及与投资有关活动的待遇。（二）如果缔约一方根据其在自由贸易区、关税同盟、共同市场、区域经济一体化组织、便利边境地区小额边境贸易的安排或者建立上述组织或机构的过渡性协议中的成员资格或与其的关联，给予了任何第三国投资者特别的优惠，该缔约方不得被要求将该优惠给予缔约另一方投资者。（三）根据本条规定所给予的待遇不包括任何缔约方根据避免双重征税协定或者其他与税收事项有关的协定给予第三国投资者在税收、财税减免等方面的待遇。 四、缔约一方应依据其法律和法规，为在其领土内从事与投资有关活动的缔约另一方国民的入境和停留提供便利。
82	2011	乌兹别克斯坦	第四条　最惠国待遇 一、缔约一方就投资的设立、并购、扩大、管理、维持、使用、享有、出售或投资的其他处置所赋予缔约另一方投资者及在其境内的投资的待遇不得低于在相同情势下给予第三国投资者及其投资的待遇。 二、第一款所指待遇不应解释为缔约一方有义务将由下列原因产生的待遇、优惠或特权获得的利益给予缔约另一方投资者：（一）任何关税同盟、自由贸易区、经济联盟，和因以上联盟或类似机制而缔结的协定；（二）部分或全部与税收（含关税）有关的国际协定或者国际安排；（三）在边境地区的便利边境贸易的安排。 三、尽管有第一款的规定，其他协定中规定的争端解决程序不得被援引用来处理本协议框架下的争端。
83	2013	坦桑尼亚	第四条　最惠国待遇 一、缔约一方就投资的设立、并购、扩大、运营、管理、维持、使用、享有、出售或处置所赋予缔约另一方投资者及在其领土内的投资的待遇不得低于在相同情势下给予第三国投资者及其投资的待遇。 二、第一款所指待遇不应解释为缔约一方有义务将由下列原因产生的待遇、优惠或特权获得的利益给予缔约另一方投资者： （一）建立自由贸易区、关税同盟、经济联盟、货币联盟或类似组织、机制的协定； （二）与税收有关的国际协定或者国际安排； （三）任何便利边境地区小额边境贸易的安排。 三、本条第一款不适用于本协定或其他缔约一方签署的类似国际协定中规定的争端解决条款。

不过，中国的缔约实践较之英国更为繁杂，目前已签署的双边投资条约中关于用尽当地救济规则的规定、同意ICSID仲裁的规定以及国际仲裁管辖权范围的规定均不统一，倘若允许外国投资者运用最惠国条款要求更优惠的程序性权利，将面临更多问题。Maffezini案之后的案件在处理最惠国条款适用范围时将程序分为两类，第一类类似于Maffezini案，试图适用最惠国条款以避免用尽当地救济的要求。在这类的案件中，仲裁庭基本通过适用最惠国条款允许投资

者利用第三方条约中对其更有利的程序。第二类则是投资者试图以最惠国条款为基础，使仲裁庭对争议事项的管辖权范围得以扩展。[1] 具体到中国，面临的两个问题将是：第一，外国投资者能否将最惠国条款扩展适用于程序性事项，将原本不应由 ICSID 仲裁管辖的案件交付 ICSID 仲裁；第二，有些双边投资条约将能够由 ICSID 仲裁管辖的事项限定为涉及征收和国有化而引起的补偿款额争端，那么外国投资者可否根据条约中的最惠国条款来扩展 ICSID 仲裁庭的管辖范围。为避免争议的出现，双边投资条约的缔约双方应当尽可能清晰地表明最惠国条款的范围，[2] 特别是最惠国条款能否适用于争端解决事项。

笔者认为，如果基于“一带一路”倡议的视角，从保护本国海外投资者在沿线国家投资利益的立场出发，支持将最惠国条款适用于 ICSID 仲裁无疑是更有利的。例如，在 *Beijing Urban Construction Group Co. Ltd. v. Republic of Yemen* 案中，北京城市建设集团有限责任公司（“北京城建”）与也门政府签订了标的额约 1.14 亿美元的也门国际机场航站楼建设项目合同，后因也门政府未履行对工程安全保护的违约行为，导致工程建设无法推进。北京城建于 2014 年将争端提交 ICSID 仲裁。也门政府提出的第三项管辖权异议涉及中国 – 也门 BIT 第 3 条第 1 款规定的最惠国待遇。北京城建认为，依据最惠国条款，也门政府保证给予在其领土内的中国投资者及其投资的待遇，不应低于其他国家投资者及其投资所获得的待遇；因此，北京城建可利用也门政府缔结的其他 BITs 中规定的更优惠的争端解决机制，特别是也门 – 英国 BIT 第 7 条规定的争端解决机制。[3] 也门政府辩称，最惠国条款不能绕过双边投资条约中明确的有限管辖权，将更宽泛的也门 – 英国 BIT 争端解决条款纳入其中。中国 – 也门 BIT 中的最惠国条款的范围仅限于实质性权利，任何相反的解释都将使中国 – 也门 BIT 第 10 条第 2 款中的争端解决条款中的限制性语言（limiting language）失去意义。[4] 仲裁庭援引了 *Plama Consortium Limited v. Republic of Bulgaria* 案，[5] 认为最惠国条款是否可适用于争端解决程序事项存在争论。依据维也纳条约法公约第 31 条，仲裁庭从 BIT 约文的通常含义出发来进行解释。中国 – 也门 BIT 第 3 条第 1 款用“在其领土内”这一修饰语对“待遇”进行了地域性限制。诚如 *Vladimir Berschader*

〔1〕Andrew Newcombe and Lluís Paradell, *Law and Practice of Investment Treaties: Standards of Treatment*, Kluwer Law International, 2009，208.

〔2〕Scott Vesel, ‘Clearing A Path Through A Tangled Jurisprudence: Most-Favored-Nation Clauses and Dispute Settlement Provisions in Bilateral Investment Treaties’, Yale Journal of International Law, vol.32，189（2007）.

〔3〕ICSID Case No. ARB/14/30, Decision on Jurisdiction, 31 May 2017, para.111.

〔4〕ICSID Case No. ARB/14/30, Decision on Jurisdiction, 31 May 2017, para.110.

〔5〕ICSID Case No. ARB/03/24, Decision on Jurisdiction, 8 February 2005, para.207.

and Moise Berschader v. the Russian Federation 案[1]中仲裁庭所言,“在其领土内”表明缔约双方的意图是最惠国条款适用于发生在东道国领土内投资者的实体权利，而国际仲裁与东道国领土内活动并无内在关联。[2] 本案仲裁庭最后认定，地域性限制表明最惠国条款应仅适用于在也门领土内赋予外国投资者的实体权利，不能依据最惠国条款扩大中国－也门 BIT 第 10 条关于可以提交仲裁的事由范围。[3] 遵循本案仲裁庭的观点，中国－也门 BIT 的最惠国条款不适用于争端解决程序，显然这并不利于对在也门的中国投资者及其投资进行保护。不过，仲裁庭驳回了也门政府的其他管辖权异议，裁断对北京城建提出的关于征收及其补偿争端具有管辖权。

但是，从中国同时作为一个资本输入国与发展中国家的角度来考量，允许最惠国条款扩展适用于 ICSID 争端解决事项将是弊大于利的。一般而言，广大发展中国家的国内经济运作尚不成熟，不可能完全放开国内市场，因而需要对其境内发生的经济纠纷保留一定的主权管辖。允许外国投资者动辄通过最惠国条款将投资争端诉诸国际仲裁，其结果是将发展中国家与发达国家同样置于投资条约仲裁机制中，遵循相同之规则来对问题进行裁断。这样的争端解决模式表面上看似平等，实则掩盖了实质上的不平等，因为投资者－东道国投资争端解决机制中争议双方存在着结构性的不平等，在投资自由化与保护投资者利益的价值取向下，易于忽视东道国正当权利的存在。[4] 在国际贸易领域，早在 1947 年 GATT 就规定了普遍最惠国待遇原则，但经过发展中国家的长期斗争，与普遍最惠国待遇原则相左的各种特殊与差别（Special and Differential，S&D）待遇条款正在更多领域、更大范围，以更高的频率出现在 WTO 协定中。[5] 因而，对最惠国条款作扩大化解释，将会构成对发展中国家的重大隐患，并有可能对经济体造成重大冲击。诚如前述，除却 Maffezini 案，支持最惠国条款适用于争端解决程序的案件基本是以阿根廷为被申请方，而阿根廷在应对国际仲裁带来的冲击方面，已付出了巨大的经济与政治代价，而这样的局面应当也是阿根廷始

---

〔1〕SCC Case No.080/2004, Award, 21 April 2006.

〔2〕ICSID Case No. ARB/14/30, Decision on Jurisdiction, 31 May 2017, para.117.

〔3〕ICSID Case No. ARB/14/30, Decision on Jurisdiction, 31 May 2017, paras.120-121.

〔4〕结构性不平衡包括：国际投资仲裁程序的“所有权”掌握在东道国政府手中，即条约的仲裁机制只有经东道国的同意才能订入，且东道国可撤回和进行修改，外国投资者仅有“使用权”，即依这些程序提起仲裁的权利；外国投资者尤其是中小公司，在人才、资金、信息等诉讼资源的拥有上，无法与东道国政府相匹敌；国际投资争端中，东道国政府可能会滥用权力，阻止本国的有关人员和单位向外国投资者提供对己不利的证据等。参见徐崇利：《从实体到程序：最惠国待遇适用范围之争》，载《法商研究》2007 年第 2 期，第 49 页。

〔5〕参见曾华群：《论“特殊与差别待遇”条款的发展及其法理基础》，载《厦门大学学报》2003 年第 6 期，第 5－9 页。

料未及的，是违背其缔约目的的。阿根廷的前车之鉴值得中国反思。中国在不同时期、针对不同国家所缔结的双边投资条约中，对于ICSID争端解决机制的规定各不相同，1998年之前签署的双边投资条约较为保守谨慎，而之后对外缔结的多数双边投资条约则全面接受了ICSID的管辖权。倘若外国投资者要求援引最惠国条款从而在众多双边投资条约中选择其认为最有利的争端解决机制，这将会与中国在具体投资条约谈判时的利益分析与缔约目的不相符。同时，中国有可能丧失对境内投资争端的主权管辖，这对于作为重要资本输入国的中国而言将是较为重大的隐患，面临的风险及其潜在的后果可能将是不可估量的。因此，中国应未雨绸缪，主动采取一定的保护性策略。

一方面，在今后签订或修订双边投资条约中，可以明确限制或排除将最惠国条款适用于程序性事项。鉴于ICSID仲裁庭在实践中具有通过自由裁量扩展自身管辖权的倾向，要排除最惠国条款扩大化适用的困扰，最直接且有效的途径就是在基础条约中明确地限制或排除其适用。明文限制或排除最惠国条款适用于争端解决程序，美国早已实践了此种策略。2003年美国自由贸易协定范本第5条规定了最惠国待遇，但其注释特别作了如下说明：

> 缔约各方注意到ICSID仲裁庭最近对Maffezini案作出的决定，其中确认阿根廷与西班牙协定中的最惠国条款异乎寻常的广泛，包括了争端解决程序……相反，本协定中的最惠国条款明文将其范围限定在“与投资的设立、取得、扩大、管理、经营、营运和出售或其他处置相关的”事项。缔约各方的共同理解和意图是，这样的条款不包括国际争端解决机制，由此不能合理地得出类似于Maffezini案的结论。[1]

2004年多米尼加－中美洲－美国自由贸易协定草案对最惠国待遇的规定也作了同样的注释，而这一解释已为美国与智利、新加坡、哥伦比亚、秘鲁等国缔结的条约所采纳。中国可参照这一缔约实践，在已有的最惠国待遇例外，即区域一体化例外、避免双重征税例外以及边境小额贸易例外的基础上，可以考虑增加争端解决事项例外。

另一方面，考虑到直接在双边投资条约中将争端解决事项明确排除在最惠国条款的适用范围之外，可能在与其他国家进行缔约谈判时增加困难，此时可在投资条约中作出最惠国条款的效力不溯及既往的规定。譬如，2004年加拿大

〔1〕Yas Banifatemi, 'The Emerging Jurisprudence on the Most-Favoured-Nation Treatment in Investment Arbitration', in Andrea K Bjorklund, Ian A Laird and Sergey Ripinsky (eds.), *Investment Treaty Law: Current Issues III, Remedies in International Investment Law Emerging Jurisprudence of International Investment Law*, British Institute of International and Comparative Law, 2009，271.

FIPA 范本附件三就规定“第 4 条之最惠国待遇条款不适用于该条约生效前加拿大对外缔结的双边和多边投资条约所给予的待遇。”[1] 作出这样的规定，可以使外国投资者无法通过最惠国条款选择东道国与其他国家在其他双边投资条约中已经规定的争端解决机制，从而遏止了 ICSID 仲裁管辖权的扩展趋势。2021 年加拿大 FIPA 范本更是直接规定了最惠国待遇不包括其他国际投资条约和其他贸易协定中规定的解决投资者与国家之间的投资争端程序，[2] 从而关上了投资者进行条约挑选（Treaty Shopping）的大门。

三、保护伞条款

早期中国对外缔结的双边投资条约就已订入了保护伞条款，例如 1983 年中国－德国 BIT 就规定了“缔约任何一方应恪守其对缔约另一方投资者在其境内投资已承担的所有其他义务，但缔约各方修改其法律的权利不受妨碍”[3]。如今，中国与发达国家之间签署的双边投资条约中大部分含有保护伞条款，这些条款通常采取下述两种措辞：其一，缔约任何一方应恪守其就缔约另一方投资者在其境内的投资所承担的任何其他义务；[4] 其二，缔约任何一方应恪守其与缔约另一方投资者就投资所作出的任何特别承诺。[5] 中国与“一带一路”倡议参与国缔结的双边投资条约中的保护伞条款如图表 25 所示。与早期的保护伞条款相比，近年来缔结的双边投资条约对保护伞条款的规定更接近保护伞条款的经典表述，语言表述更为含糊：早期双边投资条约对保护伞或多或少有些限制，比如将缔约各方修改法律的权利明确排除在义务范围之外，抑或限定在书面承诺等；新近签署的双边投资条约则基本放弃了对保护伞条款的限制，而无论是“任何其他义务”抑或“任何特别承诺”，都有被解释为东道国政府与外国投资者签订的合同或对外国投资者所作的单边承诺等的可能性，再加上第二代双边投资条约对 ICSID 仲裁管辖权的全面同意，这对于中国司法主权的捍卫将是不利的。当前中国政府部门通常不会直接与外国投资者签订基础设施建设、自然资源开发、公用事业服务提供等领域的特许协议，国际投资合同往往是由一些带有管理职能的公司与外国投资者订立。在国际仲裁实践中，仲裁庭倾向于将这类带有管理职能的公司视为东道国政府的工具，从而确定其为投资争端的适格“政府方”，[6] 一俟违反合同的争端出现，则会触发保护伞条款问题。

---

〔1〕 Art.1 of Annex Ⅲ（Exceptions from Most-Favoured-Nation Treatment) of the 2004 Canada Model FIPA.

〔2〕 Art.6（6）of the 2021 Canada Model FIPA.

〔3〕 参见 1983 年中国－德国 BIT 第 8 条第 2 款。

〔4〕 例如 2003 年中国－德国 BIT 第 10 条第 2 款。

〔5〕 例如 2004 年中国－芬兰 BIT 第 11 条第 2 款。

〔6〕 参见徐崇利：《“保护伞条款”的适用范围之争与我国的对策》，载《华东政法大学学报》2008 年第 4 期，第 59 页。

图表 25　我国与“一带一路”沿线国家缔结的 BITs 中的保护伞条款

序号	缔约时间	缔约对方	双边投资条约中的保护伞条款规定
1	1985	泰国	第四条 一、（一）缔约各方国民和公司在缔约另一方领土内的投资及其收益受到的待遇应是公平的，并不低于任何第三国国民和公司的投资及其收益所受到的待遇。 …… 二、缔约各方应恪守根据其法律对缔约另一方国民和公司的投资所作的除本协定以外的任何承诺。如果缔约一方的法律有改变，缔约另一方国民和公司应遵守新法律，但缔约一方应对上述国民和公司的适当利益给予合理安排。
2	1985	奥地利	第八条 一、在本协定之外，如根据现在或今后缔约一方的法律或缔约双方间所承担的国际法义务有一般或专门的规定，对缔约另一方投资者的投资待遇较本协定更为优惠，则从优适用。 二、缔约任何一方应恪守其批准缔约另一方投资者在其领土内的投资所承担的合同义务。
3	1985	科威特	第二条　促进和保护投资 一、缔约各国应鼓励缔约另一国投资者在其领土和海域内投资，为之创造良好条件，并应运用其法律授予的权力接受此种投资。 二、缔约各国在任何时候都应保证给予缔约另一国投资者的投资和收益以公正和公平的待遇。缔约各国应依据其法律和法规保证缔约另一国投资者对在其领土和海域内投资的管理、维持、使用、享有或处分不受任何不合理或歧视性措施的约束或损害。缔约各国应恪守其在批准缔约另一国投资者投资的文件中或已批准的缔约另一国投资者的投资合同中可能承担的义务。
4	1986	斯里兰卡	第十五条　其他义务 如缔约任何一方的立法或现有的或在本协定后，缔约双方间确立的国际义务使缔约另一方国民或公司的投资处于比本协定更为优惠的待遇地位，该地位不应受本协定的影响。除本协定的规定外，缔约任何一方应依其法律尊重其或其国民或公司同缔约另一方国民或公司就投资方面的承诺。
5	1988	新西兰	第三条　促进和保护投资 一、缔约任何一方在符合其国家目标的条件下，应依照投资所在缔约一方的法律和法规鼓励缔约另一方的国民和公司在其境内进行投资，并为之创造良好的环境。 二、对于第二条所指的投资，应根据本协定给予公正与公平的待遇和保护。 三、缔约任何一方应遵守其对缔约另一方的国民或公司的投资可能承担的一般或具体的义务。
6	1992	希腊	第二条　促进和保护投资 一、缔约一方在其领土内促进缔约另一方的投资者的投资并根据其法规接受此种投资。 …… 六、缔约方应当恪守其对于缔约另一方投资者的投资可能承担的任何其他义务。

续表

序号	缔约时间	缔约对方	双边投资条约中的保护伞条款规定
7	1993	阿联酋	第二条　促进和保护投资 一、缔约各国应鼓励缔约另一国投资者在其领土内投资，为之创造良好条件，并应用其法律授予的权力接受此种投资。 …… 缔约各国应恪守其在批准缔约另一国投资者的投资的文件中或已批准的投资合同中可能承担的义务。
8	1994	埃及	第二条　促进和保护投资 一、缔约一方应鼓励缔约另一方的投资者在其领土内投资，为此创造良好条件，并有权行使法律赋予的权力接受此种投资。 二、缔约任何一方的投资者在缔约另一方领土内的投资，应始终受到公正和公平的待遇和持久的保护和保障。缔约各方同意，在不损害其法律和法规规定的条件下，对缔约另一方的投资者在其领土内对投资的管理、维持、使用、享有或处置不得采取不合理的或歧视性的措施。缔约各方应遵守其对缔约另一方投资者的投资可能已同意的义务。
9	1995	塞尔维亚	第十条　其他权利和义务 如果缔约一方的立法或在本协定之外，在缔约双方间现存或其后设立的国际义务使缔约另一方投资者的投资有权享受比本协定规定更优惠的待遇的地位，该地位不受本协定的影响。除本协定的规定外，缔约各方应依法恪守其或其投资者同缔约另一方的投资者就投资方面的承诺。
10	1996	黎巴嫩	第十条　其他义务 一、如果缔约任何一方的立法或缔约双方之间在本协定之外现存或此后确定的国际法义务中包含某项条款，无论是一般规定还是具体规定，使得缔约另一方投资者的投资有权享有比本协定的规定更为优惠的待遇，则该条款应在更优惠的方面优于本协定适用。 二、缔约各方应遵守就缔约另一方投资者在其领土内的投资所承担的其他义务。
11	1997	南非	第十条 一、缔约一方根据其法律、法规给予缔约另一方投资者的投资或者与投资有关的活动的待遇比本协定的规定更为优惠的，从优适用。 二、缔约一方应遵守其就缔约另一方投资者的投资所承诺的其他义务。
12	2000	刚果	第十条　其他义务 一、如果缔约一方的立法或缔约双方之间现存或其后设立的国际义务使缔约一方投资者的投资有权享受比本协定规定的更优惠待遇的地位，该地位不受本协定的影响。 二、任一缔约方应恪守其与缔约另一方投资者就投资所作出的承诺。
13	2000	伊朗	第十条　承诺的遵守 缔约任何一方应保证遵守其就缔约另一方的投资者的投资所作的承诺。
14	2001	莫桑比克	第十条　其他规则的适用 一、除本协定外，如果缔约一方的法律规定或根据缔约双方之间现存或其后设立的国际法项下的义务所包含的规则，不论是一般还是特定规定，给予缔约另一方的投资者的投资及其收益的待遇比本协定所规定的更为优惠，则适用该更优惠规则。 二、缔约任何一方应履行其与缔约另一方投资者就投资作出的承诺。

续表

序号	缔约时间	缔约对方	双边投资条约中的保护伞条款规定
15	2001	尼日利亚	第十条　其他义务 一、如果缔约一方的立法或缔约双方之间现存或其后设立的国际义务使缔约一方投资者的投资享受比本协定规定的更优惠待遇的地位，该地位不受本协定的影响。 二、缔约任何一方应恪守其与缔约另一方投资者就投资所做出的承诺。
16	2001	缅甸	第十条　其他义务 一、如果缔约一方的立法或缔约双方之间现存或其后设立的国际义务使缔约一方投资者的投资享受比本协定规定的更优惠待遇的地位，该地位不受本协定的影响。 二、缔约任何一方应恪守其与缔约另一方投资者就投资所作出的承诺。
17	2002	特立尼达和多巴哥	第十三条　其他条款的适用 一、如果缔约一方的法律或缔约双方之间在本协定之外现存或其后设立的国际法义务中包含某项条款，无论是一般规定还是具体规定，使得缔约另一方投资者的投资有权享有比本协定的规定更为优惠的待遇，则该条款应在更优惠的方面优于本协定适用。 二、缔约任何一方应恪守其与缔约另一方投资者就投资所作出的承诺。
18	2003	圭亚那	第十条　其他义务 一、除本协定之外，如果缔约一方的法律或缔约双方之间现存或其后设立的国际法上的义务所包括的规则，不论是一般还是具体的，使缔约一方投资者的投资享受比本协定规定的待遇更优惠，则该规则在其更优惠的程度上，优于本协定的适用。 二、缔约任何一方应恪守其与缔约另一方投资者就投资所作出的承诺。
19	2004	拉脱维亚	第十一条　其他义务 一、如果缔约一方的立法或缔约双方之间现存或其后设立的国际义务使缔约一方投资者的投资享受比本协定规定的更优惠待遇的地位，该地位不受本协定的影响。 二、缔约任何一方应恪守其与缔约另一方投资者就投资所作出的承诺。
20	2004	突尼斯	第十条　其他义务 一、除本协定外，如果缔约一方的法律条款或缔约双方之间现存或其后设立的国际义务包含这样的规定，不论是原则性或具体的，使得缔约一方投资者的投资享受比本协定规定的更优惠的待遇，该规定不受本协定的影响。 二、缔约任何一方应恪守其与缔约另一方投资者就其投资所作出的承诺。
21	2005	赤道几内亚	第十条　其他义务 一、如果缔约一方的立法或缔约双方之间现存或其后设立的国际义务使缔约一方投资者的投资享受比本协定规定的更优惠待遇的地位，该地位不受本协定的影响。 二、缔约任何一方应恪守其与缔约另一方投资者就投资所作出的承诺。
22	2005	葡萄牙	第十条　其他义务 一、如果任何一方的立法或双方之间现存或在本协定后根据国际法设立的义务，含有使另一方投资者的投资享受比本协定的规定更优惠待遇的规定，该规定在其更优惠的范围内应比本协定优先适用。 二、任何一方应恪守其就另一方投资者在其境内的投资所承担的任何其他义务。

续表

序号	缔约时间	缔约对方	双边投资条约中的保护伞条款规定
23	2007	韩国	第十条　其他义务 一、如果缔约一方的立法或缔约双方之间现存或此后设立的国际义务导致给予缔约另一方投资者的投资比本协定更优惠待遇的地位，该地位不受本协定影响。 二、缔约任何一方应恪守其与缔约另一方投资者就投资所作出的任何承诺。 …… 四、为履行本协定的义务，每个缔约方应采取合理可行的措施确保其领土内的省级政府恪守本协定。
24	2007	哥斯达黎加	第十条　其他义务 一、如果缔约一方的立法或缔约双方之间现存或其后设立的国际义务使缔约一方投资者的投资享受比本协定规定的更优惠待遇的地位不受本协定的影响。 二、缔约任何一方应恪守其与缔约另一方投资者就投资所作出的承诺。
25	2009	马里	第十条　其他义务 一、如果缔约一方的立法或缔约双方之间现存或其后设立的国际义务使缔约一方投资者的投资享受比本协定规定的更优惠待遇的地位，该地位不受本协定的影响。 二、缔约任何一方应恪守其与缔约另一方投资者就投资所作出的承诺。
26	2009	马耳他	第十条　其他义务 一、如果缔约一方的立法或缔约双方之间现存或其后设立的国际义务使缔约一方投资者的投资享受比本协定规定的更优惠待遇的地位，该地位不受本协定的影响。 二、缔约任何一方应恪守其与缔约另一方投资者就投资所作出的承诺。
27	2011	乌兹别克斯坦	第十三条　其他义务 一、如果缔约一方的立法或缔约双方之间现存或其后设立的国际义务使缔约一方投资者的投资享受比本协定规定的更优惠待遇的地位，该地位不受本协定的影响。 二、缔约任何一方应恪守其以协议、合约或合同形式与缔约另一方投资者就投资所做出的书面承诺。 三、尽管有第二款的规定，缔约一方违反在商事性质的合同下所承担的义务不应被视为违反本协定。
28	2013	坦桑尼亚	第十四条　其他义务 一、如果缔约一方的立法或缔约双方现存或其后设立的国际义务使缔约另一方的投资者享受比本协定更优惠待遇的地位，该地位不受本协定的影响。 二、缔约一方应信守以协议或合同形式与缔约另一方投资者就其投资所作出的书面承诺。

从“一带一路”倡议下海外投资保护的角度来看，中国与沿线国家缔结的双边投资条约中包含保护伞条款，显然对来自中国的投资者更为有利。然而，双边投资条约项下的权利义务往往是对等的，就对外商投资进行管制的角度而言，双边投资条约中的保护伞条款无疑对东道国的投资管制权形成一定冲击。就当前已订有保护伞条款的双边投资条约而言，倘若外国投资者基于保护伞条

款将争端提交至ICSID仲裁，作为被申请方的中国应当详细剖析承诺的性质、违反承诺的具体情形，进而提出管辖权异议抗辩，或免除中国的法律责任。在进行抗辩时，如下五个理由值得重视：第一，中国与外国投资者订立的合同，是否属于与投资相关的合同。第二，与外国投资者订立合同的机构，是否可归因于国家。第三，中国所作出的单方立法或行政承诺，是否是针对吸引特定的外国投资，而非普遍性的投资政策。长期以来，为吸引外资，中国一些地方政府对外国投资者许诺给予诸多优惠待遇，一俟地方政府因许诺违反现有法律或行政规定等原因而无从兑现，则可采取这一抗辩事由。第四，中国若违反相关投资承诺，是否是应对紧急情况的措施，抑或为了维护公共利益而采取的非歧视措施。第五，中国撤销给予外国投资者的特许权，是否是因为该项投资具备了相关法律法规规定的应予撤销的情形。

而对于未来缔结或重新签署的双边投资条约，最优之方案当是不再订入保护伞条款。即便在缔结谈判中无法就保护伞条款是否订入达成一致，也应当在争端解决条款中对得以提交至国际仲裁的投资争端加以一定的限制，例如1992年中国－希腊BIT中规定，只有“缔约一方投资者和缔约另一方有关前者的投资就后者一方在本协定项下的义务的争议”[1]，方可提交至该条约规定的争端解决机制，这意味着东道国政府违反与外国投资者之间合同的行为不能提交至ICSID等投资者－东道国争端解决机制。此外，鉴于投资者－东道国投资争端解决机制的设立旨在防止国家滥用权力导致外国投资者无法通过东道国国内司法或行政程序得到公正的救济，因此将保护伞条款解释为只有当违反合同的行为系主权行为时，方可将合同义务提升到条约义务；如此解释既符合保护伞条款最初制定者的原意，亦符合国际投资保护法律的逻辑体系。例如美国1994年双边投资条约范本中曾规定了保护伞条款——缔约方应遵守其所承担的与投资有关的任何义务，[2] 但2004年新范本中，这一条款已不复存在，而是将原保护伞条款的适用范围限制在因与国家主权行为相关的投资协议而产生的诉求，从而排除了其他合同义务。2004年范本规定了“无法通过磋商和协商解决投资争议后，争议方可依据本章节就被申请方违反……一项投资协议（Investment Agreement）提请仲裁”[3]；而范本对“投资协议”的解释是“缔约一方的国家当局[4]和本协定所涵盖的投资或另一缔约国的投资者订立的书面协议，授予本协议所涵盖的投资或另一缔约国的投资者确定或获得不同于该书面协议本身的本协定所涵盖的投资的权利，且该权利（a）与国家当局所控制的自然资源有关，

〔1〕参见1992年中国－希腊BIT第10条第1款。

〔2〕Art.34 of the 1994 U.S. Model BIT.

〔3〕Art.24 .1（a）（i）（C）of the 2004 U.S. Model BIT.

〔4〕范本注释中，将“国家当局”解释为中央政府。

例如勘探、开采、提炼、运输、分配或销售；（b）代表缔约一方向公众提供服务，例如发电或供电、水处理或供水，或通讯；（c）承担非仅为政府使用或仅对政府有利的基础设施项目，例如修建公路、桥梁、隧道、堤坝或管道。”[1] 由此可知，这三项对外国投资者的授权，均体现了国家主权之行使，因而依据双边投资条约中选择仲裁作为争端解决方式时，其理由之一应当是东道国国家当局滥用主权而构成对投资协议中的三项授权的违反。换言之，只有当合同的违反是出于主权行为时，可以将合同义务提升至条约义务，而对于一般的商业性合同，保护伞条款并没有这样的提升效果。这一做法值得中国借鉴。

然而，令人意外的是，2020 年施行的《外商投资法》规定，“地方各级人民政府及其有关部门应当履行向外国投资者、外商投资企业依法作出的政策承诺以及依法订立的各类合同”，而且“因国家利益、社会公共利益需要改变政策承诺、合同约定的，应当依照法定权限和程序进行，并依法对外国投资者、外商投资企业因此受到的损失予以补偿”。[2] 本条第一款类似于保护伞条款，属于投资东道国对外国投资者的单方承诺。保护伞条款的效力需要依据条款本身的措辞来认定，通常说来，“应当保证履行”（shall guarantee the observance）等措辞会导致狭义的解释方法，“应当履行…任何承诺或义务”（shall observe…any commitments or obligations）等措辞会导致宽泛的解释方法。《外商投资法》中的“应当履行……政策承诺……各类合同” 更接近于会导致宽泛解释方法的措辞。尤其是全国人大法工委于 2018 年 12 月公布的《外商投资法（草案）》采用的文本是“应当严格履行……政策承诺……各类合同”，加上了“严格”履行这样的限定，很有可能将导致宽泛解释方法的适用。而且，何谓“严格”也是存在争议的。由此可能引发的问题是，一旦地方政府不能履行各类合同，合同责任将很有可能上升至国家责任。当前，我国地方政府的行政能力、履约能力并非无懈可击，仍存在地方政府超过法定权限以红头文件形式作出优惠措施承诺、地方政府承诺不兑现等现象。《外商投资法》中类似保护伞条款的存在，将不利于国际投资案件中我国作为被申请人时的抗辩。

从国际缔约立法趋势来看，绝大多数国家已经在新缔结的投资条约中删除了保护伞条款。根据联合国贸法会数据，2015 年 12 月至 2017 年 10 月期间缔结的 52 个投资协定和在此期间通过的 2 个 BIT 范本中，只有 2 个协定规定了保护伞条款，即奥地利－吉尔吉斯斯坦 BIT 和日本－伊朗 BIT。[3] 在众多国家相继放弃保

〔1〕 Art.1 of the 2004 U.S. Model BIT.

〔2〕 参见《外商投资法》第 25 条。

〔3〕 Raul Pereira de Souza Fleury, ‘Closing the Umbrella: A Dark Future for Umbrella Clauses? ’, Kluwer Arbitration Blog, 13 October 2017, available at: http://arbitrationblog.kluwerarbitration.com/2017/10/13/closing-umbrella-dark-future-umbrella-clauses/, visited on 22 February 2021.

护伞条款的趋势下，为何我国要在投资立法中逆潮流而上？考虑到《外商投资法》是在中美贸易战的局势下出台的，旨在以法治方式营造一流营商环境，积极吸引和利用外商投资，也就不难理解《外商投资法》针对征收与补偿、强制技术转让等外国投资者普遍关心的问题都作出了明确规定；而保护伞条款的存在，当然也是保障外国投资者权利、提振外商在华经营信心的一个方式。

小结

国际投资自由化在促进资本在国家间更自由流动的同时，亦要求国家减少对国际资本的监督与管制，造成投资者利益保护与东道国经济和社会发展目标保障上的失衡。反映在投资争端领域，传统的投资争端解决方式日趋式微，而 ICSID 等投资者 – 东道国争端解决机制显现出管辖权扩展的趋势，东道国司法主权进一步受到制约。其一，由于 ICSID 公约第 25 条对“投资”定义以及对法人国籍认定标准暂付阙如，留给 ICSID 仲裁庭的自由裁量权空间将是极大的。一方面，ICSID 仲裁庭在不同案例中扩大投资定义本身包含的内容，将通过背书获取本票认定为一项投资，认为一笔单独交易所在的整个交易过程构成了一项投资则以这个单独交易为由所提起的争议符合公约所规定的“投资”等；其他投资条约仲裁机制亦借助对投资定义解释的宽泛化达成扩展管辖权的目的，有关“市场份额”构成投资，将投资解释为投资者的产品“进入市场”的权利，从而将投资定义扩展到贸易领域。另一方面，仲裁庭实质上接受了当事人约定国籍的做法，只是要求此种约定基于实际控制因素，例如利益控制因素；同时其裁决提供了一种可能性，即公司可“迁移”至存在条约保护的国家并因此获得投资条约中规定的包括 ICSID 国际仲裁救济的权利。对中国而言，BITs 中“投资”定义的把握，应符合国内经济发展与“一带一路”倡议下海外投资促进的政策目标，可通过以下三个途径适度限制投资定义的范围：（1）规定受条约保护的“资产”满足属于东道国接受或允许的投资这一前提条件；（2）在投资准入上采取较为宽泛的投资定义，但在争议解决条款中明确将对中国经济有重大影响的投资排除于 ICSID 仲裁管辖权之外，同时对涉及东道国投资管制措施正当性问题可依据双边投资条约的缔结对方进行具体区别对待；（3）修订目前以资产为基础的广义投资定义方式，规定只有具有投资特征的资产方能获得双边投资条约的保护。在法人国籍认定标准方面，在坚持法人成立地作为认定标准的同时，肯定控制标准，从而有效保护“一带一路”倡议下的海外投资利益。

其二，一般情况下最惠国条款得以适用于实体性事项是毋庸置疑的，但能否扩展适用于程序性事项目前尚无定论。*Emilio Agustín Maffezini* 案、*Siemens A.G* 案等案件的仲裁庭支持了将 BIT 中的 MFN 条款扩张适用于争端解决事项，从而拓宽了 ICSID 仲裁庭的管辖权。在已公开的 ICSID 案例中，赞成将 MFN

条款适用于争端解决程序事项的案例要远多于持否定立场的案例。中国在MFN条款适用问题上面临着两个问题：（1）外国投资者能否将MFN条款扩展适用于程序性事项，将原本不应由ICSID仲裁管辖的案件交付ICSID仲裁；（2）有些BITs将由ICSID仲裁的事项限定为涉及征收和国有化而引起的补偿款额争端，那么外国投资者可否依据条约中的MFN条款，对征收和国有化补偿款额之外的争端提起ICSID仲裁，从而扩展ICSID仲裁庭的管辖范围。

从保护我国海外投资者在"一带一路"沿线国家投资利益的立场出发，倾向于支持将最惠国条款适用于ICSID仲裁无疑是有利的。但是，从中国同时作为一个资本输入国与发展中国家的角度来考量，允许MFN条款扩展适用于ICSID争端解决事项将是弊大于利的。在今后签署或修订BIT时，可明确限制或排除将MFN条款适用于程序性事项；退而求其次也应在投资条约中作出MFN条款的效力不溯及既往的规定。

其三，在国际法上，对于违反合同行为、东道国国内立法以及行政行为等是否构成对国际义务的违背并非十分明确，且要证明这些行为违背了最低待遇标准、公平与公正待遇标准抑或构成间接征收亦具有一定的困难。然而，尽管这些问题在案件的实体裁断中仍具有举足轻重的作用，但在程序事项上可能将不再具有决定性的意义，因为外国投资者经由保护伞条款即可主张寻求国际救济，而此种解释已得到ICSID仲裁实践的认可。中国与发达国家之间签署的BITs大部分含有保护伞条款，鉴于"任何其他义务"抑或"任何特别承诺"的措辞都有被解释为东道国政府与外国投资者签订的合同或对外国投资者所作的单边承诺等可能性，加诸第二代BITs对ICSID仲裁管辖权的全面同意，这对于中国司法主权的捍卫将是极为不利的。虽然从"一带一路"倡议下海外投资保护的角度而言，与沿线国家缔结的双边投资条约中包含保护伞条款是颇有裨益的，但从对外商投资进行管制的角度而言，双边投资条约中的保护伞条款无疑对东道国的管制权形成一定冲击。就当前已订有保护伞条款的BITs而言，倘若外国投资者基于保护伞条款将争端提交至ICSID仲裁，作为被申请方的中国可详细剖析承诺的性质、违反承诺的具体情形，进而提出管辖权异议抗辩，或免除中国的法律责任。对于未来缔结或重新签署的BITs，最优方案当是不再订入保护伞条款；即便在缔约谈判中无法就保护伞条款是否订入达成一致，也应当在争端解决条款中对得以提交至ICSID仲裁机制的投资争端加以一定的限制。

第四章

东道国当地救济规则的适用

第一节　国际法上的东道国当地救济：性质、法律依据与要求

一、当地救济：程序性与实体性思辨

东道国当地救济（Local Remedy）通常包括司法救济与行政救济，意指东道国的司法机构或行政机构依据东道国的程序法与实体法来解决东道国与外国投资者之间的投资争端。作为一项古老的习惯国际法规则，[1] 受到东道国侵害的外国人在未用尽东道国法律对其仍然适用的所有救济手段之前，不能要求外交保护，或进行包括启动外国法院诉讼或国际仲裁在内的国际求偿，此即用尽当地救济规则（Rule of Exhaustion of Local Remedies）。[2]《奥本海

〔1〕Chittharanjan Félix Amerasinghe, *Local Remedies in International Law*, Cambridge University Press, 2004，22–42. 在该书第一部分第二节中，作者详细阐述了当地救济规则的渊源与演进历史。

〔2〕Edwin Montefiore Borchard, *The Diplomatic Protection of Citizens Abroad or The law of international Claims*, The Banks Law Pub Co.，1915，817. See also Philip C. Jessup, *A Modern Law of Nations*, Macmillan, 1948，104.

国际法》认为，当一国对其领土内外国人所赋予的待遇不符合它的国际义务，但仍可通过以后的行动为该外国人提供所要求的待遇（抑或同等待遇）时，除非该外国人已用尽有关国家内可利用的一切法律救济方法，国际法庭将不会受理一国代表该外国人提出的国际求偿。[1] 至于为何适用用尽当地救济规则，耶鲁大学 Edwin Montefiore Borchard 教授认为：其一，对于不法行为，当地法为外国人提供了救济方法，外国人被认为是已知悉并应了解该救济方法的；其二，一国享有主权与独立，这是该国要求其法院不受干涉并确认其法院具有公平裁判之能力的依据，外国人母国须给予该国按其正常方式对受害人进行司法的机会，从而避免任何产生国际争议的可能；其三，倘若伤害是由个人或下级官员所致，为毋庸置疑地确定不法行为或拒绝司法系国家的故意行为（to establish beyond doubt that the wrongful act or denial of justice complained of is the deliberate act of the State），用尽当地救济是有必要的；其四，即便是属于国家任其发生的有意行为，也须确认该国家是否不愿意纠正该行为。[2] 不过，也有学者不认同上述将用尽当地救济作为国际管辖的一个条件的观点，而认为用尽当地救济是实体法规则，即当母国为在外国未能获得某项待遇或该待遇受损的国民启动救济程序时，如果所在国存在一个具有管辖权的法院，且该法院是为了保障这项国际法所要求的待遇而建立的，那么在该国民依据所在国法律仍有适当的救济的情况下，母国提出的有关其国民的诉求都是没有根据的。[3]

简言之，将用尽当地救济的性质界定为程序性的观点认为一国导致外国人损害这一事实本身即产生国家的国际责任；而认为用尽当地救济是实体性规则的观点则主张损害事实的发生并不足以构成国家责任的充分根据，除非受损的外国人用尽当地救济却未获得补救。[4] 对于用尽当地救济规则属于实体抑或程序的问题，J. E. S. Fawcett 教授在对多种情况进行分析后认为，当行为源于违反当地法而非国际法时，用尽当地救济规则构成阻止将争议转变为国际诉求的实体障碍，除非出现拒绝司法否则国际诉求无从产生；而当行为源于违反当地法以及国际协议或习惯国际法时，用尽当地救济规则构成阻止将争议转变为针对损害而提起的国际诉求的程序障碍，但不构成阻止将争议转变为针对违反国际

〔1〕Robert Jennings and Arthur Watts (eds.), *Oppenheim's International Law*, 9th ed., vol.1, Longman, 1992，522－24.

〔2〕Edwin Montefiore Borchard, *The Diplomatic Protection of Citizens Abroad or The law of international Claims*, The Banks Law Pub Co.，1915，817－18.

〔3〕Manley O. Hudson, 'International Tribunals: Past and Future', Carnegie Endowment for International Peace and Brookings Institution, 1944，189.

〔4〕See J. E. S. Fawcett, 'Exhaustion of Local Remedies: Substance or Procedure', British Year Book of International Law, vol.31，453（1954）.

法而提起的国际法庭诉求的障碍。[1]

尽管对用尽当地救济规则的性质存在争议，这一国际习惯法规则已然获得了广大国际法学家的普遍认可，并且得到了国际实践的肯定。在国际规约的制定上，1950 年欧洲委员会成员国缔结的《保护人权与基本自由欧洲公约》（Convention for the Protection of Human Rights and Fundamental Freedoms）就规定了在原告竭尽其所在成员国内的任何救济途径后，若仍然认为其受到自然法保障的人权未能获得充分的保障时，则原告可以向欧洲人权法院提起诉讼。[2] 1983 年《联合国跨国公司行动守则草案》也规定了："政府代表在他国营业的跨国公司所作的行为应/须遵守各所在国用尽当地救济的原则。"[3]在国际司法实践上，1959 年国际法院在 *Interhandel Case（Switzerland v. United States of America）*案[4]中明确了当地救济规则：

---

〔1〕See J. E. S. Fawcett, 'Exhaustion of Local Remedies: Substance or Procedure', British Year Book of International Law, vol.31，457－58（1954）.

〔2〕委员会只有在一切国内的救济办法穷尽后，才可以根据公认的国际法准则，并从作出最后决定之日起六个月内处理此事。See Art.26 of the Convention for the Protection of Human Rights and Fundamental Freedoms.

〔3〕UNCTC, 'Draft U.N. Code of Conduct on Transnational Corporations', International Legal Materials, vol.22，205（1983）, Art.65.

〔4〕1942 年，美国政府依据《对敌贸易法》（Trading with the Enemy Act）把成立于美国的 General Aniline and Film Corporation（GAF）近乎所有股份作为敌产加以冻结没收，因为这些股份虽为在瑞士注册的 Societe internationale pour participations industrielles et commerciales S.A.（Interhandel）所有，但实际上属于德国法兰克福的 I.G. Farbenindustrie company of Frankfurt（I.G. Farben）拥有或受其控制。1945 年 2 月，瑞士与美国、法国、英国缔结了一项关于冻结在德国居住的德侨在瑞士的资产（property in Switzerland belonging to Germans in Germany was blocked）临时协定，并由瑞士赔偿办公室负责调查在瑞士的资产属于德国抑或瑞士，由此 Interhandel 是属于德资抑或瑞资的问题浮出水面。瑞士赔偿办公室作出的两次调查显示，Interhandel 已在 1940 年就切断了同 I.G. Farben 的联系并从那时起已确属瑞士公司，无必要继续对其资产进行冻结。但美国坚持认为, Interhandel 仍被 I.G. Farben 所控制，应继续寻求关于该控制的证据，美国联邦公共经济部和联邦政治部（Federal Department of Public Economy and the Federal Political Department）要求暂时继续冻结 Interhandel 的资产。1946 年 5 月，瑞士与美国、法国、英国签署了关于剥夺和清算德国在瑞士财产的华盛顿协定（Washington Accord），其中第 4 条规定美国政府不冻结瑞士在美国的资产；附件第 3 条规定瑞士复查机构可以对在瑞士的与德国有关的财产采取措施，其所作决定可依次交由盟国讨论或提交仲裁。1948 年 1 月，瑞士复查机构撤销了对 Interhandel 在瑞士资产的冻结令，瑞士政府随后要求美国政府解冻 Interhandel 在美国的资产，但遭美国拒绝。美国认为，根据华盛顿协定，瑞士的调查结果和决定，对美国没有拘束力，并与业已成为美国财产的资产无关。

1948 年 10 月，Interhandel 依据《美国对敌贸易法》在哥伦比亚地区法院起诉，要求归还其财产，但该案的实质性问题一直未有进展。1957 年，美国上诉法院以程序性理由驳回该项请求。1957 年 6 月，美国政府在一项照会中通知瑞士政府, Interhandel 在美国法院已经败诉。此后，瑞士又建议按 1931 年瑞美条约（Treaty of Arbitration and Conciliation of 1931 between the Swiss Confederation and the United States of America）或华盛顿协定将此案提交仲裁或调解解决，亦遭美国拒绝。于是，瑞士政府根据美瑞分别于 1946 年 8 月和 1948 年 7 月接受国际法院强制管辖的"任择条款"的规定，（转下页）

提起国际诉讼前须用尽当地救济已成为习惯国际法公认的规则；对于一国因其国民声称其权利在另一国受到了违反国际法的侵害的案件，这一规则得到了普遍的遵守。在诉诸国际司法前，国际不法行为发生地国家应当有机会在其本国司法体制中通过自己的手段予以补救。[1]

二、用尽当地救济规则的法律依据

（一）国家属地管辖权原则

依据国际法上的格言“Quidquid est in territorio，est etiam de territorio and Qui in territorio meo est，etiam mens subditus est”，即“领土内的一切都属于领土，在我的领土内的人都是我的臣民”，国家对其领土范围内的一切人、物和事享有完全的和排他的管辖权。[2] 此种管辖权，即国家属地管辖权。作为国际法中最基本的管辖权之一，属地管辖权（Territorial Jurisdiction）是伴随着国家对领土的控制而确立的。[3] 传统国际法认为，由于国家领土内一切人和物都属于国家属地权威的支配，因而每个国家对领土内的一切人和物都享有排他性的管

（接上页）在1957年10月1日向国际法院起诉。在请求书中，瑞士要求法院宣布美国有义务归还Interhandel在美国被冻结的资产。10月14日，美国最高法院同意复审美国上诉法院的判决，允许Interhandel重新参加诉讼。1958年6月，最高法院作出裁决，撤销了上诉法院关于Interhandel案的判决，命令哥伦比亚地区法院重新审理此案。这样，在瑞士向国际法院起诉的同时，Interhandel在美国的诉讼仍在继续进行中。

美国向国际法院提出四项初步反对意见，其中的第三项的内容是：Interhandel在美国法院并没有用尽当地救济。1959年3月，国际法院作出裁断，认为本院无权审理和决定瑞士提起的请求和建议，因为Interhandel在美国法院中没有用尽当地救济手段；目前在美国法院进行的诉讼仍在继续，因此Interhandel可再次在美国法院寻求合适之补救，国际法院须考虑由此产生的局面。瑞士政府对用尽地方救济规则未表示异议，但争辩说，本案属于这一规则本身赋予的一种例外情况。但法院认为，没有必要纠结于瑞士政府声称的“美国政府自身已承认了Interhandel已用尽了美国法院中的救济”；美国政府的代表确实在数个场合表达过此种意见，特别是在1957年1月1日美国国务卿照会的附件备忘录中，但此种意见是基于一种已证明是无根据的看法（based upon a view which has proved unfounded），事实上，Interhandel在美国法院的救济已有进展。针对瑞士政府提出的反对意见，国际法院认为，美国法律已为纠正国家行为提供了足够的补救措施，且Interhandel案在美国法院的诉讼正在取得进展；同时，美国法院的判决表明，美国法院有能力在需要时适用国际法。最终，国际法院以9票对6票支持美国的第三项初步反对主张，并判定不能接受瑞士的请求书。See I.C.J. Report 1959, at 6－125.

〔1〕See I.C.J. Report 1959, at 27.

〔2〕Lassa Oppenheim, *International Law: A Treatise, Volume 1 –Peace*, Ronald F. Roxburgh ed, 3rd ed., The Lawbook Exchange, Ltd.，2005，307.

〔3〕Anne Orford, ‘Jurisdiction Without Territory: From the Holy Roman Empire to the Responsibility to Protect’, Michigan Journal of International Law, vol.30，981－83（2009）.

辖权。[1]属地管辖权原则与“一个国家有能力处理在其领土内作出的任何罪行”[2]的普遍认知是相符的。在国际法下，这一原则又可分为主观属地管辖权与客观属地管辖权，前者允许一国对在该国领土内发生的行为行使属地管辖，即使行为完成于外国领土；后者则主张行为的结果在一国领土内发生，或该行为后果及于一国领土就视为是该国领土内的行为，国家即可行使属地管辖权。[3]

鉴于国家的属地管辖权具有专属性与排他性，即国家在其领土内可充分地、独立地和不受干扰地行使最高权力，排除一切其他权威的参与和干涉，[4]因此，国家属地管辖权原则不仅要求个人遵从，而且要求其他国家或国际机构予以尊重。《联合国宪章》所确立的主权平等、不侵犯和不干涉内政等国际法基本原则[5]从多个角度明确了他国或国际机构应当尊重一国的属地管辖权。在国际社会中，国家之间的关系广泛而复杂，各国的利益存在着明显和必然的冲突，因此不同国家对同一人、物抑或事可能同时具有行使管辖权的依据。但是，倘若其中一国主张的管辖权与他国的属地管辖权相冲突，则该国主张的管辖权就要受到限制，因为所有国家都有义务尊重他国的属地管辖权。诚如常设国际法院（Permanent Court of International Justice，PCIJ）在 1927 年 *S. S. Lotus（France v. Turkey）*案[6]中所指出的：

---

〔1〕Benjamin Munn Ziegler, *The International Law of John Marshall: A Study of First Principles*, The Lawbook Exchange, Ltd.，2006，64.

〔2〕James L. Brierly, *The Law of Nations: An Introduction to the International Law of Peace*, Sir Humphrey Waldock ed.，6th ed., Oxford University Press, 1963，299.

〔3〕George W. Haight, 'International Law and Extraterritorial Application of the Antitrust Laws'，63 Yale Law Journal, vol.63，640（1954）.

〔4〕1949 年联合国大会通过的《国家权利和义务宣言草案》即表明了此种立场。该草案第 2 条规定：“各国对其领土以及境内之一切人与物，除国际法公认豁免者外，有行使管辖权之权。”

〔5〕参见《联合国宪章》第 2 条：“为求实现第一条所述各宗旨起见，本组织及其会员国应遵行下列原则：一、本组织系基于各会员国主权平等之原则。二、各会员国应一秉善意，履行其依本宪章所担负之义务，以保证全体会员国由加入本组织而发生之权益。三、各会员国应以和平方法解决其国际争端，避免危及国际和平、安全及正义。四、各会员国在其国际关系上不得使用威胁或武力，或以与联合国宗旨不符之任何其他方法，侵害任何会员国或国家之领土完整或政治独立。五、各会员国对于联合国依本宪章规定而采取之行动，应尽力予以协助，联合国对于任何国家正在采取防止或执行行动时，各会员国对该国不得给予协助。六、本组织在维持国际和平及安全之必要范围内，应保证非联合国会员国遵行上述原则。七、本宪章不得认为授权联合国干涉在本质上属于任何国家国内管辖之事件，且并不要求会员国将该项事件依本宪章提请解决；但此项原则不妨碍第七章内执行办法之适用。”

〔6〕1926 年 8 月 2 日，法国邮船 steamships Lotus 在地中海的公海上与土耳其船 steamships Boz-Kourt 碰撞，造成 Boz-Kourt 被撞沉，8 名土耳其人死亡。当 Lotus 抵达土耳其港口君士坦丁堡时，土耳其对这起事件进行调查，称事件是由当时在 Lotus 上的负责值班的法国海军上尉 M. Demons 的失职所致，故将其同 Boz-Kourt 船长 Hassan Bey 一并依据土耳其法律以杀人罪逮捕，并在君士坦丁堡提出刑事诉讼。9 月 15 日，法院作出判决，判处 M. Demons 80 天的短期监禁和 22 英磅的罚款。该（转下页）

国际法加之于国家的首个、亦是最重要的一个限制是：国家不得以任何形式在他国领土内行使权力，不存在相反的允许性规则。从这个意义说，管辖权是具有属地性的，国家不能在其领土以外行使管辖权，除非能从国际习惯或从条约中找到允许这样做的规则。[1]

尽管该案判决随后长期受到国际法学界的批评，并为后来的国际实践所否定，[2] 但是案件表明了所有国家都有义务尊重他国的属地管辖权。

简言之，国家属地管辖权原则要求个人遵从，且要求他国或国际机构予以尊重。一方面，对于个人而言，广义的国际投资的一个显著特征即是外国资本，包括以实物资产形式表现的机器设备、商品等，以无形资产形式表现的知识产权、管理技术、情报信息等，以及以金融资产形式表现的债券、股票和衍生证券等间接投资都进入到东道国境内，此时，外国投资者其人、其物、其活动大都在东道国境内。依据国家属地管辖权原则，外国投资者应当首先遵从东道国的管辖。而东道国的管辖，包括了立法管辖（Legislative Jurisdiction）、司法管辖（Judicial Jurisdiction）以及行政管辖（Executive Jurisdiction）。[3] 其中，司法

（接上页）案判决后，引起法国政府的外交抗议，法国政府认为土耳其法院无权审讯法国公民 M. Demons，船舶碰撞是发生在公海上，Lotus 的船员只能由船旗国，即法国的法院进行审理，并主张这是一项国际法原则。但土耳其法院则依据土耳其刑法典第 6 条的规定，任何外国人在国外犯有侵害土耳其公民的罪行，应按该刑法处理，因此，对本案的管辖权并不违反国际法。1926 年 10 月 12 日，法国和土耳其签订了一项特别协议，将该争端事件提交常设国际法院。法国就此提出以下三个诉讼主张：（1）国际法不允许一个国家单纯以受害者具有其国籍为理由对外国人在国外所作的犯罪行为进行惩罚；（2）国际法承认船旗国对船舶在公海上发生的一切事情有排他的管辖权；（3）上述原则特别适用于碰撞事件。常设国际法院于 1927 年 9 月 7 日宣判，驳回了法国提出的上述主张，判定土耳其惩罚 M. Demons 的行为并未违反国际法。See *S.S. Lotus (Fr. v. Turk.)*，1927 P.C.I.J.（ser. A) No. 10（7 September）.

〔1〕See *S.S. Lotus (Fr. v. Turk.)*，1927 P.C.I.J.（ser. A) No. 10（7 September）, para.45.

〔2〕一方面，常设国际法院否认当时存在着船旗国对发生在公海上的碰撞事件具有专属管辖权的国际法规则，但是 1958 年《日内瓦公海公约》(Geneva Convention on the High Seas）和 1982 年《联合国海洋法公约》(United Nations Convention on the Law of the Sea）对此都作出了明确否定。公约规定了国家对在公海上的本国船舶，包括船员、乘客、货物有权行使管辖。此外，《联合国海洋法公约》第 97 条还排除了船旗国和船长或船员的国籍国以外的国家对他们行使刑事管辖权。换言之，两个公约确定了关于船旗国对公海上的碰撞事件的专属管辖权，从而推翻了 Lotus 案判决在处理碰撞或其他航行事故方面的效力。另一方面，常设国际法院将一国在公海上的船舶等同于该国领土，这实际上就是“浮动领土”(Floating Territory）学说的反映。虽然一些国际公约为了便于解决管辖权问题而将船舶称为“拟制领土”(Fictional Parts of Territory)，但它毕竟不是一国实际领土。而且，“浮动领土”是与“治外法权”(Extraterritoriality）相联系的。因此，常设国际法院的这个观点是值得商榷的。

〔3〕European Committee on Crime Problems, Council of Europe, ‘Extraterritorial Criminal Jurisdiction’, Criminal Law Forum, vol.3，456（1992）；see also Michael Akehurst, ‘Jurisdiction in International Law’, British Year Book of International Law, vol.46，145 – 177（1972 – 1973）.

管辖权是国家适用其所制定的法律的权能，意指一国对其本国境内的民事、刑事等案件具有审判管辖权。因此，外国投资者与东道国政府或其国民发生的争议，应当接受东道国的司法管辖权，并依据东道国法律予以处理。另一方面，对于国家而言，国家应当尊重他国的属地管辖权，要求受损害之人首先寻求所在国的救济方法；同时，在国际社会中，基于主权平等和国际合作，国家有必要相互信任对方国家的国内救济程序能够给予受损害之人司法正义。由此，国家对本国境内的人、物、事具有排他性的属地管辖权，同时各国有必要相互尊重此种管辖权，并信任各国有能力依照本国救济方法处理好其境内之事，因而受损害之人应当首先寻求所在国的当地救济方法。

（二）卡尔沃主义

卡尔沃主义（Calvo Doctrine）是曾任阿根廷外长的南美著名国际法学家卡洛斯·卡尔沃（Carlos Calvo）提出的。19 世纪早期，从西班牙、葡萄牙的殖民统治下获得独立的拉丁美洲国家急切地寻求外国投资，[1] 并通过在宪法总承诺给予外国投资者国民待遇，这些国家的努力在初期取得了巨大的成功。[2] 但是，1833 年这些拉美国家债权违约问题突显，随后几年面临着极大经济损失的外国投资者遂通过母国寻求外交干预或使用武力。其中最为声名狼藉的例子莫过于拿破仑三世发起的墨西哥战争，战争的导火线之一是墨西哥政府未能偿还瑞士－法兰西银行的贷款。拿破仑三世于 1862 年扶植奥地利 Maximilian 大公为墨西哥帝国傀儡皇帝，直到 1867 年法国被迫撤走侵略军队，墨西哥民族英雄 Juárez 才光复全部国土。[3] 作为对诸多外交干预的回应，1868 年卡尔沃在其著作《欧美国际法的理论和实践》（Derecho internacional teórico y práctico de Europa y América）一书中，强调了主权国家不受干涉的自由和内、外国人平等待遇的原则。Donald R Shea 教授在其具有广泛影响力的著作《卡尔沃条款：一个美洲国家、国际法和外交的问题》中对卡尔沃主义作出了如下精辟的解读：

> 卡尔沃理论的核心包含了两个基本原则：第一，各主权国家是自由的和独立的，在平等的基础上享有不受其他国家通过武力或外交干涉的自由；第二，外国人不应该要求得到与侨居国公民不同的权利和特别待遇，因此他们只能向地方当局寻求救济。这两个不干涉的概念以及外国人与本国人绝对平等是卡尔沃主义的本质。[4]

---

〔1〕George Pendle, *A History of Latin America*, Penguin, 1963，110－11.

〔2〕See George Pendle, *A History of Latin America*, Penguin, 1963，162.

〔3〕Donald R Shea, *The Calvo Clause: A Problem of Inter-American and International Law and Diplomacy*, University of Minnesota Press, 1955，14.

〔4〕See Donald R Shea, *The Calvo Clause: A Problem of Inter-American and International Law and Diplomacy*, University of Minnesota Press, 1955，19－20.

卡尔沃主义提出后，得到了广大拉美国家的支持，1889年10月至1890年4月召开的第一届美洲国际会议（First International Conference of American States）将其接受为美洲国际法原则之一，[1]有的国家甚至将卡尔沃主义写入本国宪法。[2]随后诸多拉美国家开始在法律、条约和契约中订入含有卡尔沃主义精神的条款，即卡尔沃条款（Calvo Clause），从而使卡尔沃主义具有法律效力。卡尔沃条款往往出现在国家与外国投资者订立的特许协议中，主要包括两方面内容：其一，规定因契约条款所引起的一切争议，均由所在国法院判定，以所在国国内法为准据法，反对通过国际仲裁或国际司法解决；其二，规定外国人因契约或其他原因所引起的要求，不能成为国际求偿，外国人须放弃诉求本国政府的外交保护，反对外国政府的求偿代位权，反对投资争议的外交干预。[3]卡尔沃条款触及了东道国的属地管辖权和外国投资者母国的属人管辖权，由于该条款明确规定了外国投资者放弃本国的外交保护，因此在卡尔沃条款的法律效力上存在着争论；但这些争论主要集中于卡尔沃条款是否具有排除外国投资者母国外交保护权的效力问题，对于卡尔沃条款具有约束外国投资者有义务寻求所在国当地救济的效力问题，则鲜有争议。在1926年的*North American Dredging Company of Texas（U.S.A.）v. United Mexican States*案[4]中，墨西哥/美国求偿总委员会（Mexico/U.S.A. General Claims Commission）否定了卡尔沃

---

〔1〕Eduardo A. Wiesner, ‘ANCOM: A New Attitude Toward Foreign Investment?’, University of Miami Inter-American Law Review, vol.24，454（1993）.

〔2〕例如墨西哥1917年宪法就规定了外国投资者不能就在墨西哥进行的投资所产生的争议请求母国政府进行保护。See Bernardo M Cremades, ‘Resurgence of the Calvo Doctrine in Latin America’, Business Law International, vol.7，56（2006）.

〔3〕姚梅镇著：《国际投资法》，武汉大学出版社1987年版，第244－345页。

〔4〕1912年，美国North American Dredging公司与墨西哥政府签订一项合同，由该公司承包疏浚墨西哥Salina Cruz港。合同第18条（即卡尔沃条款）规定，有关合同的解释及适用，North American Dredging不得向美国政府提出任何行使外交保护权的请求。此外，合同第1条第1款还规定North American Dredging可向本国政府提出请求的事项，对于这些事项，可以排除用尽当地救济的国际法规则。之后，North American Dredging以墨西哥政府违约为由向墨美两国政府依1923年9月8日条约设立的求偿总委员会提出赔偿请求。North American Dredging认为墨西哥政府违反合同，应承担赔偿责任。墨西哥政府主张根据合同中的卡尔沃条款，不履行合同的问题不应由求偿总委员会管辖。求偿总委员会则认为，本案中North American Dredging的索赔请求不属于依据合同的规定可排除适用用尽当地救济原则的事项之列，因而该公司应首先请求墨西哥政府给予国内救济，只有在墨西哥拒绝司法（Denial of Justice）后，才能请求本国保护。但事实却非如此，该公司尚未用尽当地救济就强制撤除了疏浚机械，墨西哥不存在拒绝司法而违反国际法的情况，因此，合同中的卡尔沃条款对双方具有约束力。求偿总委员会最终裁定，委员会对本案无管辖权。See *North American Dredging Company of Texas (U.S.A.) v. United Mexican States*, 31 March 1926, Reports of International Arbitral Awards, vol.4，26（1926）.

条款可以剥夺投资者母国的外交保护权，但明确肯定了卡尔沃条款具有约束投资者有义务寻求当地救济的效力。在剖析卡尔沃条款的效力问题上，求偿总委员会指出，一国政府对其本国国民行使外交保护权是该国的权利，而卡尔沃条款在于防止滥用外交保护权而侵犯当地国家的领土主权。因此，在个人与外国政府签订合同的情况下，该个人放弃请求本国政府行使外交保护权，并不等于该国政府不能对其本国国民的利益加以保护。具体而言，倘若仅就合同事项而依该外国国内法程序提供救济的情况下，该个人的母国不得干涉，此时卡尔沃条款具有约束力；然而当外国政府出现违反国际法的情况时，即使合同规定了卡尔沃条款，亦不能排除该个人的母国政府行使外交保护权。[1]

在卡尔沃条款的效力问题上，也有学者认为卡尔沃条款只是用尽当地救济规则的具体适用而已。[2] 事实上，尽管二者在适用效果上存在相似之处，[3] 卡尔沃主义与用尽当地救济规则还是有所区别的：一方面，卡尔沃主义主要解决外国投资者遵从所在国当地管辖权的问题，从根本上反对投资关系的外交干预与国家责任；而用尽当地救济规则主要是解决国家侵害外国投资者的责任问题，实际上是对国家责任与外交保护的一种限制。另一方面，卡尔沃主义所反映出的要求内、外国人待遇平等的问题，是传统用尽当地救济规则中所没有的，在这个意义上，卡尔沃主义弥补了用尽当地救济规则理论的不足。联合国国际法委员会第 54 届会议报告中对卡尔沃条款的效力问题的诸多观点进行了总结：其一，卡尔沃条款效力有限，因为它并不构成对外交干预的彻底排斥，它只是用于涉及外侨与东道国之间缔结的包含该条款的争议，而不适用于违背国际法的情形；其二，卡尔沃条款确认用尽当地救济规则的重要性；其三，国际法并不禁止外国投资者依据契约放弃请求国籍国代表其行使外交保护的权利；其四，外国投资者不能凭借卡尔沃条款放弃依据国际法属于其政府的权利；其五，卡尔沃条款中的放弃仅限于因契约发生的争议，或对契约的违背，这无论如何不能构成对国际法的违背，尤其不能扩大到司法。[4] 国际法委员会的解释，连同卡尔沃主义的国际实践表明，卡尔沃主义已是通过制定外国投资者接受的卡尔

---

〔1〕*North American Dredging Company of Texas (U.S.A.) v. United Mexican States*, 31 March 1926, Reports of International Arbitral Awards, vol.4，29（1926）.

〔2〕Mark Wiedman, Michael Reisman, 'Contextual Imperatives of Dispute Resolution Mechanisms: Some Hypotheses and Their Applications in the Uruguay Round and NAFTA', Journal of World Trade, vol. 29（3），22（1995）.

〔3〕例如，卡尔沃主义与用尽当地救济规则都坚持对投资争端属地管辖权的优先，同时都在防止滥用外交保护权方面具有一定的作用。

〔4〕UNCTC, 'International Arrangements and Agreements Relating to Transnational Corporations: International Framework for Transnational Corporations-Report of the Secretary-General', U.N. Doc. E/C. 10/1992/8, para.8.

沃条款而成为主张利用当地救济规则的一个法律依据。

不过，也正是由于卡尔沃主义和用尽当地救济规则存在着上述两个区别，造成了用尽当地救济规则能够得到各国的普遍接受，而卡尔沃主义却一直遭到西方发达国家的非难。发达国家认为，卡尔沃主义排除了外交保护的滥用，但却未提供一个替代外交保护的机制。[1] 自20世纪70年代晚期，拉美国家捍卫卡尔沃主义的立场逐渐松动，开始在双边投资条约中接受了国际仲裁和外国投资保护的条款，例如智利1994年双边投资条约范本第8条就规定了外国投资者与东道国之间的争议在协商不成后，投资者可选择将争议诉诸东道国具有管辖权的法院，亦可将争议提交ICSID。[2] 在经济全球化与自由化不断推进的大背景下，卡尔沃主义遭遇了前所未有的挑战，甚至有学者预言卡尔沃主义即将衰亡。[3] 然而，随着外国投资者依据投资条约提起的仲裁案件持续增多，拉美国家开始反思投资自由化的总体战略与接受国际仲裁管辖权的具体策略，已开始或正在酝酿采取措施限制国际投资条约仲裁并将此类案件收归国内管辖，卡尔沃主义正在复苏（Resurgence of the Calvo Doctrine）。[4] 2018年签署的《美国－墨西哥－加拿大协定》中对投资争端解决机制的规定，也在一定程度上反映了卡尔沃主义的回归。[5] 这也就意味着，卡尔沃主义作为用尽当地救济规则法律依据的角色，还将长期存在。

（三）对自然资源的永久主权原则

对自然资源的永久主权原则（Principle of Permanent Sovereignty Over Natural Resources）是当代国际法的基本原则。[6] 该原则起源于20世纪50年代，并在非殖民化（Decolonization）过程中，[7] 作为二战后新兴独立国家和广大发

---

〔1〕Donald R Shea, *The Calvo Clause: A Problem of Inter-American and International Law and Diplomacy*, University of Minnesota Press, 1955，20.

〔2〕UNCTAD, 'Dispute Settlement: Investor-State'，1998, U.N. Doc. UNCTAD/ITE/IIT/30, U.N. Sales No. E.03.II.D.5, at 29.

〔3〕Donald R Shea, *The Calvo Clause: A Problem of Inter-American and International Law and Diplomacy*, University of Minnesota Press, 1955，20.

〔4〕Bernardo M Cremades, 'Resurgence of the Calvo Doctrine in Latin America', Business Law International, vol.7，59（2006）.

〔5〕张生：《从〈北美自由贸易协定〉到〈美墨加协定〉：国际投资法制的新发展与中国的因应》，载《中南大学学报（社会科学版）》2019年第4期，第51页。

〔6〕Kamal Hossain, 'Introduction', in Kamal Hossain & Subrata Roy Chowdhury (eds.), *Permanent Sovereignty Over Natural Resources in International Law: Principle and Practice*, St. Martin's Press, 1984，ix.

〔7〕Antony Anghie, '"The Heart of My Home"：Colonialism, Environmental Damage, and the Nauru Case', Harvard International Law Journal, vol.34，472－75（1993）.

展中国家的自决权（Right to Self-Determination）的基本要素和国家主权的内在因素[1]而得以确立。1952年1月12日联合国大会第6届会议通过的《关于经济发展与通商协定的决议》确认了各国人民享有经济上的自决权；[2]同年12月21日，联合国大会第7届会议通过的《关于自由开发自然财富和自然资源的权利的决议》开始把自然资源问题与国家主权问题联系起来，明文规定"各国人民自由地利用和开发其自然财富和自然资源的权利，乃是他们的主权所固有的一项内容。"[3]1962年12月14日联合国大会第17届会议通过的《关于自然资源永久主权宣言》正式确立了各国对本国境内的自然资源享有永久主权的基本原则。[4]随后，1974年联合国《建立新的国际经济秩序宣言》和《建立国际经济新秩序行动纲领》，以及同年的《各国经济权利义务宪章》等一系列重要文件，进一步明确了国家经济主权原则的具体内容。[5]总体而言，这些决议认为对自然资源的永久主权原则，是指每个国家对其全部财富、自然资源与经济活动享有充分的永久主权，这些权利包括所有权、使用权以及处分权，国家可以自由地行使此项主权；并由这一基本权利，派生出国家管理外资的权利、管理和监督跨国公司的权利、对外国人财产实行国有化的权利以及依据本国法律在本国法院或有权机构处理投资争端的权利。

据此，外国投资者的活动应受东道国的监管，投资产业因当地国有化措施受到损害引起的赔偿争议亦应在东道国法院尽先解决。对自然资源的永久主权原则确认的当地救济主旨是在于强调与维护国家特别是发展中国家对自然资源永久主权的充分自由的行使，与卡尔沃主义完全排除国际仲裁或其他超国家的争端解决机制不同，对自然资源的永久主权原则承认东道国有权依据"自由选择方法原则"利用国际仲裁等国际争端解决机制来寻求对投资争议的解决，例如《各国经济权利义务宪章》就规定了："因赔偿问题引起的任何争论均应由实行国有化国家的法院依照其国内法加以解决，除非有关各国自由和互相同意根据各国主权平等并依照自由选择方法的原则寻求其他

---

〔1〕Milan Bulajić, *Principles of International Development Law*, Martinus Nijhoff, 1992，284.

〔2〕UN General Assembly, 'Integrated Economic Development and Commercial Agreements', U.N. Doc. A/RES/523（VI），12 January 1952.

〔3〕UN General Assembly, 'Right to Exploit Freely Natural Wealth and Resources', U.N. Doc. A/RES/626（VII），21 December 1952.

〔4〕UN General Assembly, 'Permanent Sovereignty Over Natural Resources', U.N. Doc. A/RES/1803（XVII），14 December 1962.

〔5〕UN General Assembly, 'Declaration on the Establishment of a New International Economic Order', U.N. Doc. A/RES/3201（S-VI），1 May 1974; 'Charter of Economic Rights and Duties of States', U.N. Doc. A/RES/3281（XXIX），12 December 1974.

和平解决办法。”[1]

三、用尽当地救济规则的要求

“当地救济”是从东道国政府及司法机构可以得到的补救，包括法院、行政机关或其他有权机构。[2] 2006 年联合国国际法委员会第 58 届会议通过的《外交保护条文草案》规定：“‘当地救济’指受害人可以在所指应对损害负责的国家，通过普通的或特别的司法或行政法院或机构获得的法律救济。”[3] 作为一项公认的原则，外国投资者首先应当利用当地救济来解决其与东道国政府之间的争端，且要把当地救济用尽后，方可在必要时寻求国际救济。在国际法上，除非另有约定，“用尽”一词通常包含两方面要求：

一方面，应当使用当地所有可适用的行政与司法救济程序。换言之，申请方须依照东道国法律规章将争端诉诸有管辖权的机关，即行政、司法机关所组成的完整救济体系。当行政机关的救济不具有终局性时，则须诉诸司法机关，或者在没有行政救济规定的情况下直接诉诸司法机关。诚如前述 *Interhandel Case (Switzerland v. United States of America)* 案中，瑞士 Interhandel 公司于 1945 年向美国行政当局提出请求，要求返还财产；随后又于 1948 年在哥伦比亚地方法院起诉，但遭法院驳回，理由是在诉讼当事人没有用尽行政救济方法之前，法院不受理此类案件。

同时，使用完当地所有可适用的司法与行政救济程序，意味着用尽上诉程序，直至获得最高法院或最高主管机关作出的最终决定。Interhandel 案最后就是上诉到美国最高法院，不过最高法院于 1957 年 10 月 14 日作出决定，允许 Interhandel 重新参加诉讼；1958 年 6 月 16 日又作出裁决，撤销了上诉法院的判决，命令哥伦比亚地区法院重新审理此案。在更早的 *The Electricity Company of Sofia and Bulgaria（Belgium v. Bulgaria）* 案[4] 中，比利时提供了常设国际法院具有管辖权的两个理由，其中一个是 1926 年比利时和保加利亚依据常设国际法院规约第 36 条的规定接受常设国际法院的管辖，另一个是比利时和保加利亚 1931 年签订的调解、仲裁和司法解决条约（Belgo-Bulgarian Treaty of Conciliation，Arbitration and Judicial Settlement）所规定的无法通过外交解决的

---

〔1〕UN General Assembly, ‘Charter of Economic Rights and Duties of States’, U.N. Doc. A/RES/3281（XXIX），12 December 1974, Art. 2.2（c）.

〔2〕George K. Foster, ‘Striking a Balance between Investor Protections and National Sovereignty: The Relevance of Local Remedies in Investment Treaty Arbitration’, Columbia Journal of Transnational Law, vol.49，209（2011）.

〔3〕Art.14（2）of the Draft Articles on Diplomatic Protection.

〔4〕1939 P.C.I.J.（ser. A/B) No. 77（4 April）.

争议可诉诸常设国际法院。[1] 常设国际法院最终依据比利时声称的第一个理由行使管辖权，而之所以拒绝了以第二个理由作为行使管辖权的依据则与用尽当地救济规则有关。常设国际法院认为，索菲亚上诉法院作出的判决并非 1931 年条约中所规定的具有终局效力（Final Effect）的判决，1931 年公约的措辞表明用尽当地救济是用尽所有的上诉，包括上诉到最高上诉法院（Court of Cassation），由最高上诉法院撤销上诉法院的判决，或将案件发回重审，或驳回上诉。[2] 换言之，用尽当地救济，意味着用尽所有上诉程序，直至获得最高法院或最高主管机关作出的终局决定。

另一方面，应当充分使用国内法律体系中所有可适用的诉讼程序措施。首先，国内法上一切必要的程序性救济方法和手段，包括传唤证人出庭作证、提供必要的证明文件等，都应当被充分而正确地使用。其次，申请人应当就执行对其有利的当地终审决定采取相应的措施，如在法定期限内申请执行；否则，亦不能认定用尽当地救济。也就是说，在执行程序中，应当充分利用当地可利用的合法的请求执行之方式。在 *The Ambatielos Claim（Greece，United Kingdom of Great Britain and Northern Ireland）*案 [3] 中，1919 年 7 月 17 日，希腊国民 Nicholas Eustache Ambatielos 与代表英国政府的 Joseph Maclay 签订了购买合同，合同约定 Ambatielos 向英国购买九艘蒸汽船，这批船当时还在香港和上海码头建造中，总购价达 2 275 000 英镑。其中，在合同的谈判中代表英国海运部的是 Bryan Laing 少校。从 1919 年末到 1920 年，英国向 Ambatielos 交付了七艘船，这稍迟于原定日期。由于货运费大幅下降，Ambatielos 无法获得预期利润，导致无力支付全部购船费，遂将船只抵押给英国，并提出取消对尚未交付的两艘船的购买，但遭英国当局拒绝。1921 年，Ambatielos 依购买合同第 12 条提起仲裁，但接替航运部的贸易委员会针对抵押船只在海事法院启动了诉讼程序。在诉讼中，Ambatielos 特别强调，尽管购船合同上未详细载明交船日期，但对此曾有口头协议，由于英国方面延迟交货，使其遭受巨大损失。但由于不确定当时代表英国政府谈判的 Bryan Laing 少校将会提供何种证明，Ambatielos 并未请 Bryan Laing 少校出庭作证，此后其在诉讼中提出的反诉也都被驳回。在获悉 Bryan Laing 少校和他以前的上司提供的证据可能对其有利后，1923 年 Ambatielos 向上诉法院提起上诉，请求 Bryan Laing 少校和他以前的上司作证人。然而，该项请求被驳回，因为依据英国程序法，一项有用的但未在第一审时提

〔1〕David J. Scheffer, 'Non-Judicial State Remedies and the Jurisdiction of the International Court of Justice', Stanford Journal of International Law, vol.27，106（1990）.

〔2〕1939 P.C.I.J.（ser. A/B) No. 77（4 April），para.76.

〔3〕*The Ambatielos Claim (Greece, the United Kingdom and Northern Ireland)*，Award of 6 March 1956, Reports of International Arbitral Awards, vol.12，83（1956）.

出的证据，不能作为新证据向高一级的法院提出。如此，考虑到继续进行诉讼已无太多意义，Ambatielos放弃了以提出新证据的请求书再向上议院（House of Lords）上诉的机会，且撤回向上诉法院的上诉，从而结束了其在英国法院进行的诉讼。[1]

此后，希腊政府通过行使外交保护，代表Ambatielos向英国政府提出索赔。1939年希腊政府依据希腊与英国缔结的通商航海条约及其所附议定书明确要求将此争端提交仲裁，但英国方面拒绝希腊提出的一切赔偿与仲裁要求。1951年4月9日，希腊政府向国际法院提起诉讼，请求国际法院宣布：依据英国与希腊于1886年和1926年分别缔结的两项通商航海条约，英国有义务与希腊合作将这一争端交付仲裁。1952年7月1日，国际法院以13对2票判定法院对此案的案情实质没有管辖权；以10对5票判定法院对英国是否应将此案提交仲裁有管辖权。1953年5月19日，国际法院以10对4票判定英国有义务将争端交付仲裁。但是，希腊的求偿是否合理，非国际法院本身所能解决的问题，而应由为解决此问题而专设的仲裁庭来解决。[2]

1955年2月24日，英国政府和希腊政府达成仲裁协议，约定一个由5名仲裁员组成的仲裁委员会（Commission of Arbitration）来解决此争端。1956年3月6日，仲裁委员会作出裁决，驳回了希腊的请求，其中特别强调了Ambatielos未用尽当地救济（Non-Exhaustion of Local Remedies）问题。委员会认为，英国政府所依据的用尽当地救济规则在国际法上是久已确定的（Well Established），对此希腊政府亦未提出反对。这意味着在因个人遭受损害而提起的国际诉讼中被诉的国家有权阻止这一诉讼，如果该个人未首先用尽该国国内法（Municipal Law）中可适用的所有救济。在为争端事项寻求国际层面的救济前，被告国有权要求充分利用当地救济。为了成功主张国际程序是不被允许的，被告国须证明在其国内法体系中尚存在未被当事人适用的救济。不过，不可能矫正情势的救济，不能被被告国援引来阻止国际诉讼。[3]

希腊政府声称，在本案中英国法提供给Ambatielos的救济是无效的，因而不能用尽当地救济规则。委员会认为，当地救济的无效显然源自国内法本身。例如，上诉法院无权重新考虑一审法院据以作出裁判的事实，且对于此种无权重新考虑是无法获得任何补救的。这个例子中当地救济的无效是毋庸置疑的，但是进一步地，一般认为可适用的救济的无效性亦有可能源自在使用这些救济

---

〔1〕See *the Ambatielos Claim (Greece, the United Kingdom and Northern Ireland)*, Award of 6 March 1956, Reports of International Arbitral Awards, vol.12，91－93（1956）.

〔2〕See *the Ambatielos Claim (Greece, the United Kingdom and Northern Ireland)*, Award of 6 March 1956, Reports of International Arbitral Awards, vol.12，96－97（1956）.

〔3〕*The Ambatielos Claim (Greece, the United Kingdom and Northern Ireland)*, Award of 6 March 1956, Reports of International Arbitral Awards, vol.12，118－19（1956）.

时根本不存在获得任何补救希望的情形。在这一情形中实质的问题是，即使这些救济被使用了，也将被证明是明显无效的（Obviously Futile）。[1]

于此，英国政府用来阻止的希腊政府起诉的两大理由是：其一，在 1922 年英国初审法院进行的诉讼中 Ambatielos 未能传唤与他进行缔约谈判的 Bryan Laing 少校出庭作证，而这个证人的证言对案件的审理具有极为重要的意义。依据英国法律，Ambatielos 有权要求 Bryan Laing 少校出庭作证。初审法院之所以判 Ambatielos 败诉，很大原因就在于 Ambatielos 未用尽当地救济，即未传唤 Bryan Laing 少校出庭作证。其二，在上诉被驳回后，Ambatielos 并未再向英国上议院上诉。委员会在援引 *Finnish Vessels* Case 案[2]后认为：

毫无疑问，用尽当地救济要求使用对矫正受害人所指控局面极为必要的程序手段。

在诉诸国际诉讼前，要求用尽当地救济的规则应当适用。当地救济不仅包括法院和法庭，亦包括使用国内法中规定的诉讼当事人可适用的程序性措施。在国家作为其国民的保护人向国际法庭提出请求前，被告国国内法规定的整个法律保护制度都应受到检验。

在委员会看来，未使用某种程序性措施只有在如果使用了这种措施将对诉讼产生实质性影响的情况下，才能被接受为构成用尽地方救济的一种缺陷。[3]

最终，国际法院裁定 Ambatielos 因未能传唤重要证人而导致未用尽英国法上的救济，从而驳回了希腊方面的请求。

四、用尽当地救济规则的例外

（一）当地救济被视为已经用尽

东道国当地救济在何种情形下被视为“用尽”，美国法律协会（American Law Institute，ALI）对外关系法第二次重述第 208 条认为，在以下任一情形中外国人可豁免于用尽当地救济：（1）当地救济显然无法达到程序正义（Procedural Justice）要求；（2）考虑到在实质相同的案件中已有该国最高有权机关作出的

---

〔1〕*The Ambatielos Claim (Greece, the United Kingdom and Northern Ireland)*, Award of 6 March 1956, Reports of International Arbitral Awards, vol.12，119（1956）.

〔2〕其案号通常表示为 *Claim of Finnish Shipowners against Great Britain in respect of the Use of Certain Finnish Vessels during the War (Finland, Great Britain)*，本案将在下文述及。

〔3〕See *the Ambatielos Claim (Greece, the United Kingdom and Northern Ireland)*, Award of 6 March 1956, Reports of International Arbitral Awards, vol.12，119－20（1956）.

一个或数个不利决定，求助当地救济将是徒劳的；（3）同一侵害行为主要构成对外国人国籍国的直接损害，该国主张自己的、独立的、主要的请求。[1]也有学者认为，下列情形无须用尽当地救济或可视为已用尽当地救济：（1）倘若没有可资利用的救济方法，则未用尽当地救济不构成国际求偿的障碍；（2）倘若可资利用之救济方法不适合于求偿的内容，或实际上已表明或清楚地确定当地救济无法产生实效，则无须用尽当地救济，譬如东道国最高法院是在行政机关控制下，而遭控诉之行为乃行政机关行为；或者控诉所针对的决定是依据明确的国内法规定（Unambiguous Municipal Enactment）作出的，因而较高级别的法院不可能推翻决定或判决给付损害赔偿；抑或在通常情形下损害是政府以政府的地位所做行为的结果，此时未用尽当地救济，并不妨碍国际求偿的提出。[2]

笔者认为，应当辩证地看待上述西方国家学者的观点。以一国法制之不健全或司法体制之不完备为由作为适用用尽当地救济规则的例外，实际上是发达国家为保护本国海外投资者的利益，蔑视他国主权，为逃避适用发展中国家的法律找借口而已，其真实目的是根本不愿意利用当地救济。[3]例如，对于美国法学会对外关系法第二次重述所认为的视为用尽当地救济的三个例外，第一个例外不外乎是早已遭到发展中国家反对的国际标准的翻版，毕竟各国之法院系统与诉讼程序并不相同，以本国特有之制度作为衡量他国诉讼程序完善与否的标准显然是不合理的，国内救济应当首先依据国内法的法定程序。对于第二个例外，每一个案件案情迥异，不可能完全一致，且一国之政策、法律或规章并非一成不变，以过往求助当地救济无效的陈例来否定现今无须遵从当地救济规则，显然有失偏颇。在前述*The Ambatielos Claim（Greece，United Kingdom of Great Britain and Northern Ireland）*案的裁决中，仲裁委员会就明确表达了先例不应当用来证明是否应当适用用尽当地救济规则：“在著作和司法判例中恰巧出现的表达既存之救济显然是无效的观点，不足以证明用尽当地救济规则的适用。”[4]对于第三个例外，同一侵害行为构成对外国人母国的直接损害，通常是由于该国在受侵害的公司中拥有直接的重大利益；[5]前述1952年*The Anglo-Iranian Oil*

---

〔1〕The Restatement (Second) of Foreign Relations Law § 208（1965）.

〔2〕Chittharanjan Félix Amerasinghe, *Local Remedies in International Law*, Cambridge University Press, 2004，258－59.

〔3〕参见姚梅镇著：《国际投资法》，武汉大学出版社1987年版，第352－353页。

〔4〕The views expressed by writers and in judicial precedents, however, coincide in that the existence of remedies which are obviously ineffective is held not to be sufficient to justify the application of the rule. *The Ambatielos Claim (Greece, the United Kingdom and Northern Ireland)*, Award of 6 March 1956, Reports of International Arbitral Awards, vol.12，119（1956）.

〔5〕例如，由国家管理、投资或经营的国家控股公司（State-Controlling Company），在公司的全部资本中，国家资本股本占较高比例，并且公司由国家实际或相对控制。

Co.（*United Kingdom v. Iran*）案中，英国政府就代表 Anglo-Persia 石油公司向国际法院提起诉讼，请求判决并宣告伊朗政府有义务将伊朗与 Anglo-Persia 公司之间的争议交付仲裁庭解决，或请求国际法院判决伊朗实行国有化法律违反了国际法和伊朗根据 1933 年协议所承担的义务。但是，以资本输出国为原告、以东道国政府为被告的做法已经遭到了广大发展中国家的反对。事实上，纵然国家在公司中拥有主要利益，但这毕竟是以公司的名义进行的投资活动，不能因此改变公司的法人实体身份，因而国家的利益只能通过公司得到保护，也就不存在独立的请求权。

那么，究竟何种情形可视为当地救济以及被用尽？笔者认为：其一，有权主管机关作出的最终决定，此时已不存在上诉机会，诚如 *The Electricity Company of Sofia and Bulgaria*（*Belgium v. Bulgaria*）案中常设国际法院所认定的用尽当地救济应当用尽所有上诉程序，直至获得最高法院或最高主管机关作出的终局决定。其二，出现拒绝司法（Denial of Justice）的情形。在实践中，拒绝司法的概念在过去往往被用作外国政府代表其国民对所声称的损害进行求偿的修饰性借口（Rhetorical Excuse）。[1] 因此，对“拒绝司法”的界定是极为必要的。从广义上而言，拒绝司法包括了国家责任的整个领域，并适用于国家对外国人不当行为的所有类型；而在狭义上，拒绝司法则仅指国家对获得法院救济的拒绝或者法院未能对案件作出判决。[2] 在当代，拒绝司法不仅涉及传统的程序不公，通常也包括实体缺陷。例如，依据 Freeman 的观点，稳定的国际实践以及绝大多数法律权威承认不仅公然的程序不当和缺陷，且裁决本身存在的严重实体缺陷，均可成为外交抗议的正当理由。[3] 这也就是说，拒绝司法包括程序和实体两方面因素。至于何为实体方面的“不公决定”（Unjust Decision），则通常是指：（a）决定显然并歧视性地违反了所涉国家的法律；（b）决定不合理地背离了世界法律体系中公认的正义原则；（c）决定涉及了国家对条约的违反。[4]

美国法律学会对外关系法第三次重述，就修正了第二次重述中上述关于用尽当地救济的例外的规定。第三次重述的评论六（Comment *f*）认为，当地救济显然是具有欺骗性或是不适当的（Sham or Inadequate），或者请求被不合理地延

---

〔1〕 Jan Paulsson, *Denial of Justice in International Law*, Cambridge University Press, 2005，57.

〔2〕 A.O. Adede, ‘A Survey of Treaty Provisions on the Rule of Exhaustion of Local Remedies’, Harvard International Law Journal, vol.18，9（1977）.

〔3〕 Alwyn V. Freeman, *The International Responsibility of States for Denial of Justice*, Kraus Reprint Co.，1970，404.

〔4〕 A.O. Adede, ‘A Survey of Treaty Provisions on the Rule of Exhaustion of Local Remedies’, Harvard International Law Journal, vol.18，11（1977）.

迟，以及被告国明确否定责任，[1]这些情形均无须用尽当地救济。可以看出，第三次重述规定的三种例外情形，通常都可归属为拒绝司法的一部分。2006年联合国国际法委员会通过的《外交保护条文草案》进一步规定了构成用尽当地救济规则的例外情形，其中大部分都属于拒绝司法的情形，包括（1）不存在合理地可得到的能提供有效补救的当地救济，或当地救济不具有提供此种有效补救的合理可能性；（2）救济过程受到不当延迟，且不当延迟系由所指应对损害负责的国家造成的；（3）受害人与所指应负责的国家之间在发生损害之日没有相关联系；（4）受害人明显地被排除了寻求当地救济的可能性。[2]

在《国际法中的拒绝司法》一书中，Jan Paulsson教授赞成拒绝司法的诉求包含有用尽当地救济的因素，认为“一国应获得司法机关的终局决定，或至少是充分的最终决定，这是拒绝司法的不法行为的本质。拒绝司法，不能因获得初审法院的决定而结束”[3]，即不能因为初审法院的拒绝司法而证明已经用尽了当地救济。通常而言，这一观点是确实无误的。但是，如果出现了前述“倘若可资利用之救济方法不适合于求偿的内容，或实际上已表明或清楚地确定当地救济无法产生实效”的情形时，也不一定必须将争议上诉到最高主管机关，特别是控诉所针对的决定是依据明确的国内法规定作出的，较高级别的法院不可能推翻决定或判决给付损害赔偿。*Claim of Finnish Shipowners against Great Britain in respect of the Use of Certain Finnish Vessels during the War（Finland, Great Britain）*一案[4]中就涉及用尽当地救济的此种例外情形。在本案中，1916–1917年间，属于芬兰国民所有的13艘船被英国政府用于战时运输服务，在服务中4艘船毁损。芬兰船主向英国政府索求船租费和损失的3艘船[5]费用的努力落空后，1920年芬兰政府代表本国船主向英国政府提出求偿要求，但遭英国政府拒绝。随后，芬兰船主将案件提交英国海事运输仲裁委员会（Admiralty Transport Arbitration Board），该委员会依据1920年赔偿法成立，旨在处理针对英国政府的战时征用船只等租船服务、损失和赔偿争议。1926年1月26日，海事运输仲裁委员会裁决拒绝给予芬兰船主补偿，理由是这些船只并非英国政府征用，而是由俄罗斯政府征用，英国只是依据英俄之间的双边协议使用这些船只。对此，虽然赔偿法有允许上诉的规定，但芬兰船主并未上诉。之后，芬兰大使意在伦敦启动

---

〔1〕The Restatement (Third) of Foreign Relations Law § 713（1987）, Comment *f.* Exhaustion of remedies.

〔2〕Art.15 of the Draft Articles on Diplomatic Protection.

〔3〕Jan Paulsson, *Denial of Justice in International Law*, Cambridge University Press, 2005，108.

〔4〕*Claim of Finnish Shipowners against Great Britain in respect of the Use of Certain Finnish Vessels during the War (Finland, Great Britain）*, Award of 9 May 1934, Reports of International Arbitral Awards, vol.3, 1479（1934）.

〔5〕其中1艘船的损失费用已经由俄罗斯政府支付。

国际仲裁，这一提议再遭英国反对。1931 年芬兰政府将争议提交国际联盟理事会（Council of the League of Nations）。英国政府在抗辩中认为，芬兰船主未用尽英国法上的救济措施，所以芬兰没有进行外交求偿的基础。芬兰政府对此予以反驳，仲裁委员会的裁决已把补偿问题归结为一个事实问题，即是俄罗斯还是英国征用了这些船只，因此不可能有成功的上诉。依照国际联盟理事会的建议，双方当事国同意将芬兰船主是否已用尽英国法上的救济手段的问题提交仲裁。[1]

1934 年，独任仲裁员 Algol Bagge 对上述问题作出了裁决。仲裁员指出，芬兰政府主张，即便存在对海事运输仲裁委员会裁决进行上诉的法律权利（Technical Right），此种权利也是虚幻和无效的（Illusory and Ineffective），这是因为仲裁委员会对事实作出的判决，使得任何上诉注定要败诉。因此，未进行上诉不能被视为是在国际规则意义上未用尽当地救济。对于该国际求偿存在着某种诉诸国内管辖权的理论上的或法律上的可能性，芬兰政府并无异议；但认为，当地救济须是实际可行的、有效的和充分的（really available...effective and adequate）。[2]

芬兰政府关于“用尽当地救济必须是有效的”的辩称在 Borchard 的著作《对海外国民的外交保护》（Diplomatic Protection of Citizens abroad）中曾有阐述：“在诉诸外交手段前必须用尽当地救济的规则应遵从一个重要的条件，即当地救济对确保获得补偿是有效的。”“有效的”这一术语的含义几乎排他地与这一问题联系在一起，即法院或法律是否履行了国际法的要求的问题。例如，诚如 Borchard 所指出的，无法院可提起诉讼，就无必要用尽当地救济，而国务卿 Fish 曾说过，在这些情形下用尽（当地救济）是没有正义的。还有一种情形是，并非没有法律或法院，而是救济对于求偿者而言是无效的，例如 Borchard 所援引的 *The Prize Cases* 案，对法院判决的改判是不可能的，则可免除上诉。于此，并非没有法律或法院去执行国际法上用尽当地救济的要求，而是实体问题的请求失败且无上诉希望。[3]

---

〔1〕*Claim of Finnish Shipowners against Great Britain in respect of the Use of Certain Finnish Vessels during the War (Finland, Great Britain)*, Award of 9 May 1934, Reports of International Arbitral Awards, vol.3, 1484－85（1934）.

〔2〕*Claim of Finnish Shipowners against Great Britain in respect of the Use of Certain Finnish Vessels during the War (Finland, Great Britain)*, Award of 9 May 1934, Reports of International Arbitral Awards, vol.3, 1495（1934）.

〔3〕*Claim of Finnish Shipowners against Great Britain in respect of the Use of Certain Finnish Vessels during the War (Finland, Great Britain)*, Award of 9 May 1934, Reports of International Arbitral Awards, vol.3, 1495（1934）. Such cases were, e.g., the prize cases, cited by Borchard where it was held that in the face of a uniform course of decisions in the highest courts, a reversal of the condemnation being hopeless, an appeal was excused.

芬兰政府明确宣称，他们不认为本案存在英国法或英国法院没有履行国际法关于用尽当地救济要求的问题；但声称，无论如何，芬兰船主可使用的当地救济是无效的：其一，依据英国赔偿法，芬兰船主损失的船只不能得到赔偿；其二，鉴于赔偿法条款规定上诉只能就法律问题提出而不得就事实问题提出，芬兰船主唯一的救济渠道已被堵住，因为仲裁委员会的决定是对俄罗斯还是英国征收船只这一事实作出的，而针对事实问题不得上诉。因此，芬兰政府上诉已无法取得有效的救济，因为已有足够的理由认为救济将是无效的。芬兰政府进一步分析了 *The Prize Cases* 案，认为 *The Prize Cases* 案与本案极其相似。[1]

仲裁员认为，芬兰政府向英国政府提出的国际求偿并非基于英国法院拒绝芬兰船主的求偿要求这一事实违反了国际法，而是征用芬兰船只而不予以补偿是违反国际法的，须承担国际法上的责任。在此种情形下，用尽当地救济规则只起到如下作用：被告国有权首先以自己的方式诉诸司法，履行它的义务；也可以在本国法庭对求偿所涉及的法律和事实问题进行调查与裁断，并在此基础上，评价它的国际责任，作出支持或拒绝求偿的决定。芬兰和英国都认可被控告的行为可能是违反国际法的，但必须先诉诸国内法院；这些行为须是可归因于被告国或其政府官员的行为，因为根据国际法，国家对私人行为无直接责任。[2] 仲裁员肯定用尽当地救济规则应当适用，但是最后裁定，对英国海事运输仲裁委员会的裁决进行上诉对改变裁决结果是无效的，亦无适合芬兰船主的其他救济方法，因此芬兰船主用尽了英国法上的救济方法。[3]

这一案例的裁决确认了当地救济应当是实际可行的、有效的和充分的观点，即倘若事先当地法院无法给予受损害的个人以充分的救济，即不存在合理地可得到的能提供有效补救的当地救济，或当地救济不具有提供此种有效补救的合理可能性，则无必要用尽当地救济，未用尽当地救济并不妨碍国际求偿的提出。

在 *BG Group v. Argentina* 案中，美国最高法院于2014年作出具有分歧的意见（a divided opinion），推翻了上诉法院的决定，认为阿根廷应向外国投资者英

---

〔1〕 *Claim of Finnish Shipowners against Great Britain in respect of the Use of Certain Finnish Vessels during the War (Finland, Great Britain)*, Award of 9 May 1934, Reports of International Arbitral Awards, vol.3, 1495 – 96（1934）.

〔2〕 *Claim of Finnish Shipowners against Great Britain in respect of the Use of Certain Finnish Vessels during the War (Finland, Great Britain)*, Award of 9 May 1934, Reports of International Arbitral Awards, vol.3, 1401（1934）.

〔3〕 *Claim of Finnish Shipowners against Great Britain in respect of the Use of Certain Finnish Vessels during the War (Finland, Great Britain)*, Award of 9 May 1934, Reports of International Arbitral Awards, vol.3, 1450（1934）.

国天然气集团（BG Group）执行包含 1.85 亿美元赔偿金的仲裁裁决，[1] 从而为这一历时十一年的国际投资仲裁案件中的关键性问题——东道国当地救济规则的适用——作出了解释。[2] 本案源于阿根廷政府于 2001 年末针对经济危机颁行的新关税法律对英国天然气集团控制的一家阿根廷天然气公司造成不利影响，英国天然气集团于 2003 年依据英国－阿根廷 BIT 提起了一起基于 UNCITRAL 仲裁规则的申请。在仲裁庭于 2007 年作出有利于英国投资者的裁决[3] 后，阿根廷向仲裁地法院美国哥伦比亚特区地方法院申请撤销该仲裁裁决，理由是英国－阿根廷 BIT 中的东道国当地救济规则[4] 规定在仲裁程序启动前的 18 个月，投资者应该将争端交由阿根廷法院处理，但是英国天然气集团未经东道国当地救济程序而直接诉诸国际仲裁，因此仲裁庭对案件的审理超越了管辖权。整个案件最大的争议焦点之一在于双边投资条约中东道国当地救济规则的适用问题。对此，不仅是案件双方当事人持有相反见解，UNCITRAL 仲裁庭、美国地方法院、上诉法院以及最高法院的意见也不尽一致。在本案中，UNCITRAL 仲裁庭亦认可了习惯国际法项下的东道国当地救济规则。[5] 尽管阿根廷坚持英国石油公司应当遵守英国－阿根廷 BIT 中的当地救济条款，但是仲裁庭认为阿根廷法院已受到新颁行的紧急状态法律的显著影响，这实质上单方阻止或阻碍了英国石油公司对阿根廷国内司法的诉求，[6] 因此尽管英国石油公司未在 18 个月期限内将争端交付阿根廷法院而直接诉诸国际仲裁，仲裁庭仍对本案享有管辖权。[7] 按照美国最高法院的观点，阿根廷法院受到紧急状态法律影响的情况虽然在理论上并不意味着完全切断英国石油公司在 18 个月期限内向阿根廷法院寻求救济的可能，但实质上确是阻止了英国石油公司获得阿根廷法院的救济，因此足以构成英国石油公司遵守英国－阿根廷 BIT 项下当地救济要求的豁免。[8] 最高法院最终是以 7 比 2 的多数票认可了仲裁庭的管辖权。不过，在不同意见中，首席大法官 Roberts 和大法官 Kennedy 认为英国－阿根廷 BIT

---

〔1〕 *BG Group PLC v. Republic of Argentina*, 572 U. S. 25（2014），Judgment of the Supreme Court of the United States, 5 March 2014.

〔2〕 本案中的被申请人阿根廷于 2014 年 8 月 1 日向美国最高法院申请调案复审令，而申请人亦于 2014 年 9 月 19 日提交了针对调案复审令申请的反对意见。See Respondent Petition for a Writ of Certiorari, 1 August, 2014; Claimant Brief in Opposition of the Respondent Petition for Writ of Certiorari, 19 September 2014. 本案在 2016 年 5 月 13 日达成未支付裁决的和解。

〔3〕 UNICTRAL Award, 24 December 2007.

〔4〕 英国–阿根廷 BIT 第 8 条第 1、2 款。

〔5〕 UNICTRAL Award, 24 December 2007, para.143.

〔6〕 UNICTRAL Award, 24 December 2007, paras.147 – 48.

〔7〕 UNICTRAL Award, 24 December 2007, para.157.

〔8〕 *BG Group PLC v. Republic of Argentina*, 572 U. S. 25（2014），Judgment of the Supreme Court of the United States, 5 March 2014.

要求外国投资者首先将争端交由阿根廷法院来处理，这是阿根廷同意将争端交付仲裁的一个前提条件。[1]尽管本案是UNCITRAL仲裁，但还是对东道国当地救济规则在ICSID仲裁中的适用具有参考意义。

在本案中，美国最高法院在投资条约仲裁裁决审查标准上作出了首个有分歧的意见。意见一经作出，即引起各方讨论。有学者认为最高法院在本案中对投资条约仲裁的理解存在偏颇，因为其审查该案仲裁裁决时适用的是联邦仲裁法（Federal Arbitration Act）的仲裁框架，但这一框架未能考量本案仲裁裁决的国际公法特性和潜在投资条约的三角结构。[2]也有学者认为，对当地救济无效（Futility of Local Remedies）中间标准的适用，特别是在关注遵守当地救济规则的“合理性”和“有效性”时，赋予了仲裁庭不适当的自由裁量权。限制仲裁庭的自由裁量权可能意味着对给予例如英国天然气集团等投资仲裁案件的申请人公平的拒绝，并鼓励了阿根廷等被申请人在行使主权上的不当行为。然而，此种限制所带来的成本是值得承担的，且确实可能是必要的，以便获取和实现国际投资法上的更大利益。[3]

事实上，当地救济的无效是对不遵循当地救济规则的一种常用辩护。尽管国际投资仲裁庭已尝试对无效作为用尽当地救济的例外进行限制，但至今尚未形成一致的方法来裁断一项“无效”救济措施的构成要件。譬如，*ICS Inspection and Control Services Limited (United Kingdom) v. The Republic of Argentina* 案[4]仲裁庭和 *Ambiente Ufficio S.p.A. and others v. Argentine Republic* 案[5]仲裁庭就采取了不同的方法。在ICS案中，仲裁庭试图对无效作为例外的范围进行限制，认为外国投资者自身对东道国当地救济结构的无效或公平的实质性看法，不能改变其有必要遵守该国在同意将争议提交国际仲裁时设定的用尽当地救济这一条件。[6]这一决定，被 *Ambiente* 案仲裁员 Santiago Torres Bernárdez 在其不同意见中引用。[7]

---

〔1〕Dissenting Opinion of Chief Justice Roberts and Justice Kennedy, 572 U. S.25（2014），5 March 2014.

〔2〕Jarrod Wong, ‘BG Group v. Republic of Argentina: A Supreme Misunderstanding of Investment Treaty Arbitration’, Pepperdine Law Review, vol.43, 541 (2016).

〔3〕Zachary Mollengarden, ‘The Utility of Futility: Local Remedies Rules in International Investment Law’, Virginia Journal of International Law, vol.58(2), 456 (2019).

〔4〕UNCITRAL, PCA Case No. 2010-9.

〔5〕ICSID Case No. ARB/08/9.

〔6〕UNCITRAL, PCA Case No. 2010-9, Award on Jurisdiction, 10 Febuary 2010, para.272.

〔7〕ICSID Case No. ARB/08/9, Dissenting Opinion of Santiago Torres Bernárdez, 2 May 2013, para.15.

（二）当地救济规则已被放弃

作为国家属地管辖权的体现，用尽当地救济规则在被确定已为东道国所放弃时，则可以不适用该规则。2006年联合国国际法委员会通过的《外交保护条文草案》肯定了国家放弃用尽当地救济的要求，构成用尽当地救济规则的例外情形。[1]关于当地救济规则已被放弃，最大的问题在于放弃的形式和对放弃与否的判断。通常说来，明示放弃当地救济要求是有效的，许多仲裁协议中都载有放弃条款。此种放弃可以通过国家之间签署的协定事先或事后明确规定，亦可通过东道国政府与外国投资者之间签订的协议明确规定。例如，1923年美国与墨西哥关于设立求偿总委员会的协定第6条规定："墨西哥政府同意，委员会应适用这样一个一般国际法原则而否认或拒绝任何请求，这个一般国际法原则是：用尽法律救济是任何请求有效或被允许的先决条件。"除了明示放弃，法律上的放弃还有推定放弃，能否对当地救济规则进行推定放弃，即当地救济规则的默示放弃问题，在国际投资实践中存在争议，对这一问题的探讨将在下文展开。

第二节 用尽当地救济规则在ICSID仲裁中的适用

一、默示不等于放弃？：传统国际法 vs ICSID公约

（一）国际法院ELSI案与国际法委员会《国家对国际不法行为的责任条款草案》

国际法院于1959年在*Interhandel (Switzerland v. United States of America)*案作出的判决中指出，用尽当地救济是公认的习惯法规则（well-established rule of customary international law）。[2]在1989年的*Case Concerning Elettronica Sicula S.p.A.（ELSI）(United States of America v. Italy）*案[3]中，国际法院对用尽当地救济规则的适用作出了具体解释。在该案中，

〔1〕Art.15（e) of the Draft Articles on Diplomatic Protection.

〔2〕Preliminary Objections, I.C.J. Report 1959, at 27.

〔3〕本案争议源于美国认为意大利政府违反了依据1948年2月在罗马缔结的美国－意大利FCN和1951年9月签署的该条约的补充协定所承担的国际法律义务，尤其是条约的第3、5、7条和补充协定第1条。在本案中，ELSI是在意大利西西里的一家公司，美国两家公司拥有（转下页）

Elettronica Sicula S.p.A.（公司后更名为 Raytheon-Elsi S.p.A.，简称 ELSI）是两家美国母公司设在意大利的子公司，ELSI 破产后其股东遭受到巨大损失。美国政府认为 ELSI 的破产与受到意大利政府的非法征收（Requisition）有关，要求意大利政府偿还损失，并依据美国与意大利之间签订的友好通商航海条约将争端提交国际法院。意大利认为，ELSI 未用尽当地救济，因此反对将争端提交国际法院解决。美国抗辩道，两国签订的友好通商航海条约第 26 条并未明确要求当事人须用尽当地救济，因而不应将此项义务施加给 ELSI。[1] 对此，意大利援引前述国际法院在 1959 年的 *Interhandel Case (Switzerland v. United States of America)* 案中的判决，即提起国际诉讼前须用尽当地救济已成为习惯国际法公认的规则，在诉诸国际司法前，国际不法行为发生地国家应当有机会在其本国司法体制中通过自己的手段予以补救。意大利指出，ELSI 从未依据友好通商航海条约在意大利起诉，使意大利法院未曾有机会对美国所宣称的违反条约义务的行为进行裁断。[2] 既然意大利国会通过了友好通商航海条约并将其并入国内法，ELSI 有充足的机会在意大利法院提起诉讼寻

（接上页）ELSI 的全部股份，该公司在意大利城市 Palermo 有一生产电子元件的工厂。1964 – 1966 年间 ELSI 的经营利润不足以偿债，美国控股公司欲关闭并清算 ELSI，以减少损失。依据财务分析，倘若进行有秩序的清偿债务，即在 ELSI 的管理控制下变卖公司财产偿还债务，优于公司进入破产程序。1968 年 3 月 28 日，ELSI 决定停止经营。意大利政府与 ELSI 会谈，向公司施压，阻止关闭公司和解雇工人。3 月 29 日，公司向职工发出解雇函。4 月 1 日，公司所在地市长发布命令征收 ELSI 的工厂及其财产 6 个月。命令发布后，工人们立即占据了工厂。4 月 19 日，ELSI 向 Palermo 地方长官提起对征收的行政申诉。4 月 26 日，ELSI 申请破产并指出，征收是公司对工厂失去控制的原因。5 月 16 日，Palermo 法庭颁发破产令。8 月 2 日，Palermo 地方长官对 ELSI 的行政申诉作出裁定，取消了征收令。1970 年 6 月，公司的破产财产管理人为征收所受的损害向 Palermo 法庭对意大利内务部和 Palermo 市长起诉。Palermo 上诉法院对于在征收期间不能使用工厂而造成的损失裁决应付赔偿。1985 年 11 月，破产诉讼终结，作为 ELSI 股份持有者的美国两家公司未得到任何变卖财产所得的资金。

1987 年 2 月，美国向国际法院对意大利起诉，主张意大利对 ELSI 所做的行为违反了美国 – 意大利 FCN 及其补充协定，并依规定将案件提交国际法院审理。本案涉及当地救济规则、禁止反言原则和外国投资者待遇问题。国际法院最终判定意大利未以美国认定的方式违反美国 – 意大利 FCN，同时驳回了美国要求赔偿的请求。See I.C.J. Report 1989, at 15 – 121.

〔1〕I.C.J. Report 1989, at 42. Article XXVI of the United States-Italy FCN Treaty states in full: Any dispute between the High Contracting Parties as to the interpretation or the application of this Treaty, which the High Contracting Parties shall not satisfactorily adjust by diplomacy, shall be submitted to the International Court of Justice, unless the High Contracting Parties shall agree to settlement by some other pacific means.

〔2〕事实上，Raytheon 之所以没在意大利起诉，是因为其得到的意大利律师咨询意见认为，Raytheon 作为股东就 ELSI 的损失起诉，这在意大利法律下是没有根据的。See Sean D. Murphy, ‘The ELSI Case: An Investment Dispute at the International Court of Justice’, Yale Journal of International Law, vol.16, n.69 (1991).

求救济。[1]

国际法院认为，条约对一项重要的习惯国际法原则未作规定，并不意味着该原则不能得到适用，因为一个重要的国际法则不能被默示地放弃。[2] 关于用尽当地救济规则，国际法院注意到，美国曾咨询该规则是否必须适用于根据美国与意大利签订的友好通商航海条约提起的案件；在该条约中规定了，除非当事人同意通过其他友好的方式来解决争议，任何争议均应提交至国际法院解决。显然，该规定并未提及当地救济的问题。但国际法院认为，在缺少明确表明某项意图的语言时，一项极为重要的国际法规则不应被放弃，尽管“条约的当事人或者可以同意当地救济规则不应当适用于基于违反该条约而提出的求偿，或者确认它应当适用”，[3] 但是用尽当地救济规则不能被默示地放弃。

国际法院的这一裁决，秉承了国际法的传统理念，即争议解决条款中未规定当地救济规则通常并不构成对该规则的默示放弃（Implied Waiver）。[4] 与此相契合的是，联合国国际法委员会也正致力于将用尽当地救济规则这一习惯国际法公约化。国际法委员会于 1996 年通过了《国家责任条文草案》（Draft Articles on State Responsibility）的一读，其中第 22 条规定了只有当外国人用尽了他可利用的所有有效的当地救济后仍未获得应有的公平合理的待遇时，才能认为东道国违反了其所承担的国际义务，才会产生相应的国际责任。[5] 这也就是说，有效的当地救济措施未用尽前，并不存在东道国违反国际义务的情形，外国投资者母国无权行使外交保护。尽管 2001 年 11 月国际法委员会第 53 届会议通过的《国家对国际不法行为的责任条款草案》（Draft Articles on Responsibility of States for Internationally Wrongful Acts，ASR）删除了一读中第 22 条的规定，但仍保留了第 44 条关于国家责任在“如果争议适用用尽当地救济规则而可利用的

---

〔1〕I.C.J. Report 1989, at 43 – 44.

〔2〕See I.C.J. Report 1989, at 42.

〔3〕The Chamber has no doubt that the parties to a treaty can therein either agree that the local remedies rule shall not apply to claims based on alleged breaches of that treaty；or confirm that it shall apply. See I.C.J. Report 1989, at 42.

〔4〕Chittharanjan Félix Amerasinghe, *Local Remedies in International Law*, Cambridge University Press, 2004，250 – 51.

〔5〕When the conduct of a State has created a situation not in conformity with the result required of it by an international obligation concerning the treatment to be accorded to aliens, whether natural or juridical persons, but the obligation allows that this or an equivalent result may nevertheless be achieved by subsequent conduct of the State, there is a breach of the obligation only if the aliens concerned have exhausted the effective local remedies available to them without obtaining the treatment called for by the obligation or, where that is not possible, an equivalent treatment. 需要注意的是，此处的违约是指一国违反其对另一国所承担的国际义务，即东道国违反其对投资者母国所应承担的义务，而非东道国违反其对外国投资者所应承担的国际义务。

有效当地规则未用尽”的情况下不会产生。[1] 由此，用尽当地救济规则已然成为一项被各国普遍认可的重要国际法原则，作为各国公认的原则其适用并不取决于预先约定。因而，投资条约中用尽当地救济规则的阙如，并不构成对这一规则的默示放弃。换言之，要构成对用尽当地救济规则的放弃，需要有关国家的明确表示，抑或在条约中作出明确的放弃。

（二）ICSID公约第26条与ICSID实践

ICSID公约第26条规定：“除非另有规定，双方同意根据本公约交付仲裁，应视为同意排除任何其他救济方法而交付上述仲裁。缔约国可以要求以用尽该国行政或司法救济作为其同意根据本公约交付仲裁的条件。”据此，公约颠覆了传统国际法中默示不构成放弃的观念，规定了成员国未明确要求将争议诉诸ICSID 前需要用尽当地救济，则视为成员国放弃了有关用尽当地救济规则的要求。虽然在公约起草过程中，来自拉丁美洲和发展中国家的代表坚持维持用尽当地救济规则的传统国际法要求，但终究未能挡住来自法国、德国等西方发达国家的压力，当地救济的优先适用未能作为诉诸ICSID的强制性前提条件，而只是在国家明确表示适用时方可适用。[2] 国际复兴开发银行执行董事会在《关于〈解决国家与他国国民间投资争端公约〉的报告》中也肯定了这一“仲裁作为排他性救济”（Arbitration as Exclusive Remedy）的立场：

> 假设一个国家与一个投资者同意将争议交付仲裁，同时并未保留寻求其他救济或要求先用尽其他救济的权利，则双方同意将仲裁作为排他性的救济方式。这一解释规则体现在公约第26条第1句中。为了澄清这一条款的目的并非在于更改关于用尽当地救济的国际法规则，第2句明确认可国家要求优先用尽当地救济的权利。[3]

虽然国际复兴开发银行执行董事会的报告澄清了公约第 26 条的目的并不在于更改默示不构成对用尽当地救济的放弃，但实践中东道国却可能易于忽略了明示要求适用用尽当地救济规则这一步骤，从而导致失却当地救济这一彰显本国行政和司法程序的方式。在 *Amco Asia Corp. v. Republic of Indonesia*

---

〔1〕The responsibility of a State may not be invoked if: （b) The claim is one to which the rule of exhaustion of local remedies applies and any available and effective local remedy has not been exhausted.

〔2〕ICSID, *History of the ICSID Convention: Documents Concerning the Origin and the Formulation of the Convention*, 1968, vol. 2, at 58，96，792.

〔3〕'Report of the Executive Directors of the International Bank for Reconstruction and Development on the Convention on the Settlement of Investment Disputes between States and Nationals of Other States', March 18 1965, International Legal Materials, vol.4，528－29（1965）.

案的撤销程序（Annulment Proceedings）[1]中，对于针对军方和警察人员行为国内救济的用尽问题，印度尼西亚首先主张，有关军队的警察人员在 1980 年 3 月 31 日至 4 月 1 日的行为并不构成印度尼西亚须负责任的国际不法行为。在印尼看来，仅当印尼法律对此类行为没有提供充分的救济时，它才承担国际责任。但是印尼法律不论对本国人还是外国人都提供了此类救济。倘若 Amco 公司自行决定不去利用那些救济，则此种放弃不应损及印尼。印尼进一步辩称，仲裁庭裁定 Amco 可不遵循用尽国内救济这一一般国际法规则事先在印尼法律寻求赔偿，而将有关军方和警察人员行为导致其损害的赔偿主张直接提交 ICSID 仲裁庭，仲裁庭明显超越了权限。尽管仲裁庭在裁决中对不要求 Amco 用尽国内救济并未附具任何理由，但专门委员会认为，裁决的这一部分不能基于此种考虑而被撤销。这是因为，承认 ICSID 管辖权，而不依公约第 26 条保留事先用尽国内救济的权利以作为同意提交 ICSID 仲裁的条件，由此视为印尼放弃了此项权利。[2]专门委员会的决定表明，接受 ICSID 管辖而未明确要求将争议诉诸 ICSID 前须用尽当地救济，则视为成员国放弃了公约第 26 条项下有关用尽当地救济规则的要求。

长期以来，ICSID 仲裁实践基本沿袭了用尽当地救济规则的适用需要明示的作法。在 *Lanco International Inc. v. Argentine Republic* 案中，ICSID 仲裁庭认为 ICSID 公约第 26 条第一句中的排除其他法庭的规定“意味着在启动 ICSID 仲裁之前无需用尽国内程序，除非另有规定”，而第二句则表明缔约国放弃用尽当地救济的要求，这一要求是缔约国可保留的权利。更为重要的是，本案仲裁庭表明国家可以在以下三种文件中要求用尽当地救济作为启动 ICSID 仲裁的条件：(i) 提供 ICSID 仲裁的双边投资条约，(ii) 国内立法，或 (iii) 包含 ICSID 条款的直接投资协议。[3]在 *Emilio Agustin Maffezini v. The Kingdom of Spain* 案中，仲裁庭认定用尽当地救济将不会适用，除非缔约国事先将用尽当地救济作为同意 ICSID 仲裁的条件。[4]在 *Generation Ukraine, Inc. v. Ukraine* 案中，仲裁庭援引了 Lanco 案裁决的理由，认为国家希望将用尽当地救济作为同意 ICSID 仲裁

〔1〕*Amco Asia Corp. v. Republic of Indonesia*, ICSID Case No. ARB/81/1, *Ad hoc* Committee Decision on the Application for Annulment of 16 May 1986, International Legal Materials, vol.25，1439（1986）.

〔2〕By acceptance of ICSID jurisdiction without reserving under Article 26 of the Convention a right to require prior exhaustion of local remedies as a condition for obtaining access to an ICSID tribunal, Indonesia must be deemed to have waived such right. See *Amco Asia Corp. v. Republic of Indonesia*, ICSID Case No. ARB/81/1, *Ad hoc* Committee Decision on the Application for Annulment of 16 May 1986, International Legal Materials, vol.25，1453 – 54（1986）.

〔3〕ICSID Case No. ARB/97/6, Preliminary Decision on Jurisdiction, 8 December 1998, paras. 37-39.

〔4〕ICSID Case No. ARB/97/7, Decision on Objections to Jurisdiction, 25 January 2000, para. 22.

的条件，必须在一个文件中将此种同意明确表示出来。[1] 总体而言，诚如 *Mr. Franck Charles Arif v. Republic of Moldova* 仲裁庭于 2013 年作出的裁决所言，ICSID 公约第 26 条构成了在 ICSID 仲裁中对用尽当地救济的明确放弃。[2]

二、用尽当地救济规则的附期限问题

从双边投资条约的实践来看，诸多国家缔结的双边投资条约都在规定用尽当地救济规则时附加一定的期限，这一期限从 3 个月到 24 个月不等；在所附期限之内，倘若外国投资者寻求当地救济无果或不满意此种救济结果，则可寻求 ICSID 仲裁等其他国际救济途径。显然，此种附期限的规定是对东道国用尽当地救济权利的一个限制，对东道国的司法与行政机构在处理争端的效率上提出了更高的要求。从外国投资者的角度来看，此种附期限的规定却具有一定的合理性，因为这一对东道国权利的限制，实际上是在一定程度上确保了投资者在一段合理的时间内寻求东道国当地救济的希望落空后，还能够及时寻求国际层面的救济。由这一规定引发的问题是，附期限的用尽当地救济规则所规定的时间，是指争端发生后所经过的时间，抑或经东道国当地救济程序所消耗的时间？换言之，外国投资者是否可以不经过东道国当地救济程序，而仅仅是待所附期限届满后直接寻求国际救济？

在 *Emilio Agustín Maffezini v. The Kingdom of Spain* 案[3]中，阿根廷人 Emilio Agustín Maffezini 先生在西班牙 Galicia 地区进行的化工产品生产销售企业投资遭受撤资，遂依据西班牙和阿根廷于 1991 年签订的双边投资条约将争议提交 ICSID 申请仲裁，要求西班牙政府承担相应的国家责任。被申请方认为，西班牙－阿根廷 BIT 规定，倘若有关争端在被提出后的 6 个月内没能解决，应将争端提交投资地缔约方有管辖权的法庭；倘若法庭在 18 个月内未能对争端的实质问题作出裁定，抑或裁定虽作出但双方争端仍继续存在，则经任一方当事人申请，争端可提交国际仲裁。[4] 这也就是在西班牙用尽当地救济的要求。但是，申请方并未依照双边投资条约的规定将争端交至西班牙法庭，而直接向 ICSID

---

〔1〕ICSID Case No. ARB/00/9, Award, 16 September 2003, para. 13.5.

〔2〕ICSID Case No. ARB/11/23, Award, 8 April 2013, para. 333 ('the ICSID Convention constitutes an express waiver of the rule of exhaustion of local remedies in ICSID arbitrations').

〔3〕*Emilio Agustín Maffezini v. The Kingdom of Spain*, ICSID Case No. ARB/97/7, Decision of the Tribunal on Objections to Jurisdiction of 25 January 2000, International Legal Materials, vol.40，1129（2001）.

〔4〕Art. X（2），（3）(a) of the Agreement for the Reciprocal Promotion and Protection of Investments between the Kingdom of Spain and the Argentine Republic, see *Emilio Agustín Maffezini v. The Kingdom of Spain*, ICSID Case No. ARB/97/7, Decision of the Tribunal on Objections to Jurisdiction of 25 January 2000, International Legal Materials, vol.40，1132（2001）.

提出仲裁申请。因此，仲裁庭对争端没有管辖权。[1] 申请方承认将争端提交ICSID前未寻求西班牙法庭救济，但同时声称，双边投资条约第10条表明只要一项争端持续存在并经过18个月，则将争端提交国际仲裁前，并不需要先提交至国内法庭。在申请方看来，这一结论来自以下事实：第10条第3款a项允许将案件提交国际仲裁，无论国内法庭是否作出裁定且不论其结果如何。[2]

仲裁庭认为，双边投资条约第10条第2款规定争端“应当提交”（shall be submitted，*será sometida*）至东道国有管辖权的法庭，第3款a项继而规定倘若法庭在18个月内未能对争端的实质问题作出裁定，抑或裁定虽作出但双方争端仍继续存在，则经任一方当事人申请，争端“可以提交”（may be submitted，*podrá ser sometida*）国际仲裁。这一措辞表明，双边投资条约的缔结双方——阿根廷和西班牙，都想要给予各自法庭在规定的18个月期间内、争端诉诸仲裁之前来解决争端的机会。申请方声称此非第10条第2款的原本意思，而是在18个月期限后，不论国内法庭程序的结果如何，任一方当事人仍可自由将案件提请国际仲裁。对此，仲裁庭认为申请方忽视了两个重要考量：其一，无论国内法庭程序的结果如何，当事人在18个月期间届满后都可自由寻求国际仲裁，这是正确的，但仅在他们不满意国内法庭裁决时他们才可能会这样做。更进一步地，倘若他们被说服国际仲裁庭亦会作出与国内法庭同样的裁决，他们肯定不会这么做。在这个意义上，缔约方法庭被给予了机会去证明双边投资条约所保证的国际义务。考虑到条约的措辞，这被推断为是缔约国希冀为它们的法庭所保留的角色，尽管只能在受到限制的期间内。其二，申请方关于第10条第2款的解释将剥夺该条款的存在意义，其结果与普遍接受的条约解释原则不相符，特别是维也纳条约法公约中的条约解释原则。[3] 据此，如果申请方只有上述理由，则仲裁庭将会拒绝本案管辖权。但是，鉴于申请方还提出其有权依据双边投资条约中的最惠国条款直接将争端提请仲裁的事实，仲裁庭最终依据最惠国条款一致同意管辖本案。[4] 这一案例表明，ICSID仲裁庭肯定了附

〔1〕See *Emilio Agustín Maffezini v. The Kingdom of Spain*, ICSID Case No. ARB/97/7, Decision of the Tribunal on Objections to Jurisdiction of 25 January 2000, International Legal Materials, vol.40，1132（2001）.

〔2〕*Emilio Agustín Maffezini v. The Kingdom of Spain*, ICSID Case No. ARB/97/7, Decision of the Tribunal on Objections to Jurisdiction of 25 January 2000, International Legal Materials, vol.40，1133（2001）.

〔3〕*Emilio Agustín Maffezini v. The Kingdom of Spain*, ICSID Case No. ARB/97/7, Decision of the Tribunal on Objections to Jurisdiction of 25 January 2000, International Legal Materials, vol.40，1135（2001）.

〔4〕See *Emilio Agustín Maffezini v. The Kingdom of Spain*, ICSID Case No. ARB/97/7, Decision of the Tribunal on Objections to Jurisdiction of 25 January 2000, International Legal Materials, vol.40，1435－39（2001）.

期限的当地救济规则，当条约规定了附期限的用尽当地救济规则时，当事人需要在该期限内寻求当地救济，而非仅是待该期限届满就直接将争议提交国际仲裁。

三、用尽当地救济规则与终局性要求

（一）Loewen 案

ICSID 机制下用尽当地救济规则的适用，有时候还会涉及属于实体性的终局性要求的放弃问题。诚如前述，用尽当地救济规则在性质上究竟是属于程序性抑或实体性仍存在争议。在学理上，J. E. S. Fawcett 教授认为当行为违反当地法而非国际法时，用尽当地救济规则起到实体规则的作用；而当行为违反当地法以及国际协议或习惯国际法时，用尽当地救济规则起到程序规则的作用。但是，在实践中，对这一问题的争论远未停止，由此引发了 ICSID 仲裁庭在管辖权决定上关于界定用尽当地救济规则与终局性要求之间关系的问题。ICSID 仲裁庭在 *The Loewen Group，Inc. and Raymond L.Loewen v. United States of America* 一案[1]中，就认为当地救济不等同于终局性要求（Finality Requirement），东道国放弃了程序性的当地救济要求，并不意味着放弃了属于实体性的终局性要求。

在该案中，Loewen Group International 公司是主要提供殡葬服务和墓地经营业务的加拿大公司 Loewen Group 在美国密西西比州的子公司（以下合称两家公司为 Loewen）。1990 年，Loewen 通过收购 Riemann 将其业务扩展到密西西比州，并逐步兼并了若干小型殡葬公司。此举给原先在密西西比州属于业界龙头企业的 Jeremiah O’keefe 公司造成了威胁，尽管双方达成了一些交易协议，但无法改变 O’keefe 在市场竞争中的劣势地位。1991 年 4 月 24 日，O’keefe 向密西西比州 Hinds 法院起诉，主张 Loewen 违反与其签订的独家销售协议；双方于同年 8 月 19 日达成和解协议。但由于协议中的价格条款不确定，其中的保险销售条款亦未得到密西西比州保险委员会批准，最后导致双方对协议是否具有法律约束力产生分歧，谈判未果。1992 年 4 月 17 日，O’keefe 再次向法院起诉，除却原先之诉讼请求，还进一步主张，Loewen 不履行 1991 年的和解协议已构成恶意与欺诈，违反了密西西比州反垄断法，请求实际损害赔偿金额 500 万美元。1995 年 11 月 2 日，美国密西西比州 Hinds 第一巡回法庭的民事陪审团作出了由 Loewen 支付高达 4 亿美元惩罚性损害赔偿和 1 亿美元补偿性损害

[1] ICSID Case No. ARB (AF) /98/3, Award of 26 June 2003.

赔偿的判决。[1] Loewen 向法院提出重新审理，以及减少惩罚性损害赔偿金额及中止执行保证金的申请，但遭到法院拒绝。[2] 1996 年 1 月 24 日，密西西比州最高法院对此作出裁定，要求 Loewen 在 7 日内缴清 6.25 亿美元的保证金以获得对一审判决的暂缓执行，Loewen 濒临破产。同年 1 月 29 日，Loewen 被迫同意与 O'keefe 达成金额为 1.75 亿美元的和解协议。[3]

1998 年，Loewen 向 ICSID 提交仲裁请求，认为美国密西西比州法院在审判中的不当行为应当归属于美国政府，构成了对 NAFTA 第 1102 条、第 1105 条及第 1110 条所规定的国际投资保护义务的违反，要求美国政府对由此造成的损害给予赔偿。双方的主要争议点之一是 NAFTA 第 1121 条的适用问题。NAFTA 第 1121 条通常称为"弃权条款"（Waiver Provision），要求申请方在寻求 NAFTA 所规定的国际救济之前，要先放弃依据缔约方法律在东道国国内开始或继续提起的司法或者行政救济程序，或者其他任何有关争端的救济程序。[4] 美国政府认为仲裁庭对本案不具有管辖权，因为密西西比州法院的判决并非司法体系中的最后决定，其行为效果不得归属于美国。这是由于，首先，当一个国际诉求针对的是司法行为时，习惯国际法上对终局的、不能上诉的司法行为的实质性要求，与用尽当地救济的程序性要求是不同的。[5] 其次，NAFTA 第 1121（2）（b）条并非放弃条款，即未放弃当地救济规则或司法行为违反国际法时须将争议诉诸最高法院的要求。[6] 对此，Loewen 辩称，其无须在美国国内上诉，因为：其一，NAFTA 第 1121（1）（b）条消除了用尽东道国当地行政或司法救济的必要性；其二，所谓的终局性的实质原则（Substantive Principle of Finality）与当地救济规则并无差别，国际仲裁庭已经审查了下一级国内法院的决定，于此用尽当地救济的要求已经被放弃或无须适用。[7]

---

〔1〕 Interrogatories to the Jury at Nos. 1 – 9, *O'Keefe v. The Loewen Group*, No. 91 – 67 – 423（Cir. Ct., Hinds County, Miss. 1991）.

〔2〕 *O'Keefe v. The Loewen Group, Inc.*, No. 91 – 67 – 423（Cir. Ct., Hinds County, Miss., Nov. 29, 1995）（order denying motion for stay of enforcement of final judgment）.

〔3〕 ICSID Case No. ARB (AF）/98/3, Notice of Claim of 30 October 1998.

〔4〕 Art.1121（1）（b），（2）（B) of the NAFTA.

〔5〕 *The Loewen Group, Inc. and Raymond L. Loewen v. United States of America*, ICSID Case No. ARB (AF)/98/3), Decision on Hearing of Respondent's Objection to Competence and Jurisdiction of 5 January 2001, para.61, available at http://www.state.gov/documents/organization/3921.pdf, visited on 12 April 2021.

〔6〕 *The Loewen Group, Inc. and Raymond L. Loewen v. United States of America*, ICSID Case No. ARB (AF)/98/3), Decision on Hearing of Respondent's Objection to Competence and Jurisdiction of 5 January 2001, para.64.

〔7〕 *The Loewen Group, Inc. and Raymond L. Loewen v. United States of America*, ICSID Case No. ARB (AF)/98/3), Decision on Hearing of Respondent's Objection to Competence and Jurisdiction of 5 January 2001, para.63.

2003年6月，仲裁庭作出裁决，裁决接受了美国的抗辩，认为终局性要求不同于当地救济规则：其一，依据仲裁庭的裁决，当地救济规则是程序性的，要求当事方“在国际层面提起诉求时应先在东道国用尽当地救济”。[1] 而终局性要求是实体性的，司法决定的终局性是“一国为其司法决定承担责任的实质条件”。[2] 因此，仲裁庭认为当地救济规则与终局性要求起到的作用不同：当地救济规则确保被指控的国家有机会补救自身的错误，而终局性则确保该国承担责任。[3] 其二，仲裁庭并未对NAFTA第1121条是否放弃了当地救济规则这一问题作出实质回应。但是，仲裁庭确实裁定了因为第1121条并未明确放弃对司法行为的实体性终局要求，该司法程序须继续到最高层次，即便是当事方放弃了当地救济规则。[4] 因此，仲裁庭认为，即使第1121条放弃了当地救济规则，它也没有放弃终局性要求。其三，仲裁庭认为，Loewen并未满足终局性要求，因为它仍有其他国内救济选择。仲裁庭提及了三种可能性：（1）尽管存在其资产被执行的风险，Loewen仍可申请上诉；（2）Loewen可依据破产法第11章申请破产，这可导致判决的暂缓执行；（3）Loewen可向美国最高法院申请调取案件复审的令状。[5] 仲裁庭已经拒绝了第一种可能性，因为这会危及O'keefe的直接执行。但是，Loewen未能表明其为何没有诉诸第二种和第三种选择。[6] Loewen与O'keefe的争议解决方式反映了不愿寻求当地救济的商业决定。[7]

（二）对Loewen案的评论

仲裁庭的裁决可归结为，如果外国投资者所遭受的损害来自东道国国内法院审判本身时，适用终局性要求，即使投资条约放弃了用尽当地救济规则，仍然要满足终局裁决的要求；而如果投资者遭受了除东道国国内法院审判之外的其他损害，诉诸东道国法院寻求救济时遭遇拒绝司法，则投资条约放弃了用尽当地救济规则就同时放弃了终局性要求。

尽管NAFTA已明确规定仲裁庭的决定对其他案件不具有先例效力，[8] Loewen案的影响将是深远的。Loewen案的裁决作出后，NAFTA专家小组在短时间内召集，寻找其他仲裁庭如何裁断相似问题的作法，并致力于对自身仲裁

---

〔1〕ICSID Case No. ARB (AF)/98/3, Award of 26 June 2003, para.149.

〔2〕ICSID Case No. ARB (AF)/98/3, Award of 26 June 2003, para.153.

〔3〕ICSID Case No. ARB (AF)/98/3, Award of 26 June 2003, para.159.

〔4〕ICSID Case No. ARB (AF)/98/3, Award of 26 June 2003, paras.163 – 64.

〔5〕ICSID Case No. ARB (AF)/98/3, Award of 26 June 2003, paras.207 – 10.

〔6〕ICSID Case No. ARB (AF)/98/3, Award of 26 June 2003, para.217.

〔7〕ICSID Case No. ARB (AF)/98/3, Award of 26 June 2003, para.213.

〔8〕An award made by a Tribunal shall have no binding force except between the disputing parties and in respect of the particular case. See Art.1136（1）of the NAFTA.

庭先前不当作法的解释。[1] 对于 Loewen 案的裁决，持异议者不在少数。有学者从以下四个方面对 Loewen 案的裁决作出了批评：其一，终局性与拒绝司法在理论上并没有不同之处。其二，当地救济包括了本案仲裁庭所谓的终局性要求。其三，只有当非国家的个人行为损害外国投资者时，拒绝司法才是实体性的；在其他情形下，拒绝司法都是程序性。[2] 其四，NAFTA 第 1121 条放弃了当地救济规则与终局性要求。[3] 按照该学者的观点，在国际法上，没有任何证据或先例证明在拒绝司法问题与国家的其他国际法责任之间，用尽当地救济规则的适用存在不同。仲裁庭对用尽当地救济规则的理解完全忽视了 NAFTA 第 1121 条的效力，至少在涉及东道国拒绝司法的国际赔偿请求中，申请方依据第 1121 条作出放弃国内救济的表示后，却依然要受到国内裁决终局性要求的限制，否则仲裁庭将会以此为由驳回申请方的请求，那么 NAFTA 第 1121 条的存在还有何实际意义可言？事实上，用尽当地救济规则包括了对裁决的终局性要求，在东道国拒绝司法的国际投资争端案件中，没有必要对用尽当地救济规则与裁决的终局性要求作出区分，否则将会造成逻辑的混乱。

有学者直言，首先，NAFTA 并未设定用尽当地救济的义务，至少未将用尽当地救济作为寻求第 11 章之仲裁的程序性障碍。NAFTA 第 1121（1）（b）条和第 1121（2）（b）条只是要求外国投资者在启动 NAFTA 仲裁之前，放弃启动或继续国内诉讼程序的权利。其次，评论家已经澄清了 NAFTA 草案并未要求用尽当地救济规则。这正是 Loewen 所坚持的论争，即第 1121 条只是规定了放弃当地救济的义务，而非用尽当地救济的义务。但是，仲裁庭未认可 Loewen 的辩称，反而是接受了美国关于终局性要求不同于当地救济规则的观点。这无疑将使仲裁庭成为国内法院的上诉机构。[4]

尽管学者们对 Loewen 案进行批评的理由不同，但都表明了同样的立场，

---

〔1〕Andrea K. Bjorklund, 'Reconciling State Sovereignty and Investor Protection in Denial of Justice Claims', Virginia Journal of International Law, vol.45，857（2005）.

〔2〕此种观点认为，倘若损害是源于个人行为，则不会立即产生国家责任，要求引发国家责任就必须用尽当地救济。在此种情形下，当地救济规则才是实体性的。当损害是源于政府部门的不当行为时，就会立即产生国家责任，此时当地救济规则仅仅是程序上的要求，须在外国投资者寻求国际层面的解决时适用。

〔3〕Bradford K. Gathright, 'A Step in the Wrong Direction: The Loewen Finality Requirement and the Local Remedies Rule in NAFTA Chapter Eleven', Virginia Journal of International Law, vol.45，1109－1134（2005）.

〔4〕Pritikin Prize, 'International Commercial Arbitration as Appellate Review: NAFTA's Chapter 11, Exhaustion of Local Remedies and Res Judicata', University of California Davis Journal of International Law and Policy, vol.12，428－30（2006）.

即仲裁庭对用尽当地救济规则与终局性要求的适用存在偏颇。笔者认为，除却上述论断，仲裁庭的裁决引出了两个值得深思的问题。第一个问题是，终局性要求的适用范围。仲裁庭最终认定 NAFTA 第 1121 条并未放弃这个实质性要求：申请方声称因司法行为而导致对国际法的违反时这个司法行为应当是东道国的终局司法行为。实际上，这意味着在声称国家违反国际法前，申请方必须用尽一国司法系统内的所有救济。虽然如此，仲裁庭仍保留了以下可能性，即申请方声称的违法行为并非产生于司法行为，则第 1121 条仍可以有其他的解释。在探讨第 1121 条具有何种其他解释之前，需要考虑仲裁庭在 Loewen 案中划定的界限。首先，仲裁庭的观点是，因司法行为导致的对国际法的违反要求用尽当地救济，还是仅仅因司法行为导致的拒绝司法要求用尽当地救济？美国政府可能认为 Loewen 案的决定应当限制在依据 NAFTA 第 1105 条因司法行为导致的拒绝司法要求用尽当地救济。但 Carie Jones 认为，Loewen 案的仲裁庭更倾向于 NAFTA 第 11 章项下的申请方寻求因司法行为导致的损害赔偿时，该司法行为必须是终局的司法行为，不论该司法行为是拒绝司法、歧视，抑或征收等。事实上，Loewen 案的裁决文本不仅仅是将其规则限制在拒绝司法的诉求，而是适用于基于司法行为的任何诉求。例如，裁决载明：“对于因司法行为导致对国际法违反的申请，第 1121 条并未放弃其寻求当地救济的义务。”[1] 这也就是说，终局性要求不仅适用于拒绝司法，还适用于违背公平公正待遇、最惠国待遇、征收或国有化等行为。

第二个问题是，双边投资条约中的“岔路口条款”将名不副实。岔路口条款主要是规定，在争端产生后外国投资者应当在东道国国内救济与国际救济之间选择其一，且一俟选择作出，即为终局。按照岔路口条款，外国投资者选择了当地救济，则不论国内法院或行政机构作出何种决定，都不能再寻求国际救济。但是，Loewen 案仲裁庭的意见表明，外国投资者选择国内救济程序后，认为东道国法院裁决或行政机构的决定存在不公正之处，便可以遭受东道国法院不公待遇为由，以东道国作为被申请方将争端诉诸国际仲裁庭。如此，外国投资者既利用了国内救济，亦寻求了国际救济，从而使得双边投资条约所规定的岔路口条款形同虚设。下文将就岔路口条款展开论述。

---

〔1〕Carie Jones, ‘When Does the Waiver Provision in NAFTA Article 1121 Have Consequences? An Analysis of the Situation Considered, Yet Left Unresolved, in Loewen Group, Inc. v. United States’, Currents: International Trade Law Journal, vol.15，10（2006）.

第三节　从严解释实践下的岔路口条款

一、岔路口条款问题的提出

传统的双边投资条约通常都规定了用尽当地救济规则，但这一做法遭至西方国家海外投资者的反对，其理由多为这一规则浪费诉讼资源且使争端解决缺乏效率。在发展中国家为吸引外资而作出一定程度妥协的背景下，岔路口条款（Fork-in-the-Road Clause）应运而生。依据岔路口条款，各方当事人在多层的契约关系和条约关系中被赋予了多重争端解决的选择权，但是，一俟一方当事人选择了其中一种方式，例如东道国法院、国内仲裁或ICSID仲裁，这将是一条不归路（Road of No Return），其他的选择将对双方当事人失效。[1] 例如，1993年阿根廷与法国缔结的双边投资条约就规定了一俟投资一方将争端提交缔约国法院或法庭，或者国际仲裁，则所作选择应是终局的。[2] 由此看来，岔路口条款要求投资者在东道国法院或国际仲裁之间作出选择，且这一选择具有终局效力；具言之，倘若外国投资者选择东道国国内救济，则不能再将争端诉诸国际仲裁，反之亦然。

双边投资条约中设置岔路口条款的目的在于避免同一当事人对相同的被诉人就同一投资争端进行不同仲裁或诉讼程序。[3] 从条款本身来看，岔路口条款并未完全放弃东道国国内法院的管辖权，同时将国内救济与国际救济的选择权赋予外国投资者，这符合国家主权与投资者利益之间获得平衡的理想状态。然而，在国际投资实践中，国际仲裁庭对岔路口条款适用的苛刻解释，往往使得外国投资者无须承担选择当地救济就不得再将争端诉诸国际仲裁的义务，投资者得以试图从当地救济和国际仲裁中获得双重收益，其结果背离了岔路口条款选择当地救济即为终局的本来含义，利益的天平显然倾向了投资者一方。

---

〔1〕Andrea Schulz, 'The Future Convention on Exclusive Choice of Court Agreements and Arbitration: Parallel Proceedings and Possible Treaty Conflicts, in particular with ICSID and the New York Convention on the Recognition and Enforcement of Foreign Arbitral Awards', Prel. Doc. No 32, Hague Conference on Private International Law, June 2005, at 12, available at http://www.hcch.net/upload/wop/jdgm_pd32e.pdf, visited on 8 May 2021.

〔2〕Once an investor has submitted the dispute either to the courts or tribunals of the Contracting Party involved or to international arbitration, the choice of one or the other of these procedures shall be final. See Art. 8（2）of the Argentina-France BIT.

〔3〕Bryan W. Blades, 'The Exhausting Question of Local Remedies: Expropriation under NAFTA Chapter 11', Oregon Review of International Law, vol.8，116（2006）.

二、触发岔路口条款的情形

依据东道国当地救济规则，在寻求国际救济前，投资者一般都已在东道国进行当地救济，这是岔路口条款得以适用的前提。在这一前提下，投资者将同一争议诉诸国际仲裁，则会触发岔路口条款（triggering the Fork-in-the-Road Clause）的适用问题。关键的问题在于，如何认定国际仲裁庭受理的投资争端与东道国国内法院或行政法庭受理的投资争端是同一争端。于此，国际仲裁庭在实践中借用的是传统的既判力原理（Doctrine of Res Judicata）。既判力意指已被裁断的事项，形成了确定的终局判决内容的裁断后，当事人不得再就同一事项起诉。[1] 在国际习惯法下，既判力原理要求既判力发生的条件是两个案件诉求的救济（*petitum*）相同、诉因（*causa Petendi*）相同以及双方当事人（*persona*）相同。[2] 这三重要件，反映在国际投资争端解决领域，即同一争端和同一当事人。

（一）同一投资争端

同一投资争端，是指两个案件的诉因及诉求的救济相同。倘若国内法院或法庭审理的案件与国际仲裁庭受理的案件并非源于同一争端，则不会触发岔路口条款，国际仲裁庭得以行使对案件的管辖权。譬如，在 *Eudoro A. Olguín v. Republic of Paraguay* 案中，ICSID仲裁庭认为，在巴拉圭法院审理的案件中，秘鲁投资者Olguín的请求是判决巴拉圭金融机构的破产清算，而仲裁庭将要审理的是Olguín要求巴拉圭政府履行义务、支付款项的请求，两者相关但非同一争端。[3] 仲裁庭驳回巴拉圭关于否定ICSID管辖权时指出，没有证据表明，申请人Olguín在本仲裁程序中针对巴拉圭政府提出的赔偿请求，曾在巴拉圭当地法院中被提出过。[4] 据此，Olguín在国内法院和ICISD所寻求的救济并非源自同一投资争端，因而无从触发秘鲁与巴拉圭之间缔结的双边投资条约中的岔路口条款。

从ICSID仲裁实践来看，援引同一投资争端来触发岔路口条款的适用将是

〔1〕Yuval Sinai, ‘Reconsidering Res Judicata: A Comparative Perspective’, Duke Journal of Comparative & International Law, vol.21，353－54（2011）.

〔2〕William S. Dodge, ‘National Courts and International Arbitration: Exhaustion of Remedies and Res Judicata under Chapter Eleven of NAFTA’, Hastings International and Comparative Law Review, vol.23，366（2000）.

〔3〕*Eudoro A. Olguín v. Republic of Paraguay*, ICSID Case No. ARB/98/5, Decision on Objections to Jurisdiction of 8 August 2000, ICSID Report, vol.6，156（2004）.

〔4〕*Eudoro A. Olguín v. Republic of Paraguay*, ICSID Case No. ARB/98/5, Award of 26 July 2001, ICSID Review: Foreign Investment Law Journal, vol.18，176（2003）.

徒劳的。缘于仲裁庭对岔路口条款的严格解释，导致了即便是在基于同一事实的背景下，投资者的诉求仍有可能是相迥异的。第一种情形是合同诉求（Contractual Claims）与条约诉求（Treaty Claims）的不同。详言之，东道国法院或仲裁机构审理的是合同诉求，而国际仲裁庭依据双边投资条约中的仲裁机制受理的是条约诉求，合同诉求显然与条约诉求有别，故不适用岔路口条款。例如 *CMS Gas Transmission Company v. Argentine Republic* 案中，仲裁庭认为，一些 ICSID 仲裁庭已经认定，合同诉求与条约诉求是不同的，即使已经或正在将违反合同事项诉诸当地法院，也不能阻止将条约诉求提交仲裁。这一裁断，在 *Compañía de Aguas del Aconquija S.A. and Vivendi Universal S.A. v. Argentine Republic* 案[1]、*Alex Genin and others v. Republic of Estonia* 案[2]以及 *Eudoro A.Olguín v. Republic of Paraguay* 案[3]等案件中已得到支持。仲裁庭进一步认为，申请方 CMS 并未将争议交付当地法院，尽管 TGN 已经寻求了当地救济，但这并非同一案子，[4]因此，此举不会触发岔路口条款的适用。[5]

在随后的 *Enron Corporation and Ponderosa Assets，L.P. v. The Argentine* Republic 案中，仲裁庭在合同诉求与条约诉求问题上，援引了 *Ronald S. Lauder v. Czech Republic* 案[6]、*Alex Genin and others v. Republic of Estonia* 案、*Compañía de Aguas del Aconquija S.A. and Vivendi Universal S.A. v. Argentine Republic* 案、*Azurix Corp v. Argentine Republic* 案[7]、前述 *CMS Gas Transmission Company v. Argentine Republic* 案以及以下案件的撤销程序：*Wena Hotels Limited v. Arab Republic of Egypt* 案[8]、*SGS Société Générale de Surveillance S.A. v. Islamic Republic of*

---

〔1〕ICSID Case No. ARB/97/3, Award of 21 November 2000, International Legal Materials, vol.40，426（2001）.

〔2〕ICSID Case No. ARB/99/2, Award rendered on 25 June 2001, ICSID Review: Foreign Investment Law Journal, vol.17，395（2002）.

〔3〕ICSID Case No. ARB/98/5, Decision of the ICSID Tribunal on Objections to Jurisdiction of 8 August 2000, ICSID Report, vol.6，156（2004）.

〔4〕在本案中，TGN 是阿根廷的一家天然气运输公司，该公司曾获准以美元计价，并根据当时比索对美元 1∶1 的固定汇率以比索向消费者收费。CMS 是美国的一家天然气运输公司，于 1995 年以 1.75 亿美元购买了 TGN 公司的部分股份。

〔5〕*CMS Gas Transmission Company v. Argentine Republic*, ICSID Case No. ARB/01/8, Decision on Objections to Jurisdiction of 17 July 2003, International Legal Materials, vol.42，800（2003）.

〔6〕UNCITRAL Final Award, 3 September 2001.

〔7〕ICSID Case No. ARB/01/12, Decision on Jurisdiction of 8 December 2003, International Legal Materials, vol.43，262（2004）.

〔8〕ICSID Case No. ARB/98/4, Decision on Application for Annulment of 5 February 2002, International Legal Materials, vol.41，933（2002）.

Pakistan 案[1]和 *SGS Société Générale de Surveillance S.A. v. Republic of the Philippines* 案[2]，认为基于合同的诉求（Contract-Based Claims）不同于基于条约的诉求（Treaty-Based Claims）。[3] 在这样的情形下，岔路口条款无从得到适用。

第二种情形是国内法诉求与国际法诉求的不同，即东道国法院或仲裁机构审理的是国内法上的诉求，而国际仲裁庭审理的是依据双边投资条约受理的国际法上的诉求，这两种诉求相迥，因而无法触发岔路口条款。ICSID 仲裁庭关于 *Middle East Cement Shipping and Handling Co. S.A. v. Arab Republic of Egypt* 案的裁决就体现了此种观点。在该案中，管辖权以希腊与埃及于 1995 年生效的双边投资条约为基础，其中第 10 条第 2 款规定了可将投资争端提交“缔约国有管辖权的法院，或国际仲裁庭”。申请方的船只被埃及政府没收并拍卖，遂将争端诉诸埃及法院，主张该拍卖无效。据此，埃及政府向 ICSID 仲裁庭主张，申请方的该项诉讼构成了触发 BIT 第 10 条第 2 款岔路口条款项下的当地救济。然而，仲裁庭驳回了此项主张，认为 BIT 第 10 条第 2 款中规定的“投资争端”已经在第 10 条第 1 款中予以明确，即“双边投资条约项下的缔约国的投资者与另一缔约国之间涉及另一缔约国义务的争端”。本案中申请方向埃及法院提交的主张拍卖无效的案件，并非亦不可能涉及埃及在双边投资条约下的义务，而只涉及在埃及国内法下拍卖的效力。因此，双边投资条约第 10 条第 2 款并不排除仲裁庭受理申请方对拍卖船只的异议。[4]

ICSID 仲裁庭在 2004 年裁决的 *PSEG Global Inc.and Konya Ilgin Elektrik Üretim ve Ticaret Limited Sirketi v. Republic of Turkey* 案同样认为，依据国内法审理的基于合同的诉求有别于国际仲裁庭审理的基于条约的诉求。无论如何，产生于本案的争端是基于条约的争端，因为它与将合同作为投资协议的解释和执行问题相关，且与政府通过各种措施阻碍并最终摧毁投资的指控相关。故此类

---

〔1〕ICSID Case No. ARB/01/13, Decision on Objections to Jurisdiction of 6 August 2003, International Legal Materials, vol.42，1290（2003）.

〔2〕ICSID Case No. ARB/02/6, Decision of the Tribunal on Objections to Jurisdiction of 29 January 2004；ICSID Report, vol.8，518（2005）.

〔3〕*Enron Corporation and Ponderosa Assets, L.P. v. The Argentine Republic*, ICSID CASE No. ARB/01/3, Decision on Jurisdiction, 2 August 2004, para.48；*Enron Creditors Recovery Corporation (formerly Enron Corporation) and Ponderosa Assets, L.P. v. Argentine Republic*, ICSID Case No. ARB/01/3.

〔4〕*Middle East Cement Shipping and Handling Co. S.A. v. Arab Republic of Egypt*, ICSID Case No. ARB/99/6, Award of the Tribunal of 12 April 2002, ICSID Review: Foreign Investment Law Journal, vol.18，616（2003）.

争端的本质并非一个典型的合同争端。[1]在2005年裁决的 *Bayindir Insaat Turizm Ticaret Ve Sanayi A.S. v. Islamic Republic of Pakistan* 案中，ICSID仲裁庭则专门探讨了条约诉求与合同诉求问题。仲裁庭认为，当合同和条约都规定有救济措施时，投资者就享有追求条约赋予的救济的独立权利（Self-Standing Right）。即使条约诉求与合同诉求所依据的事实相同，也不会影响到此种独立权利。[2] 简言之，ICSID 仲裁庭在这两个案件中都认同了适用国内法的诉求不同于适用双边投资条约的诉求，因而不构成触发岔路口条款的条件。

（二）同一当事人

触发岔路口条款的另一个条件是当地救济程序和国际程序中的当事人相同，诉诸国际仲裁的当事人与曾寻求或正在寻求国内救济的当事人相同，而国际仲裁中的被申请方与国内程序中的被诉方相同。国际投资实践表明，仲裁庭往往严格解释"同一当事人"，使得诸多案件经过国内程序后，并未取得择一终局的效果，而是仍要继续诉诸ICSID仲裁庭，从而扩大了ICSID仲裁庭的管辖权。

一方面，ICSID 仲裁庭严格解释"同一当事人"中的申请方/起诉方。对于国际投资的重要主体——跨国公司而言，以在东道国设立子公司的方式进行投资可使母公司的财务风险限定在其出资范围之内，即以其投入子公司的资本为限，这无疑有利于保障外国投资者的利益。晚近关于跨国公司法律责任的发展趋势是控股的母公司有义务为其海外子公司的行为承担责任，[3] 因而虽然通常作为各自独立的法律实体，但是母子公司之间的利益链条仍旧紧密牢固。这也就引发了子公司在东道国寻求当地司法机关救济落空后，母公司基于同一事实将争端交付国际仲裁庭的现象。在前述 *Enron Corporation and Ponderosa Assets, L.P. v. The Argentine Republic* 案中，阿根廷政府否定ICSID仲裁庭管辖权的第一个理由是申请方美国投资者 Enron Corporation and Ponderosa Assets，L.P.（Enron）

---

〔1〕*PSEG Global Inc. and Konya Ilgin Elektrik Üretim ve Ticaret Limited Sirketi v. Republic of Turkey*, ICSID Case No. ARB/02/5, Decision on Jurisdiction (Attached to the Award), 4 June 2004, paras.169－73, available at http://icsid.worldbank.org/ICSID/FrontServlet?requestType=CasesRH&actionVal=showDoc&docId=DC631_En&caseId=C212, visited on 12 April 2021.

〔2〕*Bayindir Insaat Turizm Ticaret Ve Sanayi A.S. v. Islamic Republic of Pakistan*, ICSID Case No. ARB/03/29, Decision on Jurisdiction, 14 November 2005, para.167, available at http://icsid.worldbank.org/ICSID/FrontServlet?requestType=CasesRH&actionVal=showDoc&docId=DC523_En&caseId=C27, visited on 15 April 2021.

〔3〕母公司承担责任的理论依据主要是英美法系中的"刺破公司面纱"（Pierce the Corporate Veil）理论以及大陆法系中的代理或侵权的直接责任理论，亦称"公司人格否认"（Disregard of Corporate Personality）。前者属于公司法理论，后者则为民法或侵权法理论。See John H. Matheson, 'The Modern Law of Corporate Groups: An Empirical Study of Piercing the Corporate Veil in the Parent-Subsidiary Context', North Carolina Law Review, vol.87，1098－1103（2009）.

缺乏代位求偿权（*Ius Standi*），因为只有 Transportadora de Gas del Sur Sociedad Anónima（TGS）有权作为一个公司提出诉求；在此基础上，阿根廷提出的第二个和第三个否定仲裁庭具有管辖权的理由则在于 TGS 已对美国生产者价格指数（Producer Price Index，PPI）措施提起上诉并将其他争端提交阿根廷行政法庭。不过，仲裁庭认为，Enron 具有提起诉权的权利，且将争端交付阿根廷国内法院的是 Enron 在当地投资的公司 TGS。这表明，国内案件的起诉方和国际案件的申请方是不同的，岔路口条款也就无从触发了。

另一方面，对于“同一当事人”中的被申请方/被诉方，投资仲裁庭同样给予极为苛刻的解释。依据 UNCITRAL 规则于伦敦成立的国际仲裁庭在 *Ronald Lauder v. Czech Republic* 案中就曾认为，国际仲裁程序中的被申请方与国内救济程序中的被诉方不同，则不得适用岔路口条款。仲裁庭作出的裁决指出，申请方 Lauder 与被申请方捷克政府在双边投资条约下的投资争端并未提交任何其他仲裁庭[1]或捷克国内法院；所有其他仲裁或法庭程序涉及的是不同的被诉方，需要解决的是不同的争端。特别是，Lauder 与捷克政府均不是捷克法院程序中的当事方，捷克国内法院程序中的起诉方是 Èeská nezávislá televizní spoleènost, spol.s r.o.（CNTS）或 CME Media Entreprises B.V.（CME）的不同实体[2]，被诉方是 Central European Television 21，CET 21 spol.s r.o.（CET 21）或 Železný 先生[3]；本案的被申请方捷克政府并未出现在这些国内程序中。[4]这也就是说，依据 UNCITRAL 规则组建的伦敦仲裁庭受理的案件的被申请方是捷克政府，而之前在捷克国内法院诉讼的被诉方是捷克公司或个人，因此美国与捷克双边投资条约中的岔路口条款未能得到适用。

更有甚者，即便国内救济程序中的被诉方是东道国地方政府，而依据双边投资条约提请国际仲裁的被申请方是东道国中央政府，这一情形亦被一些国际

---

〔1〕需要指出的是，本案于 1999 年 Lauder 首先以美国公民身份根据美国 – 捷克 BIT 在伦敦提起国际投资仲裁，而后 Lauder 控股的荷兰公司 CME Media Entreprises B.V.根据荷兰 – 捷克 BIT 在斯德哥尔摩提起国际投资仲裁，两个案件事实相同，但伦敦仲裁庭于 2001 年 9 月 3 日作出的关于 *Lauder v. the Czech Republic* 案的裁决与斯德哥尔摩仲裁庭于 2001 年 9 月 13 日作出的关于 *CME Czech Republic B.V. v. the Czech Republic* 的裁决除了在认定捷克政府行为构成对外国投资者的歧视这一点上作出相同的结论外，在捷克政府行为是否构成征收、是否违反公平公正待遇和国际法上的最低待遇标准、是否为外国投资者提供了充分的安全与保护等问题上得出的结论大相径庭。国际投资仲裁裁决的不一致，成为了引发国际投资仲裁正当性危机（Legitimacy Crisis）的重要原因之一。See Susan D. Franck, ‘The Legitimacy Crisis in Investment Treaty Arbitration: Privatizing Public International Law through Inconsistent Decisions’, Fordham Law Review, vol.73，1521（2005）.

〔2〕CNTS 和 CME 为 Lauder 控股的公司。

〔3〕CET 21 为在捷克注册的公司，Železný 先生是 CET 21 和 CNTS 的首席运营官。

〔4〕*Ronald Lauder v. Czech Republic*, UNCITRAL Final Award, 3 September 2001, paras.162 – 63, available at http://italaw.com/documents/LauderAward.pdf, visited on 12 April 2021.

仲裁庭认定为不属于“同一当事人”，无法触发岔路口条款的适用。例如，在前述 *Azurix Corp v. Argentine Republic* 案，美国投资公司 Azurix 在阿根廷的子公司 Azurix AGOSBA S.R.L.（AAS）和 Operadora de Buenos Aires S.R.L.（OBA）获得了为阿根廷布宜诺斯艾利斯省供水和排污服务的特许协议；随后两公司合并为 Azurix Buenos Aires S.A.（ABA）来执行该特许协议。由于特许协议中布宜诺斯艾利斯省坚持任何争端只能在阿根廷 La Plata 市争讼行政法庭解决，在布宜诺斯艾利斯省政府终止特许协议后，就该项争端 ABA 以布宜诺斯艾利斯省政府为被告在阿根廷行政法庭起诉，而 Azurix 则于 2001 年 9 月 19 日以阿根廷中央政府为被申请方向 ICSID 提起仲裁。ICSID 仲裁庭认为，尽管美国－阿根廷 BIT 第 7 条规定了岔路口条款，且该争端已经提交阿根廷行政法庭解决，但是这两个案件中的被诉方/被申请方不同，因此岔路口条款不予适用。[1]

三、岔路口条款的例外：临时救济或禁令救济

岔路口条款在适用上存在一个例外，即临时救济或禁令救济（Interim or Injunctive Relief）。在投资争端解决程序中，为了防止不可挽回的损失，如财产的流失或毁灭，投资者通常具有诉诸临时救济或禁令救济的权利。岔路口条款的例外就是指当投资者必须在国际仲裁和国内法律程序之间作出选择时，允许投资者依据国内程序寻求临时救济或禁令救济，但这不会排除其启动国际仲裁程序的权利，[2] 且在国际仲裁程序中投资者亦可申请仲裁庭发布临时救济或禁令救济。[3] 简言之，岔路口条款的例外，旨在保护投资者申请临时救济或禁令

〔1〕ICSID Case No. ARB/01/12, Decision on Jurisdiction of 8 December 2003, International Legal Materials, vol.43，262（2004），paras.86－92.

〔2〕Katia Yannaca-Small, ‘Improving the System of Investor-State Dispute Settlement: An Overview’, OECD Working Papers on International Investment, Number 2006/1, at 29, available at http://www.oecd.org/dataoecd/3/59/36052284.pdf, visited on 13 April 2021.

〔3〕仲裁庭有权发出临时救济或禁令救济措施，这在国际仲裁已得到了确认，特别是一般的国际商事仲裁程序中，例如联合国国际贸易法委员会于 2006 年在纽约举行的第 39 届会议通过的《仲裁和调解工作组第 44 届会议工作报告》（关于国际商事仲裁示范法第 17 条修订案）就规定了：“（1）除非各方当事人另有约定，仲裁庭经一方当事人请求，可准予采取临时措施。（2）临时措施是任何采用裁决书形式或另一种形式的短暂措施，根据这种措施，仲裁庭在发出最后裁定纠纷的裁决书之前随时命令一方当事人：（a）在裁定纠纷之前维持或恢复现状；（b）采取行动防止目前或即将对仲裁程序发生的损害或影响，或不采取可能造成这种损害或影响的行动；（c）提供一种保全资产以执行后继裁决的手段；或者（d）保全对解决纠纷可能具有相关性和重要性的证据。” See UNCITRAL Working Group II（Arbitration），‘Report of the Working Group on Arbitration and Conciliation on the Work of its Forty-fourth Session’，23－27 January, 2006, A/CN.9/592, Annex I Revised Legislative Provisions on Interim Measures and Preliminary Orders.

救济的权利。

投资者诉诸临时救济或禁令救济的权利有章可循，国际法院规约第41条规定了法庭有权发布任何临时措施（Provisional Measures），大多数国际仲裁规则，包括UNCITRAL、ICC以及WIPO等仲裁规则都规定了仲裁员在特定情形中可采取临时救济。[1] 就投资争端而言，ICSID公约规定了除当事双方另有协议外，仲裁庭如果认为情况需要，可建议采取任何临时措施，以维护任何一方的权利。[2] NAFTA第11章第2节也规定了临时保护措施，即仲裁庭可发出临时保护措施令，用来保护争议一方的权利或确保仲裁庭的管辖充分行使，包括保存争议一方拥有或控制的证据或保护仲裁庭的管辖权。仲裁庭不能命令扣押或采用涉及1116条和1117条被指称构成违约的措施。鉴于本段的目的，临时措施令包括一项建议。[3]《多边投资保护协定草案》也规定了对于赔偿损失之外的诉求，投资者为了保护其未决争议中的权利和利益，可通过缔约国的司法或行政裁判庭寻求赔偿损失之外的临时救济，从而不被视为出于段落4（b）目的而提交诉求。[4] 岔路口条款适用的这一例外，同样为诸多双边投资条约所采用。例如，依据美国–洪都拉斯BIT第9条第3款b项的规定，投资者可通过东道国国内司法或行政系统寻求临时禁令救济（Interim Injunctive Relief）。维持投资者与东道国之间的现状，是临时救济请求的基础。投资者诉诸禁令救济，只能是为了“保护其权利和利益”，而禁令救济旨在保护投资者的权利和利益，不涉及支付赔偿金的救济。同时，第9条第3款b项明确规定了采取严格的禁令救济不会对投资者诉诸仲裁的选择产生负面影响，且禁令救济的请求可在仲裁程序之前或仲裁程序进行过程中提出。[5]

---

〔1〕Anibal Sabater, ‘National Courts, Supranational Courts and Arbitral Tribunals in International Litigation’, Currents: International Trade Law Journal, vol.14，6–7（2005）.

〔2〕Art.47 of the Convention on the Settlement of Investment Disputes between States and Nationals of other States.

〔3〕Art.1134 of the North American Free Trade Agreement, also see William S. Dodge, ‘National Courts and International Arbitration: Exhaustion of Remedies and Res Judicata under Chapter Eleven of NAFTA’，23 Hastings International and Comparative Law Review, vol.23，357, n.67（2000）.

〔4〕Negotiating Group on the Multilateral Agreement on Investment (MAI），Expert Group No.1 on Selected Issues Concerning Dispute Settlement and Geographical Scope, ‘Settlement of Disputes Between an Investor and a Contracting Party’，14 October 1996, DAFFE/MAI/EG1（96）12, Art.4（c）, available at http://www.oecd.org/daf/mai/pdf/eg1/eg19612e.pdf, visited on 15 April 2021.

〔5〕J. Steven Jarreau, ‘Anatomy of a BIT: The United States – Honduras Bilateral Investment Treaty’, University of Miami Inter-American Law Review, vol.35，493–94（2004）.

第四节 中国BITs中的当地救济规则与岔路口条款问题

一、国内法及BITs中的用尽当地救济规定

中国国内法上存在类似利用当地救济的规定，例如2017年修订的《中外合作经营企业法》所规定的“中外合作者履行合作企业合同、章程发生争议时，应当通过协商或者调解解决。中外合作者不愿通过协商、调解解决的，或者协商、调解不成的，可以依照合作企业合同中的仲裁条款或者事后达成的书面仲裁协议，提交中国仲裁机构或者其他仲裁机构仲裁。中外合作者没有在合作企业合同中订立仲裁条款，事后又没有达成书面仲裁协议的，可以向中国法院起诉。”[1] 依据这一规定，在外商与中国合作者发生投资争议时，可依仲裁解决，如向法院起诉，则只能在中国法院起诉，因为根据属地管辖原则与最密切联系原则，外商投资企业是依照中国法律在中国设立的，属于中国的企业法人，合同在中国签订并履行，争议也发生在中国，所以这类案件应由中国法院管辖。这实际上是将选择权赋予了投资者，倘若投资者信赖中国法院，则不必在合同中约定仲裁或事后达成仲裁协议。

早期中国对外缔结的双边投资条约基本坚持了用尽当地救济规则。大多数双边投资条约都规定了缔约一方与另一方投资者之间关于投资的争议，应首先友好协商解决，在争议发生之日起一定时间内协商不成则可向东道国的行政机关申诉或向法院提起诉讼，若是有关征收或国有化补偿款项的争端，在以上程序均无法解决时可提起国际仲裁。例如，1984年中国－法国BIT就作了如下规定：

二、如自争议的任何一方提出之日起六个月内未能得到解决，争议可按投资者所选择的下述程序之一加以解决：（一）由投资者向接受投资缔约一方的主管行政当局提出申诉；（二）由投资者向接受投资缔约一方的有管辖权的法院提出司法诉讼。

三、有关……补偿额的争议……一年内未得到双方满意的解决，应将该争议诉诸本协定附件中的仲裁程序。但如果投资者已求助于上述第二款第（二）项的规定，并且司法机关在自争议任何一方提出之后一年内已经作出最后判决，则本规定不适用。[2]

---

〔1〕参见《中外合作经营企业法》第26条。

〔2〕参见1984年中国－法国BIT第8条。

这表明，发生争端后应当进行当地救济，一年内争议仍未得到有效解决方能采用仲裁方式解决。这些规定，显示了中国在适用用尽当地救济规则上的坚定立场。

1990年之后，中国对适用用尽当地救济规则的立场出现了转变，一些双边投资条约并未规定用尽当地救济规则，而是可以将争端径行提交国际仲裁解决，这些争端通常仅限于因国有化和征收补偿款额产生的争端。例如1992年中国–哈萨克斯坦BIT直接规定了“缔约一方与缔约另一方投资者之间任何有关征收补偿数额的争议可提交仲裁庭”[1]，而不再强制要求先行将争端交由国内法院或行政法庭。1996年中国–沙特阿拉伯BIT亦作了相似规定。[2]

1997年以后，中国缔结的双边投资条约对用尽当地救济规则的基本立场是：当地救济分为司法救济和行政（复议）救济，司法救济与国际仲裁择一终局，而行政救济则作为国际仲裁的前置程序。这就是说，允许外国投资者将其与东道国政府的投资争端提交国际仲裁，但通常要求用尽东道国国内的行政复议程序。这又存在两种情形。一种情形是当局要求用尽行政复议程序。例如，2002年中国–特立尼达和多巴哥BIT就规定了：

> 如投资争议自书面请求通知之日起六个月内未能友好解决，作为投资争议当事人一方的投资者可以将投资争议提交下列途径之一加以解决：
>
> （一）作为投资争议当事人一方的缔约方的法院或行政法庭；或
>
> （二）依照本条第三款将争议提交国际仲裁；作为争议当事人一方的缔约一方可以要求作为争议当事人另一方的投资者在将争议提交该仲裁程序之前用尽缔约一方法律法规所规定的国内行政复议程序。[3]

另一种情形是中国单方面要求在一定期限内须首先进行国内行政复议程序。在2003年中德BIT议定书中，中国就单方面要求在中国进行投资的德国投资者将投资争端诉诸ICSID前，须首先将争端提交中国国内行政复议程序：

---

〔1〕参见1992年中国–哈萨克斯坦BIT第9条。

〔2〕1996年中国–沙特阿拉伯BIT第8条规定：“一、缔约一方的投资者与缔约另一方之间就在缔约另一方领土内的投资产生的争议应尽量由当事方友好协商解决。二、如争议在提交解决六个月内未能按照第一款规定的方式解决，争议将提交接受投资的缔约一方有管辖权的法院，或者因国有化和征收补偿款额产生的争议将根据1965年3月18日开放签字的‘关于解决国家和他国国民间投资争端公约’提交仲裁。裁决应具有拘束力，并不得上诉或以公约规定以外的手段进行补救。”

〔3〕参见2002年中国–特立尼达和多巴哥BIT第10条第2款。同年缔结的中国–科特迪瓦BIT也有相似规定，该协定第9条第3款规定：“三、缔约一方投资者与缔约另一方之间就在缔约另一方领土内的投资产生的任何法律争议如不能通过协商友好解决，应在将争议提交上述仲裁程序之前，用尽该缔约方的法律和法规所规定的国内行政复议程序。”

关于在中华人民共和国的投资，德意志联邦共和国的投资者仅在下列情况下可以把争议提交仲裁：

（一）投资者已经根据中国法律把争议提交行政复议程序，

（二）投资者把争议提交复议程序三个月后，争议仍然存在，和

（三）如果争议已经被提交至中国的法院，投资者可以根据中国法律撤回。[1]

这一规定只是要求在中国进行投资的德国投资者遵循，而中国在德国进行投资的投资者无须经行政复议程序即可将争端交付 ICSID 解决。这一类型的规定，多出现在中国与发达国家缔结的双边投资条约中，例如 2001 年中国 – 荷兰 BIT 以及 2004 年中国 – 拉脱维亚 BIT[2] 等。

二、用尽当地救济规则：中国的取舍问题

华盛顿公约第 26 条及 ICSID 仲裁实践，将传统国际法中的“放弃需明示”转变为“要求需明示”，即接受 ICSID 管辖而未明示要求在将争议提交 ICSID 前须用尽当地救济，则视为成员国放弃了公约第 26 条项下有关用尽当地救济规则的要求。这一举措已形成了对用尽当地救济规则适用上的不利，发达国家的学者更进一步质疑用尽当地救济规则对发展中国家的有效保护作用。Christoph H. Schreuer 教授就认为东道国坚持用尽当地救济优先于 ICSID 仲裁是否可起到任何裨益，是存在疑问的；其中一个理由就是提交 ICSID 仲裁前寻求当地救济对投资者而言是时间与资金的浪费。[3] 在实践中，国际仲裁庭也并不期望投资者在诉诸当地救济时耗费大量不合理的时间。[4] 例如在将用尽当地救济作为违背公正与公平待遇的一个条件问题上，ICSID 专门委员会在 *Helnan v. Egypt* 案中撤销了仲裁庭的裁决，因为该仲裁庭认可如下作法：埃及有管辖权的行政法庭就管理合同的终止作出决定，随后投资者对该决定进行的挑战是为了证明条约诉求实质有效的要求。专门委员会指出，仲裁庭的此种作法带来的后果将是

---

〔1〕参见 2003 年中国 – 德国 BIT 议定书第 6 条。

〔2〕2001 年中国 – 荷兰 BIT 议定书“关于第十条”规定了：“荷兰王国注意到中华人民共和国的声明，其要求有关的投资者依照第十条第三款将争议提交国际仲裁之前用尽中华人民共和国的法律法规规定的当地行政复议程序。中华人民共和国声明，完成该程序的最长期限为三个月。”2004 年中国 – 拉脱维亚 BIT 议定书“关于第九条”作了大抵相同的规定。

〔3〕Christoph H. Schreuer, *The ICSID Convention: A Commentary on the Convention on the Settlement of Investment Disputes between States and Nationals of Other States*, Cambridge University Press, 2001，395.

〔4〕George K. Foster, ‘Striking a Balance between Investor Protections and National Sovereignty: The Relevance of Local Remedies in Investment Treaty Arbitration’, Columbia Journal of Transnational Law, vol.49，267（2011）.

严重的；专门委员会认为，诉诸当地救济的要求，将会产生申请方无权将未获得公正与公平待遇的事由直接以条约争议诉诸国际仲裁的结果，且在投资者面临代表国家执行的决定时的应对方式上注入了一种难以接受的不确定性程度（An Unacceptable Level of Uncertainty），并取代了 ICSID 公约允许诉诸仲裁的明确规则。[1] 在另一相关案件 *Chevron v. Ecuador* 案中，申请方提出，在东道国国内法院遭受的异乎寻常的延迟，使得美国违反了厄瓜多尔－美国 BIT 第 2 条待遇条款。[2] 这表明，对于申请人而言，国内救济往往是繁冗而耗时的。

笔者认为，上述学者的观点以及 ICSID 和 UNCITRAL 仲裁庭的实践，往往倾向于保护外国投资者的权利与利益，这与在当前国际投资仲裁实践中的申请方大多是来自发达国家的投资者不无关系。对于这些观点及作法是否代表了用尽当地救济规则在适用上的趋势，笔者首先不认同这些观点及作法本身，亦不赞同其代表着用尽当地救济规则在适用上的未来。针对 Christoph H. Schreuer 教授的观点，倘若投资者认为东道国国内救济的结果是合理的，且认为国际仲裁庭极有可能作出相似的决定，那么投资者可能就不会继续将争端诉诸国际仲裁，这完全符合投资者追求成本与时间效益的惯常作法。特别值得一提的是，东道国的行政复议等程序基本是免费的，投资者无须在此投入更多资金。对于国际仲裁庭实践，从发展中国家的角度来说，坚持用尽当地救济规则更能维护国家主权，这一立场也基本符合中国长期以来的境况，即中国外资审批制度与操作均尚存一定缺陷。尽管自改革开放以来，中国已逐步意识到优惠政策对吸引外资的激励作用具有局限性，并从建立社会主义市场经济体制的 1993 年开始，采取一种渐进式的方法，有步骤、有计划地取消存在的某些不合理的限制与优惠措施，在综合考虑对民族工业与国内市场的适度保护的基础上，逐渐地实现外资企业全面的、实质的国民待遇。[3] 2020 年施行的《外商投资法》正式确立了外商投资准入前国民待遇加负面清单管理制度，即在投资准入阶段给予外国投资者及其投资不低于本国投资者及其投资的待遇，同时国家规定在特定领域对外商投资实施的准入特别管理措施，国家对负面清单之外的外商投资，给予国民待遇。[4] 在此基础上，《外商投资法实施条例》对既有外商投资管理体

---

〔1〕 *Helnan v. Egypt*, Decision on Annulment, 14 June 2010, paras. 52－53; See UNCTAD, 'Latest Developments in Investor-State Dispute Settlement', IIA Issues Note, No. 1, 2011, UNCTAD/WEB/DIAE/IA/2011/3, at 3－4.

〔2〕 *Chevron v. Ecuador (I)*, UNCITRAL, PCA Case No. 34877, Partial Award on the Merits, 30 March 2010, para. 326; See UNCTAD, 'Latest Developments in Investor-State Dispute Settlement', IIA Issues Note, No. 1, 2011, UNCTAD/WEB/DIAE/IA/2011/3, at 4.

〔3〕 杜新丽：《走向公平竞争的外资保护法》，载蔡定剑、王晨光主编：《中国走向法治 30 年：1978－2008》，社会科学文献出版社 2008 年版，第 257 页。

〔4〕 参见《外商投资法》第 4 条。

系进行调整。譬如，就外商投资企业的设立而言，就涉及诸多层面的管理（如图表 26 所示）。

图表 26　　外商投资企业设立管理

设立流程	主管部门	职责	职责依据
项目管理	发展和改革委员会	对外商投资项目进行核准或备案	《外商投资项目核准和备案管理办法》
外资准入	商务部门	就负面清单外行业，对外商投资企业的设立、变更进行备案	《外商投资法》《外商投资法实施条例》《外商投资产业指导目录》
		就负面清单内行业，对外商投资企业的设立、变更进行逐案审批	
行业准入	行业主管部门	根据行业准入的要求，审核相关外商投资企业的资质并确定是否颁发相关行业许可	《指导外商投资方向规定》
安全审查	外商投资安全审查工作机制，工作机制办公室设在国家发展改革委，由国家发展改革委、商务部牵头	不影响国家安全的，作出通过决定	《外商投资安全审查办法》
		影响国家安全的，作出禁止投资决定	
		通过附加条件能消除对国家安全的影响且当事人书面承诺接受附加条件的，可作出附条件通过安全审查决定并列明附加条件	
经营者集中审查	国务院反垄断执法机构	经营者集中具有或者可能具有排除、限制竞争效果的，作出禁止经营者集中的决定	《反垄断法》《经营者集中审查》
企业登记	市场监督管理部门	办理外商投资企业设立、变更、注销登记等	《公司法》

《外商投资法》对外资的准入、促进、保护与管理措施等方面作了统一规定，是我国外商投资管理体制的根本性变革，将提高投资环境的开放度、透明度和可预期性，为推动形成全面开放新格局提供更加有力的法律保障。但是，作为我国外商投资领域的基础性法律，《外商投资法》在整体上提供了投资促进与管理的框架，侧重原则性规定；因此，在《外商投资法》实施后，还需要进行其他相关行政法规、部门规章以及规范性文件的梳理、修改与制定，才能保障《外商投资法》的可操作性。《外商投资法实施条例》对《外商投资法》进行了细化，但二者还远未达成在我国四十年来形成的繁杂的外商投资法律法规基础上，结合外商投资新发展，进行操作层面上的法律规章的细化。而且在法律的实施阶段，外商投资审批操作上多元审批、分级管理的统一性与协调性不足，往往使得在实践中地方外资主管机

关为追求政绩而在审批项目时承诺外商或外商投资企业特殊的待遇，而一俟承诺无法履行，争端的产生在所难免。随着后金融危机时代的到来，中国加大了吸收外商直接投资的力度，外资审批进一步放权至地方政府，[1]由此潜在的外资与东道国政府间的争端将可能逐步增多。同时，因外资审批而导致的争端还包括外资股权转让、优先购买权、隐名投资、股东侵权以及因继承、承包、设定质押等导致的争端。[2]在这一大环境下，倘若放弃当地救济要求，则外国投资者可将争端直接提请国际仲裁，中国便将失去了对案件的司法或行政管辖。事实上，这一类案件通过中国国内行政或司法程序，完全可以获得有效的解决；特别是引起争端的行为本身违反了中国相关法律规章时，国内行政或司法机构有能力定分止争，且在熟悉中国法律规章方面不会逊色于国际仲裁庭。因此，坚持用尽当地救济规则，从规制在华外资而言，是维护国家司法主权的重要体现，对中国总体上是有裨益的。

在更广泛的视角，在投资条约中保留用尽当地救济规则，可以更有效地回应投资者–东道国争端机制面临的合法性危机。Matthew C. Porterfield 教授认为，欧盟委员会提出的投资法庭制度等改革建议不太可能解决投资条款中ISDS的合法性危机；相反，在投资条约中纳入当地救济规则可以显著减少对投资仲裁的反对。这是因为，投资仲裁庭主要不是作为投资争端的初审法庭，而是提供额外的保护层供外国投资者使用，以解决国内法律制度的可能存在的缺陷。保留用尽当地救济规则，还可以减少有争议的投资仲裁裁决，促进投资仲裁与国内法律制度的更大整合，从而为投资者保护体系提供基础，使其得以获得更广泛和更可持续的政治支持。[3]

相较而言，从对“一带一路”倡议下中国海外投资保护的角度来说，中外缔结的双边投资条约中适当放弃对当地救济规则的适用，直接赋予投资者一俟争端发生即可启动国际投资仲裁的权利，或许更能提高对在沿线国家进行基础设施投资的中国海外投资者的保护水平。近十来年的缔约实践表明，已有一些双边投资协定在争端解决条款中赋予投资者直接提起国际投资仲裁的权利，例

---

〔1〕国务院2010年发布《关于进一步做好利用外资工作的若干意见》第4点规定除法律法规明确规定由国务院有关部门审批外，在加强监管的前提下，国务院有关部门可将本部门负责的审批事项下放地方政府审批，服务业领域外商投资企业的设立（金融、电信服务除外）由地方政府按照有关规定进行审批。由此，总投资3亿美元以下的鼓励类、允许类项目审批权限下放到地方政府。参见孙书博：《外资审批进一步放权地方》，载《第一财经日报》2010年4月15日，第A04版。

〔2〕参见刘贵祥：《外资审批制度对审理外商投资企业纠纷之重大影响》，载《人民法院报》2009年11月12日，第006版。

〔3〕Matthew C. Porterfield, ‘Exhaustion of Local Remedies in Investor-State Dispute Settlement: An Idea Whose Time Has Come?’, Yale Journal of International Law, vol.41, online, 1-12 (2015).

如 2008 年中国 – 墨西哥 BIT 规定，投资者与东道国之间的投资争端应当先提交磋商或谈判，倘若无法友好解决争端，投资者可直接将争端提交国际仲裁，[1] 前提条件是至少在将争端提交国际仲裁前的 6 个月通知东道国。[2] 这一规定在很大程度上降低了投资者“用尽”当地救济的要求。鉴于部分“一带一路”沿线国家司法体制尚待健全，有针对性地在这些国家赋予中国投资者在友好磋商无果后直接将争端交付国际仲裁的权利，无疑更能保障海外投资者的利益。

三、用尽当地救济规则在中国的具体适用问题

（一）当地救济的例外问题

2002 年 10 月 28 日，中国代表薛捍勤女士在第 57 届联合国大会第六委员会关于“国际法委员会第 54 届会议的报告”议题（外交保护和委员会的工作）的发言在关于用尽当地救济规则及其例外情况问题上指出：特别报告员分别在条款草案[3]的第 10 条和第 14 条对用尽当地救济规则及其例外情况作出了规范。中国代表团认为，用尽地方救济原则作为提起外交保护的一项习惯国际法规则已被广泛接受，特别报告员关于该条的建议草案也未在委员会引起较大的争议，但对于用尽当地救济原则的例外情况，国际法委员会则应谨慎行事，以使用尽当地救济与其例外情况之间取得适当的平衡。如果不当地扩大了用尽当地救济原则例外情况的适用范围，将对外国人所在国的国内管辖权构成侵害，某些情况下还会导致两国因管辖权发生冲突，进而可能影响国家间关系。[4] 基于此，中国代表团认为，关于用尽当地救济规则的例外情况应符合明确的条件，例外情况的适用应相对确定，例如当地救济显然无效或不当拖延，被告国（不法行为国）放弃了用尽当地救济的要求等。[5]

这一发言，代表了中国在用尽当地救济规则适用例外上的立场，表明了中

---

〔1〕Art 13 of the China-Mexico BIT.

〔2〕Art 12 of the China-Mexico BIT.

〔3〕指联合国国际法委员会为外交保护拟订的法律规则。特别报告员提交了三份报告，共计 16 项条款草案；此外，报告员还提交了第三个报告的增编以及两份专题工作文件。ILC 第 54 届会议对特别报告员第二次报告的剩余内容、第三次报告的第一部分和第二部分进行了审议，并审议了起草委员会关于第 1 条至第 7 条的报告。

〔4〕参见第 57 届联合国大会文件：《中国代表薛捍勤女士在第五十七届联大第六委员会关于“国际法委员会第 54 届会议的报告”议题（外交保护和委员会的工作）的发言》，载 http://www.china-un.org/chn/lhghywj/ldhy/yw/ld57/t40105.htm, 2021 年 4 月 16 日访问。

〔5〕参见第 57 届联合国大会文件：《中国代表薛捍勤女士在第五十七届联大第六委员会关于“国际法委员会第 54 届会议的报告”议题（外交保护和委员会的工作）的发言》。

国反对不当地扩大用尽当地救济原则例外情形的适用范围，主张应当明确用尽当地救济规则的例外情形。至于何种情形可认为是已用尽了当地救济，笔者在前文中已作阐释，兹不赘述。

（二）当地救济的前置程序——磋商

从周族兴起和西周封建王朝的建立，[1]到辛亥革命推翻中国君主专制，[2]在两千多年封建社会的文化思想体系中，占据主导地位的儒学思想深刻影响了中国定分止争、争讼解决理念与方式，[3]以和为贵的隐忍、友好协商、和解、调解等处理方式成为中国传统的争议解决方式。反映在双边投资条约的缔结中，即是要求投资争端在诉诸东道国司法或国际救济前，应当先由当事双方进行磋商、友好协商、和解等，以下统一合称为“磋商”。例如，中国－西班牙于2005年重新缔结的双边投资条约就规定：

> 一、缔约一方投资者应将其与缔约另一方之间就其在缔约另一方境内投资产生的任何争议书面通知缔约另一方，该争议应尽可能由争议双方当事人友好解决。
>
> 二、如争议自提出书面通知之日六个月内未能通过协商解决……[4]

中国对外签订的双边投资条约在投资者与缔约一方争端解决问题上，基本都规定了如上述中国－西班牙BIT中规定的磋商条款，且对磋商附以了一定的期限，通常为6个月。ICSID仲裁实践已经对附期限的磋商进行了界定。在*Murphy Exploration and Production Company International v. Republic of Ecuador*案[5]中，ICSID仲裁庭批判了先前的案例——*Ronald S. Lauder v. Czech Republic*案[6]和*SGS Société Générale de Surveillance S.A. v. Islamic Republic of Pakistan*案[7]，认为厄瓜多尔－美国BIT第6条关于当事人应当先在6个月内通过磋商和谈判来解决争端的规定，并非申请方或其他仲裁庭所声称的只是一个当事方可以选择或不选择适用的程序规则或目录和程序规则（Directory and

---

〔1〕参见翦伯赞主编：《中国史纲要（上）》，人民出版社1995年版，第27页。

〔2〕参见翦伯赞主编：《中国史纲要（下）》，人民出版社1995年版，第441页。

〔3〕儒家思想的创始人孔子曾曰：“听讼，吾犹人也，必也使无讼乎。”（《论语·颜渊第十二》），参见杨凤贤译注：《论语》，世界图书出版西安公司1997年版，第152页。“无讼”强调人与人之间和睦相处，冲突与摩擦通过各自的忍让友好协商解决，而非诉诸官府使用法律予以强制解决。

〔4〕参见2005年中国－西班牙BIT第9条第1、2款。

〔5〕ICSID Case No. ARB/08/4, Award on Jurisdiction of 15 December 2010.

〔6〕UNCITRAL Final Award, 3 September 2001.

〔7〕ICSID Case No. ARB/01/13, Decision on Objections to Jurisdiction of 6 August 2003, International Legal Materials, vol.42，1290（2003）.

Procedural Rule)；相反，它构成了对申请方的一个必要的强制性要求，申请方在依据 ICSID 规则提交仲裁请求前必须遵守。鉴于申请方并未满足这一要求，仲裁庭裁断其对本案不具有管辖权。[1] 在 *Burlington Resources Inc. v. Ecuador* 案[2] 中，仲裁庭作出了与前述 Murphy 案相似的裁断。仲裁庭认为，等候期间（Waiting-Period）要求的目的只有在违反条约的声明作出时才有效，6 个月的磋商期间从声明作出时开始计算。本案中，仲裁庭认为申请方在将争端提交仲裁前并未作出关于东道国违反条约的声明，因而裁断该争端不能提交仲裁。[3]

从 ICISD 仲裁实践可知，附期限的磋商是强制性的，未符合这一规定而直接将争端诉诸仲裁将导致被驳回的结果。鉴于中国对外缔结的双边投资条约均载有附期限的磋商条款，无论是寻求当地救济，抑或通过岔路口条款直接选择将争端提交国际仲裁，在华外国投资者以及“一带一路”倡议下我国海外投资者应当首先通过磋商寻求争端的友好解决，倘若投资争端自书面请求通知之日起 6 个月内未能友好解决的，投资者方可寻求当地救济或国际救济。

（三）行政复议救济问题

当前中国对外缔结的双边投资条约中允许外国投资者将其与东道国政府之间的投资争端交付国际仲裁的一个前提条件是用尽东道国的国内行政复议程序。规定用尽行政复议程序而非司法程序，原因在于有关部门提出，中国法院作出一审判决后经过一定期限未上诉的判决及经两审终审后的判决在中国已经成为终局判决，即有关争议在中国的法律框架内就已得到最终解决；倘若在终审判决后仍可将争议提交 ICSID 调解或仲裁，就意味着中国法院判决需要接受国际调解或仲裁庭的审查，将使中国司法审判的独立性、严肃性以及终局性受到挑战。[4] 在政治上，这也不利于维护国家主权的尊严。而司法救济与行政复议救济虽然都属于当地救济的范畴，但二者的性质与效力却有所区别。在中国，行政复议是行政机关内部救济，行政复议机关与被申请复议人同属于行政机关系统，[5] 行政复议决定在性质上仍为行政决定，与被申请复议的行为并没有性

---

〔1〕UNCTAD, ‘Latest Developments in Investor-State Dispute Settlement’, IIA Issues Note, No. 1，2011, UNCTAD/WEB/DIAE/IA/2011/3, at 8.

〔2〕ICSID Case No. ARB/ 08/5, Decision on Jurisdiction of 2 June 2010.

〔3〕UNCTAD, ‘Latest Developments in Investor-State Dispute Settlement’, IIA Issues Note, No. 1，2011, UNCTAD/WEB/DIAE/IA/2011/3, at 8.

〔4〕参见石静遐：《用尽当地救济规则与国际投资争议的解决》，载《国际经济法论丛》第 2 卷，法律出版社 1999 年版，第 326 页。

〔5〕2007 年国务院颁布的《行政复议法实施条例》第 11 条规定，公民、法人或者其他组织对行政机关的具体行政行为不服，依照行政复议法和本条例的规定申请行政复议的，作出该具体行政行为的行政机关为被申请人。

质上的区别。在效力上，行政复议决定通常不具有终局法律效力，相对人对行政复议不服的，仍可提起行政诉讼。[1] 而由于法院行使的是国家审判权，可对包括行政复议在内的各种具体行政行为进行审判，对行政争议具有最终决定权，其地位和效力显然高于行政复议。

笔者认为，有关在国内进行司法救济后仍可以将争端提交ICSID调解或仲裁则会损害中国司法的独立性与严肃性的观点，是值得商榷的。首先，中国政府于1990年2月9日签署ICSID公约，且公约于1993年2月6日对中国生效，这意味着中国自愿承担该公约所要求的义务并对自身的管辖权（甚至是审判权）进行一定的限制；在这个意义上，这些限制并不会构成对中国主权的损害。其次，倘若中国的司法机关能够给予案件公正的审判，或者通过ICSID仲裁庭作出与中国法院相同或相似的裁决，则不仅表明了中国承担ICSID公约要求的义务，同时彰显了中国对外国投资的保护。国内司法救济与国际仲裁只能择一，外国投资者出于不熟悉中国立法与司法状况的缘由，可能就会放弃国内救济，而这似乎并非其本意之体现。

尽管不认同未将司法救济作为ICSID仲裁前置程序的观点，但笔者认为将行政复议程序作为国际仲裁的必经程序仍然是可取的。由于投资条约争端发生在中国政府或各级地方政府与外国投资者之间，倘若在中国政府尚未在中国法律框架内作出最终决定前就提交ICSID仲裁庭，随后ICSID仲裁庭作出的裁决在中国寻求承认与执行又需要中国政府的接受，这显然不利于中国政府。因此，将用尽行政复议程序作为把争端提交ICSID仲裁的前置条件，一方面可使中国政府有机会在争端提交ICSID仲裁前矫正政府行政部门或下级政府行政部门的不当行政行为，另一方面则可尽量将争端在中国国内解决，减少不必要的国际仲裁程序。

关于行政复议救济在中国的适用问题，笔者认为还有两个问题亟待解决。其一，二级复议问题。行政复议法规定，对国务院部门或者省、自治区、直辖市人民政府的具体行政行为不服的，向作出该具体行政行为的国务院部门或者省、自治区、直辖市人民政府申请行政复议；对行政复议决定不服的，可以向人民法院提起行政诉讼；也可以向国务院申请裁决，国务院依照本法的规定作出最终裁决。[2] 这一规定虽然并不构成类似于德国、西班牙等国规定的二级复议前置制度，但却属于二级复议的选择。在二级复议情形中，倘若只经过一级行政复议而未经过二级行政复议的申请，在一级复议决定生效后，能否视为已

---

〔1〕2018年《行政复议法》第5条规定，公民、法人或者其他组织对行政复议决定不服的，可以依照行政诉讼法的规定向人民法院提起行政诉讼，但是法律规定行政复议决定为最终裁决的除外。该法第14条、第30条分别规定了行政复议决定为最终裁决的两种情形。

〔2〕参见《行政复议法》第14条。

用尽了当地救济？对此，中国法律付之阙如。

其二，因抽象行政行为而引起的国际投资争端问题。中国的司法审查制度尚未健全，行政行为合法性审查根据尚处于混乱状态，即不同审查根据之间的关系缺乏逻辑上的统一性，导致学理解释上的尴尬和司法实践中的混乱，以及各个审查根据所包含的标准不清晰给司法实践带来很大困难，影响了对公民、法人和其他组织权利的保护。[1] 司法审查制度的不健全，导致了一些抽象行政行为在行政程序和司法程序上无法审查。行政复议法将部分抽象行政行为纳入行政复议的范围，但仍有两部分抽象行政行为排除在行政复议之外：一是国务院制定的包括行政法规在内的所有抽象行政行为；二是所有规章。[2] 尽管已将部分抽象行政行为纳入了行政复议范围，但行政复议法的制度安排仍然存在缺陷。[3] 而行政诉讼法规定的法院依职权能够审查的抽象行政行为，与行政复议相比，扩大到了案件所涉及的单个规章，但对行政法规同样不具有司法审查权。[4] 由此，倘若国际投资争端是由于行政法规等抽象行为引起的，则外国投资者无法在中国国内救济，用尽当地救济规则也就成了一纸空文。

（四）当地救济的附期限问题

Christoph H. Schreuer 教授质疑东道国坚持用尽当地救济的另一理由在于，有些双边投资条约在规定当地救济时附以严格的时间限制，表明其对坚持用尽

---

〔1〕何海波：《行政行为的合法要件——兼议行政行为司法审查根据的重构》，载《中国法学》2009 年第 4 期，第 60 页。

〔2〕《行政复议法》第 7 条规定："公民、法人或者其他组织认为行政机关的具体行政行为所依据的下列规定不合法，在对具体行政行为申请行政复议时，可以一并向行政复议机关提出对该规定的审查申请：（一）国务院部门的规定；（二）县级以上地方各级人民政府及其工作部门的规定；（三）乡、镇人民政府的规定。前款所列规定不含国务院部、委员会规章和地方人民政府规章。规章的审查依照法律、行政法规办理。"

〔3〕一是申请人可以在对具体行政行为提出复议申请的同时，一并就作为该具体行政行为依据的部分抽象行政行为的合法性，向行政复议机关提出审查请求。二是行政复议法只规定了申请人对部分抽象行政行为的审查请求权，而没有规定行政复议第三人的审查请求权。参见胡锦光：《我国行政行为司法审查的演进与问题》，载《华东政法大学学报》2009 年第 5 期，第 90－91 页。

〔4〕2017 年《行政诉讼法》第 63 条规定："人民法院审理行政案件，以法律和行政法规、地方性法规为依据。"据此，法院审理行政案件，可以以行政法规为依据。而 2015 年《立法法》第 90 条规定："国务院、中央军事委员会、最高人民法院、最高人民检察院和各省、自治区、直辖市的人民代表大会常务委员会认为行政法规、地方性法规、自治条例和单行条例同宪法或者法律相抵触的，可以向全国人民代表大会常务委员会书面提出进行审查的要求，由常务委员会工作机构分送有关的专门委员会进行审查、提出意见。"依据本条规定，法院如果认为行政法规违宪或违法，可以向全国人大常委会提出审查要求或建议。因此，法院在审理行政案件过程中，对行政法规没有审查权。

当地救济规则的犹豫本质（Halfhearted Nature）。[1] 如前所述，中国对外缔结的双边投资条约中有些确实是要求外国投资者将争端提交国际仲裁庭前应当在一定期限内提交行政复议程序，即在规定当地救济时附以时间限制。那么，这一规定是否表明了东道国处于犹豫不决的状态，而使坚持用尽当地救济对东道国并无助益呢？

笔者以为，双边投资条约在规定当地救济时附以严格的时间限制，并不表明对待用尽当地救济规则时的犹豫。相反，规定用尽当地救济规则是赋予外国投资者从国内司法机关获得救济的权利，毕竟相关争端是由东道国政府之行为引起的，国内法律规章或救济程序是有能力解决这些争端的；同时，为了避免东道国当地救济耗时过长，使得投资者的相关损失加剧，对当地救济的适用施以严格的时间限制，不仅敦促东道国国内司法机关尽快解决争端，促进东道国司法及行政机构的效率，亦解除了投资者的后顾之忧，投资者仍可继续将争端提请 ICSID 仲裁解决。

就中国对外缔结的双边投资条约而言，将争端诉诸 ICSID 前应当先进行国内行政复议程序，且存在用尽行政复议程序和在一定期限内先行利用行政复议程序两种情形。然而，这两种情形所带来的具体结果是不同的，仅规定用尽行政复议程序的情形所引致的结果更加不确定。一方面，从申请复议到作出复议决定需要长达数月的时间。用尽国内行政复议程序，一般应当理解为行政复议机关作出行政复议决定，以出现“作出行政复议决定”这一行为为标志。依据《行政复议法》的规定，行政复议机关应当自受理申请之日起 60 日内作出行政复议决定，但是法律规定的行政复议期限少于 60 日的除外；情况复杂，不能在规定期限内作出行政复议决定的，经行政复议机关的负责人批准，可以适当延长，并告知申请人和被申请人，但是延长期限最多不超过 30 日。[2] 从行政复议法所规定的时间来看，自申请行政复议到行政复议决定的作出，在无须转送其他行政机构作出行政复议时，其期间约为 2 个月；倘若还需要对作出具体行政行为的依据加以审查，则可能需要延长期限；若是还要送达其他机构作出决定，则总的期间可以达到 3 个月。此外，甚至有可能行政机关收到复议申请书后却没有作出答复。由此可知，用尽行政复议程序的期限长且结果不确定，这对投资争端的解决是极为不利的。另一方面，双边投资条约通常只规定外国投资者具有申请行政复议的权利，而未规定其可提起行政诉讼。虽然这并不意味外国投资者不能提起行政诉讼，但当复议机关对外国投资者的复议不作出或不及时

〔1〕 Christoph H. Schreuer, *The ICSID Convention: A Commentary on the Convention on the Settlement of Investment Disputes between States and Nationals of Other States*, Cambridge University Press, 2001，395.

〔2〕 参见《行政复议法》第 31 条。

作出决定时，外国投资者仍可能会无所适从。因此，为了使投资争端不至于久拖不决，无论是经由复议再到诉讼的案件，抑或只经过行政诉讼审理的案件，都应当明文规定一个具体的时间限制。因此，双边投资条约在规定当地救济时附以一个时间限制，不仅给予了东道国充分行使管辖权的机会，同时消除了外国投资者的后顾之忧，不对投资者向 ICSID 寻求救济设置不必要之障碍。

（五）当地救济的终局性问题

中国 BITs 中同样载有类似于 NAFTA 第 1105 条关于“公正和公平待遇”“充分的、持续的保护和安全”“不得采取任何随意的或歧视性的措施”等规定，譬如 2003 年中国－德国 BIT 就规定了缔约一方投资者在缔约另一方境内的投资应享受持续的保护和安全；缔约一方不得对缔约另一方投资者在其境内投资的管理、维持、使用、享有和处分采取任何随意的或歧视性的措施；[1] 缔约一方的投资者在缔约另一方的境内的投资应始终享受公平与公正的待遇。[2] 这些条款的存在，为中国今后出现类似于前述 Loewen 案提供了这样一种可能性，即外国投资者与中国企业发生普通合同争议并经中国法院裁断后，外国投资者可能会认为中国法院判决不公，进而认为中国未遵守双边投资条约中的“公正和公平待遇”“充分的、持续的保护和安全”“不得采取任何随意的或歧视性的措施”等规定，遂以中国政府为被申请方，向 ICSID 提请仲裁。

在 2017 年启动的 *Hela Schwarz GmbH v. People's Republic of China* 案，[3] 外国投资者在中国获得生效行政判决后，将相关争议提交至 ICSID 仲裁庭。在该案中，作为德国独资企业的济南海乐·西亚泽食品有限公司（“海乐公司”）于 2001 年获得济南市历城区华山片区国有工业土地 50 年使用权后在该土地上建造厂房进行生产经营。2014 年济南市政府《房屋征收决定公告》，对华山片区改造项目国有土地上房屋实施征收，按《华山片区改造项目房屋征收补偿方案》进行补偿。[4] 2016 年海乐公司向济南市中级人民法院提起行政诉讼，请求依法撤销征收公告，该诉讼请求被驳回。[5] 海乐公司随后向山东省高级人民法

---

〔1〕参见 2003 年中国–德国 BIT 第 2 条第 2－3 款。

〔2〕参见 2003 年中国–德国 BIT 第 3 条第 1 款。

〔3〕ICSID Case No. ARB/17/19.

〔4〕济征告字〔2014〕9 号。

〔5〕济南市中级人民法院（2016）鲁 01 行初 296 号行政裁定书。法院认为，海乐公司所诉 9 号房屋征收决定，已被（2015）济行初字第 72 号生效行政判决所约束，依据《最高人民法院关于适用《中华人民共和国行政诉讼法》若干问题的解释》第 3 条的规定，裁定驳回海乐公司的诉讼请求。

院上诉，该上诉最终被驳回。[1] 2017年在济南市历城区人民法院作出行政强制执行执行裁定后，[2] 海乐公司的德国母公司遂将争议交付ICSID仲裁，并申请临时措施。[3] 有学者认为，本案涉及我国国内异常复杂的城市旧区改造项目和房屋拆迁，属于中国特殊发展阶段的社会现象，牵涉整个社会利益的重新分配，对中国社会一知半解的外国仲裁员可能无法作出公正裁断。[4] 这实际上涉及前述的国家司法主权让渡、双边投资条约引资效果以及ICSID仲裁作用等问题。至少这一案子，反映了外国投资者在获得我国生效判决后，仍有可能依据双边投资条约将争议提交国际仲裁。

在终局性问题上，尽管学界对Loewen案的决定持异议，认为Loewen案无疑是在错误的方向上迈出的一步，留下独立的终局性要求和更多的不确定性。[5] 但既然存在重蹈Loewen案覆辙的可能性，自然就应当寻求合理的解决方案。在双边投资条约中明确把针对东道国国内法院判决本身的是非问题排除于国际仲裁的范围之外，不失为最佳方案。次佳方案是参照Loewen案仲裁庭的意见，在双边投资条约中规定把当地救济规则与终局性要求分离开来，双边投资条约只能够放弃属于程序性的当地救济规则，而不能放弃属于实体性的终局性要求。[6] 换言之，双边投资条约放弃了当地救济规则，倘若投资者认为是法院以外的其他国家机关损害了其利益，则可直接依据双边投资条约提请仲裁；而投资者认为损害其利益的是法院的裁决，则投资者在启动国际仲裁程序前仍需要先寻求可获得上诉程序，以满足终局性要求。

（六）适度放弃当地救济问题

当地救济与条约争议中的公平与公正待遇、有效方法、征收等实质问题相

〔1〕山东省高级人民法院（2016）鲁行终1491号行政裁定书。

〔2〕济南市历城区人民法院（2017）鲁0112行审74号行政裁定书。法院裁定，准予执行申请执行人济南市人民政府作出的济政征补字（2016）5号房屋征收补偿决定书，海乐公司必须于裁定送达之日起10日内将其被征收的4821.18平方米房屋及附属设施腾空并交给房屋征收实施单位济南市历城区房屋征收服务中心。

〔3〕ICSID Case No. ARB/17/19, Procedural Order No. 2 (concerning the Tribunal's decision on provisional measures of 10 April 10 2018), 10 August 2018.

〔4〕杜涛：《从“海乐·西亚泽诉中国案”看投资者与国家争议解决中当地诉讼与国际仲裁的竞合问题》，载《经贸法律评论》2019年第3期，第146页。

〔5〕Bradford K. Gathright, 'A Step in the Wrong Direction: The Loewen Finality Requirement and the Local Remedies Rule in NAFTA Chapter Eleven', Virginia Journal of International Law, vol.45, 1137（2005）.

〔6〕参见陈安主编：《国际投资法的新发展与中国双边投资条约的新实践》，复旦大学出版社2007年版，第225页。

关，至少与可上诉的司法或行政决定有关。[1] 在此基础上，George K. Foster 教授提出了一个方法，遵循此方法仲裁庭可在投资条约中规定的投资者保护与东道国的主权之间获得更好的平衡。这一方法倡导减少不必要的国际程序，并给予东道国纠正应由履行政府职能的下一级机关或行政官员负责的错误或违法行为的机会。同时，鼓励东道国首先建立有效和高效（Effective and Efficient）的措施以解决投资者的诉求，赋予官员在履行其司法和行政职能时更多的自由。此外，还应加强国际仲裁作为一种解决投资争端方式的合法性，并解决评论家已提出的投资者－东道国仲裁机制所存在的一些问题，特别是在发展中国家存在的问题。当确有需要时，即为了获得对东道国违反国际法的行为进行独立评估时，此种方法能给予投资者充分的机会退出国内舞台；毕竟，这是投资条约的主要目的，也不应为仲裁庭所忽视。[2]

George K. Foster 教授的方法强调了东道国的当地救济，并由此促进东道国国内行政与司法的有效性与高效性，同时把国际救济作为国内救济的补充，在东道国行为违反国际法的必要情形时则不阻断投资者寻求国际救济之路。这一方法，事实上非常契合中国的境况。首先，坚持当地救济，这对维护中国的属地管辖权是极为必要的，同时也维护了中国司法、行政机关的程序权利。其次，适度放弃当地救济，把国际救济作为国内救济的补充，为外国投资者提供解决投资争端的国际渠道，由此消除外国投资者在当地救济得不到公平救济的顾虑，有利于投资争端的非政治化解决，有利于中国适应对外开放的需要，改善中国的投资环境，达到吸引外资、发展本国经济的目的，同时也有利于保护“一带一路”倡议下中国投资者在海外的利益。

至于如何适度放弃当地救济，笔者认为，一方面，对于因征收或国有化引起的赔偿额争端，无须强调先行用尽当地救济。这一类争端，在国际上通常也是倾向于直接通过国际仲裁来解决。早期中国对外缔结的双边投资条约大部分都规定了外国投资者与东道国之间有关征收或国有化补偿额款的争端，在 6 个月内未能友好协商解决的，投资者可将争端提交国际仲裁解决。这些规定并不要求将行政复议程序等作为提交国际仲裁的前置条件，因此也可理解为在友好协商无果后无须经过行政或司法救济，即可将征收或国有化补偿额款的争端直接提交国际仲裁。另一方面，对于一般政府行为引起的争端，特别是行政行为，

[1] George K. Foster, ‘Striking a Balance between Investor Protections and National Sovereignty: The Relevance of Local Remedies in Investment Treaty Arbitration’, Columbia Journal of Transnational Law, vol.49，266－67（2011）.

[2] See George K. Foster, ‘Striking a Balance between Investor Protections and National Sovereignty: The Relevance of Local Remedies in Investment Treaty Arbitration’, Columbia Journal of Transnational Law, vol.49，267（2011）.

例如行政机关对外国投资者及其收益所采取的税收、工商管理、海关征税、投资及其收益的转移等具体行政行为以及国务院部门规定、县级以上地方各级人民政府及其工作部门规定变更等抽象行政行为所引起的争端，可要求先提交国内行政复议，并对行政复议附以严格的时间限制，一俟所规定的行政复议期间届满，投资者可将争端提交国际仲裁。总之，中国应当以本土实际情况和所面临的国际环境，以客观、合理、现实和灵活的态度适用用尽当地救济规则，既不能完全肯定或完全否定用尽当地救济规则，同时对东道国当地救济设计中的一些技术性问题也妥善处理，对一些对中国经济利益影响不大的争端，适度放弃管辖权，给予外国投资者多一种渠道，以尽可能妥善解决争端。

四、岔路口条款的困境及中国的立场

（一）岔路口条款的困境

双边投资条约中岔路口条款的困境在于，如同 ICSID 仲裁庭般对触发岔路口条款的条件从严解释，将导致当地救济规则的形同虚设；而宽松解释岔路口条款的适用条件，则将阻断投资者国际救济的路径。对于从严解释触发岔路口条款的条件，Christoph H. Schreuer 教授认为是合理的，其根据在于：诸多双边投资条约业已载有保证依据国内法向投资者提供有效救济的规定，例如阿根廷 – 美国 BIT 第 2 条第 6 款就规定了：“任一方应为与投资、投资协议以及投资授权相关的主张诉求、权利执行提供有效方式（Effective Means）。”这些有效方式包括了国内法院或行政法庭救济。倘若对国内法院或行政法庭的任何利用都被视为对双边投资条约中岔路口条款的选择（即被视为选择了国内救济），则会置投资者于不合理的进退维谷的境地。投资者将不得不承受任何形式的失去国际救济的不正义，而为了遵守国内法规定的除斥期间，投资者还得对行政行为提起诉讼。换言之，在情况恶化到可定性为违反双边投资条约并打开通往国际仲裁的大道之前，投资者将无从维护其权利。[1] Christoph H. Schreuer 教授的理由可归结为，在双边投资条约中东道国保证向投资者提供有效的救济，而东道国国内司法或行政机关在实际案件中未能兑现这些承诺，此时岔路口条款的存在直接导致了投资者寻求国际仲裁救济的落空。因此，Christoph H. Schreuer 教授主张，行使双边投资条约中所保证的当地救济权利，不应被视为触发了岔路口条款；否则，包含了岔路口条款的双边投资条约对投资者保证了有效的国内

---

〔1〕Christoph Schreuer, 'Travelling the BIT Route of Waiting Periods, Umbrella Clauses and Forks in the Road', Journal of World Investment and Trade, vol.5，248 – 49（2004）.

救济，将会是一个陷阱，诱使投资者进入东道国国内救济程序，并导致通向国际仲裁的大门永远关闭，而不论国内救济的结果如何。[1]

这一观点具有一定的合理性，但其关于外国投资者寻求国内救济不应被视为触发岔路口，即投资者可在寻求国内救济后仍可继续寻求国际救济的结论并不具有说服力。事实上，东道国政府在双边投资条约中作出提供国内有效救济的保证，并非是对投资者在具体个案中胜诉的保证，投资者应对选择使用当地救济的风险进行评估，在确定选择当地救济后就应承担由此带来的风险，包括败诉风险。而动辄将败诉风险归咎于东道国政府在双边投资条约中设置了陷阱，则是完全没有依据的。

尽管如此，Christoph H. Schreuer 教授的观点，确道出了双边投资条约中岔路口条款在实践中的困境。一方面，在投资活动中，往往会涉及场地租赁、原材料获得、许可证颁发、税收、非市场竞争[2]等争端，有些争端刚出现端倪时，投资者出于长远投资规划常常将此类小争端提交国内行政程序或司法程序；同时投资者还要遵守国内法上的除斥期间，对行政行为提起诉讼。在面临诸如此类的争端时，在一定程度上，投资者不得不寻求国内救济；如果把投资者的这些举动，视为对双边投资条约中的岔路口条款的选择，难免有失公允。另一方面，严格解释触发岔路口条款的条件，则外国投资者可无限制地寻求当地救济，尔后仍可无条件地寻求国际救济。对于投资争端的解决是选择当地救济抑或国际救济，投资者本就占据了主动权；在投资者选择当地救济却未能达到自身目的后依然可将争端提交国际仲裁，将使投资者获得国内救济与国际救济双重利益，对东道国而言，特别是对其中的发展中国家将是极为不利的。

（二）借鉴：美国 2004 年 BIT 范本与 NAFTA 第 1121 条对岔路口条款的改进

美国 2004 年 BIT 范本对岔路口条款进行了改进：

依据第 24（1）（b）条提请仲裁的申请方及企业，就缔约方采取的违反第 24 条的措施，应书面放弃提起或继续进行与之有关的任何程序的权利，这些程序或在依

---

〔1〕See Christoph Schreuer, 'Travelling the BIT Route of Waiting Periods, Umbrella Clauses and Forks in the Road', Journal of World Investment and Trade, vol.5，249（2004）.

〔2〕例如垄断行业为保住自身利益，将会动用各种力量对新进入者进行全力阻击，最常见的手段是利用现存不公正的政策或制度，如利用政府补贴进行降价、利用计划经济时制订的标准进行经营方面的限制等，由此导致了外国投资者的投资遭受一系列非市场竞争。

据任一缔约方法律的行政法庭或法院，或在其他争端解决程序中进行。[1]

2012 年 BIT 范本保留了同样的规定。NAFTA 第 1121 条第 1 款也作了相似的规定。[2] 相较于传统岔路口条款，美国 2012 年 BIT 范本存在三个显著特征：第一，外国投资者及其投资的企业已进行的东道国国内诉讼或其他争端解决程序，并不影响其再依据双边投资条约中国际仲裁机制寻求救济，只是要求投资者及其投资的企业放弃正在进行的国内救济程序，且在国际仲裁庭受理案件后，投资者及其投资的企业不得再寻求国内救济。第二，只要针对的是东道国政府的“同一措施”（One and the Same Measure），外国投资者及其投资的企业在提请国际仲裁后就须放弃提起或继续进行国内救济程序。这与岔路口条款要求的当事人诉请的救济和诉因均相同时国内救济与国际救济解决的方是同一投资争端是有区别的。第三，外国投资者利用双边投资条约的仲裁机制后，不但自身放弃了提起或继续进行国内救济的权利，且其所投资的企业（包括子公司）均放弃了此种权利。这与岔路口条款对“同一当事人”的要求不同，根据触发岔路口条款的条件，外国投资者与其子公司并非同一当事人，因而倘若寻求国内救济的是子公司，而提请仲裁的是外国投资者，则不会触发岔路口条款，投资者可将争端诉诸仲裁。

美国 BIT 范本和 NAFTA 第 1121 条的规定，是对传统岔路口条款进行了改进，目的仍在于防止申请方就同一争端在两个不同的程序中寻求救济，实质上体现了国际仲裁管辖权，尤其是 NAFTA 投资争端仲裁管辖权对东道国当地救济的排斥。这一改进，在 ICSID 仲裁庭审理的 *Waste Management，Inc. v. United Mexican States* 一案中得到了充分的体现。1998 年 9 月 28 日，Waste Management 公司，且同时代表其投资设立的 Acaverde S.A.de C.V.公司，依据 ICSID 附加便利规则向 ICSID 提交了针对墨西哥政府的仲裁请求，诉称墨西哥政府违反了

---

〔1〕The notice of arbitration is accompanied, (ii) for claims submitted to arbitration under Article 24（1）（b）, by the claimant's and the enterprise's written waivers of any right to initiate or continue before any administrative tribunal or court under the law of either Party, or other dispute settlement procedures, any proceeding with respect to any measure alleged to constitute a breach referred to in Article 24. See Art.26（2）（b）（ii）of the 2004 US Model BIT.

〔2〕NAFTA 第 1121 条第 1 款规定：“只在以下情况下投资者可将第 1116 条项下的争端提交仲裁：（b）投资者和企业（当投资者在其企业的利益遭受损失或损害，而该企业为其投资者所有的直接或间接控制的另一缔约方法人时），就争端缔约方采取的违反第 1116 条的措施，放弃他们提起或进行与之有关的任何程序的权利，这些或在依据任一缔约方法律的行政法庭或法院，或在其他争端解决程序中进行；在依据争端缔约方法律的行政法庭或法院中提起或继续进行的与支付赔偿无关的禁令、权利宣告或其他特别救济程序除外。”此外，加拿大 2004 年 BIT 范本第 26 条第 2 款（e）项也作了与美国 BIT 范本相似的规定。

NAFTA 第 1105 条和第 1110 条分别规定的东道国政府应当给予外国投资者公正和公平待遇以及禁止东道国对外国投资的违法征收。[1] 此前，Acaverde S.A.de C.V.已分别在墨西哥国内法院和国内仲裁庭对墨西哥联邦政府所属的 Banco Nacional De Obras Y Servicios Públicos，S.N.C.银行、Guerrero 州、Acapulco De Juárez 市提起了两项司法诉讼和一项仲裁申请。根据 NAFTA 第 1121 条，Waste Management 在向 ICSID 秘书长提交的文件中均表达了对该条款的书面同意，同意自愿放弃开始或继续根据墨西哥国内法进行的司法或行政或其他争端解决程序的权利。[2]

对此，墨西哥认为申请方的放弃声明，存在着形式上和实质上的缺陷（Formal and Material Defects）。就实质要件而言，其一，Acaverde S.A.de C.V. 在墨西哥国内法院已经分别对 Banco Nacional De Obras Y Servicios Públicos，S.N.C.银行、Acapulco De Juárez 市提起诉讼，且在 Waste Management 向 ICSID 提交申请之日时该诉讼仍处于未决状态；其二，Waste Management 在墨西哥当地法院提起的违约之诉在实质上与其提起的 ICSID 仲裁请求是重合的。因此，ICSID 仲裁庭对本案没有管辖权。

Waste Management 辩称，在 ICSID 对东道国提起的赔偿请求是依据 NAFTA 第 11 章的公正和公平待遇条款和征收条款而提起的国际仲裁，而在墨西哥国内法院的诉讼并非以墨西哥政府为被告，且诉由亦非墨西哥对 NAFTA 第 11 章所承担的条约义务的违背，而是分别针对 Banco Nacional De Obras Y Servicios Públicos，S.N.C.银行、Acapulco De Juárez 市提起的以墨西哥国内法为依据的违约之诉。二者在本质上截然不同，不存在权利请求的竞合问题。因而，申请方在墨西哥国内法院进行的救济程序未违背 NAFTA 第 1121 条关于放弃的要求。

2000 年 6 月 2 日仲裁庭就管辖权问题作出了裁决。[3] 仲裁庭认为，申请方的辩解是不能成立的：其一，显然，（东道国政府的）同一措施可能导致在不同法院或仲裁庭提起的诉求。因此，依据墨西哥法律构成对特许协议的违约，依据 NAFTA 则可构成东道国对给予外国投资者公正与公平待遇（依据 NAFTA 第 1105 条）的违反，抑或构成 NAFTA 第 1110 条项下征收的违反。但不管怎样，对申请方权利请求的深入分析并不是仲裁庭现阶段的任务，这是仲裁庭确定对本案具有管辖权后才应当予以分析的问题。其二，鉴于放弃是作为仲裁请求有

〔1〕 *Waste Management, Inc. v. United Mexican States*, ICSID Case No. ARB (AF) /98/2, Award of the Tribunal of 2 June, 2000, ICSID Review: Foreign Investment Law Journal, vol.15，216－17（2000）.

〔2〕 *Waste Management, Inc. v. United Mexican States*, ICSID Case No. ARB (AF) /98/2, Award of the Tribunal of 2 June, 2000, ICSID Review: Foreign Investment Law Journal, vol.15，219－22（2000）.

〔3〕 本案存在少数仲裁员的不同意见, see Dissenting Opinion of 2 June, 2000, ICSID Review: Foreign Investment Law Journal, vol.15，241（2000）.

效性的前提条件，应当审查申请方在国内法院或仲裁庭提起请求的客体是否包含了提起 ICSID 仲裁所声称的对 NAFTA 的违背。第 1121 条中的“声称的”（Alleged）一词明确表示在现阶段仲裁庭仅就申请方诉求仲裁所声称的东道国对 NAFTA 有关条款的违背而产生的权利请求与其在国内程序中寻求的救济相比较。此种比较并不会损害到仲裁庭对本案具有管辖权后对申请方的权利请求的合规性与否进行的审查。[1]

仲裁庭进一步认为，事实上，国内程序确实有可能与违背 NAFTA 的相关措施无关，在此种情形中国内救济程序与国际仲裁程序是可共存的。但是，当国内救济程序与国际仲裁程序的法律基础都来自同一措施，申请人则有可能从中获得双重利益（Double Benefit），而这正是 NAFTA 第 1121 条所要避免的。仲裁庭意识到，在本案中，申请方在东道国国内进行的程序与其提请仲裁的诉求都是基于东道国的同一措施，即 Acapulco De Juárez 市违反特许协议和 Banco Nacional De Obras Y Servicios Públicos，S.N.C.银行未履行担保合同。[2] 最终，仲裁庭认定其对本案没有管辖权。[3]

（三）中国 BITs 中的岔路口条款及其改进

早在 1985 中国与新加坡缔结的双边投资条约中，就规定一旦外国投资者在东道国行使了当地救济的权利，就排除了采用仲裁方式的可能性。[4] 综观中国对外缔结的双边投资条约，采用岔路口条款的不在少数。当前，标准的岔路口条款以中国和比利时－卢森堡经济联盟缔结的双边投资条约为代表：

如果争议在争议一方将争议通知争议另一方六个月内未能通过磋商解决，缔约各方同意根据投资者的选择将争议提交：

---

〔1〕*Waste Management, Inc. v. United Mexican States*, ICSID Case No. ARB (AF) /98/2, Award of the Tribunal of 2 June, 2000, ICSID Review: Foreign Investment Law Journal, vol.15，234－35（2000）.

〔2〕*Waste Management, Inc. v. United Mexican States*, ICSID Case No. ARB (AF) /98/2, Award of the Tribunal of 2 June, 2000, ICSID Review: Foreign Investment Law Journal, vol.15，235－36（2000）.

〔3〕*Waste Management, Inc. v. United Mexican States*, ICSID Case No. ARB (AF) /98/2, Award of the Tribunal of 2 June, 2000, ICSID Review: Foreign Investment Law Journal, vol.15，239（2000）.

〔4〕1985 年中国－新加坡 BIT 第 13 条规定：“一、缔约一方的国民或公司与缔约另一方之间就在缔约另一方领土内的投资产生的争议应尽量由当事方友好协商解决。二、如果争议在六个月内未能协商解决，当事任何一方有权将争议提交接受投资的缔约一方有管辖权的法院。三、第六条关于由征收、国有化或其效果相当于征收、国有化的其他措施发生的补偿款额的争议，有关的国民或公司在诉诸本条第一款的程序后六个月内仍未能解决，可将争议提交由双方组成的国际仲裁庭。如果有关的国民或公司诉诸了本条第二款所规定的程序，本款规定不应适用。”

（一）作为争议一方的缔约方国内有管辖权的法院；

（二）……解决投资争端国际中心。

一旦投资者将争议提交相关缔约方国内有管辖权的法院或“解决投资争端国际中心”，对上述两种程序之一的选择应是终局的。[1]

这一条款明确表明了投资者具有选择权，而选择国内法院或ICSID仲裁都将是终局的。此外，也有大量的双边投资条约赋予了投资者选择UNCITRAL仲裁等其他国际救济方式：

作为争议一方的缔约方有管辖权的法院，或；

根据《联合国国际贸易法委员会仲裁规则》设立的专设仲裁庭，前提是争议所涉缔约一方可要求有关投资者在提交仲裁前，用尽该缔约方法律和法规所规定的国内行政复议程序……[2]

近几年来，中国对外缔结的双边投资条约开始借鉴美国2004年BIT范本和NAFTA第1121条的规定，对部分双边投资条约中的岔路口条款进行了改进：

已将争议提交本条第二款（一）所述国内法院的投资者仍可诉诸本条第二款（二）和第二款（三）提及的任一仲裁庭仲裁，条件是该投资者在提交的争议判决作出前已经从国内法院撤回案件。在这种情况下，作为争议一方的缔约方应同意将其与缔约另一方投资者之间的争议根据本条款提交国际仲裁。[3]

2005年中国－捷克BIT第9条第4款、2009年中国－瑞士BIT第11条第4款等均有类似对岔路口条款进行改进的规定。

然而，与美国2004年BIT范本和NAFTA第1121条对岔路口条款的三大改进不同，中国BITs只是要求投资者放弃正在进行的国内救济程序即可启动国际仲裁程序，即中国BITs仅仅借鉴了前述美国2004年BIT范本和NAFTA第1121条对岔路口条款改进的第一个特征。令人费解的是，NAFTA第1121条规定的投资者及其投资的企业放弃国内救济就能将争端诉诸国际仲裁的作法，已

〔1〕参见2005年重新签订的中国－比利时—卢森堡经济联盟BIT第8条第2款。

〔2〕参见2007年重新签订的中国－法国BIT第7条。2006年签订的中国－俄罗斯BIT第9条等也有类似的规定。

〔3〕参见2004年中国－芬兰BIT第9条第3款。

遭至多方责难。在 *Waste Management，Inc. v. United Mexican States* 一案中，依据 NAFTA 第 1121 条，Waste Management 公司要将争端提交仲裁，须放弃正在进行的国内救济程序，之后不得再将争端提交国内程序，而此时 Waste Management 并不会知道仲裁庭是否会认定对特许协议的违约包含了对 NAFTA 项下的公正和公平待遇以及征收的违背。这将导致仲裁申请方承担巨大的但却非必要的风险，即如果仲裁庭认定合同违约并不包括对公正和公平待遇以及征收的违背，则仲裁庭没有管辖权。[1] 换言之，鉴于仲裁庭尚不确定申请方的权利请求是否属于仲裁庭可受理事项的范畴就要审查申请方放弃国内救济声明的有效性，将致使申请方陷入两难窘境——要满足 NAFTA 第 1121 条的管辖权条件，申请方须首先作出放弃国内救济声明，但倘若申请方的权利请求不属于仲裁庭可受理事项的范畴，其将无法获得其他救济；而如果申请方在提请仲裁时还保留诉诸当地救济的权利，则会因不满足 NAFTA 第 1121 条的管辖权规定，其申请将被仲裁庭驳回，申请方也就失去了寻求国际仲裁救济的机会。

事实上，美国 BIT 范本和 NAFTA 第 1121 条要求外国投资者在提起国际仲裁前必须放弃在东道国的国内诉讼或其他救济方式，解决了国内诉讼和国际仲裁两大程序平行进行可能带来的判决与裁决上的冲突问题，却未能彻底消除实践中普遍存在的一事两诉。[2] 这是因为，外国投资者可先在东道国寻求国内救济，一俟发现国内救济结果可能对其不利，则可再通过放弃国内救济，达到将同一争端交付国际仲裁的目的。由此可知，中国 BITs 借鉴美国 BIT 范本和 NAFTA 第 1121 条的第一个特征，并非明智之举。

笔者认为，由于 ICSID 仲裁实践引入了既判力原理来判断在东道国进行的当地救济与国际仲裁中的投资争端是否相同，并对是否符合“同一争端”或“同一当事人”标准进行严格解释，导致了诸多案件无法触发岔路口条款，满足了投资者既寻求当地救济又诉诸国际仲裁的逐利心理；对外国投资者利益的严重偏袒，实则造成了对东道国国家主权的忽视。因此，如果双边投资条约中非要载有岔路口条款的话，应当借鉴的是美国 BIT 范本和 NAFTA 第 1121 条的第二、三个特征，而非第一个特征。就同一争端而言，NAFTA 第 1121 条的重点不在于依据 NAFTA 或国内法进行的程序的法律基础是否一致，而是被诉的措施是

---

〔1〕Jacob S. Lee, ‘No “Double-Dipping” Allowed: An Analysis of Waste Management, Inc. v. United Mexican States and the Article 1121 Waiver Requirement for Arbitration Under Chapter 11 of NAFTA’, Fordham Law Review, vol.69，2686（2001）.

〔2〕徐崇利：《国际投资条约中的“岔路口条款”：选择“当地救济”与“国际仲裁”权利之限度》，载《国际经济法学刊》2007 年第 14 卷第 3 期，北京大学出版社 2007 年版，第 138 页。

否相同。[1] 这有别于传统的只有诉因相同才是同一争端的认定方法，只要是源于同一措施的诉求，都可视为同一争端。关于同一当事人，美国 BIT 范本和 NAFTA 第 1121 条直接将外国投资者（母公司）及其投资的企业（子公司）视为同一当事人，这就得以避免子公司在东道国进行诉讼而母公司将同一争端诉诸仲裁的现象。美国 BIT 范本和 NAFTA 第 1121 条的第二、三个特征，实际上是主张对岔路口条款进行宽严适度的解释，矫正国际仲裁中可能倾向于保护外国投资者的作法；在这个意义上，中国对外缔结的双边投资条约借鉴美国 BIT 范本和 NAFTA 第 1121 条的第二、三个特征对维护国家司法主权无疑是有所助益的。

（四）岔路口条款的弃用

尽管岔路口条款赋予了投资者选择当地救济或国际仲裁的权利，在一定程度上弱化了投资者权利保护与国家司法主权之间的角力；但在现阶段，不采用岔路口条款对中国而言其实更具有合理性。一方面，岔路口条款须经投资者加以选择始生效力，但条款本身的存在，足以让外国投资者不敢轻易选择东道国国内救济，因为来自发达国家的投资者往往对大部分仍属于发展中国家的东道国国内司法状况存有疑虑。虽然东道国国内司法、行政程序的耗时、耗费均较少，但一俟诉诸国内法律程序，投资者将难以再把争端提交 ICSID 解决。虽然在实践中，投资者可利用国际仲裁庭对触发岔路口条款条件的严格解释，在寻求当地救济后仍可将争端诉诸仲裁；但由于 ICSID 仲裁并无法律上的遵循先例制度，不同仲裁庭对岔路口条款所采取的解释方法可能不同，导致对触发岔路口条款的条件的认定也大相径庭。因此，岔路口条款促使投资者更倾向于利用 ICSID 仲裁程序，从而削弱了中国法律程序本应起到的作用。相反，倘若未采用岔路口条款，投资者可能会利用中国国内司法程序或行政程序。

另一方面，诚如前述，既然无论从严解释抑或从宽解释触发岔路口条款的条件，都会陷入两难困境，而此种困境并无妥善的解决之道，美国 BIT 范本和 NAFTA 第 1121 条也只是在这个问题上的一个尝试而已；而且岔路口条款所引至的困境，极大地减损了条约条文在适用上的确定性与可预见性，不符合缔结条约之本意，因此在当前情势下不采用岔路口条款不失为一个妥当的应对方式。

总体而言，笔者不建议在中国对外缔结的双边投资条约中采用岔路口条款，

---

〔1〕Bernard H. Oxman, William S. Dodge, ‘Arbitration—NAFTA—Jurisdiction—Waiver of Right To Initiate or Continue Other Legal Proceedings—Effect of Pursuing Municipal Law Claims in Municipal Court’, American Journal of International Law, vol.95，189（2001）.

而是直接规定在提起 ICSID 仲裁前应当先行利用东道国行政复议救济或司法救济，并对国内救济附以严格的时间限制。这样不仅有利于推进东道国司法和行政程序的效率，促进投资者与东道国政府之间争端的高效解决，同时保留了投资者将争端诉诸国际程序的权利，从而平衡了国家主权与投资者利益保护之间的关系。如果一定要在双边投资条约中载入岔路口条款，则应当效仿美国 BIT 范本和 NAFTA 第 1121 条对岔路口条款改进的第二、第三个特征，将产生于东道国“同一措施”的权利请求视为“同一争端”，将投资者及其投资之企业视为“同一当事人”，适度解释触发岔路口条款的条件，从而寻求国家主权与投资者利益保护之间的平衡。

小结

作为一项古老的习惯国际法规则，受到东道国侵害的外国人在未用尽东道国法律对其仍然适用的所有救济手段之前，不能要求外交保护，或进行包括启动外国法院诉讼或国际仲裁在内的国际求偿。基于国家属地管辖权原则、卡尔沃主义以及对自然资源的永久主权原则，东道国当地救济已为各国广泛接受，这一救济包括了从东道国政府行政机关、法院等司法机关以及其他有权机构可获取之补救。在经济全球化纵深推进导致国际投资争端大量产生的背景下，传统国际法上的东道国当地救济规则逐步被运用到以 ICSID 机制为主的投资者－东道国争端解决领域中。然而，国际投资仲裁领域中的当地救济规则在适用标准、例外规定、终局性要求等方面却突破了传统国际法的适用惯例。在默示适用问题上，国际法院在 ELSI 案中认为争议解决条款中未规定当地救济规则通常并不构成对该规则的默示放弃，且《国家对国际不法行为的责任条款草案》保留了关于国家责任的条文草案第 44 条关于国家责任在“如果争议适用用尽当地救济规则而可利用的有效当地规则未用尽”的情况下不会产生。因而，依照习惯国际法，即便投资条约中未规定用尽当地救济规则，也不构成对这一规则的默示放弃；要构成对用尽当地救济规则的放弃，需要有关国家的明确表示，抑或在条约中作出明确的放弃。但 ICSID 公约第 26 条公约颠覆了传统国际法中默示不构成放弃的观念，规定了成员国未明确要求将争议诉诸 ICSID 前需要用尽当地救济，则视为成员国放弃了有关用尽当地救济规则的要求。而 ICSID 专门委员会在 Amco 案的撤销程序中的决定也表明了接受 ICSID 管辖而未明确要求将争议诉诸 ICSID 前须用尽当地救济，则视为成员国放弃了公约第 26 条项下有关用尽当地救济规则的要求。

在用尽当地救济规则与终局性要求上，ICSID 仲裁庭在 Loewen 案中的裁决可归结为，倘若外国投资者所遭受的损害来自东道国国内法院审判本身时，适用终局性要求，即使投资条约放弃了用尽当地救济规则，仍然要满足终局裁决的要求；而如果投资者遭受了除东道国国内法院审判之外的其他损害，诉诸东道国法院寻求救济时遭遇拒绝司法，则投资条约放弃了用尽当地救济规则就同时放弃了终局性要求。这一裁决引起了轩然大波，尽管学者们据以批判的理由不同，但都表明了相同的立场，即仲裁庭对用尽当地救济规则与终局性要求的适用存在偏颇。仲裁庭的裁决还将引出两个问题：第一个问题是终局性要求的适用范围，第二个问题是 BITs 中的岔路口条款将名不副实。由于用尽当地救济规则有陷入浪费诉讼资源、降低争端解决效力之虞，岔路口条款要求投资者在东道国国内救济和国际救济之间作出选择，选择具有终局效力。岔路口条款并未完全放弃东道国国内法院的管辖权，同时将国内救济与国际救济的选择权赋予外国投资者，这符合国家主权与投资者利益之间获得平衡的理想状态。然而，在国际投资实践中，国际仲裁庭对岔路口条款适用的苛刻解释，往往使得投资者无须承担选择当地救济就不得再将争端诉诸国际仲裁的义务，投资者得以试图从当地救济和国际仲裁中获得双重收益，这一结果背离了岔路口条款选择当地救济即为终局的初衷，利益的天平显然倾向于投资者一方。

1997 年后中国双边投资条约对待用尽当地救济规则的基本立场可提炼为：当地救济分为司法救济和行政（复议）救济，司法救济与国际仲裁择一终局，而行政救济则作为国际仲裁的前置程序。坚持用尽当地救济规则对中国管制在华投资是有利的；同时，鉴于需要给予“一带一路”倡议下海外投资提供较高保护标准，可考虑有针对性地在部分双边投资条约中放宽对“用尽”当地救济的要求。总体而言，在用尽当地救济规则的具体适用问题上，应当注意下述问题：（1）在当地救济的例外问题上，反对不当扩大用尽当地救济原则例外情形的适用范围，应当明确用尽当地救济规则的例外情形；（2）在当地救济前置程序问题上，规定无论是寻求当地救济抑或通过岔路口条款直接选择将争端提交国际仲裁，外国投资者应当首先通过磋商寻求争端的友好解决；（3）在行政复议救济问题上，将行政复议程序作为国际仲裁的必经程序仍然是可取的；（4）在附期限问题上，双边投资条约在规定当地救济时附以严格的时间限制，并不表明对待用尽当地救济规则时犹豫的立场；（5）在终局性问题上，明确把针对东道国国内法院判决本身的是非问题排除于国际仲裁的范围之外；（6）适度放弃当地救济，以更好地推动共建“一带一路”高质量发展；（7）在岔路口问题上，借鉴美国 2012 年 BIT 范本和 NAFTA 第 1121 条的第二、三个特征，必要时放弃岔路口条款，推进东道国司法和行政程序的效率，促进投资者与东道国政府之间争端的高效解决，有效平衡国家主权与外国投资者保护之间的关系。

第五章
不排除措施条款的设置与适用

第一节　不排除措施条款：作用与缔结实践

在国际投资自由化的趋势下，一些发展中国家相继全面接受了 ICSID 的管辖权，而双边投资条约中宽泛的间接征收定义等自由化条款、最惠国待遇等条款在程序上的应用，直接形成了对国家管辖权的冲击。此种冲击尤其体现在遭遇国家经济、公共安全、环境与人权等危机的侵袭后，一国所采取的一系列应对措施有可能损害到外国投资者的利益，以至作为该国被诉至 ICSID 的缘由。为了减轻条约对东道国管制权的影响、[1] 平衡东道国国家主权与外国投资者利益保护，[2] 有些双边投资条约中设置

---

〔1〕Mir-Hossein Abedian Kalkhoran & Habib Sabzevari, 'Standards of Review for the Non-Precluded Measures Clause in Investment Treaties: Different Wording, Different Levels of Scrutiny', Netherlands International Law Review, vol.68, 281 (2021).

〔2〕Wei Wang, 'The Non-Precluded Measure Type Clause in International Investment Agreements: Significances, Challenges, and Reactions', ICSID Review—Foreign Investment Law Journal, vol.32, 447 (2017). 也有学者认为，在投资条约中纳入不排除措施条款以（转下页）

了不排除措施（Non-Precluded Measures，NPM）条款，规定东道国政府为应对国家安全、公共健康等危机而有必要采取的有损于外国投资者的措施不具有不法性，从而免除东道国的相关条约义务。具言之，不排除措施条款在国际投资中发挥着双重作用：其一，安全阀作用（Safeguard Function），即不排除措施条款为东道国政府对外资的管制权留下了较大的空间，这对于东道国保护本国基本利益至关重要。其二，风险调配作用（Risk-Allocation Function），即在出现了不排除措施条款中规定的例外情形时，例如阿根廷金融危机，东道国政府采取必要的应对措施对外国投资者的利益造成损害，可以免责且无须承担赔偿责任，将风险由东道国转移到投资者。[1]

不排除措施条款并非双边投资条约中的传统条款，该条款最早出现于二战后美国对外缔结的友好通商航海条约中，在国际法院1984年审理的 *Case Concerning Military and Paramilitary Activities in and against Nicaragua (Nicaragua v. U.S.)* 案中，美国与尼加拉瓜缔结的友好通商航海条约中的不排除措施条款问题被提出来，[2] 随后在 *Case Concerning Oil Platforms (Iran v. U.S.)* 案中，美国与伊朗签订的友好条约中的不排除措施条款问题再次被提及。[3] FCN中的不排除措施条款从20世纪50年代后期开始引入到德国缔结的双边投资条约中，1959年德国与巴基斯坦缔结的双边投资条约首次包含了不排除措施条款，[4] 并见诸之后几乎所有的德国BITs中，形成了德国2005年BIT范本议定书第3条。此后，美国也开始在与他国缔结的双边投资条约中载入不排除措施条款；[5] 同时，不排除措施条款广泛出现于对国际投资流向有重要影响的少数国家对外缔结的双边投资条约中，如印度、比利时–卢森堡经济联盟、加拿大以及阿根廷等国家。[6]

（接上页）在外国投资者的私人利益和东道国的公共利益之间寻求更好的平衡，只是一种有限成功的努力（the inclusion of NPM clauses to find a better balance between the private interest of foreign investors and the public interest of host states can be described as an endeavor of limited success）。See Dilini Pathirana & Mark McLaughlin, ‘Non-precluded Measures Clauses: Regime, Trends, and Practice’, in Julien Chaisse, Leïla Choukroune, Sufian Jusoh (eds.), *Handbook of International Investment Law and Policy*, Springer, 2021, 483.

〔1〕William W. Burke-White, Andreas von Staden, ‘Investment Protection In Extraordinary Times: The Interpretation and Application of Non-Precluded Measures Provisions in Bilateral Investment Treaties’, Virginia Journal of International Law, vol.48，313–14（2008）.

〔2〕I.C.J. Report 1986, at 15.

〔3〕I.C.J. Report 1996, at 811.

〔4〕Para.2, the Protocol of the Treaty for the Promotion and Protection of Investments, Federal Republic of Germany-Pakistan, 25 November 1959，457 U.N.T.S. 24.

〔5〕E.g., Art. X（1）of the Treaty Concerning the Treatment and Protection of Investments, U.S.–Panama,27 October 1982, International Legal Materials, vol.21，1227（1982）.

〔6〕William W. Burke-White, Andreas von Staden, Investment Protection In Extraordinary Times: The Interpretation and Application of Non-Precluded Measures Provisions in Bilateral Investment Treaties, Virginia Journal of International Law, vol.48，312–13（2008）.

典型的不排除措施条款如美国 2004 年 BIT 范本所规定："本条约的任何部分不得被解释为……阻止缔约一方采取其认为必要的（it considers necessary）措施履行维持或恢复国际和平与安全，或者保护本国基本安全利益的职责。"〔1〕2012 年版的 BIT 范本保留了这一条款。更为具体地阐释何为"不排除措施"的当属加拿大 2004 年 FIPA 范本，该协议范本规定的"不排除措施"包括为实现特定的重要政策目标而采取的必要措施：保护人类、动物和植物的生命与健康，保护生物或非生物可用竭的自然资源，缔约一方出于审慎目的而采取或维持的合理措施，保证缔约一方有能力保护与本国基本安全利益有关的信息或采取必要措施保护本国基本安全利益，以及排除本协议条款中的文化产业；同时，为执行 WTO 决定而采取的暂缓履行 WTO 协定中相关义务的措施，适用本协议的规定。〔2〕2021 年版的 FIPA 更是专门用一节"保留、例外、排除"把不符合措施（Non-Conforming Measures）、〔3〕一般例外〔4〕和排除〔5〕等内容都规定在内。由于东道国可通过不同方法追求诸多管制权力，国际投资协定与国际公法又允许国家对公共利益的管制权力，而公共利益管制的实施缺乏必要的法律确定性，因此在投资条约中加入类似于加拿大 2004 年 FIPA 范本这样的条款不失为一个灵活的方法。〔6〕

第二节　不排除措施条款的解释：方法与规则

尽管不排除措施条款早已存在于一些国家的双边投资条约中，但直到 2001－2002 年阿根廷金融危机的爆发，ICSID 才出现了与不排除措施条款相关的案例。这些案例案情大抵相似，且基于美国－阿根廷 BIT 中的不排除措施条款——本条约不得排除任一缔约国为履行其承担的维持和恢复国际和平与安全的义务，或保护本国的基本安全利益而采取任何必要措施的适用。〔7〕在每一个

---

〔1〕Nothing in this Treaty shall be construed: ...to preclude a Party from applying measures that it considers necessary for the fulfillment of its obligations with respect to the maintenance or restoration of international peace or security, or the protection of its own essential security interest. See Art.18（2）of the 2004 U.S. Model BIT.

〔2〕Art. 10 of 2004 Canada's Foreign Investment Promotion and Protection Agreement Model.

〔3〕Art. 21 of 2021 Canada's Foreign Investment Promotion and Protection Agreement Model.

〔4〕Art. 22 of 2021 Canada's Foreign Investment Promotion and Protection Agreement Model.

〔5〕Art. 23 of 2021 Canada's Foreign Investment Promotion and Protection Agreement Model.

〔6〕Lars Markert, 'The Crucial Question of Future Investment Treaties: Balancing Investors' Rights and Regulatory Interests of Host States', in Marc Bungenberg, Jörn Griebel, Steffen Hindelang (eds.）, *International Investment Law and EU Law* (European Yearbook of International Economic Law）, Springer-Verlag, 2011，169.

〔7〕Art. XI of the Treaty Concerning the Reciprocal Encouragement and Protection of Investment, U.S. – Argentina, 14 November 1991, S. Treaty Doc. No. 103 – 2（1993）

案件中，阿根廷都提出了相同的抗辩，即应对危机所采取的措施是为保护本国基本安全利益和维持公共秩序所必需的。不过，由于对不排除措施条款的不同理解，ICSID 仲裁庭作出了不尽一致的裁决，即 *CMS Gas Transmission Company v. Argentine Republic* 案[1]、*Enron Creditors Recovery Corporation (formerly Enron Corporation) and Ponderosa Assets, L.P. v. Argentine Republic* 案[2]和 *Sempra Energy International v. Argentine Republic* 案[3]中仲裁庭认为，虽然阿根廷的危机是严重的，但尚未导致经济与社会的崩溃并足以危及国家的存在，因而不能援引双边投资条约中的不排除措施条款；而在 *LG&E Energy Corp., LG&E Capital Corp. and LG&E International Inc. v. Argentine Republic* 案[4]和 *Continental Casualty Company v. Argentine Republic* 案[5]中仲裁庭认定，处于危机之中的阿根廷依据双边投资条约第 11 条的不排除措施条款可采取必要措施以维护公共秩序和保护其基本安全利益，在不排除措施条款的适用期间免除阿根廷的责任，即阿根廷政府所采取的措施不构成对条约义务的违反。

由于在 ICSID 仲裁机制下，仲裁庭作出的裁决对后来的案件没有先例作用，这就造成了部分裁决相互冲突的问题。即便是不论及裁决的相互冲突将对 ICSID 仲裁机制的正当性形成质疑，单从解释的角度来看，仲裁庭的推理也存在着诸多疑惑。在上述 5 个案件中，各个仲裁庭似乎都将一般国际法[6]上国家责任条款中的危急情况例外和以条约为基础的不排除措施条款抗辩相混淆；同

---

〔1〕ICSID Case No. ARB/01/8.

〔2〕ICSID Case No. ARB/01/3.

〔3〕ICSID Case No. ARB/02/16.

〔4〕ICSID Case No. ARB/02/1.

〔5〕ICSID Case No. ARB/03/9.

〔6〕对于国家责任条款中危急情况例外的论述，学者们通常采用“一般国际法”的表述，即“General International Law”或“General Public International Law”, see Christian J. Tams, 'The Defence of Necessity – As Reflected in Recent Investment Arbitrations', in Jiirgen Bering, Tillmann Rudolf Braun, Ralph Alexander Lorz, Stephan Schill, Christian J. Tams, Christian Tietje, *General Public International Law and International Investment Law: A Research Sketch on Selected Issues*, Beiträge zum Transnationalen Wirtschaftsrecht, International Law Association German Branch – Sub-Committee on Investment Law, Heft 105, March 2011，60 – 74.也有学者采用将国家责任条款中危急情况例外归为“习惯国际法”(Customary International Law), see William W. Burke-White, Andreas von Staden, 'Investment Protection In Extraordinary Times: The Interpretation and Application of Non-Precluded Measures Provisions in Bilateral Investment Treaties', Virginia Journal of International Law, vol.48，307(2008).《国际法院规约》第 38 条将条约、国际习惯法和为各国承认的一般法律原则作为国际法的三大渊源。而“一般国际法”的概念是与“区域国际法”（Regional or Particular International Law）相对应，前者主要包括习惯国际法和多边协定，适用于所有国家；后者则指双边协定或区域公约, see Peter Malanczuk, *Akehurst's Modern Introduction to International Law*, Routledge, 7 rev. ed.，1997，2. 据此，在探讨危急情况例外时，根据不同语境采用“一般国际法”或“习惯国际法”的措辞都是可以的。

时，没有一个仲裁庭对“为……所必需”（necessary for）的因果关系作出连贯的解释，也没有一个仲裁庭对“基本安全”和“公共政策”这两种允许东道国政府免责的情形充分作出界定。仲裁庭未能认识到或充分抓住NPM条款形式的多样化以及NPM条款中的术语的潜在含义。事实上，仲裁庭在解释上欲行捷径，即直接将一般国际法中对国家危急情况例外的统一解释用以解释NPM条款，从而步入歧途，未能遵循《维也纳条约法公约》的解释规则，更遑论对双边投资条约缔约国的利益充分进行考量了。[1] 因此，构建一个关于不排除措施条款的解释方法的框架，对国家、投资者以及仲裁员三方而言都是极为必要的；特别是明确双边投资条约中的不排除措施条款的解释方法，对于决定风险的分配具有重要意义。

条约的解释，应遵循《维也纳条约法公约》第3节关于“条约之解释”的规定：

第三十一条 解释之通则

一、条约应依其用语按其上下文并参照条约之目的及宗旨所具有之通常意义，善意解释之。

二、就解释条约而言，上下文除指连同弁言及附件在内之约文外，并应包括：

（a） 全体当事国间因缔结条约所订与条约有关之任何协定；

（b） 一个以上当事国因缔结条约所订并经其他当事国接受为条约有关文书之任何文书。

三、应与上下文一并考虑者尚有：

（a） 当事国嗣后所订关于条约之解释或其规定之适用之任何协定；

（b） 嗣后在条约适用方面确定各当事国对条约解释之协定之任何惯例；

（c） 适用于当事国间关系之任何有关国际法规则。

四、倘经确定当事国有此原意，条约用语应使其具有特殊意义。

第三十二条 解释之补充资料

为证实由适用第三十一条所得之意义起见，或遇依第三十一条作解释而：

（a） 意义仍属不明或难解；或

（b） 所获结果显属荒谬或不合理时，为确定其意义起见，得使用解释之补充资料，包括条约之准备工作及缔约之情况在内。[2]

---

[1] William W. Burke-White, Andreas von Staden, 'Investment Protection In Extraordinary Times: The Interpretation and Application of Non-Precluded Measures Provisions in Bilateral Investment Treaties', Virginia Journal of International Law, vol.48，337－38（2008）.

[2] 参见《维也纳条约法公约》第31、32条，中文译文参见外交部网站：http://www.fmprc.gov.cn/chn/pds/ziliao/tytj/t83909.htm, 2021年4月22日访问。

这一规定已被普遍认为属于习惯国际法的一部分，因而投资条约的解释也应符合《维也纳条约法公约》的规定。[1] 依据联合国国际法委员会的释义，《维也纳条约法公约》第 31 条的精神是，约文须被推定为各条约当事国意思的权威表示，解释的出发点是阐明约文的意义，而非从头调查各当事国的意思。第 31 条所采取的是客观解释，即约文解释，而非主观解释，即把条约当事国的意思作为与约文分离的因素进行解释。[2] 该条所列举的一切因素都是权威性的解释因素，[3] 因为这些因素都与缔约国之间在约文中得到权威性表示的、当时或此后的含义有关。而第 32 条提及的条约的准备资料和缔约国的情况，只是补充的解释资料，且仅在两种情形下予以适用，即为证实因适用第 31 条所得到的意义之用，以及依据第 31 条进行的解释所得到的意义不明或所获结果显属荒谬等作为补充解释资料。这就在第 32 条和第 31 条之间建立了一般的联系，并维持了解释程序的统一性。但国际法委员会无意在补充性解释资料和权威性解释因素之间划出一条严格的界限。[4] 总之，国际法委员会关于条约解释规则的阐释指明，一项明确的解释方法首先是将条约文本看作当事国意图的正式表达，其次是将当事国的意图作为主观因素与文本区别开来，最后探究条约宣告的或明显的目的和宗旨。[5]

据此，依据公约第 31 条的规定，解释者应当按照公约上下文以及条约的目的和宗旨，寻求条约用语的通常意义，即公约规定应优先适用文本解释方法（Textual Approach）。但是，公约对"上下文"的界定过于狭窄，仅局限于公约及其弁言、附件和附属于条约的其他文件。同时，虽然一个术语的产生背景以及条约之目的有时候可协助确定该术语的通常意义，但不排除措施条款中的诸多术语缺乏清晰的"通常意义"，例如何谓"公共道德"的通常意义？"公共道德"在德国－巴基斯坦 BIT[6] 和中国－德国 BIT[7] 中是否具有相同含义？此外，《维也纳条约法公约》第 31 条第 4 款肯定了各国可对条约术语赋予特殊意义，这些特殊意义经当事国明确确定即可采用。但条约缔约国通常并不会明确一个术语的特殊意义，因为缔约国对条约术语的认识往往不会有太大出入，对其而

〔1〕Tarcisio Gazzini, 'Interpretation of (Allegedly) Self-Judging Clauses in Bilateral Investment Treaties', in Malgosia Fitzmaurice, Olufemi Elias, Panos Merkouris (eds.), *Treaty Interpretation and the Vienna Convention on the Law of Treaties: 30 Years On*, Martinus Nijhoff Publishers, 2010，245.

〔2〕李浩培著：《条约法概论》，法律出版社 2003 年版，第 351 页。

〔3〕这些因素之间并无法律上的等级关系，只是按照一定的逻辑顺序进行适当的排列。

〔4〕参见李浩培著：《条约法概论》，法律出版社 2003 年版，第 352 页。

〔5〕万鄂湘、石磊、杨成铭、邓洪武著：《国际条约法》，武汉大学出版社 1998 年版，第 247 页。

〔6〕Para.2, the Protocol of the Treaty for the Promotion and Protection of Investments, Federal Republic of Germany-Pakistan, 25 November, 1959，457 U.N.T.S. 24.

〔7〕参见 2003 年中国－德国 BIT 议定书第 4 条第 1 款。

言没有必要专门依据公约第 31 条第 4 款赋予一个术语特殊的意义。在这样的情形下，公约第 31 条所规定的解释方法将是不充分的，仲裁庭须在公约框架下寻求外部解释资源。

在采用《维也纳条约法公约》第 31 条的文本解释方法无法解决条约术语的模糊性问题时，公约第 32 条允许求助外部资源，作为解释的补充资料；这些外部资源，包括条约缔约前的准备工作及缔约时的环境。这一方法，事实上属于目的解释方法，即借助外部资源，特别是条约缔结的背景环境，从而反映出缔约国当时的缔约目的，据此对含义模糊的术语进行解释。然而，目的解释方法仍然无法避免对相似或相同术语的解释存在分歧。譬如，基于条约的筹备工作和缔约环境，对“公共秩序”的理解在民法法系国家和普通法法系国家之间就存在差异。由此可知，依据一国之缔约目的来对相似术语作出有效、适当且必要的解释，实非易事。[1]

笔者认为，正是基于上述对《维也纳条约法公约》条约约文解释方法的质疑，忽略缔约国缔约目的的细微差异，赋予相似或相同术语以一致的含义，此种“走捷径”的解释方法是可以理解的，毕竟对条约的解释是一项融合了科学与艺术的艰巨工程。[2] 诚然，遵循先例，直接接受先前仲裁庭对某一术语所作出的解释，会使问题的处理趋于简单。然而，倘若要保持投资者－东道国仲裁机制的正当性，就应至少在《维也纳条约法公约》允许的范围内探究条约术语的应有之义以及缔约国的缔约目的。ICSID 仲裁机制的建立，是为了有效解决国际投资争端，使投资争端解决非政治化；为此，通过批准 ICSID 公约和缔结双边投资条约等方式，赋予外国投资者直接向东道国索赔的权利，且明确表达了同意将投资争端交付仲裁管辖的意思表示，这是国家对自身主权在一定程度上的自我限制，从而形成对外国投资者进行保护的法律框架。但是，对国家主权的限制，应当建立在尊重东道国主权的基础上。仲裁庭对条约约文的解释，应体现双重价值，即不仅应当考量投资者的利益，亦应尊重国家主权。这就要求对不排除措施条款的解释，应当把握好按文本解释的严格方式和按目的解释的灵活方式——首先以《维也纳条约法公约》着重要求的文本解释方法为起点，在文本解释难以明确条约中某个术语的真实含义时，结合条约缔结的筹备工作和缔约时的环境等因素，探究国家的缔约目的。

---

〔1〕William W. Burke-White, Andreas von Staden, ‘Investment Protection In Extraordinary Times: The Interpretation and Application of Non-Precluded Measures Provisions in Bilateral Investment Treaties’, Virginia Journal of International Law, vol.48，339－40（2008）.

〔2〕Panos Merkouris, ‘Introduction: Interpretation Is a Science, Is an Art, Is a Science’, in Malgosia Fitzmaurice, et al.（eds.）, *Treaty Interpretation and the Vienna Convention on the Law of Treaties: 30 Years On*, Martinus Nijhoff Publishers, 2010，12－13.

同时，需要指出的是，在实践中条约解释的艰难与复杂远非《维也纳条约法公约》可以轻易解决的，也不仅仅纯粹是关涉采用文本解释抑或目的解释的方法论问题。所谓条约的约文有且仅有一个正确的抑或真实的意思，不过是理性主义的虚构，因为条约解释过程中的主观性必然存在，仲裁庭或法庭往往会出于不同的政策考量，对同一条约条文作出迥异甚至截然相反的解释。[1] 因此，条约的解释需要国际法规则的约束，防止解释者的主观性被无限放大。《维也纳条约法公约》规定的解释方法与规则，虽非万能，但至少在一定程度上约束了仲裁员或法官的解释过程，为条约的解释注入了确定性与法律公信力的因素。[2]

第三节　不排除措施条款允许东道国免责之情形

长久以来，双边投资条约为跨国投资提供了具有深远意义的保证，被视为极强的对外国投资者利益保护的“合法化”保障手段。例如，美国参议院外交关系委员会（U.S. Senate Foreign Relations Committee）报告曾指出，双边投资条约的主要目的是鼓励和保护美国在发展中国家的投资。[3] 然而，不排除措施条款的提出，将金融危机、危及公共健康紧急事件等作为例外情形，允许东道国政府违约而不承担违反条约之义务，从根本上限制了对外国投资者进行保护的法律体制。因此，何种情形属于不排除措施条款所涵盖的例外情形，如何对这些情形进行合理解释，是这一条款在适用上亟须达成共识的重要事宜。

一、基本安全利益

（一）基本安全利益的界定：从传统国防政治安全到国家经济安全

“基本安全利益”（Essential Security Interests）已广泛应用于多边及双边投资协议、国际组织文件和国际司法实践。[4] 无论采取何种措辞，与“基本安全

---

〔1〕Céline Lévesque, ‘Investor-State Arbitration Under NAFTA Chapter 11：What Lies Beneath Jurisdictional Challenges’, ICSID Review: Foreign Investment Law Journal, vol.17，347（2002）.

〔2〕See Céline Lévesque, ‘Investor-State Arbitration Under NAFTA Chapter 11：What Lies Beneath Jurisdictional Challenges’, ICSID Review: Foreign Investment Law Journal, vol.17，347（2002）.

〔3〕Investment Treaties with Senegal, Zaire, Morocco, Turkey, Cameroon, Bangladesh, Egypt and Grenada, 100th Cong. 2nd Sess. Exec. Rep 100 – 32，4 October 1988, at 2 – 3.

〔4〕OECD, ‘Security-Related Terms in International Investment Law and in National Security Strategies’, May 2009, at 6 – 8; Katia Yannaca-Small, ‘Essential Security Interests under International Investment Law’, in OECD, *International Investment Perspectives: Freedom of Invesment in a Changing World*, 2007.

利益”相关的另一术语——“国家安全”（National Security）通常用来指保护国家及其公民免受一系列广泛的威胁。[1] 在适用上，关键的问题在于如何解释一国的“基本安全利益”，特别是除了传统上普遍认可的军事侵略和战争威胁外，“基本安全利益”是否还应包括国家经济安全等利益。

在 1986 年的 *Military and Paramilitary Activities in and against Nicaragua (Nicaragua v. U.S.)* 案中，国际法院曾对美国－尼加拉瓜和美国－伊朗友好通商航海条约中包含的类似不排除措施条款中“基本安全利益”的术语进行了较为宽松的解释。国际法院认为，关于基本安全利益的概念显然超出了武力袭击的范畴，包括可能影响一国安全的其他威胁因素。[2] 不过，国际法院侧重探究由“基本安全利益”造成的风险是否合理，而没有对“基本安全利益”的含义作进一步解释，因为无论如何界定“基本安全利益”，美国所采取的行动都不是为了保护其国家安全利益所必需的，因而不符合条约的规定。[3]

2003 年，国际法院在 *Case Concerning Oil Platforms (Iran v. U.S.)* 案[4] 中再次对“基本安全利益”作出了解释，但依然未直接界定“基本安全利益”的范畴，只是认定美国于 1987－1988 年对伊朗石油设施的武力袭击并非 1955 年美国－伊朗友好通商航海条约中第 20 条第 1 款 d 项为保护美国基本安全利益而必需采取的措施。[5] 在诉讼中，美国将基本安全利益界定为包括“在海湾不受干扰的海事贸易”利益，并声称此项利益对于包括美国在内的国家的经济和安全利益而言是必需的。国际法院认同了美国的这一观点，认为“美国船舶和船员的安全”以及“美国在波斯海湾不受干扰的海事贸易”，属于美国合理的安全利益。[6] 由此可知，由美国提出并经国际法院认可的基本安全利益不仅包括了一国的领土和军事利益，亦包括该国的经济利益。国际法院对“基本安全利益”的解释表明，基本安全利益并不局限于纯粹的军事威胁，同时包括了可能影响一国安全的其他形式的威胁。

1947 年的《关税及贸易总协定》第 21 条以及世界贸易组织（World Trade

---

〔1〕 See OECD, ‘Security-Related Terms in International Investment Law and in National Security Strategies’, May 2009, at 4.

〔2〕 I.C.J. Report 1986, at 116.

〔3〕 See I.C.J. Report 1986, at 141.

〔4〕 *Oil Platforms (Iran v. U.S.)*, Judgment, （Int’l Ct. Justice 6 Nov., 2003）, International Legal Materials, vol.42, 1334（2003）.

〔5〕 Pieter H. F. Bekker, ‘International Decision: Oil Platforms (Iran v. United States）’, American Journal of International Law, vol.98, 551－54（2004）.

〔6〕 See Pieter H. F. Bekker, ‘International Decision: Oil Platforms (Iran v. United States）’, American Journal of International Law, vol.98, 555－58（2004）.

Organization，WTO）《服务贸易总协定》（General Agreement on Trade in Service，GATS）第 14 条之二均规定了与“基本安全利益”相似的“安全例外”。[1] 不过，这些条文只是规定了基于“保护一国基本安全利益”的例外，而并未进一步明确“基本安全利益”的范围。适用《关税及贸易总协定》第 21 条例外的四个 GATT 争端解决程序案件，均未对“基本安全利益”的范围作出清晰的界定。[2] 学术界普遍建议对 GATT 第 21 条中的“基本安全例外”作出广义的解释，例如德国学者 Hannes L. Schloemann 和 Stefan Ohlhoff 就主张基本安全利益包括广泛范围内合法的利益，即原则上任何特定的正常利益都应属于 GATT 第 21 条项下应当保护的合法利益。[3]

从各国的实践来看，美国倡导对“基本安全利益”进行广义解释，这在 *Case Concerning Oil Platforms（Iran v. U.S.）*案中已得到彰显。在德国，不排除措施条款采用的是“公共安全”（Public Security）的措辞而非“基本安全”。尽管对“公共安全”的官方解释阙如，通过德国国内对该术语的使用仍可推断出其基本含义。在德国的不排除措施条款中，安全目标和公共秩序目标通常仅用“公共安全与秩序”（Public Security and Order，Öffentliche Sicherheit und Ordnung）这一术语来体现。1985 年在 Brokdorf 裁决中，德国联邦宪法法院概括了“公共安全”的核心意思：

> “公共安全”术语包含对主要法律利益的保护，譬如生命、健康、自由、荣誉、个人财产与财富、维护法律秩序和国家机构的完整。在这方面，对公共安全的威胁通常将会被视为是对这些受保护的利益的不法侵害。[4]

---

[1] 例如，《关税及贸易总协定》第 21 条规定：“本协定不得解释为：（甲）要求任何缔约国提供其根据国家基本安全利益认为不能公布的资料；或（乙）阻止任何缔约国为保护国家基本安全利益对有关下列事项采取其认为必需采取的任何行动：（1）裂变材料或提炼裂变材料的原料；（2）武器、弹药和军火的贸易或直接和间接供军事机构用的其他物品或原料的贸易；（3）战时或国际关系中的其他紧急情况；或（丙）阻止任何缔约国根据联合国宪章为维持国际和平和安全而采取行动。”《服务贸易总协定》第 14 条作了相似规定。

[2] 这四个案例包括：*Czechoslovakia v. United States* in 1949, *Nicaragua v. United States* in 1984（Nicaragua I）, *Nicaragua v. United States* in 1985－1986（Nicaragua II）, and *Yugoslavia v. European Community* in 1991－1992.至于为何这些案件均未明确解释“基本安全”，参见 Hannes L. Schloemann, Stefan Ohlhoff, '"Constitutionalization"and Dispute Settlement in the WTO: National Security as an Issue of Competence', American Journal of International Law, vol.93，426，432－39（1999）.

[3] Hannes L. Schloemann, Stefan Ohlhoff, '“Constitutionalization” and Dispute Settlement in the WTO: National Security as an Issue of Competence', American Journal of International Law, vol.93，444（1999）.

[4] According to this the concept of “public safety” includes the protection of central legal interests like life, health, freedom, honour, property and wealth of the individual as well as maintaining the legal order and the state institutions intact. In this connection, an endangering of public safety is as a rule assumed if a criminal violation of these protected interests is threatened. See Brokdorf Judgment, Decisions of the Federal Constitutional Court (Bundesverfassungsgericht）, Federal Constitutional Court (First Senate）14 May 1985，1 BvR 233，341/81, BVerfGE 69，315, Translated by Mr Raymond Youngs, Southampton Institute, translated at: http://www.iuscomp.org/gla/judgments/tgcm/v850514.htm, visited on 28 April 2021.

这一定义包含了三个要素：其一，法律秩序的统一，这包括全部正式有效的法律法规的统一；其二，个人权利和法律利益的统一；其三，国家机构的统一，涉及国家领土完整和政治独立。[1] 总体而言，这三要素表明了德国对“基本安全”的解释同样是广义的。

对“基本安全利益”进行解释的新发展来自 ICSID 仲裁庭对前述阿根廷作为被申请方的五个案件。在这五个案例中，ICSID 仲裁庭确定了“基本安全”的广义解释；尽管这五个案件的申请方均辩称美国 – 阿根廷 BIT 中的不排除措施条款不能适用于经济紧急情况（Economic Emergency），仲裁庭认为基本安全和公共秩序应广义地包括经济危机。在 *LG&E Energy Corp.，LG&E Capital Corp. and LG&E International Inc v. Argentine Republic* 案中，仲裁庭就认为美国 – 阿根廷 BIT 第 11 条不仅适用于军事行动和战争情形，还适用于经济危机情形：

> 无疑，阿根廷在 2001 年 11 月期间需要及时、果断的行动来恢复国内秩序，阻止经济衰退。将如此严峻的经济危机排除在基本安全利益之外，是削弱了经济对整个阿根廷人民的生存状态和政府领导能力的破坏。当一国的经济濒临绝境，问题的严重程度决不亚于任何一次军事侵略。当一国的经济基础濒临坍塌，问题的严重性不亚于任何军事侵略。[2]

不但 LG&E 案仲裁庭倾向于接受经济危机作为援引不排除措施条款的理由，甚至在作出相反裁决的 *CMS Gas Transmission Company v. Argentine Republic* 案，仲裁庭也认为，无论是习惯国际法的文本抑或条约的目的和作用本身，都未将严重的经济危机从第 11 条的范围中予以排除，[3] 即严重的经济危机属于不排除措施条款中的“基本安全”范畴：

> 应当牢记，一个特定双边条约的范围，如本条约，通常应理解并解释为要同时照顾到双方的关切。倘若把基本安全利益的概念局限于紧迫的政治及国家安全方面的关切，特别（只是）那些具有国际性质的事项，而排除了其他利益，譬如严重的经济紧急情况，将会导致对第 11 条的失衡理解。此种理解方法未能完全遵守条约解释的规则。[4]

---

〔1〕William W. Burke-White, Andreas von Staden, ‘Investment Protection In Extraordinary Times: The Interpretation and Application of Non-Precluded Measures Provisions in Bilateral Investment Treaties’, Virginia Journal of International Law, vol.48，353（2008）.

〔2〕ICSID Case No. ARB/02/1, Decision on Liability of 3 October 2006, para.238.

〔3〕ICSID Case No. ARB/01/8, Award of 12 May 2005, para.359.

〔4〕ICSID Case No. ARB/01/8, Award of 12 May 2005, para.360.

此种宽泛的解释符合美国－阿根廷BIT第11条约文，亦契合了缔约双方的意图。

笔者认为，应当对“基本安全利益”作广义解释。在经济全球化浪潮的席卷下，一国金融或经济危机的爆发，往往具有极强的传导和相互影响作用，例如2006年美国开始显现的次贷危机（Subprime Mortgage Crisis），由次级抵押贷款机构破产、投资基金被迫关闭、股市剧烈震荡引起的金融风暴，自2007年8月开始席卷美国、欧盟和日本等世界主要金融市场，从而使一国、一个区域的国家均陷入危机境地，[1]严重侵害了一国的国家基本安全利益。由此可知，在全球化时代，经济安全利益对国家基本安全的影响不可估量，经济利益因素应当构成国家基本安全的一个重要组成部分。事实上，联合国贸易和发展会议的文件已肯定国家安全概念的演进——从军事威胁到应对经济危机和保护战略产业。牛津英语词典将“国家安全”定义为：“国家及其人民、机构等的安全，特别保护其不受军事威胁或间谍、恐怖主义等的影响。”这一定义并未穷尽保护的对象，也未穷尽威胁的来源。这样，既然国家及其人民的安全显然是这一规定的核心，则可合理地认为，对人民健康和环境的威胁也包括在内，还包括对该国一般政治、经济、金融制度以及国内基础设施和文化传统的威胁。同样，可能存在多种原因威胁到国家安全。除却上述提及的军事威胁、间谍和恐怖主义，疾病传播、自然灾害、内乱、严峻的经济危机，以及外资企图控制本国重要产业等相关情形都应属于影响国家安全的情形。[2]由此，从广义解释的角度而言，基本安全利益不仅限于传统的一国国防政治安全利益，亦包括经济安全、人民生命安全以及法制安全等利益；这对于一国在经济全球化和投资自由化的大背景下维护本国主权是极为必要的。

（二）三个后续问题

1. 经济危机的严重程度

在确定国家经济安全利益包括在一国基本安全利益范围内之后，随之产生了两个问题：第一个问题是，如何判断经济危机的严重程度构成了对国家基本安全利益的威胁，即国家在此种经济危机情形下采取的唯一可行的措施是可以免责的。然而诚如前述，五个仲裁庭对此作出的认定是不同。

自21世纪以来，全球经济格局和经济态势错综复杂，在全球市场竞争体系下的科技创新、产业分工重组、市场深度分割等国家经济战略利益的较量与博

〔1〕Kristina St. Charles, 'Regulatory Imperialism: The Worldwide Export of European Regulatory Principles on Credit Rating Agencies', Minnesota Journal of International Law, vol.19，399（2010）.

〔2〕UNCTAD, 'The Protection of National Security in IIAs'，2009, UNCTAD/DIAE/IA/2008/5, U.N. Sales No. E. 09.II.D.12, at 7.

弈，形成了一国经济的短期增长和长期战略进取相互交替的格局；[1]同时，商业周期的高峰，往往暗含着财政紧缩、经济衰退以及其他经济紧急情况，[2]因此，一国的经济状况可能如晴雨表般转变。正因为如此，仲裁庭对一国的经济态势及其经济危机严重程度的认定有所不同。例如，在 *Sempra Energy International v. Argentine Republic* 案中，专家和仲裁庭对阿根廷危机结束的时间就存在着2003年中期、2004年底以及2005年初等几种不同的意见。[3]可以说，对经济危机的认定，对ICSID仲裁庭而言是个艰难却无从回避的隘口。事实上，非但在一国面临经济危机的认定上举步维艰，即使对危急情况的著述颇丰，但关于基本利益遭受的危险程度——“严重且迫切的危险”（grave and imminent peril）的要求，亦鲜少被述及。[4]依据 Roberto Ago 的见解，国家可以免责的措施，应当是为了避免“极其严重且迫切的危险”（extremely grave and imminent peril）。[5]而作为2001年联合国大会通过的《国家对国际不法行为的责任条款草案》的大会特别报告人，时任剑桥大学教授的 James Crawford 大法官则认为，危险应当是已客观形成的，而不是可能会发生的。[6]在此基础上，LG&E 案的仲裁庭进一步解释了“迫切的”意味着“将很快发生”（will soon occur）。[7]不过，尽管仲裁庭的解释无疑是合理的，但在阐明“基本利益”的含义上并无多少助益。

笔者认为，能否认定阿根廷的经济危机已足够严重并构成了对国家基本安全利益的威胁，在很大程度上取决于被申请方阿根廷是否提供了具有充分证明力的证据。不过，笔者认为 *CMS Gas Transmission Company v. Argentine Republic* 案中仲裁庭关于经济危机须严重到“使社会陷于分崩离析的灾难性

---

〔1〕参见韩康等著：《21世纪：全球经济战略的较量》，经济科学出版社2003年版，前言第1页。

〔2〕Charles P. Kindleberger, *Manias, Panics, and Crashes: A History of Financial Crises*, John Wiley & Sons Inc.，2000，3.

〔3〕ICSID Case No. ARB/02/16, Award of the Tribunal of 28 September, para.250.

〔4〕Christian J. Tams, ‘The Defence of Necessity – As Reflected in Recent Investment Arbitrations’, in Jiirgen Bering, Tillmann Rudolf Braun, *et al.*, *General Public International Law and International Investment Law: A Research Sketch on Selected Issues*, Beiträge zum Transnationalen Wirtschaftsrecht, International Law Association German Branch – Sub-Committee on Investment Law, Heft 105, March 2011，67.

〔5〕Roberto Ago, ‘The Internationally Wrongful Act of the State, Source of International Responsibility’（part 1）, Addendum-Eighth report on State responsibility, U.N. Doc. A/CN.4/318/Add.5 – 7，29 February, 10 and 19 June 1980, at 20, available at: http://untreaty.un.org/ilc/documentation/english/a_cn4_318_ add5 – 7.pdf, visited on 28 April 2021.

〔6〕James Crawford, ‘Second Report on State Responsibility’, UN General Assembly, International Law Commission, 51st Session, Geneva, U.N. Doc. A/CN.4/498/Add 2，23 July 1999, at 31, available at: http://untreaty.un.org/ilc/documentation/english/a_cn4_498_add3.pdf, visited on 28 April 2021.

〔7〕ICSID Case No. ARB/02/1, Decision on Liability, 3 October 2006, para.253.

境地，或导致经济的全面坍塌”（catastrophic conditions in terms of disruption and disintegration of society，or are likely to lead to a total breakdown of the economy）[1]的观点颇显苛刻。试问，经济危机将造成一国社会和经济全面崩塌才符合适用不排除措施条款的严重程度，若此时方允许东道国采取紧急措施应对危机，是否已为时晚矣？危机带来的巨大影响力，无疑将造成东道国不可挽回的巨大损失。因此，CMS 案仲裁庭关于经济危机严重程度的认定是值得商榷的。

2. 措施的唯一可行性

第二个问题是，如何判断为应对经济危机而采取的措施具有唯一可行性。ICSID 仲裁庭的实践表明，有两种方法来衡量阿根廷政府所采取的措施是否唯一可行。其一，判断是否存在其他可适用的足以应对危机的方法。CMS 案仲裁庭援引了联合国国际法委员会的看法，即“倘若有其他（合法）可行的措施，即使这些措施代价更大或更不方便，则不符合唯一可行性”。[2] Enron 案仲裁庭则仅仅是从世界其他国家应对经济危机的比较经验来认定一国可以有多种可行的应对和补救措施，在难以认定这些措施都无法应对阿根廷危机的前提下，不能认为阿根廷采取的措施是唯一可行（the only way）的措施。[3] Sempra 案仲裁庭承袭了 Enron 案的见解，同样认为从全球应对经济危机的经验比较来看，应对和补救此种危机的方法存在多种。[4]

其二，直接判断某个经济措施是否是解决危机的唯一方法，而无须再考量是否存在其他方法。LG&E 案仲裁庭即采用此种方法：

阿根廷的基本利益在 2001 年受到了威胁。阿根廷面临着极其严重的威胁，包括对其国家的存续、政治与经济存在、维持其基本服务运作的可能性，以及保护国内和平的威胁。没有极强的证据表明，阿根廷在危机中遭受了紧急状况。在这种情况下，经济复苏计划是应对危机的唯一方法。尽管可能存在其他一些制定经济复苏计划的途径，但是仲裁庭所得到的证据表明，一个全面的应对是必要的，且应当确定公共事业的使用费。在危机期间，任何其他国家的权利，并未因阿根廷所采取的措施而遭受严重损害。因此，条约第 11 条免除了阿根廷在国家紧急情况中所采取的措施的责任。[5]

---

〔1〕ICSID Case No. ARB/01/8, Award of 12 May 2005, para.354.

〔2〕ICSID Case No. ARB/01/8, Award of 12 May 2005, para.324.

〔3〕ICSID Case No. ARB/01/3, Award of 22 May 2007, para.308.

〔4〕ICSID Case No. ARB/02/16, Award of the Tribunal of 28 September 2007, para.350.

〔5〕ICSID Case No. ARB/02/1, Decision on Liability of 3 October 2006, para.257.

这两种方法的差异在于，第一种方法并未考察东道国的具体国情而仅仅是通过他国的经验来断定阿根廷所采取的措施并非是唯一可行的；第二种方法则将问题的焦点从是否存在其他可适用的方法来应对经济危机转移到只要阿根廷采取的某个应对措施是解决经济危机的唯一方法即可，而无须再去考量其他措施。相较而言，第一种方法的弊端在于，即使仲裁庭通过他国经验的比较考察而认为存在其他可行措施，这些其他可行措施可能只是适用于他国的当时国情，对阿根廷经济危机来说只是具有理论上的可行性，实际操作起来这些在他国的可行措施可能根本无法应对阿根廷经济危机。因而，仅仅找出存在多种措施来应对经济危机是远远不够的；只是基于存在其他措施而认定阿根廷所采取的措施不是唯一可行的，[1]对被申请方阿根廷来说是有失公允的。不过，尽管第二种方法采取了较为宽松的认定方法，同样也存在瑕疵，这是因为第二种方法极易导致即便东道国所采取的措施不足以应对经济危机，也会允许其免除责任。[2]然而，迄今为止，仲裁庭并未试图进一步确定唯一可行性的标准，反而看上去更像是将相关分析模糊化。[3]

3. NPM 条款与一般国际法之危急情况例外的适用

事实上，之所以引出了措施的唯一可行性问题，是由于一些 ICSID 仲裁庭将双边投资条约中的不排除措施条款与一般国际法关于国家责任的相关条款，即危急情况条款相等同，从而导致了适用一般国际法中的危急情况来替换双边投资条约中的不排除措施条款，使不排除措施条款的适用落空。2001 年 12 月 12 日，联合国大会根据国际法委员会第六委员会的报告，通过了《国家对国际不法行为的责任条款草案》，这一由 59 个条文组成的综合草案，很快成为国家责任领域最权威的法律。[4]责任条款草案规定了排除国家行为不法性的七种例外，[5]其中，对“危急情况”作了如下规定：

---

〔1〕例如，在 *Sempra* 案中，仲裁庭认为，东道国政府采取何种措施才是唯一可行的，即是否具有必要性，这并非仲裁庭的任务；仲裁庭的职责仅在于判断政府采取已经采取的措施是否具有必要性。See ICSID Case No. ARB/02/16, Award of the Tribunal of 28 September 2007, para.351.

〔2〕August Reinisch, ‘Necessity in International Investment Arbitration – An Unnecessary Split of Opinions in Recent ICSID Cases? Comments on CMS v. Argentina and LG&E v. Argentina’, Journal of World Investment and Trade, vol.8，200 – 01（2007）.

〔3〕Christian J. Tams, ‘The Defence of Necessity – As Reflected in Recent Investment Arbitrations’, in Jiirgen Bering, Tillmann Rudolf Braun, *et al.*, *General Public International Law and International Investment Law: A Research Sketch on Selected Issues*, Beiträge zum Transnationalen Wirtschaftsrecht, International Law Association German Branch – Sub-Committee on Investment Law, Heft 105, March 2011，69.

〔4〕Christian J. Tams, ‘Enforcement’, in Geir Ulfstein, Thilo Marauhn, Andreas Zimmermann (ed.)，*Making Treaties Work: Human Rights, Environment and Arms Control*, Cambridge University Press, 2007，410.

〔5〕这七种例外包括同意、自卫、反措施、不可抗力、危难、危急情况和遵守强制性规范。See Arts. 20 – 26 of the Draft Articles on Responsibility of States for Internationally Wrongful Acts, U. N. GAOR, 56th Sess., Supp. No. 10, U.N. Doc. A/56 /10，12 December 2001.

> 1. 一国不得援引危急情况作为理由解除不遵守该国某项国际义务的行为的不法性，除非：
>
> （a）该行为是该国保护基本利益，对抗某项严重迫切危险的唯一办法；而且
>
> （b）该行为并不严重损害作为所负义务对象的一国或数国或整个国际社会的基本利益。
>
> 2. 一国不得在以下情况下援引危急情况作为解除其行为不法性的理由：
>
> （a）有关国际义务排除援引危急情况的可能性；或
>
> （b）该国促成了该危急情况。[1]

依据本条规定，在援引“基本利益”抗辩时，一国所采取的措施应当是对抗某项严重迫切危险的“唯一办法”（the only way），即该国采取的措施是唯一可行的。对此，联合国国际法委员会已解释道，一国以危急情况例外为由，必须是没有其他方法而只能违背国际责任；若存在其他可得的合法方法，即使这些方法可能更耗资或不便利，该国以危急情况例外为由的诉求将无法成立。[2]这意味着，一国要援引危急情况，必须要证明其面临的情况是紧迫的，并且无法采用其他合理的办法。[3]由此可知，要求东道国在应对经济危机时采取的措施是唯一可行的，是一般国际法中的“危急情况”例外；而双边投资条约中的不排除措施条款，并未规定东道国采取的应当措施须为唯一可行。作为一般国际法，危急情况例外得以适用于国际投资争端的解决程序是毋庸置疑的；然而，缘于一些多边和双边投资条约本身也规定了不排除措施条款，即规定缔约方不应以任何方式约束缔约任何一方为保护国家基本安全、公共秩序等利益而采取措施的权利，这就形成了危急情况例外与不排除措施条款在适用上的冲突。虽然危急情况与不排除措施条款在英文上的表达相近，危急情况在一般国际法上的措辞是“Defense of Necessity”（紧急情况抗辩），而不排除措施条款在双边投资条约中的措辞是“Necessary Measures”（必要的措施）；但是，二者在实质内容（Substantive Content）、理论依据（Theoretical Justification）、法律渊源（Source of Legal Authority）以及适用范围（Scope of Applicability）上存在着诸多不同。

首先，在实质内容上，不排除措施条款比紧急情况抗辩更广泛。危急情况仅限于《国家对国际不法行为的责任条款草案》第25条所规定的情形，其作

---

〔1〕Art.25 of the Draft Articles on Responsibility of States for Internationally Wrongful Acts.

〔2〕ILC's Commentary on Art. 25 of the Draft Articles on Responsibility of States for Internationally Wrongful Acts, para.15.

〔3〕Burleigh Cushing Rodick, *The Doctrine of Necessity in International Law*, Columbia University Press, 1928，27.

用在于事后排除一国违反国际义务的不法性。相较而言，不排除措施条款则通过条约使一国在特定的情形下免除国际义务，免除义务的范围更为宽泛，包括国家基本安全、公共秩序、公共健康、公共道德等。其次，在理论依据上，不排除措施是通过条约特定国家行为的责任才得以事先豁免，条约免除这些国家行为的责任原因在于这些行为与特定的国家目的（State Objectives）紧密相连，即不排除措施条款是从一开始就免除了国家在某些情形下的条约义务。与此不同，习惯国际法上的紧急情况抗辩在事件发生后免除国家责任，是出于至高系统性的政治目标（Overriding Systemic Policy Goals）的考量，这些政治目标是为国际社会所普遍接受的，只要发生紧急情况，任何国家都可以援引紧急情况抗辩。再次，在法律渊源上，不排除措施条款来源于条约法，作为双边投资条约约文的不排除措施条款只是在条约的有效期内对条约缔约方有效，因此是特别法，也是限制条约的适用范围、免除一国违约行为的首要规则。危急情况例外则源自习惯国际法，而习惯国际法是普遍适用于各国的准则，属一般法。最后，在适用范围上，习惯国际法的免责规定适用于所有国家，而不排除措施条款只适用于缔结含有此类条款的特定国家之间，例如双边投资条约的缔约双方。条约是缔约国依自身利益协商签订的，因而不排除措施条款在不同国家之间的含义可能存在不同；但习惯国际法上的规定则是一致的。[1]

具体到ICSID仲裁庭所审理的上述五个案件，在试图融合美国－阿根廷BIT第11条与《国家对国际不法行为的责任条款草案》第25条时，仲裁庭忽视了两个条款之间的三个极为重要的差异：其一，第11条本就不适用于特定的初步（*prima facie*）违反条约的不法性，而不仅仅是不能排除特定的初步违反条约的不法性。其二，第11条在实质上有别于ASR第25条，特别是第11条并没有第25条所规定的各种严格条件；譬如，第11条未涉及其他国家的“基本利益”。其三，第11条项下措施的“必要性”（be necessary）要求绝不等同于ASR第25条所规定的“唯一办法”（the only way）。[2]

国际法院在 *Military and Paramilitary Activities in and against Nicaragua (Nicaragua v. U.S.)* 案中关于“习惯国际法仍将与国际条约法共存并各自适用，

〔1〕William W. Burke-White, Andreas von Staden, ‘Investment Protection In Extraordinary Times: The Interpretation and Application of Non-Precluded Measures Provisions in Bilateral Investment Treaties’, Virginia Journal of International Law, vol.48，321－22（2008）.

〔2〕Christian J. Tams, ‘The Defence of Necessity – As Reflected in Recent Investment Arbitrations’, in Jiirgen Bering, Tillmann Rudolf Braun, *et al.*, *General Public International Law and International Investment Law: A Research Sketch on Selected Issues*, Beiträge zum Transnationalen Wirtschaftsrecht, International Law Association German Branch – Sub-Committee on Investment Law, Heft 105, March 2011，70.

年 7 月 19 日，重新提交程序因当事人和解终止。[1] 总体而言，CMS 案、Enron 案和 Sempra 案撤销程序中的专门委员会已开始分析双边投资条约中不排除措施条款和习惯国际法中危急情况例外的适用问题，并矫正了仲裁庭在适用法律上的谬误，这对于不排除措施条款中“国家基本安全利益”的解释无疑具有重要的意义。

二、国际和平与安全

“国际和平与安全”经常出现于不排除措施条款中，美国早期对外缔结的 BITs 就规定了“为维持或恢复国际和平与安全而履行的义务”，[2] 2004 年 BIT 范本进一步规定了“本条约中的任何规定不排除任一缔约方为履行维持或恢复国际和平与安全的义务而适用必要的措施”。[3] 加拿大 2004 年 FIPA 范本同样规定了“本协定中的任何规定不得解释为阻止任一缔约方依据联合国宪章为维持国际和平与安全而赋予的义务而采取行动”。[4] 这一条款通常被理解为允许国家采取由联合国安理会授权在推进其“维持国际和平及安全之主要责任”[5] 上的行动。鉴于作为联合国成员国，一国必须“依宪章之规定接受并履行安全理事会之决议”，[6] 这一条款确保了成员国不会因执行安理会决议而被认为违反了 BIT 项下的义务。例如，美国国务卿 Madeline Albright 在向时任总统克林顿和白宫提交的附于美国 – 巴林 BIT 的函件中就指出，“维持或恢复和平或安全的国际义务包括，例如，源于联合国宪章第七章的义务”。[7] 美国 – 阿根廷 BIT 则载明了“维持或恢复国际和平或安全的义务是指联合国宪章规定的义务”。[8]

值得关注的是，尽管对这一条款的通常理解是指依照《联合国宪章》而采取行动，目前也有国家试图将这一条款适用于依据区域性组织而非联合国安理会所作出的决议。《联合国宪章》关于“本宪章不得认为排除区域办法或区域机关、用以应付关于维持国际和平及安全而宜于区域行动之事件者”[9] 的规定，是区域性组织

---

〔1〕ICSID Case No. ARB/01/3, Order Taking Note of the Discontinuance of the Proceeding pursuant to ICSID Arbitration Rule 43(1), 19 July 2018.

〔2〕Art. X（1）of the Treaty Concerning the Treatment and Protection of Investments, U.S. – Panama, , 27 October, 1982, International Legal Materials, vol.21，1227（1982）.

〔3〕Art. 18（2）of the 2004 U.S. Model BIT.

〔4〕Art. 10（4）of Canadian 2004 Model Foreign Investment Protection and Promotion Agreement.

〔5〕Art. 24（1）of the UN Charter.

〔6〕Art. 25 of the UN Charter.

〔7〕Letter of Submittal of the U.S. – Bahrain BIT from Secretary of State Madeline Albright, 24 April 2000, annexed to U.S. – Bahrain BIT, available at: http://www.state.gov/documents/organization/43479.pdf, visited on 29 April 2021.

〔8〕Art. 6 of Protocol of the U.S. – Argentina BIT, 14 November 1991.

〔9〕Art. 52（1）of the UN Charter.

得以采取行动的依据。最明显的例子当属北大西洋公约组织（North Atlantic Treaty Organization，NATO）对科索沃的干预行动，这一行动并未获得安理会的批准，但在一定程度上仍是维持国际和平与安全的。[1]对于不排除措施条款在这一行动上的效力，笔者认为，倘若区域性行动的采取遵循了《联合国宪章》第八章的规定，且行动的采取对于维持或恢复国际和平与安全是必要的，[2]不排除措施条款才存在适用的可能性。但是，假如区域性行动的采取并不符合《联合国宪章》第八章的规定，而仅仅是出于区域性组织的决议，这一情形似乎并不足以证明不排除措施条款的适用性。维持或恢复国际和平与安全通常基于普遍共识，源于单边或区域性联盟的意志而采取维持或恢复国际和平与安全，往往缺失正当性。

三、公共秩序

同“基本安全利益”一样，不排除措施条款中另一个作为国家免责抗辩的“公共秩序”[3]的含义难以界定，这大抵缘于公共秩序在各国国内法律体系和司法传统中的广泛应用。作为普通法系代表的美国，其BITs中的“公共秩序”主要指向“为确保公共健康和安全，依据缔约方警力而采取的措施”。[4]此外，美国还试图澄清“基本安全”与“公共秩序”在BIT中的差异。依照美国的观点，“基本安全利益”通常包括国家在战时或全国紧急状态下采取的与安全有关的行动。“基

〔1〕Christopher Greenwood, ‘International Law and the NATO Intervention in Kosovo’, International & Comparative Law Quarterly, vol. 49（4），926 – 934（2000）.

〔2〕《联合国宪章》第八章第 52 条对于区域性组织行动的合法性附加了一个条件，即应当符合联合国之宗旨及原则；然而，由于缺失一个特别的有权机构来审查此种“符合”，导致了区域性组织的行动只是符合区域性协议的。See Bruno Simma (ed.），*Charter of the United Nations: A Commentary*, Oxford University Press, 1994，696 – 97.

〔3〕需要指出的是，国际投资条约中“公共秩序”的含义与国际私法上的“公共秩序”并不等同，后者的主要作用在于排除外国法的适用而最终适用本国法，且如何界定“公共秩序”亦主要依赖国内法。国际私法上的“公共秩序”范围要远大于投资条约中的“公共秩序”，投资条约中的“公共秩序”例外意指东道国为维护社会公共健康和安全等方面而必须采取的措施，该措施即便违反了条约规定，东道国仍可免责，这意味着要援引“公共秩序”例外，该国遭至的威胁较之国际私法上“公共秩序”的违反更为严重。通常说来，国际私法上的“公共秩序”与其他领域的“公共秩序”并非完全等同。例如，国际私法上的“公共秩序”与国际贸易法中《服务贸易总协定》（GATS）第 14（a）条中的“公共秩序”并不等同（参见彭岳：《贸易与道德：中美文化产品争端的法律分析》，载《中国社会科学》2009 年第 2 期，第 142 页）。GATS 第 14（a）条中的“公共秩序”是为保护反映在公共政策和法律中的社会基本利益，这些社会基本利益与法律、安全和道德等方面的标准相关。See *United States – Measures Affecting the Cross-Border Supply of Gambling and Betting Services*, Report of the Panel, WT/DS285/R, 10 November 2004, paras.6.462 – 469, available at: http://www.worldtradelaw.net/reports/wtopanelsfull/us-gambling (panel)（full). pdf, visited on 29 April 2021.

〔4〕Letter of Submittal of the U.S. – Mongolia BIT from Secretary of State Strobe Talbot, 16 June 1995, available at: http://www.state.gov/documents/organization/43579.pdf, visited on 29 April 2021.

本安全利益”与“公共秩序”的迥异体现在严重性与规模上，即“公共秩序”主要涵盖和平时期与必要法律执行相关的活动，一俟“公共秩序”本身因武装反抗或严重危机而处于紧急严重状态时，则进入到“基本安全利益”的范围。[1]

作为大陆法系典范的德国也发展出了一个相对明确的不排除措施条款中“公共秩序”的含义。与前述德国法上的“公共安全”并行，“公共秩序”也是国家得以免责的抗辩之一，区别在于“公共安全”意指各种成文法律规章形成的统一法律秩序，而“公共秩序”则指不成文的社会规范（也是法外规范）形成的补充的法律秩序，这些社会规范对于维护和平与社会的和谐共存是不可或缺的。[2] 尽管这一解释遭至学者批判，认为如此界定的公共秩序概念缺乏客观识别标志，易被主观滥用，同时背离了民主与法治；但德国法院仍接受其作为国家可违约的补充情形，是因为大部分领域都受到法律的规制，与“公共秩序”相关的实践领域正日渐式微。[3] 不过，德国法上“公共秩序”这一术语的运用仍表明了 BIT 实体保护中一种宽泛的例外，一旦涉及公共秩序的例外情形，风险将从国家转移至外国投资者。

在国际层面对作为国家免责情形的“公共秩序”的解释，集中体现于经济合作与发展组织（OECD）制定的 1967 年《保护外国财产公约草案》（Draft Convention on the Protection of Foreign Property）以及最终搁浅的《多边投资协议》（Multilateral Agreement on Investment，MAI）。前者包含了一个“公共秩序”类型的例外，即“倘若处于战争、敌对行动或其他因不可抗力或意外事件导致的严峻的国家紧急状态，或威胁该国基本安全利益的状态”，缔约国采取的措施可减损本公约的适用。[4] 公约的评论提供了若干解释性的例子来强调与安全相关的公共秩序，如“内战、暴乱或其他涉及面广的国内骚乱”以及包括“全国

---

〔1〕William W. Burke-White, Andreas von Staden, ‘Investment Protection In Extraordinary Times: The Interpretation and Application of Non-Precluded Measures Provisions in Bilateral Investment Treaties’, Virginia Journal of International Law, vol.48，359（2008）.

〔2〕Decisions of the Federal Constitutional Court (Bundesverfassungsgericht），Case: BVerfGE 69，315 – Brokdorf Decision of the First Senate 1 BvR 233，341/81 f, Date: 14 May 1985, Translated by Mr. Raymond Youngs, available at: http://www.utexas.edu/law/academics/centers/transnational/work_new/german/case.php？id=656, visited on 29 April 2021.

〔3〕William W. Burke-White, Andreas von Staden, ‘Investment Protection In Extraordinary Times: The Interpretation and Application of Non-Precluded Measures Provisions in Bilateral Investment Treaties’, Virginia Journal of International Law, vol.48，360（2008）.

〔4〕OECD, ‘Draft Convention on the Protection of Foreign Property, Text with Notes and Comments’, International Legal Materials, vol.7，118（1968），Art. 6（1）.

范围内的暴风雪损害、地震、火山爆发等”自然灾害。[1] 尽管最终未能生效，1998 年起草的 MAI 草案同样规定了“公共秩序”例外，在对“公共秩序”所作的脚注中解释了当社会基本利益遭受真实且足够严重的威胁时可援引公共秩序例外。[2] 但是，谈判方之间对“公共秩序”的具体范畴并未达成一致。

从不同法系以及国际条约的规定可知，虽然措辞相同，但对作为国家免责抗辩的“公共秩序”的解释各异。尽管对公共秩序的解释应考量投资条约制定的背景等方面，而不能简单地复制国内法上的内容，[3] 国内法上公共秩序的含义仍有可能助益于国际条约中公共秩序的理解，例如当缔约方赋予条约中公共秩序特殊含义时，国内法上的公共秩序可作为相关解释的指引文件。

四、公共健康

不排除措施条款中允许东道国政府违约的另一种情形——公共健康，通常对这一术语的解释争议较小。这可能缘于多边贸易体制早已将公共健康作为一般例外。GATT 就允许成员方采取和执行为“保护人类、动物或植物生命或健康”的必要措施而不视为对 GATT 的违反。[4] WTO 乌拉圭回合达成的新协议——《实施卫生与植物检疫措施协议》（Agreement on the Application of Sanitary and Phytosanitary Measures，SPS）则进一步要求成员方应确保任何动植物卫生检疫措施的实施不超过为保护人类、动物或植物的生命或健康所必需的程度，并以科学原理为依据，如无充分的科学依据则不再实施，但第 5 条第 7 款规定的除外；[5] 且为尽可能广泛地协调动植物卫生检疫措施，各成员的卫生与动植物检疫措施应以国际标准、准则或建议为依据，除非本协议，特别是第 3 款中另有规定。[6] 随后，WTO 争端解决机构（Dispute Settlement Body，DSB）阐释了 SPS 的特殊要求，作出了三项与不排除措施条款相关的裁定：首先，上诉机构确认

---

〔1〕OECD, ‘Draft Convention on the Protection of Foreign Property, Text with Notes and Comments’, International Legal Materials, vol.7，118（1968）, Note and Comments to Article 6.

〔2〕Multilateral Agreement on Investment, Draft Consolidated Text, OECD Doc. DAFFE/MAI（98）7/REV1, 22 April 1998, at 76, footnote 2；available at: http://www.oecd.org/daf/mai/pdf/ng/ng987r1e.pdf, visited on 29 April 2021.

〔3〕不仅仅是国际投资法中的不排除措施条款，在其他领域特别是国际商事仲裁中，国内法上的公共秩序与国际公共秩序也存在着显著区别，例如有学者将国际商事仲裁中的公共秩序分为两类，一类涉及诸如毒品贸易、洗钱等涉及国际不人道事项，另一类则表现为一国自身的公共利益，通常指当事人须遵守的调整特定事项的国内立法。See Peter Molife, Hong-lin Yu, ‘The Impact of National Law Elements on International Commercial Arbitration’, International Arbitration Law Review, vol.4（1），20（2001）.

〔4〕Art. XX (b) of the General Agreement on Tariffs and Trade, 30 October 1947，55 U.N.T.S. 187.

〔5〕Art. 2（2）of the Agreement on the Application of Sanitary and Phytosanitary Measures.

〔6〕Art. 3（1）of the Agreement on the Application of Sanitary and Phytosanitary Measures.

了在争端解决程序中，合理的审查标准应遵循WTO争端解决谅解（WTO Dispute Settlement Understanding）第11条关于“事实的客观评估”的规定，而非完全采纳采取SPS措施的国家的决定；[1] 其次，关于“没有充分科学证据则不能采取此类措施”，上诉机构认为“SPS措施和科学证据之间应存在着合理或客观的联系”；[2] 最后，风险评估可基于代表主流科学的主要意见，也可来自持相反意见的专家，即第5.1条并未要求此种风险评估和基于该评估而采取的SPS措施要获得相关科学界的多数认同，在一些案子中，也可以是来自权威来源的少数意见，只要在风险评估和采取的措施之间存在合理联系即可。[3]

近年来，WTO争端解决机制与国际投资仲裁在一定程度上存在趋同的趋势，这一趋势产生的驱动力之一即WTO争端解决机制与国际投资仲裁的潜在相互援引。[4]不过，当前国际投资仲裁庭在援引WTO专家组或上诉机构报告时，仍然存在些许不当移植。[5] 因此，当考虑到投资条约中可以免除东道国责任的“公共健康”条款时，与其他协议或机构的比较和参照应当是非常谨慎的。Thomas Waelde教授和Abba Kolo博士曾建议，属于贸易条约的WTO“最少贸易限制”（Least Trade Restrictive）方法确定一个措施是否属于保护健康或环境的合法手段，这给投资条约提供了一个有用的类比。[6] 但是，将WTO或其他争议解决机构中对“公共健康”的认定来解释投资条约中的“公共健康”例外，此种类比方法是存在疑惑的。例如，在国际条约中通常合并提及“环境和健康”，就属于贸易条约的WTO而言，WTO裁定往往会赋予“环境和健康”不尽相同的规定。前述GATT第20（b）条对贸易限制措施例外的规定是“保护人类、动物或植物生命和健康的必要”措施，但第20（g）条则允许成员方采取的资源限制措施的保护对象有特定含义，即“与保护可用竭自然资源有关的措施，如此类措施与限制国内生产或消费一同实施”，[7] 而判断是否属于可用竭自然资源（Exhaustible Natural Resources）的标准并不统一。

---

〔1〕Appellate Body Report, *European Communities-Measures Concerning Meat and Meat Products (Hormones)*, WT/DS26/AB/R & WT/DS48/AB/R（16 January 1998）, paras.116 – 19.

〔2〕Appellate Body Report, *Japan-Measures Affecting Agricultural Products*, WT/DS76/AB/R（22 February 1999）, para.84.

〔3〕Appellate Body Report, *European Communities-Measures Concerning Meat and Meat Products (Hormones)*, WT/DS26/AB/R & WT/DS48/AB/R（16 January 1998）, para.194.

〔4〕Fenghua Li, ‘The Driving Forces of the Convergence of WTO Dispute Settlement Mechanism and International Investment Arbitration’, Journal of World Trade, vol.52，491 – 496（2018）.

〔5〕Jürgen Kurtz, ‘WTO Norms as ‘Relevant’ Rules of International Law in Investor-State Arbitration’, Proceedings of the ASIL Annual Meeting, vol.108，245–46（2014）.

〔6〕Abba Kolo, Thomas Waelde, ‘Environmental Regulation, Investment Protection and “Regulatory Taking” in International Law’, International & Comparative Law Quarterly, vol. 50（4），833（2001）.

〔7〕Art. XX (b)，(g) of the General Agreement on Tariffs and Trade, 30 October 1947，55 U.N.T.S. 187.

尽管在不排除措施条款中规定了“公共健康”的投资条约屈指可数，但仲裁庭审理的投资者–东道国投资争端案件中对“公共健康”的适用标准则作出了一定解释。依据 UNCITRAL 规则审理的 *Methanex Corp. v. United States of America* 案[1]、*Ethyl Corporation v. the Government of Canada* 案[2]、*S.D.Myers, Inc. v. Government of Canada* 案[3]以及 ICSID 仲裁庭审理的 *Técnicas Medioambientales Tecmed, S.A. v. Mexico* 案[4]都在一定程度上阐释了东道国采取健康和环境管制措施的理由是否足够合理。事实上，为避免因采取与公共健康和环境相关的措施而遭至的赔偿，东道国通常要提供证据，证明无论基于个案抑或普遍共识，所采取措施的目的是科学的。[5]这表明，不排除措施条款中“公共健康”面临的主要问题，是采取何种科学标准与证据来断定足以对公共健康造成威胁。在 *Methanex Corp. v. United States of America* 案中，美国加州州长 Grey Davis 于 1999 年 3 月颁布保护水资源行政命令，要求在 2002 年底之前取缔 MTBE 作为汽油添加剂，这使得向众多 MTBE 制造商提供甲醇的加拿大公司 Methanex 运营极度受损。[6] 1999 年 6 月 15 日 Methanex 提起近 1 亿美元损害赔偿金的仲裁请求，诉称加州政府的行政措施构成 NAFTA 第 1110 条中的“与征收相类似的措施”，且违背 NAFTA 第 1102 条、1105 条关于给予外国投资者国民待遇与国际法最低待遇标准的规定，其请求的损害赔偿金额近 1 亿美元。针对环保署的试验结论，Methanex 指出，地下水污染根源非 MTBE 本身，而系政府环保法实施不力、地下蓄水池处置失当以及水上船舶排放污染物所致；并进一步援引隶属于世界卫生组织（World Health Organization，WHO）的国际癌症研究机构（International Agency for Research on Cancer，IARC）的测试报告，指正 MTBE 非人类致癌物（Human Carcinogen）；而国家环境健康机构（National Institute for Environmental Health Sciences，NIEHS）的国家有毒物质计划项目（National Toxicology Program，NTP）向国会提交的第九次报告以及加州科学咨询组致癌

---

〔1〕UNCITRAL, Final Award of the Tribunal on Jurisdiction and Merits, 3 August 2005.

〔2〕UNCITRAL, Statement of Defence, 27 November 1997.

〔3〕UNCITRAL, Partial Award, 13 November 2000.

〔4〕ICSID Case No. ARB (AF) /00/2.

〔5〕Rahim Moloo, Justin Jacinto, ‘Environmental and Health Regulation: Assessing Liability under Investment Treaties’, Berkeley Journal of International Law, vol.29，25 – 37（2011）.

〔6〕本案中，在加拿大温哥华注册的 Methanex 公司是世界上最大的甲醇制造商，而甲醇是生产甲基第三丁基醚（Methyl Tertiary-butyl Ether, MTBE）的两种必备原料之一。1990 年美国空气净化法（Clean Air Act）曾为降低汽车尾气排放污染而提倡将 MTBE 作为汽油添加剂，但随后加州大学科研机构研究显示, MTBE 不易降解，一旦渗漏将污染地下水源。调查显示, MTBE 已导致加州境内至少 10 000 处地下水源遭受污染。此外，美国环保署（Environmental Protection Agency, APA）专家组试验亦证实, MTBE 致试验白鼠发生癌变，此癌变极有可能发生于人体。See Peter M. Joseph, ‘Health Effects from MTBE in Gasoline’, available at: http://www.rense.com/health3/mtbe.htm, visited on 30 April 2021; UNCITRAL, 1st Partial Award, 7 August 2002, paras.22 – 43.

物鉴定委员会第 65 号提案，均未将 MTBE 列为人类致癌物。[1] 不过，这一申辩并未获得仲裁庭的支持，在对加州政府执行 MTBE 禁令进行审查后，2005 年 8 月 3 日作出的终局裁决中仲裁庭认定加州政府行政行为程序合法、透明，其以科学报告为据，符合国际法上对程序正当性的要求。[2] 从本案例可知，外国投资者需要证明东道国政府所采取的措施非出于保护公共健康的目的，而一俟仲裁庭认定政府采取的保护公共健康的措施有合理的科学依据时，政府的行为将不视为对投资条约的违反，该措施所产生的风险将转移至投资者。

在 *Philip Morris Asia Limited v. The Commonwealth of Australia* 案中，澳大利亚政府于 2010 年宣布计划引入新规则，要求对香烟和其他烟草产品进行平装，以支持公众健康；这意味着虽然品牌名称以统一字体显示，但包装的其余部分将是单调颜色的健康警告，且所有的标志和品牌形象都必须去掉。2011 年澳大利亚通过香烟平装法（Tobacco Plain Packaging Bill），该法于 2012 年生效。在香烟平装法通过后，Philip Morris 依据香港-澳大利亚 BIT 启动了对澳大利亚的投资仲裁程序，声称该法阻止其展示商标将导致大量市场份额损失，实质上降低了其在澳大利亚的投资价值，这无异于征收。本案仲裁庭认为 Philip Morris 滥用权利，其重组亚洲子公司的所有权主要是为了在争议已经可以预见的情况下获得投资条约保护，而此种重组本身是不正当的（restructuring an investment to obtain BIT benefits is not *per se* illegitimate）。[3] 仲裁庭采用了 *Tidewater v. Venezuela* 案[4] 关于可预见性的认定标准，[5] 最终裁定对争议没有管辖权。此外，关于澳大利亚香烟平装法，乌克兰、洪都拉斯、多米尼亚、古巴和印度尼西亚在 WTO 起诉了澳大利亚。专家组于 2018 年作出报告，认为香烟平装法通过减少烟草产品的使用改善了公共健康，替代措施无法获得同样效果，最终认定该法并未违反《与贸易有关的知识产权协定》（Agreement on Trade Related Aspects of Intellectual Property Rights，TRIPS）、《技术性贸易壁垒协定》（Technical Barriers to Trade Agreement，TBT）和《关税与贸易总协定》。[6] 2020 年 6 月 9 日，上诉机构（Appellate Body，AB）驳回了洪都拉斯和多米

---

〔1〕UNCITRAL, Reply of Claimant Methanex Corporation to U.S. Amended Statement of Defense, 19 February 2004, para.117.

〔2〕UNCITRAL, Final Award of The Tribunal on Jurisdiction and Merits, 3 August 2005.

〔3〕UNCITRAL, PCA Case No. 2012-12, Award on Jurisdiction and Admissibility, 17 December 2015, para.540.

〔4〕ICSID Case No. ARB/10/5.

〔5〕The Tribunal defined foreseeability as ‘a reasonable prospect…… that a measure which may give rise to a treaty claim will materialise’. See UNCITRAL, PCA Case No. 2012-12, Award on Jurisdiction and Admissibility, 17 December 2015, para.554.

〔6〕Australia – Tobacco Plain Packaging (Ukraine), WT/DS434; Australia – Tobacco Plain Packaging (Honduras), WT/DS435; Australia – Tobacco Plain Packaging (Dominican Republic), WT/DS441; Australia – Tobacco Plain Packaging (Cuba), WT/DS458; Australia – Tobacco Plain Packaging (Indonesia), WT/DS467. The Report, eg., is available at: https://www.wto.org/english/tratop_e/dispu_e/cases_e/ds435_e.htm visited on 9 March 2022.

尼亚认为香烟平装法是对贸易不公平限制的上诉，确认了专家组报告的调查结果。[1]

澳大利亚香烟平装法在投资仲裁和 WTO 被诉的一系列案件，展示了国际投资贸易争端中公共健康治理与知识产权保护之间的冲突。随着国际社会对全球公共健康问题的持续关注，一些国家开始制定国家公共健康政策与法律以实现对危害公共健康的产品在流通领域的限制与控制，而这些政策与法律则有可能被相关利益攸关方诉至法庭或仲裁庭。除了澳大利亚，英国、[2] 法国、[3] 爱尔兰、[4] 乌拉圭[5] 和欧盟[6] 等国家和地区关于公共健康的政策与法律都曾被挑战。因此，如何在各种法律规范，特别是双边投资条约中确立保护人类公共健康的例外，已愈显其必要性。

五、公共道德

早在德国与巴基斯坦缔结的世界上第一个双边投资条约文本中，“公共道德”就已成为了不排除措施条款的内容，[7] 旨在赋予政府当局保护社会道德价值的必要抗辩。在欧洲范围内，欧洲人权法院（European Court of Human Rights，ECHR）和欧洲法院（European Court of Justice，ECJ）倾向于将对“公共道德”的解释交由缔约国。*Handyside v. United Kingdom* 案的判决中，欧洲人权法院认为，无法在各缔约国国内法里找到一个统一的关于“道德”的欧洲观念，各国法律对道德的要求因时因地而变，特别是如今处于一个道德观念迅速和深远演变的时代；鉴于国家当局与当地民众直接而持续的接触，国家当局较之国际法官更能适当地解释符合该国的道德要求。[8] 欧洲法院采取了类似的推理，

---

〔1〕The Ruling is available at: https://www.wto.org/english/news_e/news20_e/435_441abr_e.htm, visited on 9 March 2022.

〔2〕*British American Tobacco & Ors v. Secretary of State for Health*, [2016] EWHC 1169 (Admin); [2016] EWCA Civ 1182 (Appeal).

〔3〕Challenge in the Conseil Constitutionnel (dismissed on 21 January 2016), Décision n° 2015–727 DC du 21 Janvier 2016; Challenge in the Conseil d'État (dismissed on 23 December 2016), *CE, 23 décembre 2016, société JT International SA, Société d'exploitation industrielle des tabacs et des allumettes, société Philip Morris France SA et autres.*

〔4〕*JTI v. Minister for Health*, Ireland, and the Attorney General 2015/2530P.

〔5〕*Morris Brand Sàrl (Switzerland) & Others v. Oriental Republic of Uruguay*, ICSID Case No. ARB/10/7 (formerly *FTR Holding SA, Philip Morris Products S.A. and Abal Hermanos S.A. v. Oriental Republic of Uruguay*), Award, 8 July 2016.

〔6〕Challenge to the Tobacco Products Directive in the Court of Justice (dismissed in May 2016), *Philip Morris Brands Sarl & Others v. Secretary of State for Health*, C–547/14, available at: https://curia.europa.eu/juris/liste.jsf?num=C-547/14, visited on 6 March 2022.

〔7〕Para.（2）of the Protocol of the Germany-Pakistan BIT.

〔8〕*Handyside v. United Kingdom*, 24 Eur. Ct. H. R.（ser. A）, 1976, at 22.

在 *Regina v. Henn & Darby* 案中，确定了每一成员国在其司法主权内享有解释“公共道德”的首要权利。[1] 在另一个涉及合法堕胎是否是符合欧盟法目的的“服务”的案子中，ECJ同样指出了任何都无法取代成员国对道德的自行判断。[2]

GATT 亦规定了为保护公共道德所必需的措施，不视为构成武断的或不合理的差别待遇，或构成对国际贸易的变相限制。[3] GATS 作了与 GATT 内容极为相似的规定。[4] 但直到 *United States - Measures Affecting the Cross-Border Supply of Gambling and Betting Services* 案，始拉开“公共道德”例外条款适用的序幕。本案源于美国一项禁止通过网络提供跨境赌博和下注服务的禁令，而以远程博彩服务为国家重要经济支柱的安提瓜与巴布达群岛认为，此项限制措施严重损害了其网络赌博业，且违背了 GATS 第16条关于市场准入的规定、第17条关于国民待遇的规定以及第6条关于国内法规的规定；磋商未果后，争端于2003年3月27日被提交至 DSB。美国提出了“公共道德”例外的抗辩，认为鉴于远程博彩服务将增加诸如有组织犯罪、洗钱、诈骗、公共健康、未成年人赌博等的风险，对公共秩序与公共道德造成巨大的威胁，因此禁止远程博彩具有必要性。[5] 本案专家组从《维也纳条约法公约》第31条所提及的通常含义对“公共道德”展开解释。在进行用语解释之前，专家组强调了“公共道德”的含义所依据的一系列因素（例如通行的社会、文化、伦理和宗教价值）因时因地而变；且上诉机构曾在其他案子[6] 中表示在适用类似的社会性概念时，成员方有权决定其认为合适的保护水平。[7] 专家组认为，“公共道德”所反映的应为一个社会或一国所维持或代表的界定行为对错的标准。[8] 据此，美国国会关于有关

---

〔1〕*Regina v. Henn & Darby*, Case 34/79，[1979] ECR 3795, at 3813.

〔2〕*The Society for the Protection of Unborn Children Ireland Ltd v. Stephen Grogan and others*, Case C–159/90，1991 E.C.R. I–4685, at I–4739.

〔3〕Art. XX (a) of the General Agreement on Tariffs and Trade, 30 October 1947，55 U.N.T.S. 187.

〔4〕14（1）of the General Agreement on Trade in Service.

〔5〕Panel Report, *United States—Measures Affecting the Cross-Border Supply of Gambling and Betting Services*, WT/DS285/R, 10 November 2004；Appellate Body Report, *United States – Measures Affecting the Cross-Border Supply of Gambling and Betting Services*, WT/DS285/AB/R, 7 April 2005.

〔6〕Appellate Body Report, *Korea – Measures Affecting Imports of Fresh, Chilled and Frozen Beef*, WT/DS161/AB/R, WT/DS169/AB/R, adopted 10 January 2001, para.176；Appellate Body Report, *European Communities – Measures Affecting Asbestos and Asbestos-Containing Products*, WT/DS135/AB/R, 5 April 2001, para.168.

〔7〕Panel Report, *United States—Measures Affecting the Cross-Border Supply of Gambling and Betting Services*, WT/DS285/R, 10 November 2004, para.6.461.

〔8〕See Panel Report, *United States—Measures Affecting the Cross-Border Supply of Gambling and Betting Services*, WT/DS285/R, 10 November 2004, para.6.465.

法令立法意图的多项声明表明，美国当局是基于对洗钱、有组织犯罪、欺诈、未成年人赌博等方面的考虑而制定这些法令的，其意图在于保护 GATS 第 14(a)条所指的“公共道德”或“公共秩序”。[1]

由此可知，无论是 ECHR、ECJ 抑或 WTO 对“公共道德”的解释，最终都将由援引“公共道德”例外的国家提供证据，证明其所采取的措施是出于保护在其政策范围内的普遍道德观念的必要性。至少在目前，此种解释方法是足以调和各方对“公共道德”概念争辩的唯一作法。不过，如此拘谨的解释，意味着在载有“公共道德”例外条款的双边投资条约项下，一个相当大的潜在风险将从国家转移至外国投资者身上。

六、极端紧急情况

印度的诸多双边投资条约中都规定了在“极端紧急情况”（in circumstances of extreme emergency）下政府可采取相关违约措施。[2]不过，判例法、学说评注以及来自政府的官方文件的阙如，使得对“极端紧急情况”的解释举步维艰。在仅有的一个相关案例——*Gramophone Company of India Ltd. v. Birendra Bahadur Pandey & Ors* 案中，最高法院曾考虑印度 1965 年内陆国家过境贸易公约（Convention on Transit Trade of Land-locked States）第 12 条对“极端紧急情况”的解释，但该条向各国提供了一些回旋余地，而未规定任何明确的标准来判定某一特定情况构成“极端紧急”。[3]从表面上看，实践中要援引“极端紧急情况”有较高的门槛，即此种紧急须达到极端的状况。这反映在印度宪法的规定上，即倘若总统认为存在严重的紧急状态，无论是战争、外敌入侵或武装叛乱等威胁印度全部抑或任何局部领土安全，总统可宣布全国或局面进入紧急状态。[4]

---

〔1〕See Panel Report, *United States—Measures Affecting the Cross-Border Supply of Gambling and Betting Services*, WT/DS285/R, 10 November 2004, paras.6.488 – 93.

〔2〕E.g., Art. 11（2）of the Agreement for the Promotion and Protection of Investments, Switzerland-India, 4 April 1997, available at: http://www.unctad.org/sections/dite/iia/docs/bits/switzerland_india.pdf, visited on 30 April 2021.

〔3〕*Gramophone Company of India Ltd v. Birendra Bahadur Pandey & Ors*, Supreme Court of India, Civil Appeals Nos. 3216 to 3218 of 1983, decided on 21 February 1984, para.8; United Nations High Commissioner for Refugees/The UN Refugee Agency (UNHCR) document, available at: http://www.unhcr.org/refworld/publisher, IND_SC, , 3f4b8c227, 0.html, visited on 30 April 2021.

〔4〕Art. 352（1）of India Constitution Law. 印度至少三次宣布过此种紧急情况，包括 1962 – 1968 年的中国边防部队对印度军队武装进攻所进行的自卫反击战、1971 年 11 月印度和巴基斯坦战争以及 1975 – 1977 年国内暴乱。See Imtiaz Omar, *Emergency Powers and the Courts in India and Pakistan*, Kluwer Law International, 2002，7.

然而，这一条款的适用范围似乎很广，可涵盖所有类型的紧急情况。例如，印度宪法中还规定了一些较为宽松的紧急情况，倘若出现政府机构失灵时亦可宣布进入紧急状态，即总统接获邦长报告或通过其他途径了解情况后，认为某邦政府已不能根据宪法继续工作，可发布公告宣告，由总统直接接掌邦政府的全部或任何职能，行使邦长和除邦议会之外的全部机关及团体的全部权力或任何权力。[1]印度在专门成立来审查联邦制的政府委员会（Commission on Centre-State Relations）的Sarkaria报告中，就直接表明了印度人口众多，且信仰多元，因此不存在统一的方法来判断紧急情况。[2]问题在于，此种双边投资条约中载有的极端紧急情况是否只适用于国家处于紧急状态或类似于与邻国因边界争端所引发的紧急状态，目前仍不得而知。那么，印度BITs中为何要规定不存在统一方法判断的“极端紧急情况”？笔者认为，缘于不排除措施条款中的“基本安全利益”是各国公认的国家免责条款，要援引“基本安全利益”例外，所受到的威胁在规模和程度等方面需达到国际普遍认可的标准；而印度BITs中所规定的“极端紧急情况”，可由总统来发布，可基于一些尚不足以威胁国家基本安全利益的事由，如此更有利于保护印度作为投资东道国的利益；特别是“极端紧急情况”缺乏统一明确的认定标准，印度政府拥有极大的自由裁量权。一旦裁量不当，外国投资者正当权益将不可避免地遭至侵害。因此，确定较为明确的统一标准是极为必要的。同时，倘若适用“极端紧急情况”的门槛太低，同样会造成对外国投资者利益的忽视，因而提高适用“极端紧急情况”的条件亦是必须的。其中一个可行的方法是，参照“基本安全利益”的最低标准来适用。虽然“基本安全利益”的适用标准亦未统一，但若要援引“基本安全利益”需达到国际普遍认可的标准，因此这仍是“极端紧急情况”改革的一个参考方向。

---

〔1〕Art. 356（1）of India Constitution Law.

〔2〕The report further states that there has been no uniformity of approach in such situations and that these aspects have been dealt with in Chapter VI ‘Emergency Provisions’. In Chapter VI, Sarkaria Commission dealt with the emergency provisions noting the concern of framers of the Constitution of need for such provision in a country of our dimensions, diversities, disparities and “multitudinous people, with possibly divided loyalties”. See *Rameshwar Prasad & Ors v. Union of India & Anr*, Judgment by CJI Y.K. Sabharwal and Justices B.N. Agrawal and Ashok Bhan, available at: http://www.outlookindia.com/articlefullwidth.aspx?229945, visited on 30 April 2021.

第四节 不排除措施条款的审查

依据不排除措施条款，当面临危及基本安全利益、国际和平与安全、公共秩序以及公共健康等情形时，东道国采取的应对措施不视为对条约的违反。由此引至的问题是，东道国能否自行判断当前情势并采取相应的措施，而国际仲裁庭能否对此进行审查或进行多大范围的审查。在仲裁实践中，通常将双边投资条约中的 NPM 条款分为自行判断条款（Self-Judging NPM Clauses）和非自行判断条款（Non-Self-Judging NPM Clauses）两种类型来对这些问题进行解答。所谓自行判断条款，是指明确赋予东道国判断本国情势并采取其认为必要的措施来保护本国基本利益的不排除措施条款，其条文中一般含有“其认为必要的”（it consider necessary）的措辞。而非自行判断条款，则指未授予东道国自行判断本国情势权利的不排除措施条款。[1]

一、非自行判断条款：全面实质性审查

对于非自行判断条款，东道国依据自身判断采取措施保护本国基本利益的行为要受到仲裁庭的重新审查；换言之，仲裁庭对非自行判断条款可行使较大的管辖权，即仲裁庭可对东道国的违约行为是否是出于追求特定的政策目标，是否满足了“为……所必需”（necessary for）的因果关系，[2] 东道国面临之情势是否属于危机，其所采取的措施是否合法等问题进行全面实质性审查（Full

〔1〕William W. Burke-White, Andreas von Staden, ‘Investment Protection In Extraordinary Times: The Interpretation and Application of Non-Precluded Measures Provisions in Bilateral Investment Treaties’, Virginia Journal of International Law, vol.48，369 – 70（2008）.

〔2〕因果关系要求东道国所采取的措施是为了追求不排除措施条款规定的政策目标所必需，通常采取的关联词是“为……所必需”（necessary for），例如美国缔结的第一个双边投资条约就采取这一表述。See Art. X（1）of the Treaty Concerning the Treatment and Protection of Investments, U.S. – Panama, 27 October 1982, International Legal Materials, vol.21，1227（1982）. 其他表述如比利时 – 卢森堡对外缔结的 BIT 英文版本中采用的“必需的”（required）, see Art. 3（2）of the Agreement on the Reciprocal Promotion and Protection of Investments, Uganda-Belg. – Lux.，1 February 2005；中国 – 新西兰 BIT 文本中所采取的“旨在”（directed to）, see Art. 11 of the Agreement on the Promotion and Protection of Investments, N.Z. – China, 22 November 1988，1787 U.N.T.S. 186（1994）；德国 BITs 中经常采用的“必须采取”（have to be taken）, see Art. 3（a）of the Agreement Concerning the Encouragement and Reciprocal Protection of Investments, Protocol, F.R.G – Burundi, 10 September 1984，1517 U.N.T.S. 288（1988）；印度 – 克罗地亚 BIT 中仅仅采用了“为了”（for）的措辞，表达的是一种较为宽松的关联关系, see Art. 12（2）of the Agreement on the Promotion and Reciprocal Protection of Investments, India-Croat.，4 May 2001.

Substantive Review)。法庭或仲裁庭得以审查不排除措施条款中的非自行判断条款，这在国际法院和 ICSID 仲裁实践中都得到了肯定。在 1986 年作出的 *Case Concerning Military and Paramilitary Activities in and against Nicaragua (Nicaragua v. U.S.)* 案判决中，国际法院指出，1956 年美国 – 尼加拉瓜 FCN 第 21 条第 1 段（c）和（d）项关于“本条约不得阻止缔约一方采取必要措施以管制武器生产或交易、与战争相关行为、履行维持或恢复国际和平与安全或保护本国基本安全利益的义务”[1] 的规定，不能解释为排除了国际法院的管辖权。这是因为，一方面，这一条款规定了缔约一方援引该条款维护本国基本安全利益的条件，但是并未排除国际法院对该条款的解释和适用；另一方面，该条款与 GATT 第 21 条不同，GATT 第 21 条规定了“条约不得阻止缔约国采取其认为必要的措施保护本国基本安全利益”（considers necessary for the protection of its essential security interests），而美国 – 尼加拉瓜 FCN 第 21 条只是简单规定了“必要的”（necessary）的措施，而未指明这些措施由缔约一方来决定，因此第 21 条的规定不能排除国际法院的管辖权。[2] 随后的 *Case Concerning Oil Platforms (Iran v. U.S.)* 案中，国际法院援引了 1986 年 *Case Concerning Military and Paramilitary Activities in and against Nicaragua (Nicaragua v. U.S.)* 案，再次表明东道国所采取的措施是否是“必需的”，应由国际法院来裁定。[3] 在 ICSID 机制中，前述美国投资者诉阿根廷的五个案子中，仲裁庭无一例外地认定 1991 年美国 – 阿根廷 BIT 第 11 条以及 ASR 第 25 条都属于非自行判断的性质，[4] 因此，仲裁庭有权审理阿根廷的违约行为是否是出于追求特定的政策目标，是否满足因果关系，阿根廷是否面临危机以及所采取的措施是否合法等。只是由于所采取的解释方法和适用的规则不同，导致了对阿根廷是否违约作出了不同的裁定。

然而，国际仲裁庭对非自行判断条款的审查和解释，并非完全的妥善之举。

---

〔1〕 According to Article XXI, paragraphs 1(c) and 1(d) of the Treaty, 'the present Treaty shall not preclude the application of measures: (c) regulating the production of or traffic in arms, ammunition and implements of war, or traffic in other materials carried on directly or indirectly for the purpose of supplying a military establishment; (d) necessary to fulfill the obligations of a Party for the maintenance or restoration of international peace and security, or necessary to protect its essential security interests'.

〔2〕 I.C.J. Report 1986, at 115 – 17.

〔3〕 I.C.J. Report 2003, at 178 – 83.

〔4〕 Christian J. Tams, 'The Defence of Necessity – As Reflected in Recent Investment Arbitrations', in Jiirgen Bering, Tillmann Rudolf Braun, *et al.*, *General Public International Law and International Investment Law: A Research Sketch on Selected Issues*, Beiträge zum Transnationalen Wirtschaftsrecht, International Law Association German Branch – Sub-Committee on Investment Law, Heft 105, March 2011, 66.

诚如前述，“公共道德”的解释交由东道国来解释更合乎情理，且对“公共秩序”“公共健康”等表述的解释往往都要参照国内法上的规定。事实上，国际仲裁庭的审查和解释都面临着一些准宪法性质（quasi-constitutional nature）的问题，例如大规模经济崩溃是否免除东道国责任以及对公共道德的解释。尽管 ICSID 仲裁庭是依据 ICSID 公约成立的解决投资争端的专门机构，但它并不是任何国家的上诉法庭。ICISD 仲裁庭往往缺乏全面评估政府政策背景的事实调查能力，而且与争端紧密相关的国家、社会和公众缺乏深刻的联系，这样的仲裁庭将很难对超出了纯粹投资法的国家政策进行全面实质性审查。[1] 相较于 ICSID 仲裁庭的尴尬处境，专门成立的特别法庭更易于决定东道国政府采取的政策是否符合不排除措施条款的规定。欧洲人权法院已发展出广泛的裁判来确定特定条约条文中术语的解释，特别法庭可较为容易地确定解释是否符合条约文本，同时也更能适当地决定东道国采取的特定政策是否为应对威胁所必需的，这显然比法庭猜测东道国的政策选择特点更为合理。[2]

二、自行判断条款：善意审查

国际法院在 *Gabčíkovo-Nagymaros Project（Hungary v. Slovakia）* 案[3] 中，在国家危急情况的习惯国际法抗辩问题上，曾认为国家不是决定是否存在危急情况的唯一判断者；这一理念随后为 ICSID 仲裁庭所遵循，在处理美国－阿根廷 BIT 时，所有仲裁庭均认为第 11 条不是一个自行判断条款。[4] 不过，虽然如今许多双边投资条约并未明确规定给予仲裁庭何种程度的审查权，但是一些双边投资条约已明确将不排除措施条款定位于自行判断性质，从而限制了仲裁庭的审查范围。特别是美国后期[5] 缔结的双边投资条约，明确表明了“本条约的任何部分不得被解释为阻止缔约一方采取其认为必要的（it considers necessary）措施履行维持或恢复国际和平与安全，或者保护本国基本安全利益的职责。”[6]

---

〔1〕William W. Burke-White, Andreas von Staden, ‘Investment Protection In Extraordinary Times: The Interpretation and Application of Non-Precluded Measures Provisions in Bilateral Investment Treaties’, Virginia Journal of International Law, vol.48，372（2008）.

〔2〕See William W. Burke-White, Andreas von Staden, ‘Investment Protection In Extraordinary Times: The Interpretation and Application of Non-Precluded Measures Provisions in Bilateral Investment Treaties’, Virginia Journal of International Law, vol.48，373（2008）.

〔3〕I.C.J. Report 1997.

〔4〕Peter Muchlinski, ‘Trends in International Investment Agreements: Balancing Investor Rights and the Right to Regulate: The Issue of National Security’, in Karl P. Sauvant (ed.), *Yearbook on International Investment Law and Policy 2008－2009*, Oxford University Press, 2009，68.

〔5〕二战后美国缔结的 FCNs 和 BITs 中都规定了不排除措施条款，但基本属于非自行判断性质；直到 2004 年，美国新的 BIT 范本才正式将不排除措施条款修订为自行判断性质，之后缔结的 BITs 和 FTAs 也都规定了不排除措施条款的自行判断性质。

〔6〕E.g., Art. 14 of the Treaty Concerning the Encouragement and Reciprocal Protection of Investment, U.S.－ Bahrain, 29 September, 1999, S. Treaty Doc. No. 106－125（2000）.

依据 OECD 的报告，1994 年 NAFTA 第 21 章第 2102 条、《能源宪章条约》（ECT）第 24 条、GATT 第 21 条以及 GATS 第 14 条等国际条约都属于自行判断性质的不排除措施条款。[1] 类似于根据 GATT 第 21 条规定当成员方援引国家安全例外时专家组不能或不应当成立，[2] 不排除措施条款中这一关键措辞——“其认为必要的”（it considers necessary），可以解读为对司法或仲裁审查的绝对阻止。国际法庭或仲裁庭不能管辖（Non-Justiciability）的理由，在于对国家安全利益评价法律性质的“司法管理标准”（Judicially Manageable Standards）的缺位。换言之，面临国家安全利益威胁时，一国可自行判断当前情势并采取其认为必要的应对措施，这在很大程度上是政治问题，涉及对国家安全利益的权衡，无从用司法进行管理，至少目前尚无任何标准来规范司法对政治问题的管理。事实上，这与国内法上的实践是相同的，诸多国家都信守一个关于政治问题的原理，即在一国内司法机关不得解决明确的政治问题，该问题只能由国家行政或立法当局来解决。[3]

即便如此，学界仍致力于捍卫国际仲裁庭的审查权，即自行判断性质的不排除措施条款亦应接受仲裁庭对一国援引此类抗辩的行为进行审查，只是审查的范围局限于东道国是否善意的范围内，即 ICSID 仲裁庭不能代替东道国来判断所采取措施的合法性问题。首先，虽然存在不能管辖（Non-Justiciability）原则，但许多国家仍一次又一次地将涉及国家安全的案件交由国际法庭或仲裁庭来审理，这一现象削弱了不能管辖原则作为一个普遍接受的一般原则或习惯国际法的地位。因此，包括 ICJ、ECJ、ECHR 以及各种仲裁庭在内的国际法庭和仲裁庭，从未将所涉问题的政治性作为其行使管辖权的障碍，即这些法庭和仲裁庭从未基于问题的政治性而拒绝行使管辖权。事实上，这些法庭和仲裁庭都对涉及国际法安全问题的案件作出了决定。其次，即使是自行判断性质的不排除措施条款，依然要接受仲裁庭的审查，这是因为一国仍要恪守《维也纳条约法公约》关于“善意”（in good faith）履行条约的义务。[4] 在前述 *Case Concerning*

---

〔1〕 Katia Yannaca-Small, ‘Essential Security Interests under International Investment Law’, in OECD, *International Investment Perspectives: Freedom of Invesment in a Changing World*, 2007，97 – 98；available at: http://www.oecd.org/dataoecd/59/50/40243411.pdf, visited on 30 April 2021.

〔2〕 Dapo Akande & Sope Williams, ‘International Adjudication of Security Issues: What Role for the WTO？’, Virginia Journal of International Law, vol.43，374（2003）.

〔3〕 William W. Burke-White, Andreas von Staden, ‘Investment Protection In Extraordinary Times: The Interpretation and Application of Non-Precluded Measures Provisions in Bilateral Investment Treaties’, Virginia Journal of International Law, vol.48，376 – 77（2008）.

〔4〕 Art. 6 of the Vienna Convention on the Law of Treaties, 23 May 1969，1155 U.N.T.S. 331.

Military and Paramilitary Activities in and against Nicaragua（*Nicaragua v. U.S.*）案中，即便支持美国对 FCN 中基本安全条款的解释，Schwebel 法官仍然认为应当由国际法院来审查一国是否善意地援引了重大安全例外条款。[1] 当美国将不排除措施条款修订为自行判断的性质后，仍将会接受此种善意审查的要求。根据参议院对外关系委员会（Senate Committee on Foreign Relations）主席 Helms 先生在 2000 年 9 月的报告，虽然美国考虑使用自行判断的措辞，但每一个缔约方都期待这一条款为另一缔约方援引时是出于善意的。[2] 最后，仲裁庭认为进行善意审查能够确保形成东道国的管制权力与投资者保护之间的平衡。这是因为，仲裁庭在进行善意审查时要求东道国充分说明其援引不排除措施条款的理由，证明该条款得以适用的合理性。如此，东道国在处理危机情势并采取措施时不得不注意“善意”这个国际法律标准；一旦在援引不排除措施条款时不是善意合理的，东道国将会承担其行为带来的后果。[3]

确定了可对自行判断条款进行善意审查后，仲裁庭则须确定实践中此种善意审查的标准。虽然善意是一项业已确立的国际法原则，早在 1949 年的《国家权利义务宣言草案》中就规定了“各国有一秉信诚履行由条约与国际法其他渊源而产生之义务”，[4] 即条约履行的善意原则；但是关于善意审查的可行标准还没有充分地形成。[5] 与此同时，与善意原则相关的案例亦不多见，国际法院在 *Nuclear Tests*（*Australia v. France*）案中曾指出，无论法律义务的渊源如何，这些义务产生与履行的基本原则之一是善意原则；[6] 而这也只是国际法院作出的结论而已，即法国当局不打算在大气层中继续进行核试验的声明，对法国具有约束力，至于善意原则如何在本案中适用，国际法院并未作出详尽阐释。[7] 在

---

〔1〕I.C.J. Report 1986, at 311.

〔2〕Helms, ‘Bilateral Investment Treaties with Azerbaijan, Bahrain, Bolivia, Croatia, El Salvador, Honduras, Jordan, Lithuania, Mozambique, Uzbekistan and A Protocol Amending the Bilateral Investment Treaty with Panama’，4 October 2000, available at: http://www.gpo.gov/fdsys/pkg/CRPT – 106erpt23/html/CRPT – 106erpt23.htm, visited on 8 May 2021.

〔3〕William W. Burke-White, Andreas von Staden, ‘Investment Protection In Extraordinary Times: The Interpretation and Application of Non-Precluded Measures Provisions in Bilateral Investment Treaties’, Virginia Journal of International Law, vol.48，377 – 78（2008）.

〔4〕Art. 13 of the Draft Declaration on Rights and Duties of States, annex to General Assembly resolution 375（IV）, U.N. GAOR, 4th Sess.，6 December 1949.

〔5〕Vaughan Lowe, ‘Publication Review: Good Faith in International Law by J.F. O’Connor’, International & Comparative Law Quarterly, vol.41（2），484 – 485（1992）.

〔6〕I.C.J. Report 1974, at 268.

〔7〕Michael Virally, ‘Review Essay: Good Faith in Public International Law’, American Journal of International Law, vol.77，130（1983）.

国际法上善意原则适用标准付之阙如的情况下，如何在国际仲裁领域中发展和适用善意的标准，这是仲裁庭无从回避的问题。William W. Burke-White 教授和 Andreas von Staden 认为，从众多学者和国际机构的工作中归纳，可以说善意标准包括两个基本要素：其一，国家是否从事诚实和公平行为（Honesty and Fair Dealing）；其二，对于所声称的不排除措施条款是否存在合理根据（Rational Basis）。

对于第一个要素，1935 年哈佛条约法研究作出了最为清晰的表述：善意履行条约义务要求遵守条约的字面含义，同时也要求遵守条约的精神实质，且要求诚实、竭尽所能地兑现所承诺之义务，不得减损和推脱。[1] 倘若以此为标准，接下来的问题是如何认定一国在决定援引不排除措施条款时是否已诚实地、尽其最大能力履约。当证据表明一国援引例外条款只是作为一个秘而不宣的经济目的的借口，抑或所采取的措施与国家安全之间的因果联系过于松散，这显然不符合善意的要求。一国的通常行为、国家进入紧急状态的宣布、相关国家立法以及国家决定作出过程的透明度，均可用来评估此种诚实和公平行为的要求。换言之，对援引自行判断性质的不排除措施条款进行善意审查，只要认定没有明显和蓄意的滥用，则表明国家从事的是诚实和公平行为。[2]

对于第二个要素，最好的诠释来自国际捕鲸委员会（International Whaling Commission，IWC）对联合国海洋法公约中“善意”要求的评论。依据 IWC 的观点，“善意”要求公平、合理、完整和诚信地完成国际行为。[3] IWC 关于合理性的要求，即国家的行为要有合理的根据。当然，在实践中，各界对客观合理标准的理解并不总是一致的。例如，国际法院审理的 *Whaling in the Antarctic* 案中采用了源自善意原则的客观合理标准（Objectively Reasonable Standard），这一实践同时受到了赞许与批判。[4]

对于一国是否善意援引不排除措施条款，仲裁庭要考虑的是，一个理性的第三人站在该国的立场上，是否同样认为该国国家安全或公共秩序受到的威胁

---

〔1〕James W. Garner, *et al.*, ‘Codification of International Law: Part III – Law of Treaties’, Supplement to American Journal of International Law, vol.29，981（1935）.

〔2〕William W. Burke-White, Andreas von Staden, ‘Investment Protection In Extraordinary Times: The Interpretation and Application of Non-Precluded Measures Provisions in Bilateral Investment Treaties’, Virginia Journal of International Law, vol.48，379 – 380（2008）.

〔3〕International Whaling Commission, Resolution 2001 – 1（2001）, The Resolutions Aade at the IWC Annual Meeting in London, UK 2001；available at: http://iwcoffice.org/meetings/resolutions/ resolution2001.htm, visited on 8 May 2021.

〔4〕Leifan Wang, Fenghua Li, ‘Alternative interpretation to Article VIII of the International Convention for the Regulation of Whaling: Implications from Article XX of the GATT’, Marine Policy, vol.117，103944（2020）.

足以证明所采取措施的正当性。例如，倘若一国援引自行判断的不排除措施条款并宣称其安全受到可能的外来入侵的威胁，则仲裁庭可裁定不存在合理根据来确信此种外来入侵，因而不排除措施条款并非善意援引。相反，一个岛国可以基于全球变暖可能导致海岸线升高而援引不排除措施条款建立海上屏障，尽管存在潜在相反的科学证据，仲裁庭仍可裁断该国的决定具有合理根据，因而自行判断性质的不排除措施条款属于善意援引。[1]

基于"诚实和公平行为"与"合理根据"这两个关键要素的善意标准，对于仲裁庭评估自行判断性质的不排除措施条款的援引是颇有裨益的。其一，它反映了自行判断性质的不排除措施条款需要斟酌商议的内在本质，即一国在符合国际法善意原则的基础上，有权自行决定是否适用不排除措施条款。其二，它明确避免了仲裁庭对政府政策选择的猜测和重审，仲裁庭只需审查国家援引不排除措施条款的诚实性与合理性即可。其三，通过对政府行为诚实性与合理性的审查，善意标准对国家采取不排除措施的自由施加了显著的约束，从而达到平衡投资者保护和国家行为自由的目的。[2]

第五节　中国 BITs 中的不排除措施条款

一、完善中国 BITs 中不排除措施条款的必要性

（一）"一带一路"海外投资与招商引资视角

从国际实践的角度来看，美国投资者诉阿根廷的五个 ICSID 案件裁决不一，使得不排除措施条款在理论界受到了极大的关注，各国开始重新审视不排除措施条款在实践中的应用。作为发达国家的美国，在 2004 年 BIT 范本中将传统非自行判断不排除措施条款修订为自行判断性质的不排除措施条款，而对外缔结的 BITs 中亦遵循此种修订。通过这一修订，美国援引不排除措施条款的行为将只接受仲裁庭的善意审查，从而限制了仲裁庭的自由裁量权，强化了美国对投

〔1〕 William W. Burke-White, Andreas von Staden, 'Investment Protection In Extraordinary Times: The Interpretation and Application of Non-Precluded Measures Provisions in Bilateral Investment Treaties', Virginia Journal of International Law, vol.48，380（2008）.

〔2〕 See William W. Burke-White, Andreas von Staden, 'Investment Protection In Extraordinary Times: The Interpretation and Application of Non-Precluded Measures Provisions in Bilateral Investment Treaties', Virginia Journal of International Law, vol.48，380-81（2008）.

资争端的管制权。作为发展中国家的印度，2003年BIT范本中明确规定了BIT中的任何条款不得排除缔约东道国为保护其基本安全利益或者在极端紧急情况下按照其法律在非歧视基础上正常、合理地采取行动。[1] 除了传统不排除措施条款中规定的“基本安全利益”，印度BIT范本还增加了“极端紧急情况”这一特别情形，其保护东道国主权权力的意图不言而喻。而这亦是印度BITs一贯保留的立场，1995年英国-印度BIT、[2] 1997年瑞士-印度BIT[3] 等对不排除措施条款的规定与2003年范本基本相同。由此可知，无论是发达国家抑或发展中国家在不排除措施条款的设置上，对于国家主权的维护与投资者利益的保护问题，大多倾向于前者，即重视不排除措施条款的安全阀作用，赋予本国在非常时期更大的主权权力，将关涉重大安全例外、公共秩序以及公共健康等事项排除在国际仲裁庭的管辖范围外。

从中国本土实践的角度来看，不论是“一带一路”倡议下对外投资还是招商引资，中国都面临着诸多与不排除措施条款相关的问题。在中美双边投资条约谈判中，美国产业界代表曾建议美国应考虑软化双边投资条约范本中的基本安全例外条款，给予外国投资者更大的保证——其投资不会被伪装的保护主义所扰乱，不过这显然将很难获得国会的支持。[4] 从当时中国企业规模最大的一宗海外收购——中国海洋石油公司收购美国优尼科公司的失败就可得知，在接受国际投资的决策中美国仍然极为重视国家安全。[5] 而2022年爆发的俄罗斯与乌克兰战争，再次引发国际社会对“基本安全利益”所涵盖的军事侵略、战争等传统事项对国际投资的影响的关切。中国和乌克兰互为战略合作伙伴，开展共建“一带一路”合作。[6] 2021年6月30日，中国和乌克兰签署了《中乌关于深化基础设施建设领域合作协定》，鼓励两国企业和金融机构在道路、桥梁、轨道交通等领域积极开展合作，并将为实施合作项目提供必要帮助和支持。[7] 原本乌克兰在独立后国内社会撕裂，投资政治风险高，战争的爆发更进一步危机

---

〔1〕Art. 12（2）of 2003 India BIT Model, available at: http://italaw.com/Indiamodelbit.htm, visited on 8 May 2021.

〔2〕Art. 11（2）of the UK-India BIT, 6 January 1995.

〔3〕Art. 11（2）of the Switzerland-India BIT, 4 April 1997.

〔4〕Michael S. Snarr, ‘Making Progress BIT by BIT on a U.S. – China Bilateral Investment Treaty’, 2 February 2010, available at: http://www.chinaustradelawblog.com/articles/investment/, visited on 8 May 2021.

〔5〕Leslie Wayne and David Barboza, Unocal Deal, ‘A Lot More Than Money Is at Issue’, 24 June 2005, available at: http://www.nytimes.com/2005/06/24/business/worldbusiness/24china.html?pagewanted=all, visited on 8 May 2021.

〔6〕李宁：《深化中乌经贸合作，一带一路带来新可能》，载《国际商报》2021年7月26日，第002版。

〔7〕《中国与乌克兰签署政府间深化基础设施建设领域合作协定》，2021年7月3日，载商务部网站：http://www.mofcom.gov.cn/article/xwfb/xwbldhd/202107/20210703172615.shtml，2022年2月20日访问。

包括来自中国的投资。

而在引进外资方面，外国资本在我国的扩张正延伸到越来越多的行业，这在石化、种业、粮油等领域的表现尤其明显。2011年发布的《中国产业安全报告：产业外资控制研究（2010－2011）》显示，外资对中国第一产业、第二产业、第三产业三大产业和机械、汽车、钢铁、纺织、石化、轻工、建材、有色金属、电子信息以及高技术产业十个重要行业进行着不同程度的控制，其后果将是外资蚕食和鲸吞中国战略性产业。[1]一俟外资控制具有自然垄断性的公用事业，对中国的国家基本安全利益将造成重大威胁。[2]在这个意义上，国家基本安全利益等与不排除措施条款相关问题理应成为中国双边投资条约中不可或缺的重要内容。

（二）早期不排除措施条款的缺陷

从中国双边投资条约规定的角度来看，早期大部分双边投资条约均未对不排除措施条款作出规定。作为世界上缔结双边投资条约的数量居次席的中国，仅仅在1985年中国－新加坡BIT、1988年中国－新西兰BIT、2003年中国－德国BIT、2004年中国－芬兰BIT、2005年中国－马达加斯加BIT、2006年中国－印度BIT、2007年中国－法国BIT、2008年中国－哥伦比亚BIT以及2012年中国－加拿大BIT等少数双边投资条约[3]中规定了对一国具有深远意义的不排除措施条款。除了中国－加拿大BIT规定详细外，其他条约中规定的不排除措施条款，存在诸多问题。

首先，早期的中国－新加坡BIT与中国－新西兰BIT对不排除措施条款的规定大抵相同，即“本协定的规定不应以任何方式约束缔约任何一方为保护其基本安全利益、保障公共健康或为预防动植物的病虫害而采取任何禁止或限制措施或作出任何其他行为的权利”[4]。这一条款只是规定了一国为保护本国基本安全利益等有权采取一定的措施，而未对“基本安全利益”等用语的具体含义、适用条件以及采取措施的后果等方面作出进一步的规定。

---

〔1〕参见牛建宏：《防范外资过度控制建立产业安全预警迫在眉睫》，载《人民政协报》2011年8月9日，第B02版。

〔2〕以外资进入中国水务市场为例，在促推水价上涨的因素中，外资进军供水市场的影响不可忽略。法国苏伊士集团在中国全国范围内拥有22家合资企业，供水人口达到了1 400万。而具有153年水务领域专业经营历史的法国威立雅公司也在中国掀起了收购狂潮，拿下北京、上海等近19个城市的21个合资项目，供水人口达到了3 000万。这些外资水务公司的经营期限一般在30年左右，也有50年的，而其占股权份额都接近或等于绝对控股的50%。有外资进入的地方几乎都出现了水价上涨，因此很多人士认为某种程度上水价上涨与外资有关。参见吴越：《水价上涨是“洋水务”惹的祸吗》，载《中国商报》2009年8月11日，第002版。

〔3〕此外，中国缔结的部分区域性贸易协定也规定了不排除措施条例，例如2008年签署的中国－东盟投资保护协定第10条第5款、第16条，2012年签署的中日韩投资保护协定第9条、第10条、第18条、第19条、第20条。

〔4〕参见中国－新加坡BIT第11条、中国－新西兰BIT第11条。

其次，2004年重新签订的中国－芬兰BIT则规定：“五、本协定不得解释为阻止缔约一方在战争、武装冲突或其他在国际关系紧急情况下为保护本国基本安全利益所采取的任何必要行动。六、只要缔约一方采取的上述措施的适用不构成一种武断或不公正的歧视措施，或一种变相的投资限制。本协定不得解释为阻止缔约方为维持公共秩序所采取的任何必要措施。”[1]这一条款分别规定了东道国采取必要措施维护本国“基本安全利益”与“公共秩序”的权利，但同样没有明确界定“基本安全利益”与“公共秩序”这两个关键术语的内涵，从而交由仲裁庭作出个案判断，易导致东道国处于无法有效掌握争端解决进展的境地。

最后，中国－印度BIT对不排除措施条款的规定较为简单，即“本协定不妨碍东道国缔约方根据其正常、合理和非歧视地适用的法律，采取保护其基本安全利益的措施或极端紧急状况下的措施”[2]。这一条款的重大突破在于，通过“缔约方根据其正常、合理和非歧视地适用的法律”的措辞，可知这是属于自行判断性质的NPM条款，因而缔约国可依据本国法律采取保护本国基本安全利益或应对极端紧急状况的措施，只要本国法律是基于正常、合理和非歧视地适用即可。这是缔约国行使国家主权、管理本国经济事务的表现。不过，“基本安全利益”“极端紧急状况”具体内涵以及后续赔偿规定的付之阙如，反映了当前不排除措施条款仍有待进一步完善。

（三）新冠肺炎疫情应对措施的抗辩事由

1. 我国应对新冠肺炎疫情采取的措施

自2020年初新型冠状病毒肺炎（Coronavirus Disease 2019，COVID-19）疫情全球大流行发生以来，为保护本国公共健康，我国政府采取了各类应对疫情的措施。从总体而言，这些应对措施有助于防止疫情扩散、缓解疫情危害，但也不可避免地对国民经济造成冲击，对企业运营带来不同程度的影响。当前，我国是世界第二大外资接受国，[3]考虑到疫情管控将在较长时间内成为常态，在华外资将持续并长期受到影响和冲击。由于国家保护公共健康管制权受到国际法的限制，[4]在我国签署了大量双边投资条约且大多数条约均赋予外国投资者将与投资东道国之间因投资直接引起的争端提交至ICSID或其他投资仲裁的背景下，就存在外国投资者以我国采取的疫情应对措施违反BIT为由对我国提

---

〔1〕参见中国－芬兰BIT第3条第5、6款。

〔2〕参见中国－印度BIT第14条。

〔3〕联国贸易和发展会议发布的《世界投资报告》显示，2019年和2022年流入我国的FDI分别为1410亿美元和1 490亿美元，均排在当年年度第二位。See UNCTAD, ‘World Investment Report 2021 - Investing in Sustainable Recovery’, 21 June 2021, at 5.

〔4〕Valentina Vadi, *Public Health in International Investment Law and Arbitration*, Routledge, 2013, 50.

起投资仲裁的可能性。在部分国家公然宣称“中国担责”“向中国索赔”的国际局势下，[1] 倘若在华外资针对我国采取的疫情应对措施提起 ICISID 仲裁，不排除措施条款可成为我国进行抗辩的事由之一。有鉴于此，对我国各级各地政府采取的疫情应对措施进行类型化剖析，并在此基础上结合我国对外缔结的双边投资条约对在华外资可能针对我国提起的 ICSID 仲裁进行场景化探析，不仅具有重要性，也愈显必要性。

我国为应对新冠肺炎疫情采取的措施可划分为两大类。第一大类为应对疫情的紧急措施，主要包括：（1）直接征用措施。例如，上海市经济和信息委员会向多家外资企业发布《生产能力应急征用通知》，其中征收美迪康医用（上海）有限公司的 40 万只口罩。[2]（2）社交隔离措施。对外资企业影响最为明显的社交隔离措施是暂停开放相关经营场所。国务院联防联控机制在疫情期间根据疫情发展对不同场所提出防控建议，对密闭式的休闲娱乐场所均建议暂不开业。[3] 这一措施使得相关外资企业临时关闭，无经营收入但仍需负担租金等成本。（3）旅行及交通限制措施。为了防止疫情扩散，国务院联防联控机制对人员流动作出了一定的要求和限制。[4] 出示健康码“绿码”、提供核酸检测证明、入境后集中转运隔离、暂停部分入境和减少航班数量等措施抑制了外企工作人员流动，可能会导致企业经营困难。（4）商业限制措施。包括停工停业、复工复产需遵循疫情防控常态化管理、场所管控、禁止野生动物等相关产业链等措施[5] 可能会导致企业无法正常运营。（5）物资采储收购措施。为了全力保障医疗防护紧缺物资供应，迅速提高疫情防控保障能力，相关部门发布紧缺物资增产增供通知，重点医疗物资全部由政府兜底采购收储。[6] 鉴于采购收储过程、价格认定等可能无法做到完全公开透明，这些措施亦有可能构成歧视性措施或强制收购。

第二大类为缓解疫情的救助措施。为了缓解疫情对企业的冲击与影响，我国出台了财政补贴支持措施、税收减免措施、金融信贷融资支持措施、复工复产支持措施、支持企业增产促进就业措施以及便利化营商环境等多项措施，同

〔1〕黄进：《就新冠疫情在美国法院滥诉中国政府——彻头彻尾的违反国际法行为》，载《人民日报》2021 年 5 月 27 日，第 17 版。

〔2〕《企业生产口罩为何被征用？上海市司法局答〈华尔街日报〉：全部为依法有偿征用》，2020 年 2 月 7 日，载新民网：http://shanghai.xinmin.cn/xmsq/2020/02/07/31651057.html，2022 年 2 月 10 日访问。

〔3〕《国务院应对新型冠状病毒感染肺炎疫情联防联控机制关于进一步做好重点场所重点单位重点人群新冠肺炎疫情防控相关工作的通知》，国办发明电〔2020〕16 号。

〔4〕《关于做好精准健康管理推进人员有序流动的通知》，联防联控机制综发（2020）203 号。

〔5〕例如，《北京市城市管理综合行政执法局等五部门关于做好近期复工复产疫情防控工作的通告》，京城管发〔2020〕46 号；《湖北省新型冠状病毒感染肺炎疫情防控指挥部通告》，2020 年 3 月 11 日。

〔6〕国家发展改革委、财政部、工业和信息化部：《关于发挥政府储备作用支持应对疫情紧缺物资增产增供的通知》，发改运行〔2020〕184 号。

时还实施了疫情防控重点保障企业名单管理的制度。财政部等五大机构联合发布的《关于打赢疫情防控阻击战强化疫情防控重点保障企业资金支持的紧急通知》，对此类重点保障企业的范围和优惠政策作出规定。[1]在纳入重点保障企业名单的审批程序中，相关机构在申报条件、决策结果等事项上可能出现实质上的歧视性做法，导致外资企业符合要求却未能获得应有的政策扶持。

2. 基于我国疫情应对措施提起投资仲裁的法理依据

针对我国采取的疫情应对典型措施，外国投资者依据双边投资条约实体条款提起投资仲裁存在四个可依赖的潜在路径：（1）间接征收。如下措施可能会被认定为间接征收：对于直接征用外资措施，直接征用致使投资无法实现其经济用途而无效；[2] 对于社交隔离措施，若需要使用大量劳动力的劳动密集型企业因大量员工被隔离、教育机构不便组织线上模式、依赖线下客流量的密闭式休闲娱乐场所暂停营业等因素导致企业经营难以为继；对于旅行及交通限制措施，如果交通限制导致中小微物流企业账款周期被拉长、无法及时回血；对于商业限制措施，倘若停工停业和场所管控导致现金流断裂等造成企业濒临破产。（2）国民待遇。就我国已公布的疫情应对措施而言，相关政策文件并未歧视外资企业，但以下措施在实施过程中可能会进入违反国民待遇的范畴：对于入境隔离措施，针对外国人的举措可能导致外国投资者在从事与投资相关活动时获得的待遇低于本国人；对于给予“重点企业”特定优惠措施，缘于大部分政策文件未明确“重点企业”的认定标准，相关部门行使自由裁量权时可能导致内资企业获得比外资企业更优惠的待遇，形成事实上的歧视。（3）公平公正待遇。采购收储、产能补贴、税费减免、专项金融信贷、差异化金融支持等措施给予了相关执行部门较大的自由裁量权，在实践中可能被外国投资者质疑缺乏透明度，存在任意性与歧视性，从而违反公平公正待遇原则。（4）保护伞条款。征收、社交隔离以及旅行限制等措施可能导致外资企业无法获得必要的原材料、生产设备、场地或工作人员，影响企业正常运作，从而侵犯到投资者在投资合同项下的权利，进而违反保护伞条款中东道国就外国投资者的投资可能承担的义务。

3. 不排除措施条款作为抗辩事由

对外资企业提起的投资仲裁，我国可援引的抗辩事由包括双边投资条约项下具体义务的抗辩、警察权力（Police Power），以及习惯国际法下《国家责任条款草案》规定的不可抗力（Force majeure）、危难（Distress）和必要情势（State

---

〔1〕财政部、国家发展改革委、工业和信息化部、人民银行、审计署：《关于打赢疫情防控阻击战强化疫情防控重点保障企业资金支持的紧急通知》，财金〔2020〕5号。

〔2〕例如，征用对象是严重依赖现金流的企业，若补偿未能及时保障该企业正常运营所需的资金，则该企业可能因此无法恢复其业务活动。

of Necessity）等可排除国家行为违法性的抗辩。[1] 于此，双边投资条约中的不排除措施条款允许投资东道国基于保护本国公共健康等公共政策目标而采取必要的措施，在符合一定条件下，即使措施的采取违反条约义务而对外国投资者利益造成损害，亦可排除国家行为违法性并免除国家赔偿责任。然而，在我国已签署的双边投资条约中，仅有极少数规定公共卫生和健康例外。例如，中国-哥伦比亚 BIT 规定，“缔约一方为公共目的或社会利益或为保护公共健康、安全和环境采取的非歧视措施不构成间接征收。但在特别情形下除外，例如以其目的来衡量该措施或一系列措施非常严重，以致不能合理地被认为是善意采取和适用的。”[2] 中国－乌兹别克斯坦 BIT 和中国－坦桑尼亚 BIT 则分别规定，“缔约一方采取的旨在保护公共健康、安全及环境等在内的正当公共福利的非歧视的管制措施，不构成间接征收，但在个别情况下，例如所采取的措施严重超过维护相应正当公共福利的必要时除外。”[3] 随着公共健康在国际投资法中的重要性逐步上升——不但成为许多国际投资仲裁案件的焦点，而且正在成为新一代投资条约中的固定内容，[4] 我国应当在更多双边投资条约中纳入包含公共健康的不排除措施条款，不仅是作为对 COVID-19 构成对国家公共健康严重威胁而有必要采取应对措施的抗辩，同时也是对国际投资条约缔结的新发展进行回应与对标。

二、中国 BITs 中不排除措施条款设置的建议

（一）明确不排除措施条款的内容

明确双边投资条约中不排除措施条款的内容，并不等同于对“基本安全利益”等术语进行精确解释，实际上也无法对“公共秩序”“公共道德”等用语给予明确的界定。笔者认为，尽管无从也无须对不排除措施条款的内容进行精确化阐释，但应将不排除措施条款可适用的范围明确化。于此，2009 年签订的中国与东盟全面经济合作框架协议投资协议中关于“安全例外”条款的规定值得借鉴：

---

〔1〕 Valentina Vadi, ‘Crisis, Continuity, and Change in International Investment Law and Arbitration Arbitratio’, Michigan Journal of International Law, vol.42(2), 344-65(2021); Dimitrios Katsikis, “Necessity’ due to COVID-19 as a Defence to International Investment Claims’, ICSID Review - Foreign Investment Law Journal, vol.36(1), 46 (2021). 漆彤：《新冠疫情下的国际投资仲裁危机及其应对》，载《武大国际法评论》2020 年第 3 期，第 119 页；王彦志：《重大疫情防控措施的国际投资条约仲裁抗辩——以新冠疫情防控为对象》，载《国际经济法学刊》2022 年第 1 期，第 82 页；张倩雯：《新冠肺炎疫情下的国际投资保护与公共卫生治理——以例外条款的适用为视角》，载《人权》2021 年第 4 期，第 145 页。

〔2〕 参见中国－哥伦比亚 BIT（2008）第 4 条第 2 款。

〔3〕 参见中国－乌兹别克斯坦 BIT（2011）第 6 条第 3 款、中国－坦桑尼亚 BIT（2013）第 6 条第 3 款。

〔4〕 Freya Baetens, ‘Protecting Foreign Investment and Public Health Through Arbitral Balancing and Treaty Design’, International and Comparative Law Quarterly, vol.71(1), 182 (2022).

本协议的任何规定不得解释为：

（一）要求任何一方提供其认为如披露会违背其基本安全利益的任何信息；或

（二）阻止任何一方采取其认为对保护基本安全利益所必需的任何行动，包括但不限于：

1. 与裂变和聚变物质或衍生这些物质的物质有关的行动；

2. 与武器、弹药和作战物资的贸易有关的行动，及与此类贸易所运输的直接或间接供应军事机关的其他货物和物资有关的行动；

3. 为保护关键的公共基础设施免受使其丧失或降低功能的故意袭击行动；

4. 战时或国内或国际关系中其他紧急情况下采取的行动；或者

（三）阻止一方为履行其在《联合国宪章》项下的维护国际和平与安全的义务而采取的任何行动。[1]

对于“基本安全利益”的规定，采取“包括但不限于”的方式来确定“基本安全利益”的范围不失为明智之举。除却上述条文已列出的事项，还应当将一国的政治安全、军事安全以及经济安全等包括在基本安全利益范围内；尽管一国出现严重的经济危机、社会动荡等严重威胁到一国存续的情形已不断为一些国家援引，但如果予以明确规定，可减少日后缔约双方出现纷争的可能。对于不排除措施条款中的其他内容，一方面，应当将为维持或恢复“国际和平与安全”、保护国家“公共健康”的内容涵括在不排除措施条款中。维持国际和平与安全是各国应尽之义务，缔约双方对此通常不会产生争议；而鉴于重大环境污染事件频繁发生，外资企业也会因对环境的忽略而造成污染，威胁到公共健康，[2] 因此保护公共健康的内容应当载入不排除措施条款中。另一方面，缘于“公共秩序”与“公共道德”在不同国家所指之义不尽一致，在适用中较易发生争议，因此在将二者纳入不排除措施条款时应当审慎为之，视缔约另一方社会状况、国内法上关于“公共秩序”与“公共道德”标准等方面的不同来决定；即便是将公共秩序与公共道德归入不排除措施条款中，也无须给予这些术语明确的定义，可留待仲裁庭在审理时依据国内法、国际惯例等来判断应否排除东道国行为的违约性。

此外，除了传统不排除措施条款中的内容，有学者认为，鉴于金融业是

---

〔1〕参见中国与东南亚国家联盟成员国政府全面经济合作框架协议投资协议第17条。

〔2〕例如，韩资企业东风悦达起亚汽车有限公司在实现产能迅速扩张和企业高速发展的同时，也遭至当地居民对其进行的长达5年的污染投诉。当地居民称，自2006年开始饱受这家工厂喷涂车间排放出的油漆废气的污染，废气给他们的生活和健康均造成了严重影响。参见丁国锋：《东风悦达起亚公司被指严重污染当地环境》，载《法制日报》2011年12月8日，第004版。

国家的敏感行业，无论涉及的银行、保险抑或证券等都与国民的切身利益和社会福利密切相关，且依据世贸组织《服务贸易总协定》的精神，各成员可根据国情自主决定采取审慎措施。[1] 在中国资本市场尚未对外资完全开放的情形下，中国的金融监管制度是与中国国情相适应的，因此金融审慎措施（Financial Prudential Measure）相关的争端应当由双边投资条约缔约方国家政府磋商解决，不宜提交国家仲裁，这对于保留国家必要的经济管理手段和制定投资政策的余地，以服务于经济发展的根本目标，确保条约履行与执行国家政策和宏观经济战略的一致性是极为重要的。[2] 事实上，在国际投资领域，已有一些国家的双边投资条约作出了与 GATS 相似的规定。例如，美国 2012 年 BIT 范本就规定了，本协定不得阻止缔约方基于审慎理由采取或维持与金融服务有关的措施，其中包括对投资者、贷款人、投保人或金融供应商负有信托责任的人的保护以及对金融机构稳健运行的维护。[3] 当投资者将争端提交仲裁而被申请方以金融审慎措施作为辩护理由时，则被申请方应当在该争端提交仲裁的 120 天内将该问题书面提交至缔约双方的金融主管机构，由两国金融主管机构共同作出决定：第 1、2 款中规定的金融审慎措施是否以及在多大程度上可以作为被申请方的有效抗辩。缔约方金融主管机构作出的联合决定对仲裁庭具有约束力。如果缔约双方的金融主管机构在收到被申请方书面申请的 120 天内未作出决定，则仲裁庭可决定金融主管机关未解决的问题。[4] 美国 BIT 范本的规定较好地反映了缔约国的真实意图，避免了国际仲裁庭自行解释条约可能对缔约国金融安全造成的负面影响。中国与东盟签署的投资协议对金融审慎措施也作出了如下规定："对于影响提供金融服务的措施而言，WTO 协议附件 1B GATS 关于金融服务的附件第二款（国内规制），经必要调整后并入本协议，构成协议的一部分。"[5] 这一规定值得双边投资条约参考。

除了金融业，文化产业等领域也可能落入不排除措施条款的范围。于此，2012 年签署的中国 – 加拿大 BIT 的规定极为详细，在一定程度上值得借鉴。中国 – 加拿大 BIT 第 33 条作出了如下规定：

---

〔1〕GATS 金融服务附件第 2 条作出了如下规定："尽管有本协定的任何其他规定，但是不得阻止一成员为审慎原因而采取措施，包括为保护投资人、存款人、保单持有人或金融服务提供者对其负有责任的人而采取的措施，或为保证金融体系完整和稳定而采取的措施。如此类措施不符合本协定的规定，则不得用作逃避该成员在本协定项下的承诺或义务的手段。"

〔2〕参见李玲：《中国双边投资保护协定缔约实践和面临的挑战》，载《国际经济法学刊》第 17 卷第 4 期，北京大学出版社 2011 年版，第 123 – 24 页。

〔3〕Art.20（1）of the 2012 U.S. Model BIT.

〔4〕Art.20（3）of the 2012 U.S. Model BIT.

〔5〕参见中国与东南亚国家联盟成员国政府全面经济合作框架协议投资协议第 16 条第 2 款。

一、本协定中任何规定均不适用于与文化产业相关的措施。“文化产业”系指从事如下任一活动的自然人或企业：

（一）以印刷或机器可读形式的出版、发行或销售书籍、杂志、期刊或报纸，但不包括仅仅对前述所列的印刷或排版活动；

（二）出版、发行、销售或展览电影或录像；

（三）出版、发行、销售或展览音频或视频音乐录音；

（四）以印刷或机器可读形式出版、发行、销售或展览音乐；或

（五）旨在能够为普通大众直接接收的无线电通讯，以及所有的广播电台，电视台或有线广播事业和所有的卫星节目以及广播网络服务。

二、只要相关措施不以武断或不合理之方式适用，或不构成对国际贸易或投资之变相限制，本协定中任何规定均不得被理解为阻止缔约方采取或维持下述措施，包括环境措施：

（一）确保遵守与本协定条款无不一致的法律法规所必要的措施；

（二）保护人类、动物或植物生命或健康所必要的措施；或

（三）与保护有生命或无生命的可耗尽自然资源相关的措施，如果此类措施与限制国内生产或消费的措施同时有效实施。

三、本协定中任何规定均不得被理解为阻止缔约方基于审慎原因采取或维持的合理措施，例如：

（一）保护存款人、金融市场参与者和投资者、投保人、索赔人或金融机构对其负有信托责任的人的措施；

（二）维持金融机构的安全、稳健、完整或其财务责任的措施；以及

（三）确保缔约方金融体系的完整性和稳定性的措施。

四、本协定中任何规定均不得适用于公共实体为实施货币和相关信贷政策或汇率政策而普遍适用的非歧视性措施。本款不应影响缔约方依据第十二条应承担的义务。

五、本协定中任何规定均不得被理解为：

（一）要求缔约方提供或允许获得其认定披露后将违背其根本安全利益的信息；

（二）阻止缔约方采取其认为保护其根本安全利益所必要的任何如下措施：

1. 此类措施与武器、弹药和战争工具的贸易有关，并与直接或间接为军事或其他安全设施之目的而进行的其他货物、材料、服务和技术的贸易和交易有关；

2. 在战时或其他国际关系紧急情况时采取的措施；或

3. 此类措施与执行关于不扩散核武器或其他核爆炸装置的国家政策或国

际协定有关；或

（三）阻止缔约方根据联合国宪章为履行维护国际和平与安全义务而采取行动。

六、（一）本协定中任何规定均不得被理解为要求缔约方提供或允许获得这样的信息，此类信息披露后将阻碍法律执行或有违缔约方保护内阁机密、个人隐私或金融机构的金融事务和个人顾客账户信息保密性的法律。

（二）本协定中任何规定均不得被理解为，在本协定下任何争端解决过程中，要求缔约方提供或允许获得受其竞争法律保护之信息，或要求缔约方的竞争主管部门提供或允许获得任何其他秘密信息或保护不被披露的信息。

（三）在第（二）分款中，若缔约方无其他通知，则“竞争主管部门”系指：

1. 对加拿大而言，竞争委员；以及

2. 对中国而言，国务院反垄断执法机构。

缔约双方应及时以外交照会的形式将第1、2分款所述竞争主管部门的继任者通知对方。

“受竞争法律保护之信息”系指：

1. 对加拿大而言，《竞争法》第29节（R.S.1985，c.34）规定范围内的信息，或其任何后续条款规定的信息；以及

2. 对中国而言，受《反垄断法》《价格法》和《反不正当竞争法》保护不得披露的信息，或其任何后续条款规定的信息。

七、缔约方采取的符合世界贸易组织依据《WTO协定》第九条第三款通过的决定的措施，应视为与本协定保持一致。打算根据本协定第二十条采取行动的投资者不得提出此一致性措施违反本协定的诉请。

（二）援引不排除措施条款后的责任承担问题

不排除措施条款免除了东道国的违约责任，但是否免除东道国对外国投资者的赔偿责任，是一个存在争议的问题，而ICSID仲裁庭则作出了三种不同的回应。其一，东道国应当承担赔偿责任。在CMS案中，仲裁庭依据《国家对国际不法行为的责任条款草案》关于援引解除行为不法性的情况的后果的规定，即“根据本章援引解除行为不法性的情况不妨碍：（a）在并且只在解除行为不法性的情况不再存在时遵守该项义务；（b）对该行为所造成的任何物质损失的赔偿问题”[1]，裁定即使阿根廷可援引BIT第11条以及必要性抗辩排除其行为

〔1〕Art. 27 of the Draft Articles on Responsibility of States for Internationally Wrongful Acts, U. N. GAOR, 56th Sess., Supp. No. 10, U.N. Doc. A/56 /10，12 December 2001.

的违法性，也不能排除其在经济危机结束后对投资者的赔偿责任，[1] 据此阿根廷应向投资者赔偿 1.332 亿美元，并承担相应的利息。[2] 其二，仲裁庭主张东道国与投资者达成妥协。在 Enron 案中，否定阿根廷的基本安全利益受到威胁后，仲裁庭认为阿根廷应当进行赔偿，但仲裁庭似乎有意回避对赔偿问题作出裁决，而是建议由受影响一方与被告就赔偿事宜协商达成一致。[3] 其三，免除东道国的赔偿责任。LG&E 案仲裁庭认为，ASR 第 27 条并未明确提及处于危急情况的国家是否要为其采取的措施给投资者造成的损失进行赔偿，而且 BIT 第 11 条免除了国家采取应对措施而产生的责任；[4] 因此阿根廷无需为其处于紧急状态的 2001 年 12 月 1 日至 2003 年 4 月 26 日共 17 个月期间投资者遭受的损失承担赔偿责任，但须赔偿投资者在这 17 个月之外的损失。[5] 而值得注意的是，在之后的撤销程序，CMS 案仲裁庭的裁决被特别委员会撤销，委员会的裁决支持了 LG&E 案裁决，认为阿根廷依据 BIT 第 11 条对其所采取的措施进行了有效抗辩，从而排除了阿根廷在此期间的赔偿责任。[6]

支持东道国承担赔偿责任与 ASR 第 27 条的规定是一脉相承的，除却习惯国际法基础，认为 BIT 中的不排除措施条款只是允许缔约一方在面临危及国家基本安全利益时不履行 BIT 项下的义务但并不免除缔约一方采取措施产生的法律后果即赔偿责任的见解，还具有一定的民法理论基础。依据民法原理，在不符合免责情况下，当事方应当为其行为造成的相应后果承担责任，而在美国－阿根廷 BIT 的全部条文款项中，并未发现免责条款的存在，因而东道国得以免于赔偿的观点并没有相应的法律依据。此外，国际投资法学界普遍认可了国有化、合法性征收或征用应当给予被征收 / 征用方相应的补偿，[7] 同样地，缔约一方在遇到国家基本安全利益威胁时所采取的措施可依据不排除措施条款来排除行为的不法性，其行为类似于“合法”，但也应如同合法性征收或征用一样给予利益受损的投资者补偿。例如在美国，即便是在战时，最高法院仍会认为政府征收则应承担赔偿义务。[8]

相对而言，笔者更倾向于不排除措施条款可免除东道国赔偿义务的主张。

---

〔1〕ICSID Case No. ARB/01/8, Award of 12 May 2005, para.391.

〔2〕See ICSID Case No. ARB/01/8, Award of 12 May 2005, paras.468－471.

〔3〕ICSID Case No. ARB/01/3, Award of 22 May 2007, para.345.

〔4〕ICSID Case No. ARB/02/1, Decision on Liability of 3 October 2006, pars.260－65.

〔5〕ICSID Case No. ARB/02/1, Decision on Liability of 3 October 2006, para.267（c），（d）.

〔6〕ICSID Case No. ARB/01/8）, Decision of the *ad hoc* Committee on the Application for Annulment of the Argentine Republic, 25 September 2007, para.145－46.

〔7〕M. Sornarajah, *The International Law on Foreign Investment*, Cambridge University Press, 2010，414－15.

〔8〕Christina Binder and August Reinisch, ‘Economic Emergency Powers: A Comparative Law Perspective’, in Stephan W. Schill (ed.), *International Investment Law and Comparative Public Law*, Oxford University Press, 2010, 536－37.

首先，不排除措施条款属于例外条款，而例外条款是指在一定条件下排除缔约国行为不法性的条款；如此，东道国在非常时期采取应对措施，如果该措施是维护该国基本安全利益等所必要的，即便因采取措施而导致对双边投资条约的违约，亦可获得免责，这是不排除措施条款所允许的，也是不排除措施条款的意义所在。倘若不排除措施条款一方面排除了东道国行为的不法性，另一方面却要求东道国承担赔偿责任，显然违反了条约解释中的有效性原则（Principle of Effectiveness），这一原则要求在进行解释条约时应使每一个条款有效，不能使之失去意义。[1] 换言之，即使两国之间签订的双边投资条约不含有不排除措施条款，一国在面临国家基本安全利益威胁时可以采取必要措施，同时对投资者造成的损失给予赔偿；而在存有不排除措施条款时，就可根据该条款免除对投资者的赔偿责任。从逻辑的角度，一国行为已经失去了不法性，就没有义务对其行为造成的损害进行赔偿，[2] 援引自卫和反措施不会导致任何赔偿义务也证明了这一点。其次，在外国投资者对东道国某一产业进行投资时，就应合理预见到在投资有效期内东道国国内可能会发生的政治、经济以及社会等方面的风险；[3] 对于因政府违约行为或其他政府行为致使债务人无法履行债务等威胁商业信用利益实现的政治风险，可以通过参加海外投资保险来规避。目前，已有诸多政府代理机构或商业组织对政治风险进行承保，承保范围包括违约、征收以及政治动乱等，[4] 例如 1969 年美国再次修订《对外援助法》后，由新设的海外私人投资公司（Overseas Private Investment Corporation，OPIC）承担从纯政府机构国际开发署中分离出来的海外投资保险业务，OPIC 是一个在美国国务院政策指导下的机构，资金来源主要是国库的专用拨款，兼具有公私法人的性质。[5] 此外，世界银行集团五大组成部分之一的多边投资担保机构（Multinational Investment Guarantee Agency，MIGA）亦向外国私人投资者提供政治风险担保，担保范围包括征收风险、违约、战争和内乱风险等。[6] 最后，东道国的免责

---

〔1〕William W. Burke-White, Andreas von Staden, 'Investment Protection In Extraordinary Times: The Interpretation and Application of Non-Precluded Measures Provisions in Bilateral Investment Treaties', Virginia Journal of International Law, vol.48，380（2008）.

〔2〕Vaughan Lowe, 'Precluding Wrongfulness or Responsibility: A Plea for Excuses', European Journal of International Law, vol.10，410－11（1999）.

〔3〕Alberto Alvarez-Jiménez, 'Ex Post General Regulation and Investment Protection in Recent International Arbitration', American Review of International Arbitration, vol.16，354－55（2005）.

〔4〕A. F. M. Maniruzzaman, 'The Issue of Resource Nationalism: Risk Engineering and Dispute Management in the Oil and Gas Industry', Texas Journal of Oil, Gas, and Energy Law, vol.5，99（2009－2010）.

〔5〕Jennifer M. DeLeonardo, 'Are Public and Private Risk Insurance Two of a Kind? Suggestions for a New Direction for Government Coverage', Virginia Journal of International Law, vol.45，787（2005）.

〔6〕Art.11 of the Convention Establishing the Multilateral Investment Guarantee Agency, 11 October 1985.

可促使投资者积极采取补救方法以避免损失的扩大化，例如暂时停产或撤资，而不是坐等危机结束进而诉诸司法程序寻求赔偿，这在一定程度上亦可算作是对投资者利益的保护。

诚如前述，中国诸多BITs中并未规定援引不排除措施条款排除行为不法性后的赔偿责任问题，这意味着一旦将此类案件交付ICSID仲裁庭审理，就有可能面临着仲裁庭依据ARS第27条作出承担巨额经济赔偿责任的后果。缘于不排除措施条款不仅关涉东道国与投资者利益之间的平衡，亦涉及资本输出国与资本输入国之间利益的博弈，因此在缔结双边投资条约时视缔约另一方在资本流动中的身份来规定援引不排除措施条款后的赔偿责任问题，对中国而言不失为权宜之计。问题在于，在进入21世纪后中国缔结的少数BITs中，明确规定了因应对国家基本安全威胁而采取措施后，东道国对外国投资者负有赔偿义务。例如，中国－芬兰于2004年重新签订的BIT规定：“缔约一方的投资者在缔约另一方领土内的投资，由于缔约后者一方领土内发生战争、全国紧急状态、骚乱、暴乱或其他类似事件而遭受损失，缔约后者一方给予其恢复原状、赔偿、补偿或采取其他解决措施的待遇，不应低于它给予本国或任何第三国投资者投资的待遇，以相关投资者选择的两者中更为优惠的待遇为准。”[1]这一规定体现了对外国投资者利益的保护，但是否合理值得商榷。据初步统计，阿根廷在ICSID仲裁中面临着超过80亿美元的赔偿责任，这一数字已超过了阿根廷政府2002年全部财政储备。[2]作为前车之鉴，阿根廷ICSID仲裁实践已然为一些发展中国家敲响了警钟；虽然目前中国作为被申请方的ICSID案子数量较少，防患于未然仍是必要的，规定东道国对投资者负有绝对的赔偿责任就有重蹈阿根廷覆辙的可能。

笔者认为，即便是着重于对本国“一带一路”倡议下海外投资者的保护而规定东道国为国家基本安全利益而采取措施后应对投资者进行赔偿，在缔约过程中也应当考量以下三因素：其一，效仿*LG&E*案的作法，严格确定得以适用不排除措施条款的期间，东道国无需为在此期间内采取的措施承担责任，但仍应为在此期间外所采取的措施负赔偿责任。其二，严格判断所采取的措施确实是BIT中规定的维护国家基本安全利益目的所必需的。例如在*Continental*案中，Continental Casualty公司主张1.12亿美元的赔偿，但仲裁庭裁定仅对不符合“必需”抗辩的重组Continental Casualty持有的国库券的措施造成的损害进行赔偿，共计280万美元，而对阿根廷采取的冻结银行活期存款法令等确属为维护国家

---

〔1〕参见中国－芬兰BIT第5条第1款；中国－韩国2007年重新签订的BIT第5条第1款亦有相似规定。

〔2〕William W. Burke-White, Andreas von Staden, 'Investment Protection In Extraordinary Times: The Interpretation and Application of Non-Precluded Measures Provisions in Bilateral Investment Treaties', Virginia Journal of International Law, vol.48，311（2008）.

基本安全利益而采取的措施，则无须进行赔偿。[1] 其三，较之东道国负赔偿责任的规定，可以考虑责任的共同承担方式。在 *Sempra* 案中，被申请方未能成功援引国家基本安全利益抗辩，仲裁庭仍明确指出，在适用法律时不能忽视危机带来的现实后果，包括危机对社会正常运作的影响；因此仲裁庭在决定阿根廷因违反条约而负赔偿责任时，将考虑危机对阿根廷的影响。[2] 此种方法有值得称道之处：倘若东道国负绝对赔偿责任，则东道国关于不排除措施条款的抗辩将无任何经济意义；而东道国免责，各种风险将转嫁至投资者，对于没有过错的投资者而言将是有失公允的；东道国与投资者共同分担风险，既降低了东道国的赔偿额，利于缓解东道国的经济困境，也保障了投资者获得一定的赔偿，在一定程度上使得东道国与投资者利益臻于平衡。当然，这只是在部分中国 BITs 中规定东道国援引国家基本安全利益后对投资者负赔偿责任的一种妥协性的建议，理想的方式还是直接规定东道国成功援引不排除措施条款后将免除对投资者的赔偿责任。

（三）不排除措施条款的审查

阿根廷未将双边投资条约中的不排除措施条款明确规定为自行判断性质，导致了其援引该条款的行为受到了 ICSID 仲裁庭的全面实质性审查；随后美国将原本非自行判断性质的不排除措施条款修订为自行判断性质，从而为国家保留了更多的自由裁量权。事实上，国际仲裁庭对不排除措施条款进行何种审查，是关系东道国与投资者之间风险分配的最为重要的因素之一。具言之，仲裁庭认可东道国自行判断的事项愈多，其否定东道国援引不排除措施条款的空间就愈小，由此东道国在面临经济危机等非常时期时所采取措施的风险和代价，将愈多地转移至投资者。从保障国家利益的角度，甚至有学者认为，涉及国家安全例外的条款在本质上都属于自行判断条款，这是因为国家安全直接关系到一国的主权与利益，从缔约国的真实意图看，很难认定缔约国会将其有关国家主权与安全这样的重大事项交由第三方来审查；同时，是否危及国家安全亦只有当事国最为清楚，因而当事国应最有权根据自身的判断来采取其认为必要的措施，这不应属于第三方判断的事项，置身事外的第三方事后所作的任何判断都无法取代当事国在紧急状况时的判断和决策。[3]

鉴于不明确的自行判断条款，将由仲裁庭对条约的文本、背景等诸多因素进行审慎分析，从而决定缔约双方是否就不排除措施条款属于自行判断性质存

---

〔1〕ICSID Case No. ARB/03/9, Decision on Annulment of 16 September 2011, paras.42 – 74.

〔2〕Case No. ARB/02/16, Award of 28 September 2007, para.397.

〔3〕参见余劲松：《国际投资条约仲裁中投资者与东道国权益保护平衡问题研究》，载《中国法学》2011 年第 2 期，第 134 页。

在共同的理解，[1]而仲裁庭的推断有时候并非缔约双方的真实意图。因此，中国双边投资条约应当明确规定不排除措施条款是自行判断性质的条款，可借鉴美国BIT范本采用“其认为”（it considers）的措辞，避免仲裁庭对中国援引不排除措施条款的行为进行全面实质性审查，为中国在非常时期保护本国国家安全等利益保留必要的主权权力。当然，基于对外国投资者利益的兼顾，在将双边投资条约中的不排除措施条款修订为自行判断性质时亦应同时规定一国援引该条款的标准，避免自行判断不排除措施条款陷入被滥用的境地。

（四）采用条约缔约方联合决定机制以保障公共福利

国际投资仲裁庭对双边投资条约中不排除措施条款的审查，在很大程度上是对条约缔约方作出的涉及公共福利的措施是否符合条约规定进行事后推测。此种推测可能并不是缔约方所希望的；即使作为被申请人的东道国最终胜诉，往往也需要为辩护其旨在保障公共福利的措施为条约所允许而承担巨大仲裁成本。[2]作为对这些考量的回应，2015年缔结的中国–澳大利亚FTA设置了条约缔约方联合决定机制来保障国家采取的公共福利措施。

条约缔约方联合决定机制主要包含以下内容：首先，中国–澳大利亚FTA第9章第11条第4款规定，缔约“一方采取的非歧视的和出于公共健康、安全、环境、公共道德或公共秩序等正当公共福利目标的措施”，不应作为投资者–东道国投资仲裁诉请的对象。[3]其次，倘若投资者对东道国实施的某一项措施提起投资者–东道国投资仲裁诉请，东道国可在收到磋商请求起30日内向申请人及非争端缔约方发出公共利益通知，说明该措施属于第9章第11条第4款所规定的公共福利例外情形。[4]再次，公共福利通知发出后，东道国与非争端缔约方应在90日内进行磋商，且在该90日期限内，投资争端解决程序应自动中止。[5]复次，东道国与非争端缔约方关于某项措施是否属于第9章第11条第4款所述情形的决定对仲裁庭具有约束力，仲裁庭作出的决定或裁决应当符合该决定。[6]最后，仲裁庭不得因东道国未发出公共福利通知，或东道国与非争端缔约方未就所涉措施是否属于第9章第11条第4款所述措施作出决定，而对其

---

〔1〕William W. Burke-White, Andreas von Staden, ‘Investment Protection In Extraordinary Times: The Interpretation and Application of Non-Precluded Measures Provisions in Bilateral Investment Treaties’, Virginia Journal of International Law, vol.48，385–86（2008）.

〔2〕Anthea Roberts and Richard Braddock, ‘Protecting Public Welfare Regulation through Joint Treaty Party Control: a ChAFTA Innovation’, Columbia FDI Perspectives, No.176，20 June 2016.

〔3〕中国–澳大利亚FTA第9章第11条第4款。

〔4〕中国–澳大利亚FTA第9章第11条第5款。

〔5〕中国–澳大利亚FTA第9章第11条第6款。

〔6〕中国–澳大利亚FTA第9章第18条第3款。

作出不利推定。[1]

条约缔约方联合决定机制实质上允许了条约缔约方就所缔结的条约的适用达成一致决定，且此项决定对国际投资仲裁庭具有约束力。机制反映了在国家主权维护与外国投资保护之间、条约缔约方与国际投资仲裁庭关于条约条款解释权限之间寻求再平衡的尝试。尽管条约缔约方联合决定机制在实践中面临重新将投资者－东道国投资争端政治化，条约缔约方地位不平等导致机制无法实质公平地施行等问题，[2]中国在与“一带一路”倡议下沿线国家缔结的双边投资条约中，仍可以采用这一机制。这主要是因为如果能明确有权作出联合决定的特定机构、区分对争议条款共识的性质，条约缔约方联合决定机制可为中国及沿线国家重新获得对涉及公共福利的管制自主权的控制提供强有力的保障。[3]特别是考虑到，在中国海外投资存量中，涉及公共健康、安全、环境、公共道德或公共秩序等正当公共福利目标的采矿业、建筑业、电力/热力/燃力及水的生产和供应业、[4]农林牧渔业、水利环境和公共设施管理业以及卫生和社会工作仍占一定比重（如图表 27 所示）。在非洲的投资，主要以建筑业、采矿业为主（如图表 28 所示），而对中国在这一地区投资的环境影响的负面评价一直存在。[5]近年来，中国已采取多重措施应对海外投资环境风险。[6]2021 年 7 月，中

〔1〕中国－澳大利亚 FTA 第 9 章第 11 条第 8 款。

〔2〕Anthea Roberts and Richard Braddock, ‘Protecting Public Welfare Regulation through Joint Treaty Party Control: a ChAFTA Innovation’, Columbia FDI Perspectives, No.176，20 June 2016.

〔3〕Yang Xinglong, ‘Belt and Road Initiative: Joint Interpretation Mechanism in Investment Agreements’, Kluwer Arbitration Blog, 15 January 2019.

〔4〕2021 年 9 月 21 日，国家主席习近平在北京以视频方式出席第七十六届联合国大会一般性辩论并发表题为《坚定信心共克时艰共建更加美好的世界》的重要讲话。习近平指出，中国将大力支持发展中国家能源绿色低碳发展，不再新建境外煤电项目。参见《推动能源绿色低碳发展 为全球环境治理作出新贡献——海外舆论高度评价中国宣布不再新建境外煤电项目》，载中国政府网，2021 年 9 月 24 日。

2022 年 1 月，世界经济论坛发布了《促进“一带一路”倡议绿色发展：发挥金融和技术的作用来推动低碳基础设施建设》，强调低碳技术、金融业主体、金融工具以及政策环境可以并且需要共同努力来推动“一带一路”倡议的绿色发展。See World Economic Forum, ‘Advancing the Green Development of the Belt and Road Initiative: Harnessing Finance and Technology to Scale Up Low-Carbon Infrastructure’, January 2022.

〔5〕Sofie Geerts, Namhla Xinwa and Deon Rossouw, ‘Africans’ Perceptions of Chinese Business in Africa: A Survey’, Globethics.net Focus No.18，2014.

〔6〕David H. Shinn, ‘The Environmental Impact of China’s Investment in Africa’, Cornell International Law Journal, vol.49，25（2016）.

国商务部和生态环境部联合发布《对外投资合作绿色发展工作指引》，创新性地要求政府推动企业在遵循《联合国气候变化框架公约》、《生物多样性公约》、2030 年可持续发展目标、“一带一路”绿色投资原则等要求的条件下，开展对外投资合作。[1] 但与这一地区的国家缔结双边投资条约时，仍有学者呼吁在强调投资促进与保护的同时应不损害人权、环境保护、劳工标准等重要价值。[2] 基于这一考量，在双边投资条约中给予中国与投资条约另一缔约国家联合解释条约的权限，能够在一定程度上限制投资东道国对其作出的政策或措施等的任意解释，有利于保障“一带一路”倡议下海外投资利益，进而在根本上推动高质量共建“一带一路”投资项目的可持续运营。

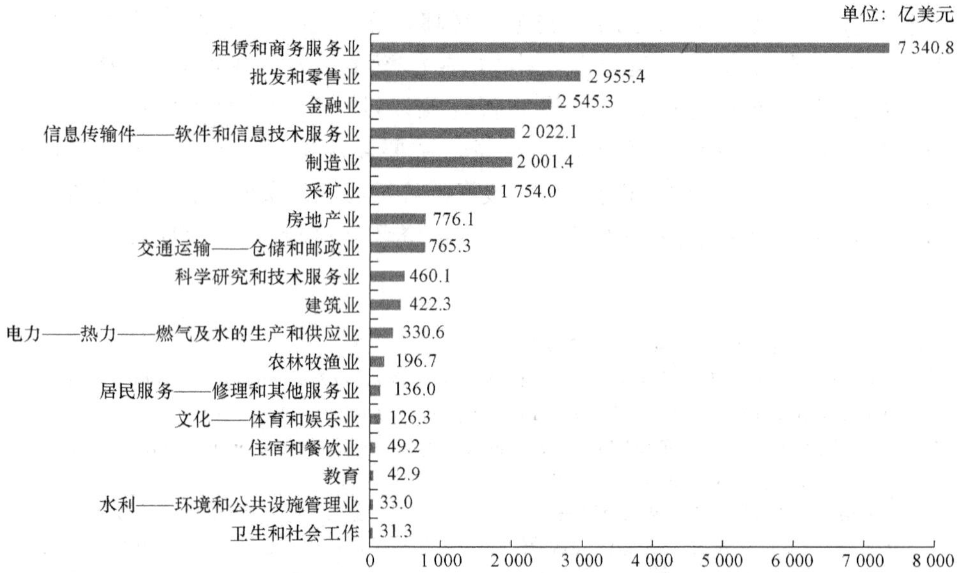

图表 27：2019 年末中国对外直接投资存量行业分布[3]

---

〔1〕商务部、生态环境部：《对外投资合作绿色发展工作指引》，2021 年。

〔2〕Catherine Elkemann & Oliver C. Ruppel, ‘Chinese Foreign Direct Investment into Africa in the Context of BRICS and Sino-African Bilateral Investment Treaties’, Richmond Journal of Global Law & Business, vol.13，593（2015）.

〔3〕商务部、国家统计局、国家外汇管理局编：《2019 年度中国对外直接投资统计公报》，中国商务出版社 2020 年版，第 26 页。

图表 28　　2019 年末中国对非洲直接投资存量前 5 位行业[1]

行业名称	存量	占比（%）
建筑业	135.9	30.6
采矿业	110.2	24.8
制造业	55.9	12.6
金融业	52.4	11.8
租赁和商务服务业	24.9	5.6
总计	379.4	85.4

小结

国际投资自由化推动下 ICSID 管辖权的扩展，直接形成了对国家管辖权的冲击，此种冲击尤其体现在遭遇国家经济、公共安全、环境与人权等危机的侵袭后，一国所采取的一系列应对措施有可能触及外国投资者之利益，以致成为该国被诉至 ICSID 的缘由。BITs 中设置的不排除措施条款，规定东道国政府为应对国家安全、公共健康等而采取的有损于外国投资者的措施不具有不法性，从而免除东道国的相关条约义务。不排除措施条款允许东道国免责的情形主要包括国家基本安全利益、国际和平与安全、公共秩序、公共健康、公共道德以及极端紧急情况。但是，由于对条约解释方法与规则的理解不同，针对阿根廷 21 世纪初为应对经济危机而采取的措施，五个 ICSID 仲裁庭对阿根廷能否援引美国－阿根廷 BIT 中的不排除措施条款作出了相互冲突的裁决。此外，鉴于东道国在面临不排除措施条款中规定的情形时所采取的措施不视为对条约的违反，应明确东道国的自行判断权限以及国际仲裁庭审查标准。通常说来，对于非自行判断条款，东道国依据自身判断采取措施保护本国基本利益的行为要受到仲裁庭的重新审查；对于自行判断条款，ICSID 仲裁庭不能代替东道国来判断所采取措施的合法性问题，其审查只能局限于东道国采取措施是否出于善意的范围内。

早期中国对外缔结的多数双边投资条约鲜有对不排除措施条款作出规定，但不论是对外投资还是招商引资，中国都面临着诸多与不排除措施条款相关的问题。国家基本安全利益、公共秩序等与不排除措施条款相关问题理应成为中国双边投资条约中不可或缺的重要内容。因此，中国双边投资条约应当设置不排除措施条款：首先，明确不排除措施条款的内容，尽管无从也无需对不排除

[1] 商务部、国家统计局、国家外汇管理局编：《2019 年度中国对外直接投资统计公报》，中国商务出版社 2020 年版，第 28 页。

措施条款的内容进行精确化阐释，但应将不排除措施条款可适用的范围明确化。其次，在援引不排除措施条款后的责任承担问题上，不排除措施条款可免除东道国赔偿义务的主张对中国更为有利；即便是侧重对本国“一带一路”倡议下海外投资者的保护而规定东道国为国家基本安全利益而采取措施后应对投资者进行赔偿，在缔约过程中也应当严格确定得以适用不排除措施条款的期间，严格判断所采取的措施确实是 BIT 中规定的维护国家基本安全利益目的所必需的，并考虑责任的共同承担方式。再次，关于不排除措施条款的审查，应当明确规定不排除措施条款是自行判断性质的条款，避免仲裁庭对中国援引不排除措施条款的行为进行全面实质性审查，为中国在非常时期保护本国国家安全等利益保留必要的主权权力，同时规定一国援引该条款的标准，保护外国投资者的利益。最后，借鉴中国－澳大利亚 FTA 中的条约缔约方联合决定机制，为中国及“一带一路”沿线国家重新获得对涉及公共健康、安全、环境、公共道德或公共秩序等正当公共福利的管制自主权的控制提供强有力的保障。

结 论

“一带一路”建设的纵深推进与行稳致远，不仅需要政治和经济上的顶层设计，也需要法律的保驾护航。法治是“一带一路”高质量共建的重要基础和保障。其中，探究并阐明“一带一路”倡议下争议解决方式中ICSID仲裁的可能作用，是不可或缺的一环。对中国缔结的双边投资条约中ICSID仲裁管辖权条款进行完善，使之契合“国内国际双循环”新发展格局下中国当前及未来兼具资本输入国与资本输出国的双重身份，达成持续有效平衡国家主权与投资者利益的保障，是一项任重道远、需要多方共襄斯举的工作。

ICSID仲裁机制的应运而生具有宏大的历史背景。战后发展中国家大规模的国有化运动触动了资本输出国及跨国投资者的利益，在如何妥善解决国际投资争端这一命题上，传统的外交保护、国际法院审理因易于将争端提升至政治层面而日渐式微，东道国国内司法或行政程序则难免陷入对本国保护而忽略外国投资者利益之虞，且发展中国家之法治尚未臻于完善，而国际商事仲裁等因缺失有约束力的特定规则显得无所适从。在这样的背景下ICSID仲裁机制的诞生，以ICSID仲裁为主导的投资者－东道国仲裁机制的兴起自是水到渠成。ICSID

仲裁机制的崛起，固然是新自由主义思想推动下经济全球化与投资自由化促成国际直接投资空前发展的结果，亦与世界各国掀起缔结国际投资协定的浪潮密切相关，特别是双边投资条约的大量签署，在推动ICSID仲裁机制的发展方面起到了不可或缺的作用。双边投资条约与ICSID仲裁机制良性互动，共同构筑了一幅明朗的国际投资争端解决的当代图景。然而，双边投资条约是在南北矛盾调合下的产物，缘于谈判地位的不平等，由资本输出国主导的缔结程序使得发展中国家不可避免地要让渡出部分主权。对发展中国家而言，更为窘迫的是为获得外资流入而不得不让渡的部分主权，是否能等价地得到预期的效果仍未获得确凿有效的证实。同时，ICSID仲裁机制在处理代表市民社会与公共利益等各方利益纠纷时，由于传统的保护私有财产的倾向使然，导致作为东道国的发展中国家的主权与公共利益的维护未能得到有效实施，由此引起了各界对国际投资仲裁机制合法性缺失的质疑；ICSID仲裁机制因为程序透明度的阙如、裁决的不一致等原因陷入了正当性危机，一些发展中国家宣布退出ICSID公约，美国等发达国家亦摒弃了投资条约中对投资者高标准保护立场，增强东道国对外资的管制权限。

加入世贸组织后，中国修订了诸多法律，但双边投资条约却未获得同等的关注。然而，中国现代双边投资条约不仅仅是作为未来谈判的一个基础，更是政府政策意向的信号。除却双边投资条约的重要政策导向意义，中国双边投资条约自身存在的缺陷亦使得对双边投资条约的革新愈显必要，而其中极为关键的ICSID管辖权具体完善路径的论证与设计，是无从回避亦不应望而却步的一道隘口。中国经济的崛起，特别是“一带一路”倡议下海外基础设施投资的发展，使得中国已开始由资本输入国单一角色向兼具资本输入国与资本输出国双重角色的转变。一方面，第二代双边投资条约开始“全面同意”ICSID仲裁管辖权，允许外国投资者不受限制地利用国际仲裁，此种旨在适应国际投资关系新局势的转变，放低了ICSID仲裁管辖权的门槛，使中国面临的风险骤然增加。另一方面，中国双边投资条约中ICSID管辖权的规定需要适应传统国际投资法律关系从以往的南北关系，转化为更为复杂的南北、南南以及北北关系并存的新形势，进一步回应、防范与化解“一带一路”倡议下可持续海外投资面临的政治、经济、文化和生态挑战。在投资自由化与便利化的新趋势下，面对国际上投资者-东道国投资争端解决机制的改革浪潮，中国有必要进行新一轮的双边投资条约修订，对条约中的投资者-东道国投资争端解决进行重塑与建构。革新势在必行，而坚执双边投资条约的缔结，坚信ICSID仲裁机制的未来以及坚守国家主权与“一带一路”倡议下海外投资利益的平衡，是对中国双边投资条约中ICSID仲裁管辖条款进行革新与完善时应当遵循的三个重要理念。

在具体完善路径上，可从两大层面入手。第一层面是被动的革新路径，即在国际投资自由化背景下ICSID仲裁庭通过投资与法人国籍的界定、最惠国待遇条款在程序中的适用、从严解释保护伞条款等途径扩展了仲裁庭的管辖权，从而削弱了东道国司法主权权力，中国双边投资条约对此的因应策略。对中国而言，双边投资条约中“投资”定义的把握，应符合国内经济发展与“一带一路”倡议下海外投资促进的政策目标，并对投资定义的范围进行适当限制；在法人国籍认定标准方面，坚持法人成立地标准，同时肯定控制标准，以有效保护“一带一路”倡议下的海外投资。在今后签署或修订双边投资条约时，当明确限制或排除将最惠国条款适用于程序性事项；退而求其次也应在投资条约中作出最惠国条款的效力不溯及既往的规定。就已订有保护伞条款的双边投资条约而言，作为被申请方的中国可详细剖析承诺的性质、违反承诺的具体情形，进而提出管辖权异议抗辩，或免除中国的法律责任；对于未来缔结或重新签署的双边投资条约，最优方案当是不再订入保护伞条款；即便在缔约谈判中无法就保护伞条款是否订入达成一致，也应当在争端解决条款中限制能够交付ICSID仲裁解决的投资争端范围。

第二层面是主动的革新路径，即利用传统上用以限制ICSID等国际救济方法的用尽东道国当地救济规则以及不排除措施条款，来达到坚守国家主权与保护“一带一路”倡议下海外投资利益的目标。传统国际法上的东道国当地救济规则被运用到以ICSID机制为主的投资者－东道国争端解决领域后，其适用标准、例外规定、终局性要求等方面却都出现了新的变化；当前中国双边投资条约对待用尽当地救济规则的基本立场是：当地救济分为司法救济和行政（复议）救济，司法救济与国际仲裁择一终局，而行政救济则作为国际仲裁的前置程序。坚持用尽当地救济规则总体上对中国是有利的；同时，鉴于需要给予“一带一路”倡议下海外投资提供较高保护标准，可考虑有针对性地在部分双边投资条约中放宽对“用尽”当地救济的要求。此外，应当对当地救济的例外、前置程序、行政复议救济问题、附期限问题、终局性问题以及岔路口条款等具体适用问题持审慎之态度。

早期，中国对外缔结的多数双边投资条约鲜有规定对保护东道国主权极为重要的不排除措施条款。从中国本土实践的角度来看，不论是“一带一路”倡议下对外投资还是对内招商引资，中国都面临着诸多与不排除措施条款相关的问题，国家基本安全利益、国际和平与安全、公共秩序、公共健康、公共道德以及极端紧急情况等与不排除措施条款相关的情形理应成为中国双边投资条约中不可或缺的重要内容。因此，中国双边投资条约应当设置不排除措施条款，明确规定不排除措施条款的自行判断性质，并规定一国援引不排除措施条款的标准，为中国在非常时期维护本国国家安全等利益保留必要的主权权力，同时兼顾“一带一路”倡议下海外投资利益，从而使国家主权与“一带一路”倡议下海外投资保护更臻于平衡。

参 考 文 献

一、中文著作

1.《习近平谈治国理政》，外文出版社 2014 年版。
2. 余劲松著：《国际投资法》，法律出版社 2018 年版。
3. 外交部、中国法学会编：《规则与协调——“一带一路”法治合作国际论坛文集》，法律出版社 2018 年版。
4. 李庆明著：《美国的外国主权豁免理论与实践》，人民日报出版社 2021 年版。
5. 厉以宁：《社会在制度探索中前进》，载蔡洪波主编：《百年中国》，羊城晚报出版社 2000 年版。
6. 袁明：《百年外交沧桑录》，载蔡洪波主编：《百年中国》，羊城晚报出版社 2000 年版。
7. 叶灼新、李毅著，史仲文、胡晓林主编：《世界全史——世界当代经济史》，中国国际广播出版社 1996 年版。
8. 陈安主编：《国际投资法的新发展与中国双边投资条约的新实践》，复旦大学出版社 2007 年版。
9. 商务部、国家统计局、国家外汇管理局编：《2019 年度中国对外直接投资统计公报》，中国商务出版社 2020 年版。
10. 姚梅镇著：《国际投资法》，武汉大学出版社 1987 年版。
11. 翦伯赞主编：《中国史纲要（上）》，人民出版社 1995 年版。
12. 翦伯赞主编：《中国史纲要（下）》，人民出版社 1995 年版。
13. 杨凤贤译注：《论语》，世界图书出版西安公司 1997 年版。
14. 李浩培著：《条约法概论》，法律出版社 2003 年版。

15. 万鄂湘、石磊、杨成铭、邓洪武著：《国际条约法》，武汉大学出版社 1998 年版。
16. 韩康等著：《21 世纪：全球经济战略的较量》，经济科学出版社 2003 年版。

二、中文论文

1. 肖永平：《法治合作：为“一带一路”高质量发展保驾护航》，载《光明日报》2019 年 3 月 25 日。
2. 石静霞：《“一带一路”倡议与国际法——基于国际公共产品供给视角的分析》，载《中国社会科学》2021 年第 1 期。
3. “人类命运共同体与国际法”课题组：《人类命运共同体的国际法构建》，载《武大国际法评论》2019 年第 1 期。
4. 何志鹏：《国际法治的中国方案——“一带一路”的全球治理视角》，载《太平洋学报》2017 年第 5 期。
5. 刘敬东、王路路：《“一带一路”倡议创制国际法的路径研究》，载《学术论坛》2018 年第 6 期。
6. 车丕照：《“一带一路”建设与中国法院的国际担当》，载《中国审判》2015 年第 15 期。
7. 孔庆江：《为“一带一路”建设提供司法保障》，载《人民日报》2015 年 9 月 18 日，第 007 版。
8. 漆彤：《论“一带一路”国际投资争议的预防机制》，载《法学评论》2018 年第 3 期。
9. 黄进、孔庆江：《关于设立亚洲基础设施投资银行投资争端解决中心的探讨》，载《国际经济评论》2017 年第 6 期。
10. 何力：《一带一路”背景下对外投资与可持续发展的法律问题》，载《海关与经贸研究》2018 年第 4 期。
11. 韩秀丽：《中国海外投资的环境保护问题——基于投资法维度的考察》，载《厦门大学学报》2018 年第 3 期。
12. 露西·里德：《加强投资者–国家争端解决》，载外交部、中国法学会编：《规则与协调——“一带一路”法治合作国际论坛文集》，法律出版社 2018 年版。
13. 刘敬东：《“一带一路”法治化体系构建的再思考》，载《环球法律评论》2021 年第 3 期。
14. Manuel Casas：《投资仲裁和非机构性替代方案的风险》，钟晓宁、任衍冰译，殷维校，2022 年 3 月 13 日。
15. 肖永平：《“长臂管辖权”的法理分析与对策研究》，载《中国法学》2019 年第6期。
16. 霍政欣：《国内法的域外效力：美国机制、学理解构与中国路径》，载《政法论坛》2020年第2期。
17. 杜新丽：《走向公平竞争的外资保护法》，载蔡定剑、王晨光主编：《中国走向法治三十年：1978－2008》，社会科学文献出版社2008年版。
18. 沈坤荣：《外国直接投资与中国经济增长》，载《管理世界》1999年第5期。
19. 李平、徐登峰：《“走出去”战略：制度形成与改革展望》，载《国际经济合作》2008年第5期。
20. 韩立余：《国际法视野下的中国国有企业改革》，载《中国法学》2019年第6期。
21. 杜焕芳、李贤森：《人类命运共同体思想引领下的国际法解释：态度、立场与维度》，载《法制与社会发展》2019年第2期。
22. 左海聪：《人类命运共同体思想与国际经济法律制度的变革》，载《法学杂志》2020年第1期。
23. 何志鹏：《“一带一路”与国际制度的中国贡献》，载《学习与探索》2016年第9期。
24. 黄海浪：《“落后”还是“超前”？——论中国对ICSID管辖权的同意》，载《国际经济法学刊》2006年第13卷第1期，北京大学出版社2006年版。
25. 黄雁明：《“Ad Hoc Arbitration”的内在含意与中文表述》，载《仲裁研究》2007年第11辑。
26. 单文华：《丝绸之路经济带国家投资条约体制的现状与完善》，载《中国法律评论》2018年第5期。
27. 曾华群：《共同发展：中国与“一带一路”国家间投资条约实践的创新》，载《国际经济法学刊》2019年第1期。
28. 蔡从燕：《国家的“离开”“回归”与国际法的未来》，载《国际法研究》2018年第4期。
29. 蔡从燕：《外国投资者利用国际投资仲裁机制新发展反思——国际法实施机制与南北矛盾的双重视角》，载《法学家》2007年第3期。
30. Jorge Fantuzzi, Martín Sepúlveda：《成为〈解决国家与他国国民间投资争端公约〉缔约国能有效吸引外资吗》，钟晓宁、任衍冰译，殷维校，2022年1月27日。
31. 徐凯、刘向东：《“十二五”时期中国企业对外投资的战略规划研究》，载《国际贸易》2010年第12期。
32. Martin Wolf：《全球经济中的中国》，载《中国发展观察》2011年第4期。
33. 张勇健：《国际商事法庭的机制创新》，载《人民法院报》2018年7月14日。

34. 孙南申:《一带一路”背景下对外投资风险规避的保障机制》，载《东方法学》2018 年第 1 期。
35. 龚柏华:《涉华投资者—东道国仲裁案法律要点及应对》，载《上海对外经贸大学学报》2022 年第 2 期。
36. 曾华群:《论南北问题与双边投资条约实践的发展趋向》，载曾华群主编:《国际经济新秩序与国际经济法新发展（陈安教授八十华诞祝贺文集）》，法律出版社 2009 年版。
37. 方长平、冯秀珍:《国家利益研究的范式之争：新现实主义、新自由主义和建构主义》，载《国际论坛》2002 年第 4 卷第 3 期。
38.《习近平谈“一带一路”》，载《人民日报》〈海外版〉2019 年 3 月 20 日，第 05 版。
39. 蔡从燕:《国际投资结构变迁与发展中国家双边投资条约实践的发展——双边投资条约实践的发展》，载《国际经济法学刊》第 14 卷第 3 期，北京大学出版社 2007 年版。
40. 王彦志:《从程序到实体：国际投资协定最惠国待遇适用范围的新争议》，载《清华法学》2020 年第 5 期。
41. 詹晓宁、葛顺奇:《国际投资协定：“投资”和“投资者”的范围与定义》，载《国际经济合作》2003 年第 1 期。
42. 龚柏华、何力、陈力:《“一带一路”投资的国际法》，载《上海法学研究》2019 年第 4 卷。
43. 杜新丽:《中外双边投资保护协定法律问题研究》，载《政法论坛》1998 年第 3 期。
44. 王海浪:《中外 BIT 中“投资者”的区域范围问题初探》，载曾华群主编:《国际经济新秩序与国际经济法新发展（陈安教授八十华诞祝贺文集）》，法律出版社 2009 年版。
45. 徐崇利:《从实体到程序：最惠国待遇适用范围之争》，载《法商研究》2007 年第 2 期。
46. 曾华群:《论“特殊与差别待遇”条款的发展及其法理基础》，载《厦门大学学报》2003 年第 6 期。
47. 徐崇利:《“保护伞条款”的适用范围之争与我国的对策》，载《华东政法大学学报》2008 年第 4 期。
48. 张生:《从〈北美自由贸易协定〉到〈美墨加协定〉：国际投资法制的新发展与中国的因应》，载《中南大学学报（社会科学版）》2019 年第 4 期。
49. 刘贵祥:《外资审批制度对审理外商投资企业纠纷之重大影响》，载《人民法院报》2009 年 11 月 12 日。

50. 石静遐：《用尽当地救济规则与国际投资争议的解决》，载《国际经济法论丛》第 2 卷，法律出版社 1999 年版。
51. 何海波：《行政行为的合法要件——兼议行政行为司法审查根据的重构》，载《中国法学》2009 年第 4 期。
52. 胡锦光：《我国行政行为司法审查的演进与问题》，载《华东政法大学学报》2009 年第 5 期。
53. 杜涛：《从“海乐•西亚泽诉中国案”看投资者与国家争议解决中当地诉讼与国际仲裁的竞合问题》，载《经贸法律评论》2019 年第 3 期，第 146 页。
54. 徐崇利：《国际投资条约中的“岔路口条款”：选择“当地救济”与“国际仲裁”权利之限度》，载《国际经济法学刊》2007 年第 14 卷第 3 期，北京大学出版社 2007 年版。
55. 黄进：《就新冠疫情在美国法院滥诉中国政府——彻头彻尾的违反国际法行为》，载《人民日报》2021 年 5 月 27 日，第 17 版。
56. 漆彤：《新冠疫情下的国际投资仲裁危机及其应对》，载《武大国际法评论》2020 年第 3 期，第 119 页；
57. 王彦志：《重大疫情防控措施的国际投资条约仲裁抗辩——以新冠疫情防控为对象》，载《国际经济法学刊》2022 年第 1 期，第 82 页；
58. 张倩雯：《新冠肺炎疫情下的国际投资保护与公共卫生治理——以例外条款的适用为视角》，载《人权》2021 年第 4 期，第 145 页。
59. 李玲：《中国双边投资保护协定缔约实践和面临的挑战》，载《国际经济法学刊》第 17 卷第 4 期，北京大学出版社 2011 年版。
60. 余劲松：《国际投资条约仲裁中投资者与东道国权益保护平衡问题研究》，载《中国法学》2011 年第 2 期。

三、中文（机构）文献

1. 国家发展改革委、外交部、商务部：《推动共建丝绸之路经济带和 21 世纪海上丝绸之路的愿景与行动》，2015 年 3 月 28 日。
2. 推进“一带一路”建设工作领导小组办公室：《共建“一带一路”倡议：进展、贡献与展望》，2019 年 4 月 22 日。
3. 商务部：《企业利用投资协定参考指南》，2021 年。
4. 国务院新闻办公厅：《关于中美经贸摩擦的事实与中方立场》，2018 年 9 月。
5. “一带一路”法治合作国际论坛：《“一带一路”法治合作国际论坛共同主席声明》，2018 年 7 月 3 日。
6. 中国法治国际论坛：《中国法治国际论坛北京宣言》，2021 年 11 月 12 日。
7. 《中国共产党章程》，2017 年 10 月 24 日。

8.《中华人民共和国国民经济和社会发展第十四个五年规划和2035年远景目标纲要》，2021年3月12日。
9. 中国对外承包工程商会、中国出口信用保险公司：《“一带一路”国家基础设施发展指数报告2020》。
10. 中央全面深化改革领导小组会议：《关于建立“一带一路”国际商事争端解决机制和机构的意见》，2018年1月23日。
11. 中国证券监督管理委员会：《中国资本市场发展报告（摘要）》，载《上海证券报》2008年1月25日。
12. 第57届联合国大会文件：《中国代表薛捍勤女士在第五十七届联大第六委员会关于“国际法委员会第54届会议的报告”议题（外交保护和委员会的工作）的发言》。
13. 《国务院应对新型冠状病毒感染肺炎疫情联防联控机制关于进一步做好重点场所重点单位重点人群新冠肺炎疫情防控相关工作的通知》，国办发明电〔2020〕16号。
14. 《关于做好精准健康管理推进人员有序流动的通知》，联防联控机制综发〔2020〕203号。
15. 《北京市城市管理综合行政执法局等五部门关于做好近期复工复产疫情防控工作的通告》，京城管发〔2020〕46号。
16. 《湖北省新型冠状病毒感染肺炎疫情防控指挥部通告》，2020年3月11日。
17. 国家发展改革委、财政部、工业和信息化部：《关于发挥政府储备作用支持应对疫情紧缺物资增产增供的通知》，发改运行〔2020〕184号。
18. 财政部、国家发展改革委、工业和信息化部、人民银行、审计署：《关于打赢疫情防控阻击战强化疫情防控重点保障企业资金支持的紧急通知》，财金〔2020〕5号。
19. 商务部、生态环境部：《对外投资合作绿色发展工作指引》，2021年。

四、中文新闻资讯

1.“齐心开创共建“一带一路”美好未来”——习近平在第二届“一带一路”国际合作高峰论坛开幕式上的主旨演讲。
2. 《去年中国对外投资增长3.3%》，载人民网。
3. 黄瑞：《中国去年进出口额预计3.6万亿美元 增长逾两成》，载中国新闻网。
4.《中欧投资协定谈判如期完成》，载《国际金融报》。
5. 王佑：《厄瓜多尔强征石油暴利税 中国企业或提请国际仲裁》，载《第一财经日报》。
6.《厄瓜多尔或没收外资石油公司股份 涉中石油中石化》，载中国经济网。
7. 驻巴布亚新几内亚独立国大使馆经济商务处：《巴新国家法院将对政府拒绝为巴理克公司延长波格拉金矿采矿权进行司法审查》，2020年6月10日。
8. 中国驻巴基斯坦使馆：《关于达苏水电站项目遭遇爆炸事件的声明》，2021年7月14日。
9. 白云怡、赵觉珵、刘欣：《中巴总理通话明确班车爆炸案为恐怖袭击，最有可能的凶手是谁？》，2021年7月16日。
10.《外媒称乍得因价格分歧关闭中石油投资炼油厂》，载网易财经。
11.《为ICSID改革贡献中国智慧》，载中国国际贸易促进委员会网站。
12.《收购乌克兰航空发动机企业反被制裁 中资公司申请海牙仲裁》，载新华网。
13. 孙书博：《外资审批进一步放权地方》，载《第一财经日报》。
14. 李宁：《深化中乌经贸合作，一带一路带来新可能》，载《国际商报》。
15.《中国与乌克兰签署政府间深化基础设施建设领域合作协定》，2021年6月30日。
16. 牛建宏：《防范外资过度控制建立产业安全预警迫在眉睫》，载《人民政协报》。
17. 吴越：《水价上涨是“洋水务”惹的祸吗》，载《中国商报》。
18. 丁国锋：《东风悦达起亚公司被指严重污染当地环境》，载《法制日报》。
19.《企业生产口罩为何被征用？上海市司法局答〈华尔街日报〉：全部为依法有偿征用》，载新民网。
20.《推动能源绿色低碳发展 为全球环境治理作出新贡献——海外舆论高度评价中国宣布不再新建境外煤电项目》，载中国政府网。

五、英文著作

1. José E. Alvarez, *The Public International Law Regime Governing International Investment*, The Pocket Books of The Hague Academy of International Law, Brill, 2011.
2. Jan Peter Sasse, *An Analysis of Bilateral Investment Treaties*, Wiesbaden: Gabler, 2011.
3. Christian J. Tams, *Enforcing Obligations Erga Omnes in International Law*, Cambridge University Press, 2005.
4. Dr. K.V.S.K. Nathan, *The ICSID Convention: The Law of the International Centre for Settlement of Investment Disputes*, Juris Publishing, Inc., 2000.
5. Patricia Buckley Ebrey, *The Cambridge Illustrated History of China*, Cambridge

University Press, 2010.

6. Wenhua Shan, Norah Gallagher, *Chinese Investment Treaties: Policies and Practice*, Oxford University Press, 2009.
7. Christoph H. Schreuer, *The ICSID Convention: A Commentary on the Convention on the Settlement of Investment Disputes between States and Nationals of Other States*, Cambridge University Press, 2001.
8. M. Sornarajah, *The International Law on Foreign Investment*, Cambridge University Press, 2010.
9. Rudolf Dolzer, Margrete Stevens, *Bilateral Investment Treaties*, Martinus Nijhoff Publishers, 1995.
10. Surya P Subedi, *International Investment Law: Reconciling Policy and Principle*, Hart Publishing, 2008.
11. R. Doak Bishop, James Crawford, W. Michael Reisman, *Foreign Investment Disputes: Cases, Materials and Commentary*, Kluwer Law International, 2005.
12. Andrew Newcombe, Lluís Paradell, *Law and Practice of Investment Treaties: Standards of Treatment*, Kluwer Law International, 2009.
13. Kenneth J. Vandevelde, *United States Investment Treaties, Policy and Practice*, Kluwer Law and Taxation, 1992.
14. Dean M. Hanink, *The International Economy: A Geographic Perspective*, John Wiley and Sons Ltd, 1994.
15. Barry W.P oulson, *Economic Development: Private and Public Choice*, West Publishing Co., 1994.
16. John Rapley, *Understanding Development: Theory and Practice in the Third World*, Lynne Rienner, 1996.
17. E. Wayne Nafziger, *The Economics of Developing Countries*, Prentice Hall, 1997.
18. Andrew Newcombe, Lluís Paradell, *Law and Practice of Investment Treaties: Standards of Treatment*, Kluwer Law International, 2009.
19. Jeswald W. Salacuse, *The Law of Investment Treaties*, Oxford University Press, 2010.
20. Santiago Montt, *State Liability in Investment Treaty Arbitration: Global Constitutional and Administrative Law in the BIT Generation*, Hart Publishing, 2009.
21. Stephan W. Schill, *The Multilateralization of International Investment Law*, Cambridge University Press, 2009.

22. Harold Hongju Koh, The Trump Administration and International Law, Oxford University Press, 2018.

23. Marc Bungenberg and August Reinisch, *From Bilateral Arbitral Tribunals and Investment Courts to a Multilateral Investment Court: Options Regarding the Institutionalization of Investor-State Dispute Settlement* (European Journal of International Economic Law), Springer, 2018.

24. Francisco Orrego Vicuña, *International Dispute Settlement in an Evolving Global Society: Constitutionalization, Accessibility, Privatization*, Cambridge University Press, 2004.

25. Walt Whitman Rostow, *The Stages of Economic Growth: A Non-Communist Manifesto*, Cambridge University Press, 1990.

26. Chittharanjan Félix Amerasinghe, *Local Remedies in International Law*, Cambridge University Press, 2004.

27. Edwin Montefiore Borchard, *The Diplomatic Protection of Citizens Abroad or The law of international Claims*, The Banks Law Pub Co., 1915.

28. Philip C. Jessup, *A Modern Law of Nations*, Macmillan, 1948.

29. Robert Jennings and Arthur Watts (eds.), *Oppenheim's International Law*, 9th ed., vol.1, Longman, 1992.

30. Edwin Montefiore Borchard, *The Diplomatic Protection of Citizens Abroad or The law of international Claims*, The Banks Law Pub Co., 1915.

31. Lassa Oppenheim, *International Law: A Treatise, Volume 1 –Peace*, Ronald F.Roxburgh ed, 3rd ed., The Lawbook Exchange, Ltd., 2005.

32. Benjamin Munn Ziegler, *The International Law of John Marshall: A Study of First Principles*, The Lawbook Exchange, Ltd., 2006.

33. James L. Brierly, *The Law of Nations: An Introduction to the International Law of Peace*, Sir Humphrey Waldock ed., 6th ed., Oxford University Press, 1963, 299.

34. George Pendle, *A History of Latin America*, Penguin, 1963.

35. Donald R Shea, *The Calvo Clause: A Problem of Inter-American and International Law and Diplomacy*, University of Minnesota Press, 1955.

36. Milan Bulajić, *Principles of International Development Law*, Martinus Nijhoff, 1992.

37. Jan Paulsson, *Denial of Justice in International Law*, Cambridge University Press, 2005.

38. Alwyn V. Freeman, *The International Responsibility of States for Denial of*

Justice, Kraus Reprint Co., 1970.
39. Peter Malanczuk, *Akehurst's Modern Introduction to International Law*, Routledge, 7 rev.ed., 1997.
40. Charles P. Kindleberger, *Manias, Panics, and Crashes: A History of Financial Crises*, John Wiley & Sons Inc., 2000.
41. Burleigh Cushing Rodick, *The Doctrine of Necessity in International Law*, Columbia University Press, 1928.
42. Peter Malanczuk, *Akehurst's Modern Introduction to International Law*, Routledge, 1997.
43. Bruno Simma (ed.), *Charter of the United Nations: A Commentary*, Oxford University Press, 1994.
44. Imtiaz Omar, *Emergency Powers and the Courts in India and Pakistan*, Kluwer Law International, 2002.
45. Valentina Vadi, *Public Health in International Investment Law and Arbitration*, Routledge, 2013.

六、英文论文

1. Simon Shen and Wilson Chan, 'A comparative study of the Belt and Road Initiative and the Marshall plan', Palgrave Commun, vol.4, 32 (2018).
2. Fernando Ascensão, Lenore Fahrig, Anthony P. Clevenger, *et al*, 'Environmental Challenges for the Belt and Road Initiative', Nature Sustainability, vol.1, 206 (2018).
3. Mimi Zou, 'China and the Belt and Road Initiative: Transnational Labor Law Under State Capitalism 4.0', American Journal of International Law Unbound, vol.113 (2019).
4. Aaron Halegua, 'Where is the Belt and Road Initiative taking international labour rights? An examination of worker abuse by Chinese firms in Saipan', in Maria Adele Carrai, Jean-Christophe Defraigne and Jan Wouters (eds.), *The Belt and Road Initiative and Global Governance*, Edward Elgar, 2020, 225.
5. Rachel J. Anderson, 'Toward Global Corporate Citizenship: Reframing Foreign Direct Investment Law', 18 Michigan State Journal of International Law, vol.18, 6 (2009).
6. T. W. Wälde, 'The Present State of Research Carried out by the English Speaking Section of the Centre for Studies and Research', in Philippe Kahn and Thomas W.

Wälde (eds.), *New Aspects of International Investment Law*, Martinus Nijhoff Publishers, 2006, 76 – 91.

7. Peter G. Danchin, Jeremy Farrall, Shruti Rana and Imogen Saunders, 'The Pandemic Paradox in International Law', American Journal of International Law, vol.114 (4), 598 (2020).
8. Benedict Kingsbury and Stephan W. Schill, 'Investor-State Arbitration as Governance: Fair and Equitable Treatment, Proportionality and the Emerging Global Administrative Law', in Albert Jan van den Berg (ed.), *50 Years of the New York Convention: ICCA International Arbitration Conference*, ICCA Congress Series, 2009 Dublin Volume 14, Kluwer Law International, 2009, 5.
9. André von Walter, 'Balancing Investors' and Host States' Rights-What Alternatives for Treaty-makers?', in Marc Bungenberg, Jörn Griebel, Steffen Hindelang (eds.), *International Investment Law and EU Law (*European Yearbook of International Economic Law), Springer-Verlag, 2011, 141.
10. Guiguo Wang, 'China's Practice in International Investment Law: From Participation to Leadership in the World Economy', Yale Journal of International Law, vol.34, 586 (2009).
11. Jan Paulsson, 'The Third World Participation in International Investment Arbitration', ICSID Review: Foreign Investment Law Journal, vol.2, 21 (1987).
12. Jessica S. Wiltse, 'An Investor-State Dispute Mechanism in Free Trade Area of the Americas: Lessons from NAFTA Chapter Eleven', Buffalo Law Review, vol.51, 1175 (2003).
13. Douglas D. McFarland, 'Dictum Run Wild: How Long-Arm Statutes Extended to the Limits of Due Process', BYU Law Review, vol.84, 492 (2004).
14. Peter Muchlinski, 'The Diplomatic Protection of Foreign Investors: A Tale Of Judicial Caution', in Christina Binder, *et al* (eds.), *International Investment Law for the 21st Century: Essays in Honour of Christoph Schreuer*, Oxford University Press, 2009, 341.
15. Campbell McLachlan, 'Investment Treaty Arbitration: The Legal Framework', in Albert Jan van den Berg (ed.), *50 Years of the New York Convention: ICCA International Arbitration Conference*, ICCA Congress Series, 2009 Dublin Volume 14, Kluwer Law International, 2009, 97.
16. Jeremy J. Sanders, 'The World Bank and the IMF: Fostering Growth in the Global Market', Currents: International Trade Law Journal, vol.9, 37 (2000).
17. Andrés Rigo Sureda, 'ICSID: An Overview', World Arbitration and Mediation

Report, vol.13, 166 (2002).

18. Fenghua Li, 'The Yukos Cases and the Provisional Application of the Energy Charter Treaty', Cambridge International Law Journal, vol.6 (1), 75 (2017).
19. Campbell McLachlan, 'Investment Treaty Arbitration: The Legal Framework', in Albert Jan van den Berg (ed.), *50 Years of the New York Convention: ICCA International Arbitration Conference*, ICCA Congress Series, 2009 Dublin Volume 14, Kluwer Law International, 2009, 97.
20. Matthew Wendlandt, 'SGS v. Philippines and the Role of ICSID Tribunals in Investor-State Contract Disputes', Texas International Law Journal, vol.43, 530 (2008).
21. Romesh Weeramantry, Brian Chang, Joel Sherard-Chow, 'Conciliation and Mediation in Investor-State Dispute Settlement Provisions: A Quantitative and Qualitative Analysis', ICSID Review - Foreign Investment Law Journal, siab049 (2022).
22. Kathleen S. McArthur, Pablo A. Ormachea, 'International Investor—State Arbitration: An Empirical Analysis of ICSID Decisions on Jurisdiction', Review of Litigation, vol.28, 573 (2009).
23. Anna Joubin-Bret, Marie-Estelle Rey, Jörg Weber, International Investment Law and Development, in Marie-Claire Cordonier Segger, Markus W. Gehring, Andrew Newcombe (eds.), *Sustainable Development in World Investment Law*, Global Trade Law Series, Volume 30, Kluwer Law International, 2011.
24. Amnon Lehavi, Amir N. Licht, 'BITs and Pieces of Property', Yale Journal of International Law, vol.36, 125 (2011).
25. Kim M. Rooney, 'ICSID and BIT Arbitrations and China', Journal of International Arbitration, vol.24, 690 (2007).
26. Axel Berger, 'China's New Bilateral Investment Treaty Programme: Substance, Rational And Implications for International Investment Law Making', 14 – 15 November, 2008.
27. Monika C. E. Heymann, 'International Law and the Settlement of Investment Disputes Relating to China', Journal of International Economic Law, vol.11, 524 (2008).
28. Cai Congyan, 'Outward Foreign Direct Investment Protection and the Effectiveness of Chinese BIT Practice', Journal of World Investment and Trade, vol.7, 626 (2006).
29. Kathleen S. McArthur, Pablo A.Ormachea, 'International Investor—State

Arbitration: An Empirical Analysis of ICSID Decisions on Jurisdiction', Review of Litigation, vol.28, 572 (2009).
30. Stanimir A. Alexandrov, 'The Compulsory Jurisdiction of the International Court of Justice: How Compulsory Is It?', Chinese Journal of International Law, vol.5, 36 (2006).
31. Carlos E. Alfaro, Pedro M.Lorenti, 'The Growing Opposition of Argentina to ICSID Arbitral Tribunals?', Journal of World Investment and Trade, vol.6, 417 (2005).
32. Jason Webb Yackee, 'Conceptual Difficulties in the Empirical Study of Bilateral Investment Treaties', Brooklyn Journal of International Law, vol.33, 425 (2008).
33. Jeswald W. Salacuse, Nicholas P.Sullivan, 'Do BITs Really Work?: An Evaluation of Bilateral Investment Treaties and Their Grand Bargain', Harvard International Law Journal, vol.46, 88 (2005).
34. Nicholas Miranda, 'Concession Agreements: from Private Contract to Public Policy', Yale Law Journal, vol.117, 515 (2007).
35. Stephan W. Schill, 'Tearing Down the Great Wall: The New Generation Investment Treaties of the People's Republic of China', Cardozo Journal of International and Comparative Law, vol.15, 92 (2007).
36. Mark A. Cymrot, 'Investment Disputes with China', Dispute Resolution Journal, vol.61, 82 (2006).
37. Monika C. E. Heymann, 'International Law and the Settlement of Investment Disputes Relating to China', 11 Journal of International Economic Law 507, 518 (2008).
38. Kenneth J. Vandevelde, 'A Brief History of International Investment Agreements', University of California Davis Journal of International Law and Policy, vol.12, 165 (2005).
39. T. M. Ocran, 'International Investment Guarantee Agreements and Related Administrative Schemes', University of Pennsylvania Journal of International Business Law, vol.10, 359 (1988).
40. David M. Crawford, 'United States Foreign Assistance Legislation, 1947 – 1948', Yale Law Journal, vol.58 (1949).
41. Patricia McKinstry Robin, 'The BIT Won't Bite: The American Bilateral Investment Treaty Program', American University Law Review, vol.33, 931 (1986).
42. Rudolf Dolzer, 'New Foundations of the Law of Expropriation of Alien

Property', American Journal of International Law, vol.75, 553 (1981).

43. Burns H. Weston, 'The Charter of Economic Rights and Duties and the Deprivation of Foreign Owned Wealth', American Journal of International Law, vol.75, 437 (1981).
44. Douglas W. Arner, 'The Mexican Peso Crisis: Implications for the Regulation of Financial Markets', NAFTA: Law and Business Review of the Americas, vol.2, 56 (1996).
45. Javaid Rehman, 'Islamic Perspective on International Economic Law', in Asif H.Qureshi (ed.), *Perspectives in International Economic Law*, Kluwer Law International, 2002.
46. Peter Muchlinski, 'Corporate Social Responsibility', in Peter Muchlinski, Federico Ortino and Christoph Schreuer (eds.), *The Oxford Handbook of International Investment Law*, Oxford University Press, 2008.
47. Mary E. Footer, 'BITs and Pieces: Social and Environmental Protection in the Regulation of Foreign Investment', Michigan State Journal of International Law, vol.1, 42 (2009).
48. Gennady Pilch, 'The Development and Expansion of Bilateral Investment Treaties', American Society of International Law Proceedings, vol.86, 553 (1992).
49. Timothy G. Nelson, ' "History Ain't Changed" : Why Investor-State Arbitration Will Survive the "New Revolution" ', in Michael Waibel, Asha Kaushal, Kyo-Hwa Liz Chung, and Claire Balchin (eds.), *The Backlash against Investment Arbitration: Perceptions and Reality*, Kluwer Law International, 2010.
50. Clyde Eagleton, 'International Law or National Interest', American Journal of International Law, vol.45, 721 (1951).
51. Andrew T. Guzman, 'Why LDCs Sign Treaties That Hurt Them: Explaining the Popularity of Bilateral Investment Treaties', Virginia Journal of International Law, vol.38, 679 (1998).
52. Jeswald W. Salacuse, Nicholas P. Sullivan, 'Do Bits Really Work?: An Evaluation of Bilateral Investment Treaties and Their Grand Bargain', Harvard International Law Journal, vol.46, 97 (2005).
53. Eric Neumayer, Laura Spess, 'Do Bilateral Investment Treaties Increase Foreign Direct Investment to Developing Countries?', LSE Research Online.
54. Peter Egger, Valeria Merlo, 'The Impact of Bilateral Investment Treaties on FDI

Dynamics’, The World Economy, vol.30 (10), 1542 (2007).
55. Brooks W. Daly, Fedelma Claire Smith, ‘Comment on the Differing Legal Frameworks of Investment Treaty Arbitration and Commercial Arbitration as Seen Through Precedent, Annulment, and Procedural Rules’, in Albert Jan van den Berg (ed.), *50 Years of the New York Convention: ICCA International Arbitration Conference*, ICCA Congress Series, 2009 Dublin Volume 14, Kluwer Law International, 2009.
56. Jason Webb Yackee, ‘Conceptual Difficulties in the Empirical Study of Bilateral Investment Treaties’, Brooklyn Journal of International Law, vol.33, 405 (2008).
57. Arie Reich, ‘Bilateralism Versus Multilateralism in International Economic Law: Applying the Principle of Subsidiarity’, University of Toronto Law Journal, vol.60, 263 (2010).
58. Axel Berger, Sebastian Gsell, Zoryana Olekseyuk, ‘Investment Facilitation for Development: A New Route to Global Investment Governance’, German Development Institute Briefing Paper 5/2019, available at: https://www.die-gdi.de/briefing-paper/article/investment-facilitation-for-development-a-new-route-to-global-investment-governance/.
59. Richard L. Ottinger, ‘Copenhagen Climate Change Conference—Success or Failure?’, Pace Environmental Law Review, vol.27, 411 (2009 – 2010).
60. Efraim Chalamish, ‘Do Treaties Matter? On Effectiveness and International Economic Law’, Michigan Journal of International Law, vol.32, 325 (2011).
61. James Crawford, ‘The Current Political Discourse Concerning International Law’, Modern Law Review, vol. 81(1), 1 (2018).
62. Ralph R. A. Janik, ‘US Sovereignty in the Age of Trump—A European Perspective’, 8 December 2018, avalable at SSRN: https://papers.ssrn.com/sol3/papers.cfm?abstract_id=3297668.
63. Laurence R. Helfer, ‘Treaty Exit and Intra-Branch Conflict at the Interface of International and Domestic Law’, in Curtis Bradley (ed.), *The Oxford Handbook of Comparative Foreign Relations Law*, Oxford University Press, 2019.
64. Alan Sykes, ‘The Economic Structure of International Investment Agreements with Implications for Treaty Interpretation and Design’, American Journal of International Law, vol.113(3), 482 (2019).
65. Yuwen Li, Cheng Bian, ‘China’s Stance on Investor-State Dispute Settlement: Evolution, Challenges, and Reform Options’, Netherlands International Law Review, vol.67, 534 (2020).

66. Qingjiang Kong, Kaiyuan Chen, 'ISDS Reform in the Context of China's IIAs', ICSID Review—Foreign Investment Law Journal, vol.36(3), 617 (2021).
67. Arthur L. Marriott, 'Bilateral Investment Treaty Arbitration in the Early 21st Century', in M. Á. Fernández-Ballesteros and David Arias (eds.), *Liber Amicorum Bernardo Cremades*, La Ley, 2010.
68. Charles N. Brower, Stephan W. Schill, 'Is Arbitration a Threat or a Boon to the Legitimacy of International Investment Law?', Chinese Journal of International Law, vol.9, 471 (2009).
69. Rainer Hofmann, Christian J. Tams, 'Introduction: The International Convention on the Settlement of Investment Disputes (ICSID)—Taking Stock after 40 Years', in Rainer Hofmann, Christian J. Tams (eds.), *The International Convention on the Settlement of Investment Disputes (ICSID): Taking Stock after 40 Years*, Nomos Verlagsgesellschaft, 2007.
70. Guillermo Aguilar Alvarez, William W. Park, 'The New Face of Investment Arbitration: NAFTA Chapter 11', Yale Journal of International Law, vol.28, 370 (2003).
71. Susan D. Franck, 'The Legitimacy Crisis in Investment Treaty Arbitration: Privatizing Public International Law Through Inconsistent Decisions', Fordham Law Review, vol.73, 1535 (2005).
72. Sylvia Noury & Caroline Richard, 'International Arbitration in Latin America: Overview and Recent Developments', in *The International Comparative Legal Guide to International Arbitration 2008.*
73. Won-Mog Choi, 'The Present and Future of the Investor-State Dispute Settlement Paradigm', Journal of International Economic Law, vol.10 (3), 740 (2007).
74. Jürgen Kurtz, 'The Australian Trade Policy Statement on Investor-State Dispute Settlement', Insight, American Society of International Law, vol.15 (22).
75. Kyla Tienhaara, Patricia Ranald, 'Australia's Rejection of Investor-State Dispute Settlement: Four Potential Contributing Factors', Investment Treaty News Quarterly, vol.1 (4), 6 (2011).
76. José E. Alvarez, 'The Return of the State', Minnesota Journal of International Law, vol.20, 223 (2011).
77. W. Michael Reisman, 'Control Mechanisms in International Dispute Resolution', United States-Mexico Law Journal, vol.2, 129 (1994).
78. Stephan Wilske, Martin Raible & Lars Markert, 'International Investment Treaty

Arbitration and International Commercial Arbitration—Conceptual Difference or Only a “Status Thing”?’, Contemporary Asia Arbitration Journal, vol.1, 228 (2008).

79. Rainer Hofmann, Christian J. Tams, ‘International Investment Law: Situating an Exotic Special Regime within the Framework of General International Law’, in Rainer Hofmann, Christian J. Tams (eds.), *International Investment Law and General International Law: From Clinical Isolation to Systemic Integration?*, Nomos Verlagsgesellschaft, 2011.
80. Ibironke T. Odumosu, ‘The Antinomies of the (Continued) Relevance of ICSID to the Third World’, San Diego International Law Journal, vol.8, 350 (2007).
81. Christoph Schreuer, ‘The Future of Investment Arbitration’, in Mahnoush H. Arsanjani, Jacob Katz Cogan, Robert D. Sloane and Siegfried Wiessner (eds.), *Looking to the Future: Essays on International Law in Honor of W.Michael Reisman*, Martinus Nijhoff Publishers, 2010.
82. August Reinisch, ‘The Future of Investment Arbitration’, in Christina Binder, Ursula Kriebaum, August Reinisch, Stephan Wittich (eds.), *International Investment Law for the 21st Century: Essays in Honour of Christoph Schreuer*, Oxford University Press, 2009.
83. Andreas F. Lowenfeld, ‘The ICSID Convention: Origins and Transformation’, Georgia Journal of International and Comparative Law, vol.38, 47 (2009).
84. José E. Alvarez, ‘The Evolving BIT’, Transnational Dispute Management, vol.4, 1 (2010).
85. Arif Hyder Ali and Alexandre de Gramont, ‘ICSID Arbitration in the Americas’, in The Arbitration Review of the Americas 2008, A Special Report of Global Arbitration Review, November 2007.
86. Kenneth J. Vandevelde, ‘Investment Liberalization and Economic Development: The Role of Bilateral Investment Treaties’, Columbia Journal of Transnational Law, vol.36, 502 (1998).
87. M. Sornarajah, ‘A Coming Crisis:Expansionary Trends in Investment Treaty Arbitration’, in Karl P. Sauvant, Michael Chiswick-Patterson (ed.), *Appeals Mechanism In International Investment Disputes*, Oxford University Press, 2008.
88. Julian Davis Mortenson, ‘The Meaning of “Investment”: ICSID’s Travaux and the Domain of International Investment Law’, Harvard International Law Journal, vol.51, 281 (2010).

89. Tony Cole, Kumar Vaksha, 'Power-Conferring Treaties: The Meaning of "Investment" in the ICSID Convention', Leiden Journal of International Law, vol. 24, 314 (2011).
90. Michael M. Moore, 'International Arbitration between States and Foreign Investors-The World Bank Convention', Stanford Law Review, vol.18, 1362 (1965 – 1966).
91. Simon Batifort, J. Benton Heath, 'The New Debate on the Interpretation of MFN Clauses in Investment Treaties: Putting the Brakes on Multilateralization', American Journal of International Law, vol.111 (4), 873 (2017).
92. Anthony C. Sinclair, 'The Origins of the Umbrella Clause in the International Law of Investment Protection', Arbitration International, vol.20, 412 (2004).
93. Lisa Bennett, 'Are Tradable Carbon Emissions Credits Investments-Characterization and Ramifications under International Investment La, New York University Law Review, vol.85, 1585 (2010).
94. Catherine Higham, Joana Setzer, "Investor-State Dispute Settlement' as a New Avenue for Climate Change Litigation', Grantham Institute on Climate Change and the Environment, Commentary, 2 June 2021.
95. Scott Vesel, 'Clearing A Path Through A Tangled Jurisprudence: Most-Favored-Nation Clauses and Dispute Settlement Provisions in Bilateral Investment Treaties', Yale Journal of International Law, vol.32, 189 (2007).
96. Yas Banifatemi, 'The Emerging Jurisprudence on the Most-Favoured-Nation Treatment in Investment Arbitration', in Andrea K Bjorklund, Ian A Laird and Sergey Ripinsky (eds.), *Investment Treaty Law: Current Issues III, Remedies in International Investment Law Emerging Jurisprudence of International Investment Law*, British Institute of International and Comparative Law, 2009.
97. Raul Pereira de Souza Fleury, 'Closing the Umbrella: A Dark Future for Umbrella Clauses?', Kluwer Arbitration Blog, 13 October 2017.
98. J. E. S. Fawcett, 'Exhaustion of Local Remedies: Substance or Procedure', British Year Book of International Law, vol.31, 453 (1954).
99. Anne Orford, 'Jurisdiction Without Territory: From the Holy Roman Empire to the Responsibility to Protect', Michigan Journal of International Law, vol.30, 981 (2009).
100. George W. Haight, 'International Law and Extraterritorial Application of the Antitrust Laws', 63 Yale Law Journal, vol.63, 640 (1954).
101. Michael Akehurst, 'Jurisdiction in International Law', British Year Book of

International Law, vol.46, 145 (1972 – 1973).

102. Eduardo A. Wiesner, 'ANCOM: A New Attitude Toward Foreign Investment?', University of Miami Inter-American Law Review, vol.24, 454 (1993).

103. Bernardo M Cremades, 'Resurgence of the Calvo Doctrine in Latin America', Business Law International, vol.7, 56 (2006).

104. Mark Wiedman, Michael Reisman, 'Contextual Imperatives of Dispute Resolution Mechanisms: Some Hypotheses and Their Applications in the Uruguay Round and NAFTA', Journal of World Trade, vol.29 (3), 22 (1995).

105. Bernardo M Cremades, 'Resurgence of the Calvo Doctrine in Latin America', Business Law International, vol.7, 59 (2006).

106. Kamal Hossain, 'Introduction', in Kamal Hossain & Subrata Roy Chowdhury (eds.), *Permanent Sovereignty Over Natural Resources in International Law: Principle and Practice*, St.Martin's Press, 1984.

107. Antony Anghie, ' "The Heart of My Home" : Colonialism, Environmental Damage, and the Nauru Case', Harvard International Law Journal, vol.34, 472 – 75 (1993).

108. George K. Foster, 'Striking a Balance between Investor Protections and National Sovereignty: The Relevance of Local Remedies in Investment Treaty Arbitration', Columbia Journal of Transnational Law, vol.49, 209 (2011).

109. David J. Scheffer, 'Non-Judicial State Remedies and the Jurisdiction of the International Court of Justice', Stanford Journal of International Law, vol.27, 106 (1990).

110. A. O. Adede, 'A Survey of Treaty Provisions on the Rule of Exhaustion of Local Remedies', Harvard International Law Journal, vol.18, 9 (1977).

111. Jarrod Wong, 'BG Group v. Republic of Argentina: A Supreme Misunderstanding of Investment Treaty Arbitration', Pepperdine Law Review, vol.43, 541 (2016).

112. Zachary Mollengarden, 'The Utility of Futility: Local Remedies Rules in International Investment Law', Virginia Journal of International Law, vol.58(2), 456 (2019).

113. Sean D. Murphy, 'The ELSI Case: An Investment Dispute at the International Court of Justice', Yale Journal of International Law, vol.16 (1991).

114. Andrea K. Bjorklund, 'Reconciling State Sovereignty and Investor Protection in Denial of Justice Claims', Virginia Journal of International Law, vol.45, 857 (2005).

115. Bradford K. Gathright, 'A Step in the Wrong Direction: The Loewen Finality Requirement and the Local Remedies Rule in NAFTA Chapter Eleven', Virginia Journal of International Law, vol.45, 1109 (2005).
116. Pritikin Prize, 'International Commercial Arbitration as Appellate Review: NAFTA's Chapter 11, Exhaustion of Local Remedies and Res Judicata', University of California Davis Journal of International Law and Policy, vol.12, 428 (2006).
117. Carie Jones, 'When Does the Waiver Provision in NAFTA Article 1121 Have Consequences?An Analysis of the Situation Considered, Yet Left Unresolved, in Loewen Group, Inc. v. United States', Currents: International Trade Law Journal, vol.15, 10 (2006).
118. Andrea Schulz, 'The Future Convention on Exclusive Choice of Court Agreements and Arbitration: Parallel Proceedings and Possible Treaty Conflicts, in particular with ICSID and the New York Convention on the Recognition and Enforcement of Foreign Arbitral Awards', Prel.Doc.No 32, Hague Conference on Private International Law, June 2005.
119. Bryan W. Blades, 'The Exhausting Question of Local Remedies: Expropriation under NAFTA Chapter 11', Oregon Review of International Law, vol.8, 116 (2006).
120. Yuval Sinai, 'Reconsidering Res Judicata: A Comparative Perspective', Duke Journal of Comparative & International Law, vol.21, 353 (2011).
121. William S. Dodge, 'National Courts and International Arbitration: Exhaustion of Remedies and Res Judicata under Chapter Eleven of NAFTA', Hastings International and Comparative Law Review, vol.23, 366 (2000).
122. John H. Matheson, 'The Modern Law of Corporate Groups: An Empirical Study of Piercing the Corporate Veil in the Parent-Subsidiary Context', North Carolina Law Review, vol.87, 1098 (2009).
123. Anibal Sabater, 'National Courts, Supranational Courts and Arbitral Tribunals in International Litigation', Currents: International Trade Law Journal, vol.14, 6 (2005).
124. J. Steven Jarreau, 'Anatomy of a BIT: The United States-Honduras Bilateral Investment Treaty', University of Miami Inter-American Law Review, vol.35, 493 (2004).
125. Matthew C. Porterfield, 'Exhaustion of Local Remedies in Investor-State Dispute Settlement: An Idea Whose Time Has Come?', Yale Journal of

International Law, vol.41, online, 1-12 (2015).
126. Christoph Schreuer, ‘Travelling the BIT Route of Waiting Periods, Umbrella Clauses and Forks in the Road’, Journal of World Investment and Trade, vol.5, 248 (2004).
127. Jacob S. Lee, ‘No “Double-Dipping” Allowed: An Analysis of Waste Management, Inc. v. United Mexican States and the Article 1121 Waiver Requirement for Arbitration Under Chapter 11 of NAFTA’, Fordham Law Review, vol.69, 2686 (2001).
128. Bernard H. Oxman, William S. Dodge, ‘Arbitration –NAFTA –Jurisdiction—Waiver of Right To Initiate or Continue Other Legal Proceedings—Effect of Pursuing Municipal Law Claims in Municipal Court’, American Journal of International Law, vol.95, 189 (2001).
129. Mir-Hossein Abedian Kalkhoran & Habib Sabzevari, ‘Standards of Review for the Non-Precluded Measures Clause in Investment Treaties: Different Wording, Different Levels of Scrutiny’, Netherlands International Law Review, vol.68, 281 (2021).
130. Wei Wang, ‘The Non-Precluded Measure Type Clause in International Investment Agreements: Significances, Challenges, and Reactions’, ICSID Review - Foreign Investment Law Journal, vol.32, 447 (2017).
131. Dilini Pathirana & Mark McLaughlin, ‘Non-precluded Measures Clauses: Regime, Trends, and Practice’, in Julien Chaisse, Leïla Choukroune, Sufian Jusoh (eds.), *Handbook of International Investment Law and Policy*, Springer, 2021.
132. William W. Burke-White, Andreas von Staden, ‘Investment Protection In Extraordinary Times: The Interpretation and Application of Non-Precluded Measures Provisions in Bilateral Investment Treaties’, Virginia Journal of International Law, vol.48, 313 (2008).
133. Lars Markert, ‘The Crucial Question of Future Investment Treaties: Balancing Investors’ Rights and Regulatory Interests of Host States’, in Marc Bungenberg, Jörn Griebel, Steffen Hindelang (eds.), *International Investment Law and EU Law* (European Yearbook of International Economic Law), Springer-Verlag, 2011.
134. Christian J. Tams, ‘The Defence of Necessity—As Reflected in Recent Investment Arbitrations’, in Jiirgen Bering, Tillmann Rudolf Braun, Ralph Alexander Lorz, Stephan Schill, Christian J. Tams, Christian Tietje, *General*

Public International Law and International Investment Law: A Research Sketch on Selected Issues, Beiträge zum Transnationalen Wirtschaftsrecht, International Law Association German Branch—Sub-Committee on Investment Law, Heft 105, March 2011.

135. Tarcisio Gazzini, 'Interpretation of (Allegedly) Self-Judging Clauses in Bilateral Investment Treaties', in Malgosia Fitzmaurice, Olufemi Elias, Panos Merkouris (eds.), *Treaty Interpretation and the Vienna Convention on the Law of Treaties: 30 Years On*, Martinus Nijhoff Publishers, 2010.
136. Panos Merkouris, 'Introduction: Interpretation Is a Science, Is an Art, Is a Science', in Malgosia Fitzmaurice, et al. (eds.), *Treaty Interpretation and the Vienna Convention on the Law of Treaties: 30 Years On*, Martinus Nijhoff Publishers, 2010.
137. Céline Lévesque, 'Investor-State Arbitration Under NAFTA Chapter 11: What Lies Beneath Jurisdictional Challenges', ICSID Review: Foreign Investment Law Journal, vol.17, 347 (2002).
138. Pieter H. F. Bekker, 'International Decision: Oil Platforms (Iran v. United States)', American Journal of International Law, vol.98, 551 (2004).
139. Hannes L. Schloemann, Stefan Ohlhoff, '"Constitutionalization" and Dispute Settlement in the WTO: National Security as an Issue of Competence', American Journal of International Law, vol.93, 426 (1999).
140. Kristina St. Charles, 'Regulatory Imperialism: The Worldwide Export of European Regulatory Principles on Credit Rating Agencies', Minnesota Journal of International Law, vol.19, 399 (2010).
141. August Reinisch, 'Necessity in International Investment Arbitration-An Unnecessary Split of Opinions in Recent ICSID Cases? Comments on CMS v. Argentina and LG&E v. Argentina', Journal of World Investment and Trade, vol.8, 200 (2007).
142. Christian J. Tams, 'Enforcement', in Geir Ulfstein, Thilo Marauhn, Andreas Zimmermann (ed.), *Making Treaties Work: Human Rights, Environment and Arms Control*, Cambridge University Press, 2007.
143. Diane A. Desierto, 'Necessity and "Supplementary Means of Interpretation" for Non-Precluded Measures in Bilateral Investment Treaties', University of Pennsylvania Journal of International Business Law, vol.31, 931 (2010).
144. Christopher Greenwood, 'International Law and the NATO Intervention in Kosovo', International & Comparative Law Quarterly, vol.49 (4), 926 (2000).

145. Peter Molife, Hong-lin Yu, ‘The Impact of National Law Elements on International Commercial Arbitration’, International Arbitration Law Review, vol.4 (1), 20 (2001).
146. Fenghua Li, ‘The Driving Forces of the Convergence of WTO Dispute Settlement Mechanism and International Investment Arbitration’, Journal of World Trade, vol.52, 491 (2018).
147. Jürgen Kurtz, ‘WTO Norms as ‘Relevant’ Rules of International Law inInvestor-State Arbitration’, Proceedings of the ASIL Annual Meeting, vol.108, 245 (2014).
148. Abba Kolo, Thomas Waelde, ‘Environmental Regulation, Investment Protection and “Regulatory Taking” in International Law’, International & Comparative Law Quarterly, vol.50 (4), 833 (2001).
149. Rahim Moloo, Justin Jacinto, ‘Environmental and Health Regulation: Assessing Liability under Investment Treaties’, Berkeley Journal of International Law, vol.29, 25 (2011).
150. Peter Muchlinski, ‘Trends in International Investment Agreements: Balancing Investor Rights and the Right to Regulate: The Issue of National Security’, in Karl P. Sauvant (ed.), *Yearbook on International Investment Law and Policy 2008 – 2009*, Oxford University Press, 2009.
151. Dapo Akande & Sope Williams, ‘International Adjudication of Security Issues: What Role for the WTO?’, Virginia Journal of International Law, vaol.43, 374 (2003).
152. Vaughan Lowe, ‘Publication Review: Good Faith in International Law by J. F. O’Connor’, International & Comparative Law Quarterly, vol.41 (2), 484 (1992).
153. Michael Virally, ‘Review Essay: Good Faith in Public International Law’, American Journal of International Law, vol.77, 130 (1983).
154. James W. Garner, *et al.*, ‘Codification of International Law: Part III-Law of Treaties’, Supplement to American Journal of International Law, vol.29, 981 (1935).
155. Leifan Wang, Fenghua Li, ‘Alternative interpretation to Article VIII of the International Convention for the Regulation of Whaling: Implications from Article XX of the GATT’, Marine Policy, vol.117, 103944 (2020).
156. Michael S. Snarr, ‘Making Progress BIT by BIT on a U.S. – China Bilateral Investment Treaty’, 2 February, 2010.

157. Valentina Vadi, 'Crisis, Continuity, and Change in International Investment Law and Arbitration Arbitratio', Michigan Journal of International Law, vol.42(2), 344-65 (2021).
158. Dimitrios Katsikis, "Necessity' due to COVID-19 as a Defence to International Investment Claims', ICSID Review—Foreign Investment Law Journal, vol.36(1), 46 (2021).
159. Freya Baetens, 'Protecting Foreign Investment and Public Health Through Arbitral Balancing and Treaty Design', International and Comparative Law Quarterly, vol.71(1), 182 (2022).
160. Christina Binder and August Reinisch, 'Economic Emergency Powers: A Comparative Law Perspective', in Stephan W. Schill (ed.), *International Investment Law and Comparative Public Law*, Oxford University Press, 2010.
161. Vaughan Lowe, 'Precluding Wrongfulness or Responsibility: A Plea for Excuses', European Journal of International Law, vol.10, 410 (1999).
162. Alberto Alvarez-Jiménez, 'Ex Post General Regulation and Investment Protection in Recent International Arbitration', American Review of International Arbitration, vol.16, 354 (2005).
163. A. F. M. Maniruzzaman, 'The Issue of Resource Nationalism: Risk Engineering and Dispute Management in the Oil and Gas Industry', Texas Journal of Oil, Gas, and Energy Law, vol.5, 99 (2009 – 2010).
164. Jennifer M. DeLeonardo, 'Are Public and Private Risk Insurance Two of a Kind? Suggestions for a New Direction for Government Coverage', Virginia Journal of International Law, vol.45, 787 (2005).
165. Anthea Roberts and Richard Braddock, 'Protecting Public Welfare Regulation through Joint Treaty Party Control: a ChAFTA Innovation', Columbia FDI Perspectives, No.176, 20 June, 2016.
166. Yang Xinglong, 'Belt and Road Initiative: Joint Interpretation Mechanism in Investment Agreements', Kluwer Arbitration Blog, 15 January 2019.
167. Sofie Geerts, Namhla Xinwa and Deon Rossouw, 'Africans' Perceptions of Chinese Business in Africa: A Survey', Globethics.net Focus No.18, 2014.
168. David H. Shinn, 'The Environmental Impact of China's Investment in Africa', Cornell International Law Journal, vol.49, 25 (2016).
169. Catherine Elkemann & Oliver C. Ruppel, 'Chinese Foreign Direct Investment into Africa in the Context of BRICS and Sino-African Bilateral Investment Treaties', Richmond Journal of Global Law & Business, vol.13, 593 (2015).

七、国际机构文献

World Bank/ICSID

1. The World Bank, Development Research Center of the State Council, the People's Republic of China, 'China 2030: Building a Modern, Harmonious, and Creative High-Income Society'.
2. The ICSID Caseload Statistics, Issue 2021 – 1.
3. International Bank for Reconstruction and Development, 'Report of the Executive Directors on the Convention on the Settlement of Investment Disputes Between States and Nationals of Other States', ICSID Reports, vol.1, 25 (1965).
4. Mary Hallward-Driemeier, 'Do Bilateral Investment Treaties Attract FDI? Only a BIT…and They Could Bite', World Bank Policy Research Working Paper No.3121, June 2003.
5. The World Bank, 'Global Economic Prospects', January 2022.
6. ICSID, *History of the ICSID Convention: Documents Concerning the Origin and the Formulation of the Convention*, 1968, vol.2.
7. 'Report of the Executive Directors of the International Bank for Reconstruction and Development on the Convention on the Settlement of Investment Disputes between States and Nationals of Other States', March 18, 1965, International Legal Materials, vol.4 (1965).

Organization for Economic Co-operation and Development (OECD)

1. OECD, 'Improving the System of Investor-State Dispute Settlement: An Overview', OECD Working Papers on International Investment Number 2006/1.
2. Katia Yannaca-Small, 'Improving the System of Investor-State Dispute Settlement: An Overview', OECD Working Papers on International Investment, Number 2006/1.
3. Negotiating Group on the Multilateral Agreement on Investment, Expert Group No.1 on Selected Issues Concerning Dispute Settlement and Geographical Scope, 'Settlement of Disputes Between an Investor and a Contracting Party', 14 October 1996, DAFFE/MAI/EG1 (96)12.
4. OECD, 'Security-Related Terms in International Investment Law and in National Security Strategies', May 2009.
5. OECD, 'Draft Convention on the Protection of Foreign Property, Text with Notes and Comments', International Legal Materials, vol.7, 118 (1968).

6. OECD, 'Draft Convention on the Protection of Foreign Property, Text with Notes and Comments', International Legal Materials, vol.7, 118 (1968).
7. Multilateral Agreement on Investment, Draft Consolidated Text, OECD Doc.DAFFE/MAI (98)7/REV1, 22 April 1998.
8. Katia Yannaca-Small, 'Essential Security Interests under International Investment Law', in OECD, *International Investment Perspectives: Freedom of Invesment in a Changing World*, 2007.

United Nations (UN)

1. UN General Assembly, 'Declaration on the Establishment of a New International Economic Order', U.N.Doc.A/RES/3201 (S-VI), 1 May 1974.
2. UN General Assembly, 'Charter of Economic Rights and Duties of States', U.N.Doc.A/RES/3281 (XXIX), 12 December 1974.
3. UN General Assembly, 'Integrated Economic Development and Commercial Agreements', U.N.Doc.A/RES/523 (VI), 12 January 1952.
4. UN General Assembly, 'Right to Exploit Freely Natural Wealth and Resources', U.N.Doc.A/RES/626 (VII), 21 December 1952.
5. UN General Assembly, 'Permanent Sovereignty Over Natural Resources', U.N.Doc.A/RES/1803 (XVII), 14 December 1962.
6. UN General Assembly, 'Declaration on the Establishment of a New International Economic Order', U.N.Doc.A/RES/3201 (S-VI), 1 May 1974.
7. UN General Assembly, 'Charter of Economic Rights and Duties of States', U.N.Doc.A/RES/3281 (XXIX), 12 December 1974.
8. Roberto Ago, 'The Internationally Wrongful Act of the State, Source of International Responsibility' (part 1), Addendum-Eighth report on State responsibility, U.N.Doc.A/CN.4/318/Add.5－7, 29 February, 10 and 19 June 1980.

United Nations Conference on Trade and Development (UNCTAD)

1. UNCTAD, 'Investor–State Dispute Settlement Cases Pass the 1, 000 Mark: Cases and Outcomes in 2019', IIA ISSUE NOTE, issue 2, July 2020.
2. UNCTAD, 'Investor-State Disputes Arising from Investment Treaties: A Review', 2005, U.N.Doc.UNCTAD/ITE/IIT/2005/4, U.N.Sales No.E.06.II.D.1.
3. UNCTAD, 'World Investment Report 2011: Non-Equity Modes of International Production and Development', 2011, U.N.Doc.UNCTAD/WIR2011, Sales

No.E.11.II.D.2.
4. UNCTAD, ‘World Investment Report 2020: International Production beyond the Pandemic’.
5. UNCTAD, ‘The Role of International Investment Agreements in Attracting Foreign Direct Investment to Developing Countries’, 2009, U.N.Doc.UNCTAD/DIAE/IA/2009/5, U.N.Sales No.E.09.II.D.20.
6. UNCTAD, ‘The Role of International Investment Agreements in Attracting Foreign Direct Investment to Developing Countries’, 2009, U.N.Doc. UNCTAD/DIAE/IA/2009/5, U.N.Sales No.E.09.II.D.20.
7. UNCTAD, ‘World Investment Report 2004: The Shift Towards Services’, 2004, U.N.Doc.UNCTAD/WIR2004, Sales No.E.04.II.D.33.
8. UNCTAD, ‘Bilateral Investment Treaties in the Mid–1990s’, 1998, U.N.Doc.UNCTAD/ITE/IIT/7, U.N.Sales No.E.98.II.D.8.
9. UNCTAD, ‘International Investment Arrangements: Trends and Emerging Issues’, 2006, U.N.Doc.UNCTAD/ITE/IIT/2005/11, U.N.Sales No.06.II.D.3.
10. UNCTAD, ‘Bilateral Investment Treaties in the Mid–1990s’, 1998, U.N.Doc.UNCTAD/ITE/IIT/7, U.N.Sales No.E.98.II.D.8.
11. UNCTAD, ‘Investment Policy Monitor’, No.24, February 2021.
12. UNCTAD, ‘Latest Developments in Investor-State Dispute Settlement’, IIA MONITOR No.1 (2009), UNCTAD/WEB/DIAE/IA/2009/6/Rev1.
13. UNCTAD, ‘Latest Developments in Investor-State Dispute Settlement’, IIA Issues Note, No.1, March, 2011, UNCTADWEBDIAEIA20113.
14. UNCTAD, ‘Investment Policy Framework for Sustainable Development’, 2015.
15. UNCTAD, ‘Scope and Definition’, UNCTAD Series on Issues in International Investment Agreements II, 2011, U.N.Doc.UNCTAD/DIAE/IA/2010/2, U.N.Sales No.E.11.II.D.9.
16. UNCTAD, ‘Most-Favoured Nation Treatment’, UNCTAD Series on Issues in International Investment Agreements II, 2010, U.N.Doc.UNCTAD/DIAE/IA/2010/1, U.N.Sales No.E.10.II.D.19.
17. UNCTAD, ‘Dispute Settlement: Investor-State’, 1998, U.N.Doc.UNCTAD/ITE/IIT/30, U.N.Sales No.E.03.II.D.5.
18. UNCTAD, ‘The Protection of National Security in IIAs’, 2009, UNCTAD/DIAE/IA/2008/5, U.N.Sales No.E.09.II.D.12.
19. UNCTAD, ‘World Investment Report 2021 - Investing in Sustainable Recovery’, 21 June 2021.

United Nations Centre on Transnational Corporations (UNCTC)

1. UNCTC, 'Bilateral Investment Treaties', 1988, U.N.Doc.ST/CTC/65.
2. UNCTC, 'Draft U.N.Code of Conduct on Transnational Corporations', International Legal Materials, vol.22, 205 (1983).
3. UNCTC, 'International Arrangements and Agreements Relating to Transnational Corporations: International Framework for Transnational Corporations-Report of the Secretary-General', U.N.Doc.E/C.10/1992/8.

United Nations Commission on International Trade Law

1. UNCITRAL Working Group III (Investor-State Dispute Settlement Reform), 'Workplan to Implement Investor-State Dispute Settlement (ISDS)Reform and Resource Requirements', A/CN.9/WG.III/WP.206, Vienna, online, 4 – 5 May 2021.
2. UNCITRAL Working Group III (Investor-State Dispute Settlement Reform), 'Possible Reform of Investor-State Dispute Settlement (ISDS), Submission from the Government of China', A/CN.9/WG.III/WP.177, Thirty-eighth session, Vienna, 14 – 18 October 2019.
3. UNCITRAL Working Group Ⅱ (Arbitration), 'Report of the Working Group on Arbitration and Conciliation on the Work of its Forty-fourth Session', 23 – 27 January, 2006, A/CN.9/592, Annex I Revised Legislative Provisions on Interim Measures and Preliminary Orders.
4. ILC's Commentary on Art.25 of the Draft Articles on Responsibility of States for Internationally Wrongful Acts, para.15.

International Law Commission

1. John R.Dugard, 'First Report on Diplomatic Protection', International Law Commission, Fifty-second session, Geneva, 1 May – 9 June and 10 July – 18 August 2000.
2. James Crawford, 'Second Report on State Responsibility', UN General Assembly, International Law Commission, 51st Session, Geneva, U.N.Doc.A/ CN.4/498/Add 2, 23 July 1999.
3. ILC's Commentary on Art.25 of the Draft Articles on Responsibility of States for Internationally Wrongful Acts.

European Union

1. Europen Union, ‘Connecting Europe & Asia: The EU Strategy’, 26 September 2019.
2. Europen Union,‘Global Gateway: up to €300 billion for the European Union’s strategy to boost sustainable links around the world’, 1 December 2021.
3. European Parliament Resolution of 8 June 2011 on EU-Canada Trade Relations.
4. European Commission, ‘Submission of the European Union and its Member States to UNCITRAL Working Group III’, 18 January 2019.
5. European Committee on Crime Problems, Council of Europe, ‘Extraterritorial Criminal Jurisdiction’, Criminal Law Forum, vol.3, 456 (1992)

Other

1. World Trade Organization, ‘Joint Statement on Investment Facilitation for Developmen’, WT/L/1130, 10 December 2021.
2. Aaron Cosbey, Howard Mann, Luke Eric Peterson, Konrad von Moltke, ‘Investment and Sustainable Development: A Guide to the Use and Potential of International Investment Agreements’, International Institute for Sustainable Development (IISD), 2004.
3. Bretton Wood Project, ‘Threats to Withdraw from Bank’s Investment Tribunal’, 2 July 2007.
4. Manley O.Hudson, ‘International Tribunals: Past and Future’, Carnegie Endowment for International Peace and Brookings Institution, 1944.
5. International Whaling Commission, Resolution 2001 – 1 (2001), The Resolutions Made at the IWC Annual Meeting in London, UK 2001.
6. World Economic Forum, ‘Advancing the Green Development of the Belt and Road Initiative: Harnessing Finance and Technology to Scale Up Low-Carbon Infrastructure’, January 2022.

八、英文新闻资讯

1. US White House, ‘Build Back Better World: An Affirmative Initiative for Meeting the Tremendous Infrastructure Needs of Low- and Middle-Income Countries’, see ‘FACT SHEET: President Biden and G7 Leaders Launch Build Back Better World (B3W) Partnership’, 12 June 2021.
2. Christian Bluth, Cora Jungbluth, ‘The RCEP: A wake-up call for the West?’.

3. 'EU and China Reach Agreement in Principle on Investment', 30 December 2020.
4. ICSID News Release, 'Bolivia Submits a Notice under Article 71 of the ICSID Convention', 16 May 2007.
5. ICSID News Release, 'Ecuador Submits a Notice under Article 71 of the ICSID Convention', 9 July 2009.
6. ICSID News Release, 'Venezuela Submits a Notice under Article 71 of the ICSID Convention', 26 January 2012.
7. 'Gillard Government Trade Policy Statement: Trading our Way to More Jobs and Prosperity'.
8. 'European Parliament Resolution of 6 April 2011 on the Future European International Investment Policy'.
9. 'Public Statement on the International Investment Regime'.
10. ICSID News Release, '50th Annual Meeting of ICSID's Administrative Council' , 7 October 2016.
11. ICSID News Release, 'Ecuador Signs the ICSID Convention', 21 June 2021.
12. ICSID News Release, 'Ecuador Ratifies the ICSID Convention', 4 August 2021.
13. IISD, 'Ecuador Rejoins the ICSID Convention', 7 October 2021.
14. Announcement in relation to the Special Mining Lease of the Porgera Gold Mine in Papua New Guinea, by Order of the Board of Director, Zijin Mining Group Co., Ltd.， 27 April 2020.
15. 'Chinese Investors File Arbitration Case Against Ukraine Over Motor Sich Investment'.
16. 'Barrick to appeal PNG Court's Ruling on Porgera Mine'.
17. 'Claimant Seeks Discovery From American National In Arbitration Under China-Malta BIT', IAReporter, 1 September 2021.
18. 'Cambodia Is Facing Its First Known Treaty-Based Arbitration, As Chinese Telecom Investors Lodge ICSID Claim', IAReporter, 3 September 2021.
19. 'Chinese Tech Company Reportedly Threatens Arbitration Against Chile Over Cancellation of Tender for Personal Identification Services', IAReporter, 17 November 2021.
20. Peter M. Joseph, 'Health Effects from MTBE in Gasoline'.
21. Leslie Wayne and David Barboza, Unocal Deal, 'A Lot More Than Money Is at Issue', 24 June 2005.

后　记

本书是在我的博士论文基础上修订完成的。撰写博士论文时，正值我国“走出去”和“引进来”的双向开放纵深发展时期，我国逐步转向兼具资本输入国与资本输出国的双重角色。在论文的修改阶段，作为国家顶层设计的“一带一路”倡议已推行八年。2021 年 11 月 9 日，习近平总书记在出席第三次“一带一路”建设座谈会时强调，世界百年未有之大变局正加速演变，新一轮科技革命和产业变革带来的激烈竞争前所未有，气候变化、疫情防控等全球性问题对人类社会带来的影响前所未有，共建“一带一路”国际环境日趋复杂。在这一背景下，论文的修改以高质量共建“一带一路”为视角，对我国双边投资条约中 ICSID 管辖权条款的革新与完善进行探索。

论文的写作与书稿的修改，离不开众多师友的指导与帮助。从大三成为导师杜新丽先生课堂上的学生伊始，本科、硕士直至博士毕业论文，都是在先生的悉心指导下才得以完成。有多少次，多想对先生说声谢谢，却因不善表达情感而欲言又止，只能默默将之凝聚于情，铭记于心；也许这一份感激，从来不需要刻意提起，但却永远不会忘记。感谢答辩委员会的宣增益、霍政欣、齐湘泉、张潇剑和田晓云五位教授对论文提出的具有建设性的意见，这对论文的进一步完善至关重要。作为书稿的第一批读者，本书的初审和复审老师分别从整体和细节提出了诸多严谨且极具价值的修改建议，读着一行行手写的评审意见着实让我感动，谨致最诚挚谢意！同时，非常感谢出版社的编辑老师们为书稿付出的辛苦与智慧！本书获得石静霞教授主持的对外经济贸易大学“一带一路”研究系列著作项目《“一带一路”建设与国际贸易投资规则的完善与创新》（TS4-13）资助，由衷致谢！

本书的大部分修订是在医院陪护期间完成的。历经与病魔抗争征途中的悲怅起落、生死离别，心中愧对父母多年来含辛茹苦的养育之恩。少小离家，半生奔波庸碌无为，从“惨惨柴门风雪夜，此时有子不如无”的负疚难安，到“千里两相望，无时不泪涟”的终生追悔，也没能活成母亲期待的样子。母亲给了我一切，而我终是无以回报。如今寒枝拣尽，依旧漂泊在外，伤魂最是家千里。

如同稻盛和夫在《活法》中所言，人活于世是“为了比出生时有一点点的进步，或者说是为了带着更美一点、更崇高一点的灵魂死去”。我曾以为会像西西弗斯一样的宿命，推石上山，日复一日，在生命消耗殆尽中寻求其意义。但一行禅师在《你可以不怕死》 中经由母亲逝去而阐释死亡的意义，“在一排排的茶树间漫步，我发现母亲仍然与我同在。她便是抚慰着我的那一抹月光，如同以往那般温柔和蔼”；“我只需要看看自己的手掌，感觉一下拂面的轻风以及脚下的大地，便能忆起母亲是永远与我同在的”。是的，母亲从未与我分离，崇高的灵魂化作天上星辰，我的步履还在母亲的目光里，无论跬步或千里；母亲的爱流淌在我的血液，延绵成前行的地平线。我本渺如沧海一粟，蜉蝣寄于天地，然仰望浩瀚苍穹，心中仍泛涟漪。星辰指引着我，在暗夜旷野，在救赎前路；提醒着我虽不能为星辰，亦当临碣石、观沧海，视吾与星辰之遥，以臻吾身吾心吾性之澄明。谨以此书纪念我的母亲张梅连。